Jin-Cha-Ji Pictorial

晉察冀畫報

文献全集

卷二 · 《晋察冀画报》出版物

中国摄影出版社
China Photographic Publishing House

目 录

卷 1 《晋察冀画报》第 1-13 期

卷 2 《晋察冀画报》出版物

卷 3《晋察冀画报》文献史料

Contents

Volume 1 the 1st - 13th Issue of *Jin-Cha-Ji Pictorial*

Volume 2 Publications of *Jin-Cha-Ji Pictorial*

Volume 3 Documents of *Jin-Cha-Ji Pictorial*

《晋察冀画报 / 时事专刊》

Jin-Cha-Ji Pictorial/ Current News Special

晉察冀畫報

一九四二、三、廿　時事專刊　第一期

晉察冀軍區政治部出版

志願義務兵役制的偉大勝利

邊區人民

邊區的創造者與領導者聶司令員——沙飛攝

聶司令員在去年提出志願義務兵役制以後，立即得到各界人士熱烈擁護，經過邊區政府的決議，遂正式宣佈自今年一月一日開始實行。

從一月到現在，全邊區已掀起了廣大的參軍熱潮，千千萬萬晉察冀的優秀兒女自動的報名了，入伍了。許許多多的政民幹部以身作則的打前鋒，並且號召着，領導着群眾成隊成班的參加了志願義務兵。在這個運動中，我們看見很多的老人，老婦送着兒子，孫子，青年，壯年的婦女送着丈夫，哥弟，男女兒童送着父親，哥哥。而且無論參軍的與歡送的都知道自己為什麼這樣做，都認為自己的行動是無比的光榮。

這裏，我們只收集到一個村和一個區的材料，不過，就從這兩部份不完整的材料中，我們也就可以看出邊區人民參軍運動的一斑了。在具有高度政治覺悟的邊區人民的擁護下，這一新的兵役制度必然會取得更大勝利的。

村婦救會代表給四十八個報名參加志願義務兵的自衛隊員，戴光榮花。← 張進學攝

中隊附郝×× 張進學攝 →

四十八個自衛隊員，擁擠在志願義務兵報名處，爭先恐後的報名。張進學攝 ↓

四十八朵光榮花

平山縣××村雖是一個小村子，可是素來都是模範，這次在志願義務兵役制的執行上，他們又做模範了。

二月十八日，全村開了志願義務兵動員大會，在自衛隊中隊附的號召下，全村四十八個自衛隊員一齊報名了。內中一個隊員不在家，是他母親自動替他報了名。另外還有一個六十三歲的老頭和一個十五歲的小孩子，也要求報名參

刊

踴躍參軍

入伍前的騎驢遊行。二月二十八日平山××區志願義務兵入伍大會開會之前，準備入伍的新戰士和他們的家屬，每人騎一匹牲口繞會場一週，觀衆都鼓掌歡呼，說他們光榮。

光榮席上：新戰士與抗屬大會發言。 沙飛攝

父母送兒：平山×區志願義務兵入伍大會上，魏××夫婦，年逾半百，親自送他們的第三個兒子魏三牛入伍，並在大會上登台講演，老漢魏××，他開頭對大家說：『我是莊稼人，不會說話，但是我知道當志願義務兵是每個人的責任，我們老了，我們願意送三牛來當兵。』

老太太接着說：

『我們生了三個兒子，老二早就參加了八路軍，老大年紀快五十了，三牛年青要進步，這回我們又響應聶司令員的號召，送他來入伍。抗日是爲了大家，我們兩口子也覺得光榮……』

台下千萬顆火般熱烈的心，都在隨着模範父母貢獻時服裝，慈愛的顏容，和誠懇真摯的語音，而急速地波動，血管在澎湃，神經在緊縮，有些人眼珠裏縕藏着被感動時點點珠淚兒。

沙飛

封面說明

平山×區志願義務兵入伍大會上，一百六十五人熱烈的響應了聶司令員的號召，成羣結隊，一齊入伍。——沙飛攝

模範家庭

父母送兒 妻子送郎

沙飛 攝

下圖：平山××村劉××參加志願義務兵，他的父親，母親，妻子和弟弟備好毛驢送他入伍，動身的時候，他們都很歡喜，親切的互相叮嚀。

左上圖：平山×區×村抗日模範董××堂，合家歡送董×參加志願義務兵，動身去入伍時之合影。圖中後排戴光榮花的就是董×身上有（二）字的，是他的父親。有（一）字的，是他的叔祖父，其餘的就是他母親，妻子，兒女，兄弟……。

左中圖：董×的叔祖父，父親寫給聶司令員的一封信。

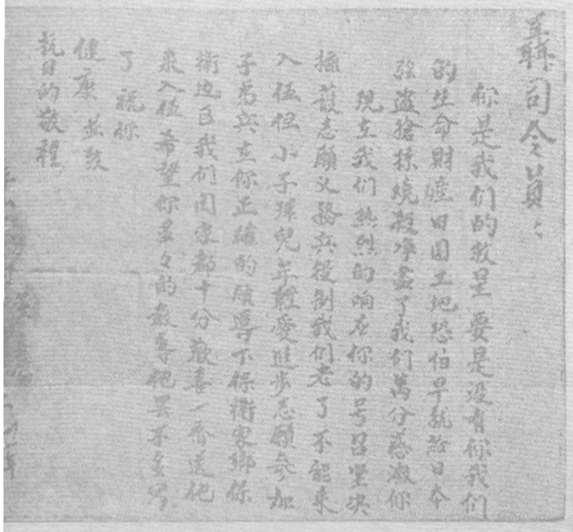

聶司令員：

你是我們的救星，要是沒有你，我們的生命財產，田園土地，恐怕早就給日本強盜搶掠燒殺淨盡了。我們萬分感激你。現在我們熱烈的响应你的号召，坚决擁護志願义務兵役制。我們老了不能來入伍，但小子輝兒年輕，愛進步，志願參加子弟兵，在你正确的領導下保衛家鄉，保衛邊区。我們闔家都十分歡喜，歡送他來入伍。希望你多多的教導他。要求多寫了，祝你

健康

並致

抗日的敬禮

向着必勝的道路，世界反法西斯的正義戰爭在進展中，中華民族的抗日戰爭在進展中。

發刊的話

晉察冀邊區，堅强地站在國防最前線，在抗日民主政權領導下，全邊區的軍民，一面同日寇進行着血肉的搏鬥，一面用心血和汗水從事着新民主主義社會的建設。在血與火的鬥爭中，寫下了可歌可泣永不隕滅的光輝史頁。我們需要把這些生動的場面，如實地記載下來，及時地傳播出去，用邊區軍民所創造的這些現實的典範來教育自己，砥礪自己，提高勝利信心，加强鬥爭情緒，達成抗戰的最後勝利；同時也給抗戰建國的偉業留下些紀程的實錄。

新聞攝影是最眞實的現實事件的紀錄，因此我們就發刊了這樣一種時事畫報，來報導邊區的現實。

現實它自己就是頂偉大的史詩，我們只做一個忠實的紀錄者，讓現實它自己去說明一切。

刊行這樣一種畫報，雖是件小小的工作，可是在邊區還是開拓的創舉。由於人力物力等條件的限制，不可避免的會有許多缺點存在，我們熱烈地希望讀者多多批評、指示、幫助！

滾滾的河流

——記平山×區志願義務兵入伍大會——

二月二十八日的早晨，初春的朝陽射在太行山上，滹沱河發出了沖沖的號音。河北岸××附近的二十多個村莊，同時響起了震大的鑼鼓和雄壯的歡聲；接着又騰起了歡呼聲，人馬奔馳的步伐聲，這些龐雜的聲音，與滹沱河的叫嘯溶成一片，造成了一種强烈的交響樂。

不一會，各村的人和騾馬，都各自組成不甚整齊的隊伍，隨着鑼鼓聲，浩浩蕩蕩的向着共同的目標前進。

每一支隊伍，大旗樂隊的後面，新戰士頭上身上都滿戴着光榮花，高高興興的騎在牲口上。和新戰士並轡而行的，有的是他們自己的父母，兄弟，有的是他們自己的妻子或姊妹。他們一樣的佩戴着光榮花，一樣的顯示着愉快與光榮。自衛隊員誠欣而又尊敬的牽着繮繩，招呼着牲口，後邊就是一羣男女老幼，唱着歌曲，呼着口號，歡送這些準備入伍的新戰士。他們前呼後應，擁擁擠擠，像一支人的河流，滾滾的向一起流匯。

九点鐘的光景，在×××村南的廣場上，二十多支人的河流匯合了，匯合成一片萬人的洶湧的大海。

這就是平山×區志願義務兵入伍大會的會場。場中央高高的旗桿上，國旗在隨風飄揚。廣場的西端搭着一座莊嚴的主席台。台後兩傍的白墻上寫着二條很大的標語：「響應聶司令員的號召」「擁護志願義務兵役制」。西端北面的大坪台上，擺着五十多張方桌。這就是準備給新戰士和抗屬大會餐的光榮席。

會場總指揮宣佈開始報到的時候，各村自衛隊的中隊長都擠到主席台旁的報到處來了。區助理員匆促地在登記着各村報名的，入伍新戰士，和到會的抗屬、民衆等等的數目。

入伍新戰士共有一百六十五人。其中有十七個是由他們的父母，四十二個是由他們的妻子，六個是由他們的兄弟、姊妹所親自歡送到來入伍的。六個人是三對親兄弟一齊攜手來入伍的。這些人當中，包括着工人、農民、知識份子，還有一部分富農和地主。從這裏，我們可以看到新的兵役制是獲得了各階層廣大人民真正熱烈的擁護的。

入伍人數最多（三十四個人）的××村，被選爲進軍的先鋒隊。鼓聲雷動，人馬開始遊行。沿途所過之處，大路兩旁，家家戶戶的門前都站滿了歡迎的人。騎在牲口上的新戰士和抗屬，右顧左盼，笑容滿臉的，隨着馬蹄的轉動，搖搖擺擺的在人叢中行進，他們的心在雀耀、血在沸騰，他們感到從未有過的榮耀、歡欣。人們都對新戰士和抗屬傾注着欽敬而羨慕的目光；衝動的快樂的心情，使他們的唇邊都掛着喜悅的紋影。

滹沱河南岸的橋邊，一隻擱淺的大木船上，擠滿着無數的人。在船頭，人們熱烈的擂着鑼鼓，揮舞着歡迎的大旗，狂歡吶喊。浮橋上，萬千的人馬在奔騰，河水在下邊滾滾地沖瀉。春陽從天空斜射，水面上浮泛着珍珠般的波光萬點，和飄忽着的人影、馬影千重。強烈的節奏，美麗的畫圖，感動着人們的心魄。

下午一時，隊伍回到會場上。

在樂聲與號音中，新戰士和抗屬騎着牲口莊嚴而整齊的排列在主席台前，有如一個檢閱時的騎兵營，緊接着肅立在後邊的是萬千的羣衆。

大會程序在依次進行。

當那位人民的代表——縣區長在主席台上，發出了入伍的號召，台下的人羣便立即揮動着拳頭，高聲呼喊着口號。接着，在巨雷般長鳴着的掌聲中，所有的新戰士和抗屬都一齊從牲口上跳下來，站到主席台下，（自衛隊員迅速的牽走了空牲口）掌聲停止了，萬千的羣衆與五百戴着光榮花的新戰士和抗屬互相致以崇高的抗日的敬禮——會場上沉寂了片刻。

一個年青的新戰士登台講話，他說：

「我叫劉夢元，我是共產黨員，共產黨是最忠實於中華民族的解放事業的，我首先入伍……」

台下的羣衆立即一齊高聲的喊着：

「擁護中國共產黨！」

「我們要向共產黨員學習！」

在歡呼聲和鼓掌聲中，一個老漢一個老太婆和一個年青的小伙子又一起的跳上主席台，這就是××村的模範父母送兒參加志願義務兵。老漢的名字叫魏潤雲，他開頭對大家說：

「我是莊稼人，不會說話，但是我知道當志願義務兵是每個人的責任。我們老了，我們願意送三小子來當兵。」

老太太接着說：

「我們生了三個兒子，老二早就參加了八路軍，老大年紀快五十了，三小子年青愛進步，這回我們又響應聶司令員的號召，送他來入伍。抗日是為了大家，我們兩口子也覺得光榮……」

誠懇真摯的語音，而急速地波動，血管在澎湃，神經在緊縮，有些人眼珠裏滿溢着被感動的點點珠淚兒。

在長久的熱烈而響亮的掌聲中，新戰士和抗屬一起進入了光榮席，跟着軍政幹部也入座奉陪。

為了慶祝志願義務兵的入伍，二十多個村子舉行了文化娛樂大競賽，在光榮席前動人的節目一幕幕的出演，在鑼鼓與歌舞聲中，新戰士與抗屬的會餐開始了。

晚上，一輪明月從東山上昇，鑼鼓聲又重新響起了，幾千個人手執着提燈，擎着火把在村內遊行，火光照紅了人們的臉龐，照紅了牆頭樹梢，映紅了天際。接着，在村中的戲樓上，十一個村劇團舉行了大出演，而所有演出節目的內容，都是圍繞着志願義務兵役制，其中要算第四場××村劇團演出的「妻子送郎」最為精彩。

夜二時，大會完滿的結束了。二十多支人的河流又向四周的山崗田野，河邊流回去了。

滹沱河的水，依舊洶湧地奔流着。西天的明月，透過了樹梢，照耀着河邊水渠上急速進行中的人羣。人馬奔馳，樹影也彷彿在走動了，愉快瞭亮的歌聲又飄蕩在天空：

「我們在太行山上……山高林又密，兵強馬又壯……敵人從那裏進攻，我們就叫他在那裏滅亡……」

徵稿簡約

- 本刊歡迎反映邊區目前之軍事、政治、經濟、文化、社會等各方面鬥爭建設的新聞照片及文藝通訊。
- 新聞照片稿件須寫出每張照片的詳細說明。
- 文藝通訊稿件不得超過一千五百字，並須繕寫清楚。
- 來稿請註明作者姓名及通訊處。
- 來稿請寄軍區政治部畫報社收
- 來稿發表後，略致薄酬。

宣傳大出擊

傳攻勢，全華北各根據地到處展開宣傳，在邊區，我們從宣傳上對敵人進攻，發揮了讓敵人可怕的力量。特別是當新年到舊年的時候，我們實行了面向敵人的全綫總攻擊，宣傳品打進邊區周圍敵人佔據的據點和交通綫，打進敵人的堡壘和敵佔村莊，我們的武裝宣傳隊深入敵佔區，不分晝夜活動在敵人的周圍，用街頭劇、漫畫、照片、傳單、講演、談話以及其他各種各樣宣傳方式，去動搖瓦解敵軍、僞軍、僞組織，去激動日寇奴役下中國同胞的抗日情緒，堅定他們抗戰勝利的信心，給他們以求得生路的啟示。

因爲整個時局形勢的發展，日寇愈來愈不利，我們愈來愈有利，敵軍僞軍僞組織空前動搖，中國人民，尤其久處敵寇壓迫之下的中國人民情緒振奮，在這種形勢下，我們的政治攻勢，在與敵人作鬥爭的威力上講，他比『百團大戰』還要重要。我們全體黨政軍民，今後應該更積極的協同參加這條戰綫，展開更猛烈的，持續的鬥爭。我們將要從政治進攻中，瓦解日寇的軍心，擴大日寇政治上的頹勢，爭取日本士兵，建立日本內部反法西斯統一戰綫的力量，削弱日寇的力量，這對於堅持敵後抗戰，爭取抗戰最後勝利，是有偉大戰略意義的。

軍區司令部 邊區政府 同時頒示佈告

敦促僞軍僞官急速悔悟

決不咎既往概予優容

↑在晉察冀日報上登載的軍區司令部和邊區政府對僞軍僞官的佈告

↑抗敵劇社在游擊區的村子裡展覽連環圖畫解釋軍民誓約運動的重要意義。

各圖赵烈歡

印出大批宣傳品準備向敵佔區散發。→

→軍區政治部抗敵劇社在游擊區演出街頭劇。

←武裝宣傳隊在游擊區，在敵佔村莊張貼聶司令員的佈告

在政治攻勢底下

↑日兵投誠：太平洋戰爭爆發後，盂縣敵據點之日兵西川齋藤二君，即向我投誠。圖爲在華日人反戰同盟晉察冀支部，舉行歡迎新來的齋藤西川二君（前排着日本軍服者）大會時同聲合唱國際歌之情形。

沙飛攝

冀晉五專署敵佔區青年同胞數百人相率歸來，爲保衛祖國決心殺敵，一齊參加了志願義務兵，爲堅持敵後抗戰而奮鬥。

葉長林攝↓

在我們猛烈的政治攻勢底下，敵軍僞軍僞組織與受敵壓迫的人民中間，起着劇烈的變化，我們在政治上獲得了偉大的戰果。

很多日軍士兵，看到我們宣傳品後大哭失聲，他們知道了日本法西斯軍閥進行瘋狂的侵略戰爭，已經斷送了他們的生命前途，已經使他們沒有可能回國去與家人團聚；他們知道了即使不在中國戰死，也要到太平洋去「喂王八」；同時，更重要的，他們知道了被八路軍捉住是不會死的，他們知道八路軍中有很多日人反戰份子，這都將增加了他們與八路軍接近的機會，促進他們厭戰反戰的失敗主義思想。

僞軍僞組織人員在思想上政治上的變化更加顯明，在山陰，易縣，代縣等地有的僞軍已經攜帶武器投入八路軍，在靈壽木佛，月下的戰鬥與平山水碾戰鬥和其他不少的戰鬥中，僞軍已經配合我軍行動，鳴槍反正幫助我軍奪取勝利，此外僞軍與僞組織人員向我軍接近的事實，則不勝枚舉。有的堅決的漢奸，在我政治攻勢之下，也動搖了。

在羣衆中，尤其在敵佔區羣衆中，興奮鼓舞的情緒是描寫不出來，是普遍的。雖然，他們有的帶着速勝論的錯誤觀點，比如說『日本就要完蛋了！』『不出幾個月鬼子就要跑！』這是沒有根據的，但是他們却已經相信日本一定失敗，頂多還有兩年日本就不行了。這就使他們抗戰的決心大大加強，到處幫助八路軍破路，平溝，運公糧，比什麼時候都熱烈。

在我們政治攻勢之下，日寇的驚惶失措的醜相也是難於形容的。他以爲石家莊，定縣，五台……所有遠處村鎮都有我們的宣傳品，於是到處有了八路軍，大舉搜查，但是什麼也找不到。僞軍說：『八路軍是從天上掉下來的！』

↑淶源抗日義勇隊：淶源僞警備隊起義反正，組成抗日義勇隊，宣誓抗日到底。 李鴻年攝

←敵佔區同胞不堪敵人蹂躪，紛紛歸來，圖爲建屏縣招待所歸來同胞享得自由生活的愉快姿容。 張進學攝

新來邊區的國際朋友班威廉夫婦等

英人班威廉氏，是北平燕京大學物理系主任，太平洋戰爭爆發後，日寇封閉了燕大，拘捕了許多教職學員。班氏夫婦事先即離北平到我平西根據地，得免於難。在邊區，班氏曾幫助我挺進軍部隊訓練電務人員數週，轉經一三分區，最近來到軍區，備受熱烈歡迎和招待。並往各機關團體參觀，對我邊區各種鬥爭與建設，均極感佩，據說：班氏將寫一部關於邊區的著作寄英國出版。

近又有×國旅平新聞記者××等數人相繼來軍區，本月十一日軍區舉行歡迎反法西斯國際友人大會，首先由聶司令員致歡迎辭，國際友人亦逐一講話，最後由軍區抗敵劇社與西北戰地服務團公演歌詠戲劇，會場空氣極爲歡洽熱烈云。

自右至左旅平：新聞記者××（×籍）北平燕京大學物理系主任班威廉（英籍）班威廉夫人（英籍）電器工程師布浪基斯（荷蘭籍）醫學博士××（×××籍）燕京大學經濟學導師林邁可（英籍）林邁可夫人李女士（華籍）聶司令員政治部朱副主任，冀中軍區程政治

在華日人反戰同盟晉察冀支部最近的活動

在華日人反戰同盟晉察冀支部在去年五月就成立了。他們是國際反戰反法西斯的一支有力的隊伍，是中國抗日戰爭的同盟軍，也是我們邊區人民的好朋友。

目前，配合着我們對敵展開政治攻勢，他們努力的工

最近，爲了歡迎國際友人班威廉夫婦等，他們又演出了櫻花舞與反戰戲劇『前哨』。

他們的工作態度非常嚴肅緊張，他們的學習情緒也非常高，在中國同志的幫助下他們學習着中國語言和文字，學習着馬列主義，現在支部長宮本

給日本士兵寫反戰宣傳品。↓ 羅光達攝

公演反戰劇『前哨』之一幕。↓

野球比賽時，搶球壘的情形。↓ 白嬰攝

易縣境內有一條河流，名叫易水，它帶着沙石，日夜不息，呼啦呼啦的向前流着；像一個行吟的歌人，用高亢的喉嚨唱着在它身旁所扮演過的那些古往今來的英雄故事；並把這些可歌可泣的歷史事實，流傳給民間，流得很久，很遠。

雖開現在差不多已經兩千年了，那還是在戰國時代，易水旁邊就曾經發生過一個壯烈的故事，有一個燕國的太子在這里送別一個謀刺秦始皇的勇士。這勇士名叫荊軻，他喝了幾杯酒，背起寶劍與那太子分手的時候，隨口編了一支很動人的歌子，放聲高唱起來：

——「風蕭蕭兮易水寒，壯士一去兮不復還！」

想不到在二十世紀五十年代的開頭，在易水旁邊又發生了一件壯烈的英雄故事，而這一次卻比前一次的史事偉大；前一次是弱國反抗強國而採取的恐怖暗殺的行為，這一次卻是頑強抗敵，誓死不屈，克服困難條件的壯舉。

一九四一年秋季，敵人對邊區進行了空前殘酷的『清剿』，九月二十九日敵軍高見部隊到易縣，用二千兵力『圍攻』易水南岸的狼牙山，企圖打擊我們的主力兵團。

這是黎明的時分，狼牙山雄踞在模糊的暗影中。山上的老君堂，黑壓壓的一團，籠罩着煙霧。聳立山頂的棋盤陀，卻浮上一綫曙光。

隱蔽在山里的是能征善戰的我們的一團的一小部分，幾年來，在黃土嶺、雁宿崖、在銀坊、在淶源城下屢次殲敵建立奇功，這是一支名馳疆場的勁旅。當敵人進山時，他們便在朦朧的曉色里，機警的轉向外線，準備從敵人背後進行反擊，留下七連的三排和六班掩護。

敵人攻上山來，在山腹的小路上觸發了我們埋伏的手榴彈，手榴彈開了花，四十多個鬼子送命了。屍體冒着血，倒下來，滾下去，像一些肉球。

這時候，這兩個班又領受了團長的命令只把五個戰士打掩護，其餘的便由一個道士領着路，靈活的轉移了。

這道士就是老君堂的山主，姓李名忠信，原是軍營出身，略通軍事，在這次反掃蕩中，他參加了戰鬥，一面給我們部隊引路和偵察，一面便跟着部隊轉來轉去，打起游擊了。廟里就剩一個六七十歲的老道士看守着冷冷的殿堂了。

五個年青的戰士，打着槍，漸漸由北向南繞向棋盤陀，想着轉到敵人的側面阻擊敵人，掩護主力轉移。

敵人卻以為他們這里就是主力的所在，很快的圍上來，稠密的火力網朝着他們展開。

他們五個攀登着荊棘和亂草，爬上棋盤陀。然而不妙！他們發覺這里是一個絕地，三面是陡峭的懸崖，一面是傾斜的石坡路，而這唯一的道路已被敵人密集的火力封鎖了，不過這並未使他們惶惑，他們很快的伏下來，集中了全部精神，瞄準着下面的敵人射擊。

敵人三次衝鋒，都被這五個戰士打下去，在準確的射擊和轟炸下，又有五十多個鬼子完蛋了。

可是現在發生了一個嚴重的問題：五個人的子彈都打完了，手溜彈只剩下一顆。只一顆了呀！只能再打一下了呀！怎麼辦？

敵人又來了第四次衝鋒，他們五個，把槍握得緊緊的，又抓一抓自己的子彈袋，誰也沒有一粒，於是四個人的眼光都集中到班長的手上：快擲下去，還是留着？

班長馬保林同志，毫不遲疑的把手榴彈的蓋子揭開了，在敵人的『優待優待的』喊話聲中，他帶着羞憤猛力地擲下最後的一顆。接着他使勁地抓住了他的四個的弟兄，他的手帶着顫動的戰慄，眼里發出火樣的光，聲音像一顆顆子彈，他沉重而有力的叫出來：

『同志們！咱們是光榮的八路軍，咱們不能做敵人的俘虜！彈藥完了，現在只有一條路：跳崖』！的

響起一陣尖利的聲音，岩石上崩出亂飛的火花，五支槍很快的破碎了。

像一個統一的整體，霍地！他們五個一齊站起來。站起來了，這五個榮譽的軍人！站起來了，這五個神勇的英雄！他們站在狼牙山的峯頂，他們高出一切。敵人的槍彈從他們頭上飛過，太陽升起來，強烈的光芒照着五位巨人莊嚴而壯麗的雄姿。他們咬緊牙關沒說一句話，他們堅毅的目光卻射出了統一的意志。

個口令，一齊跳下去。

就在這一霎那，五個人的肉體，從崖頂墜下去，墜向茫茫的深谷。就在這一霎那，民族的氣節升起來，衝過狼牙山的峯頂，光輝的矗立在天地間。

是幾十丈的懸崖呵！三個落到谷底，為國捐軀了！兩個被崖壁的樹枝掛住，帶傷脫險。

敵人攻上棋盤陀，空空如也！八路的主力呢？棋盤坨上丟着五支破碎的槍的木屑。

五勇士是民族的烈士，民族的英雄，軍區發佈了訓令，給死者建立了紀念碑，給生者以榮譽的獎章。今天全邊區的軍民都仰望着高高的狼牙山，歌唱着他們！

歌唱着英勇犧牲的三烈士——馬保林、胡德林、胡福材。

歌唱着光榮負傷的二英雄宋學義、與葛振林。

狼牙山五壯士

本頁各圖李鴻年攝

← 狼牙山古跡——棋盤石

→ 五壯士之二（右）葛正林同志（左）宋學義同志

↓ 我軍記者向狼牙山道士訪問五壯士抗敵時的情形。

晉察冀畫報
（時事專刊）

編輯 晉察冀軍區政治部
出版 晉察冀軍區政治部
發行 新華書店晉察冀分店
通訊處 晉察冀軍區政治部
定價 白報紙本：每期三角
洋宣紙本：每期五角

歡迎批評！
歡迎訂閱！

图片比例按 100% 呈现

《晋察冀画报 / 增刊》

Jin-Cha-Ji Pictorial/ Supplementary

晉察冀北岳區反掃蕩戰役
——光輝戰績之一部

斃傷敵偽五千四百七十一名
繳獲：山砲一門
輕重機槍十七挺
步馬槍六百八十七枝
短槍四十二枝

晉察冀畫報

增刊

民國三十三年一月二十八日 | 晉察冀軍區政治部出版 | 定價邊幣壹元

平毀碉堡一千八百六十六座
子路五萬四千三百二十華
擊落飛機一架
炸毀：火車十二列
坦克三輛
汽車二百四十四輛
鐵橋十三座
車站一所

①

神仙山保衛戰

我三分區×X團，在去年反掃蕩中保衛神仙山……[illegible]

1.在神仙山主峰——[illegible]

②

林泉伏擊戰

我一分區×X團於九月二十八日……[illegible]

3.林泉伏擊戰……[illegible]

4.林泉伏擊戰……[illegible]

——劉峰攝——

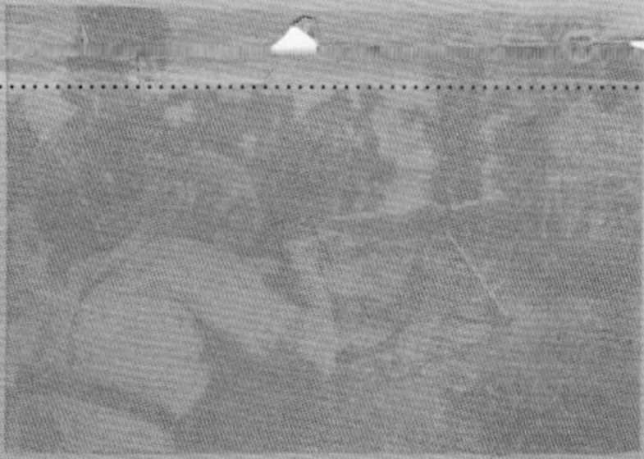

夜襲的繳獲

5.X×團……[illegible]

攻克敵人據點 外線戰績卓著

三個月的反掃蕩中，我……[illegible]

6.……[illegible]

7.……[illegible]

鬥爭中成長起人民的英雄

1. 爆炸英雄李勇

2. 神槍手李殿冰

為保衛糧食而戰
——子弟兵在搶收戰線上

5. 武裝保衛搶收。（葉曼之攝）

6. 在緊張的搶收中。（胡坦攝作）

7. 救治人民的創痛：我部隊中的醫務人員，在敵寇蹂躪的村莊替受傷的老鄉們治療，並施以藥劑。（吳毅攝）

討還血債！

8. 草本巖峪村婦救會主任……

9. 不屈的手……

③

④

晉察冀

增

晉察冀軍

民國三十三年一月二十八日

晉察冀北岳區反掃蕩戰役

——光輝戰績之一部

斃傷敵偽九千四百七十二名

繳獲：山砲一門

輕重機槍十七挺

步馬槍八百八十七枝

短槍四十二枝

1

①

畫報

刊

定價邊幣壹元

治部出版

·手榴彈一千八百六十六顆
子彈五萬四千三百一十發
擊落飛機一架
炸毀：火車十二列
坦克三輛
汽車二百四十四輛
鉄橋十三座
車站一所

神仙山保衛戰

我三分區XX團，在去年反掃蕩中奉命保衛神仙山周圍地區，該團自九月二十日開始至反掃蕩結束，始終堅持陣地，不斷在神仙山外圍運動防禦阻擊敵人，曾先後粉碎敵寇兩次清剿，總計作戰五十七次，殺傷敵僞六百以上。在第一次反清剿中，擊潰了敵人的六路圍攻，殺敵二百以上，創造了輝煌的金龍洞戰績。軍區曾通令嘉獎，並號召全軍學習。

1. 在神仙山主峰——奶奶頂，抗擊圍攻的敵寇。

2. 金龍洞戰鬥中我子弟兵的機搶陣地，—英勇之極—

林泉伏擊戰

我一分區X團於九月二十八日伏擊由界安到獨樂之敵，計斃傷敵寇四十餘名，繳獲勝利品甚多。

3. 林泉伏擊戰中，我英勇子弟兵以機槍向敵掃射。

4. 林泉伏擊戰中所獲勝利品

——劉峰攝——

攻克敵人據點 外綫戰績卓著

三個月的反掃蕩中，我子弟兵在軍區英明而藝術的指揮下，英勇、機動、堅決、頑強，不但能於內線隨時隨地痛擊敵人，而且先後不斷的攻入保定、望都、易縣、正定、渾源，並逼退與摧毀大小堡壘二百餘座。

6. 滿城沈莊敵堡壘於十一月十一日為我一分區一部攻下，圖為被我俘獲在堡壘下的偽警。

7. 孟村堡壘之毀滅。

——葉曼林攝——

②

山地區某次夜襲敵人戰鬥中，繳獲敵人重機槍一挺。（左至右：劉風山同志，張白和同志，劉玉山同志。）
●● 葉曼之攝

鬥爭中成長起人民的英雄

在這次反掃蕩中，我北嶽區的民兵，以英勇果敢的姿態和旺盛的戰鬥熱忱，配合着子弟兵團，展開了機動靈活的群衆游擊戰，巧妙的爆炸與射擊敵人，到處給敵人以嚴重的打擊，使之驚心兵膽，恐懼異常。在這三個月的戰鬥過程中，出現了無數新的爆炸英雄與神槍手。

1.爆炸英雄李勇： 李勇，阜平五大灣人，是個二十三歲的貧農，模範的共產黨員，民兵中隊長。去年五月，敵人進犯阜平，至五大灣時，李勇即率領游擊小組，巧佈雷陣，以步槍與地雷相結合，斃傷敵寇三十六人，創造爆炸運動的光輝範例，中共北嶽區黨委贈以「爆炸英雄」的光榮稱號。這次反掃蕩中，李勇同志更加發揚踔厲，英勇積極，三個月內共斃傷敵人約三百六十名，並炸毀敵汽車五輛，創造了更大更多的光輝戰績。

◇江波插◇

1

2

5

爲保衛

③

3.易縣東綫幾個村的游擊小組，在章村伏擊戰中繳獲了四支三八大蓋·（葉蒼林攝）

九四一年反掃蕩時，他英勇作戰保衛家鄉，殺傷敵偽九人，邊區政府曾予以嘉獎，他這次北嶽區反掃蕩中，他更以高度機動靈活的麻雀戰術與神妙的射擊與敵周旋，三個月內總計殺傷敵偽三十五名，因此獲得了「神槍手」的榮耀稱號。圖為李殿冰（中立者）和他的夥伴們。

◇葉曼之攝◇

4.孟平脈道嶺游擊小組在民兵英雄康元同志領導下，於反掃蕩中（十月二十四日）伏擊了敵人增援三岔的部隊，繳獲了三馱子彈葯和大米。（周郁文攝）

……食而戰

子弟兵在搶收戰綫上

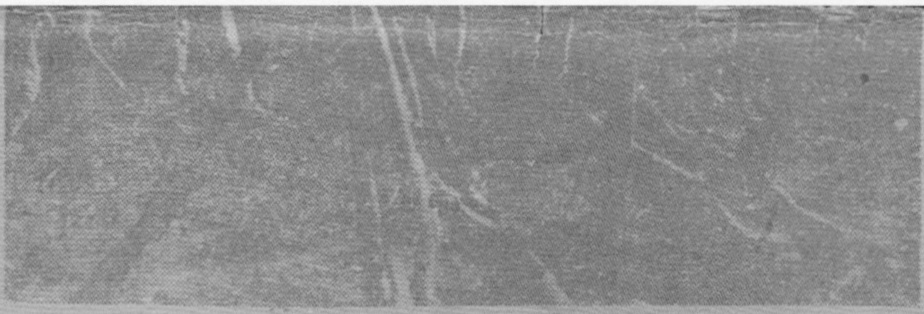

5. 武裝保衛搶收・（葉曼之攝）

6. 在緊張的搶收中・（趙烈遺作）

7. 救治人民的創痛：

我部隊中的醫務人員，在敵寇蹂躪的村莊替受傷的老鄉們治療，並施以藥劑。（齊觀山攝）

④

企圖「毀滅」我北嶽區的敵寇，已在我軍民合力的打擊之下滾出去了。然而這群兇很殘暴的東方的兩腳獸卻在晉察冀的神聖的土地上以牠們的刺刀和我人民的鮮血寫下纍纍的血債。我們要向全中國以及全世界反法西斯的正義人民面前提起控訴，我們要嚴懲這種滅絕人性的屠夫兇犯的滔天罪行，我們一定要討還這一筆爭的血債！

……堅貞不屈，痛斥賊寇，敵人惱怒，將他砍落數段，投入水井。（蔡曼之攝）

……了空前的血腥慘案。這裡是一片橫陳的屍骸，積憤難消的死難者伸出着他們的骨手，招呼我們爲死難者復仇！（蔡曼之攝）

图片比例按 65%，134% 呈现

晉察冀畫報
第五期出版預告

本報第五期決定於三月底出版，現已着手編輯製版，主要內容為去年軍民反"掃蕩"戰役與今年邊區黨政軍民聯合召開的群英大會・欲購者可先期往晉察冀新華書店預定・

晉察冀畫報

第二期　增刊　№2

中華民國三十三年三月八日　晉察冀軍區政治部出版　定價邊幣二元

晉察冀畫報
第四期再版預告

本報第四期初版印數不多，現應各方要求，決定再版，三月中旬即可印出，欲購者可往本報總經售處晉察冀新華書店接洽・

紀念"三八"婦女節

子弟兵歡送擁軍模範戎冠秀

平山下盤松村的戎冠秀，一連做了六年婦救會主任了，她是個擁軍的模範，今年群英大會上，黨政軍民聯合決定贈她"北岳區擁軍模範——子弟兵的母親"的光榮稱號，並獎給她一面很漂亮的綢子大旗和一匹大騾子・大會閉幕以後，軍區政治部宋代主任率領着軍區直屬隊全體人員歡送她回去・——汪洋攝

戎冠秀

①

②

模範抗屬和劉副政委談話

阜平XX村模範抗屬[illegible]老太太，在群英大會上向劉副政委打聽她兒子的消息，她很盼望自己的兒子也做一個戰鬥英雄哩！（石少華攝）

女勞動模範韓鳳齡

三專區淶源銀坊村的韓鳳齡，是群英大會中頭一等的女勞動模範・大會獎給她一頭驢子，一把鐵，一把鎬，還有二百塊錢的東西・（周郁文攝）

女戰鬥英雄呂俊傑

三分區模範女看護呂俊杰，是一個三等戰鬥英雄，因為在去年非常殘酷的反掃蕩、環境中，她盡心盡力十分週到的照顧了傷病員・（夏藍攝）

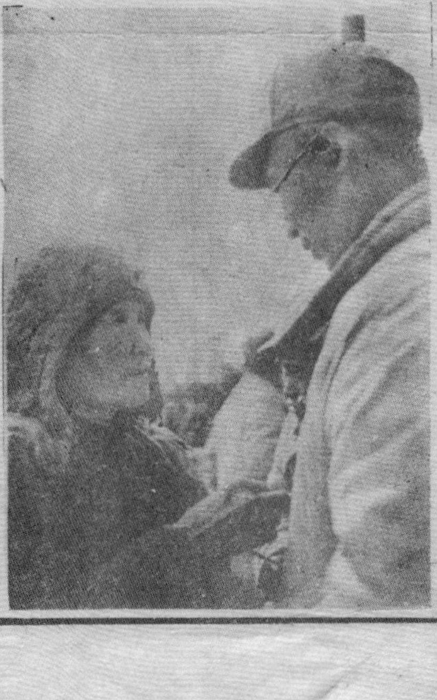

縫軍衣

婦女們快快活活的在一起替子弟兵縫軍衣．（沙飛攝）

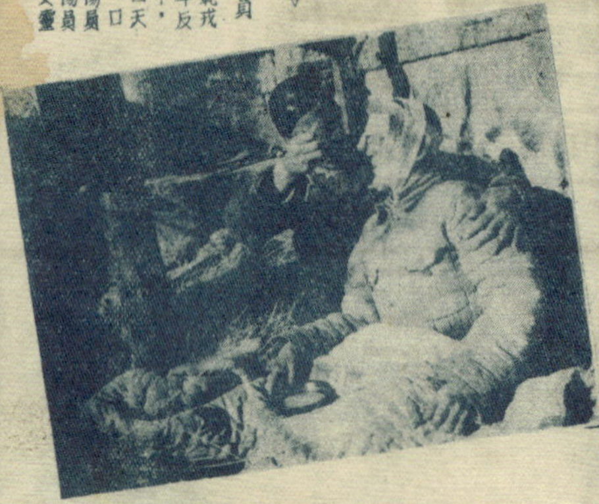

戎冠秀救護傷員

擁軍模範戎冠秀在去年反「掃蕩」中，救護一個四天四宿沒吃一口東西的重傷員，圖爲給傷員餵飯．（史靈攝）

婦女們紡織是頂好的家庭副業

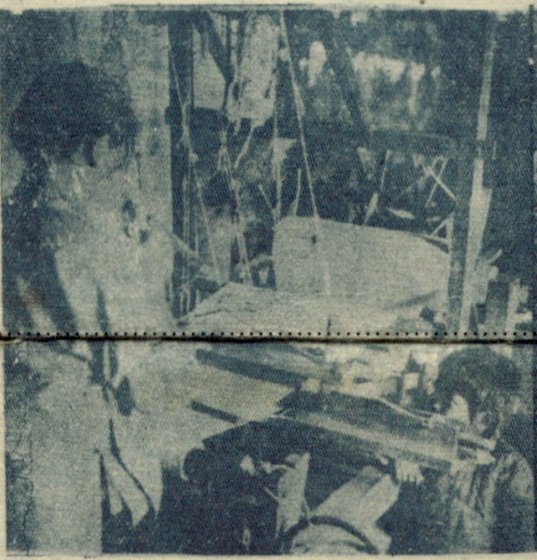

織布　劉峰攝

紡線　胡東堂攝

抬石頭　婦女們也一樣參加修灘開渠，掀上男人了．　揚國治攝

蘇聯＝勞動婦女

這是蘇聯的勞動婦女，你看她們多健康，多快樂，咱們邊區的婦女應該學習她們，向她們看齊．

送冀：婦女們送冀過唐河．張戈攝

晉察冀

增
第二期

中華民國三十三年三月八日　晉察冀軍

晉察冀畫報
第五期出版預告

本報第五期決定於三月底出版，現已着手編輯製版，主要內容為去年軍民反"掃蕩"戰役與今年邊區黨政軍民聯合召開的群英大會。欲購者可先期往晉察冀新華書店預定。

紀念"三八"婦

①

報畫

No 2　刊

定價邊幣二元　治部出版

晉察冀畫報
第四期再版預告

本報第四期初版印數不多，現應各方要求，決定再版，三月中旬即可印出，欲購者可往本報總經售處晉察冀新華書店接洽。

女節

子弟兵歡送擁軍模範戎冠秀

平山下盤松村的戎冠秀，一連做了六年婦救會主任了，她是個擁軍的模範，今年群英大會上，黨政軍民聯合決定贈她「北岳區擁軍模範——子弟兵的母親」的光榮稱號，並獎給她一面很漂亮的綢子大旗和一匹大騾子。大會閉幕以後，軍區政治部宋代主任率領着軍區直屬隊全體人員歡送她回去。

——汪　洋攝

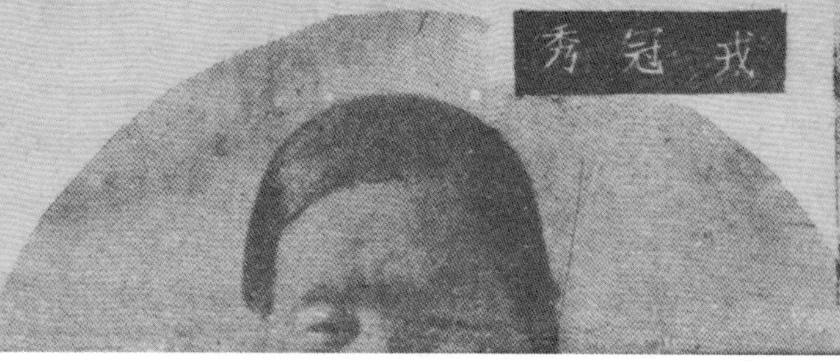

戎冠秀

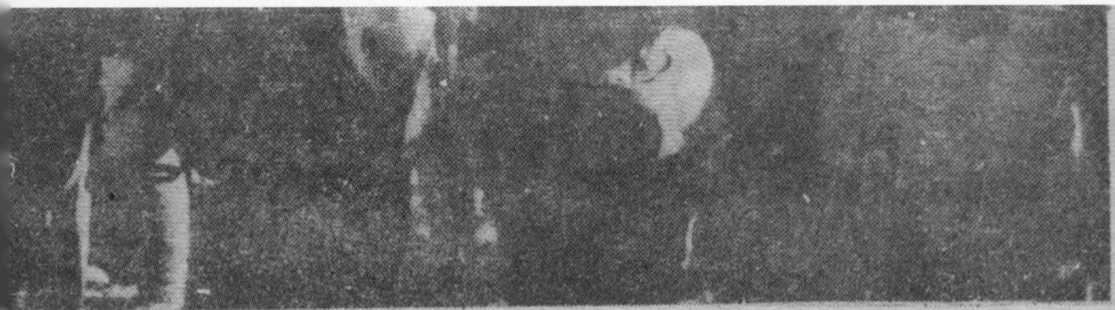

模範抗屬和劉副政委談話

阜平XX村模範抗屬俊老太太，在群英大會上向劉副政委打聽她兒子的消息，她很盼望自己的兒子也做一個戰鬥英雄哩！（石少華攝）

女戰

三分區模範女看護呂俊杰，是一個三等戰鬥

②

女勞動模範韓鳳齡

三專區淶源銀坊村的韓鳳齡，是群英大會中頭一號的女勞動模範・大會獎給她一頭驢子，一把鈇，一把鎬，還有二百塊錢的東西・（周郁文攝）

呂俊傑

蕩、環境中，她盡心盡力十分過到的照顧了傷病員・（夏藍攝）

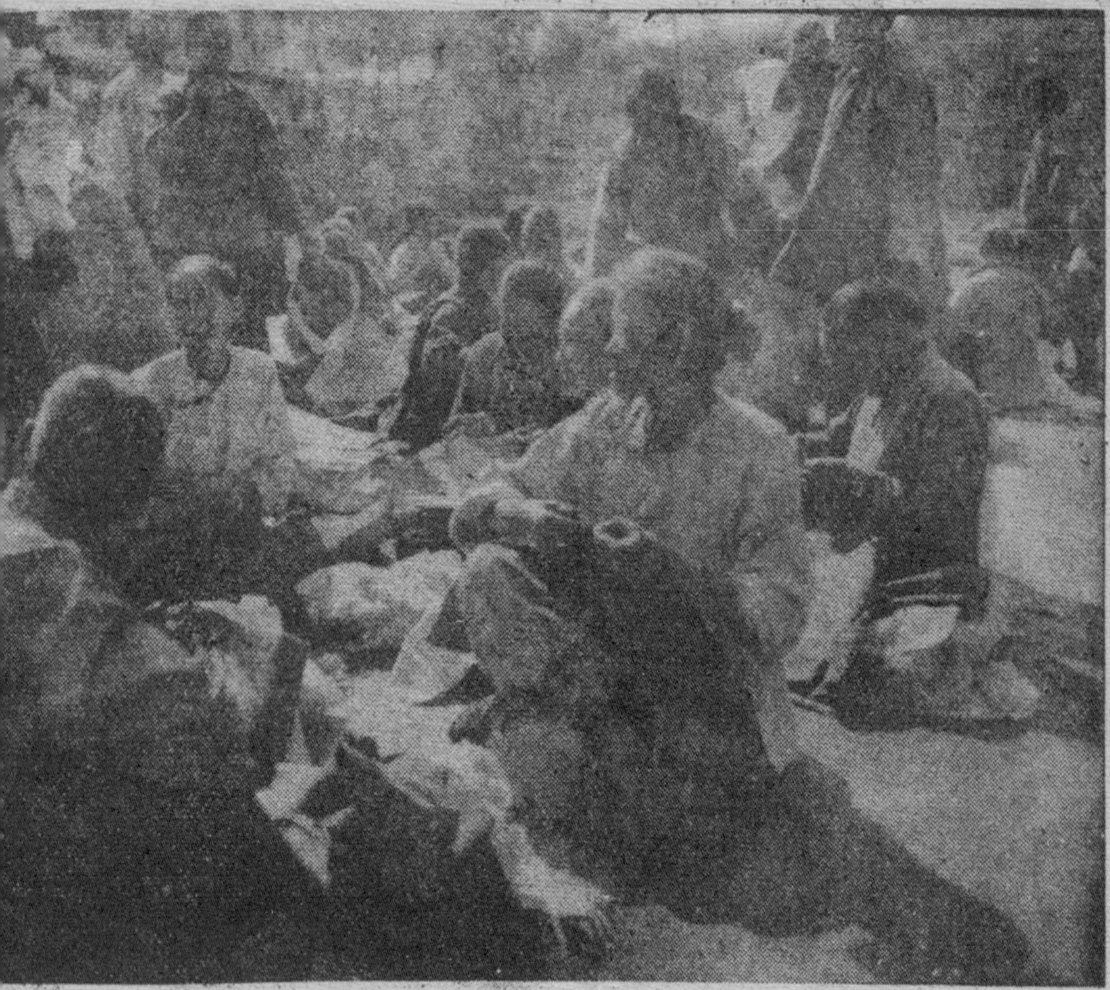

抬石頭 婦女們也一樣參加修灘開渠，滿抵上男人了· 楊國治攝

紡線 胡秉堂攝

③

縫軍衣

婦女們快快活活的在一起替子弟兵縫軍衣。（沙飛攝）

戎冠秀救護傷員

擁軍模範戎冠秀在去年反「掃蕩」中，救護一個四天四宿沒吃一口東西的重傷員，圖為給傷員做飯。（史靈攝）

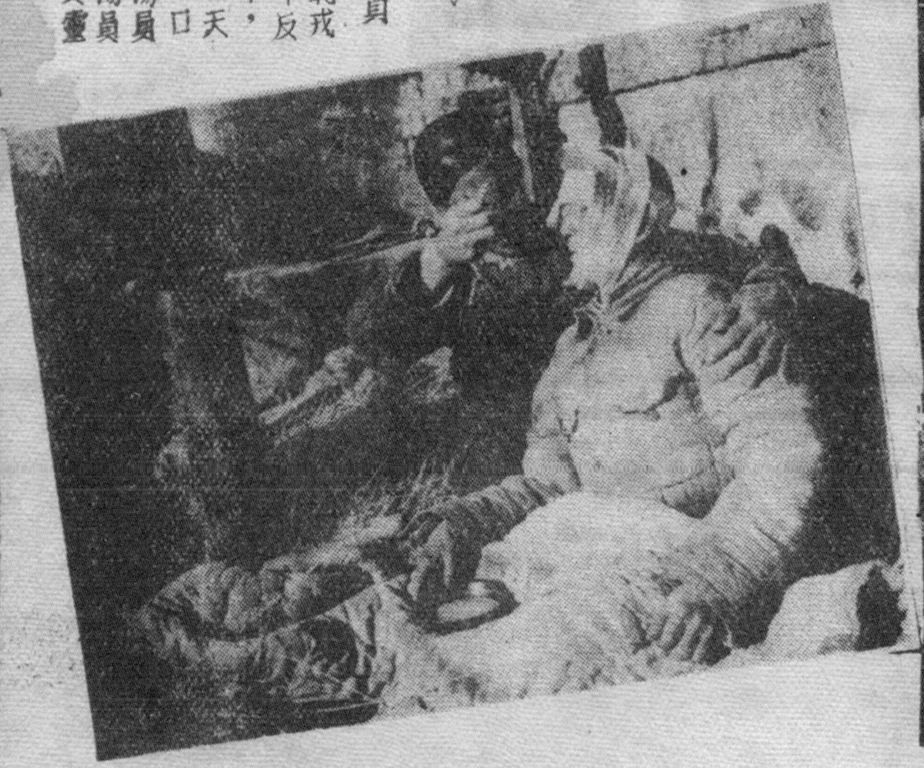

女們紡織是頂好的家庭副業

織布

劉峰攝

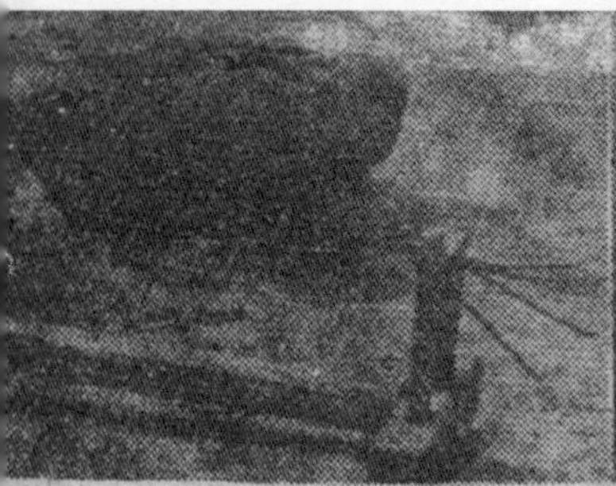

蘇聯＝勞動婦女

這是蘇聯的勞動婦女，你看她們多健康，多快樂，咱們邊區的婦女

送冀‥婦女們送冀過唐河．張戈攝

④

图片比例按 65%，134% 呈现

晉察冀

↑圍攻張家口戰鬥中，我軍之搶佔陣地（劉江沛攝）

直搗偽蒙疆

晉察冀八

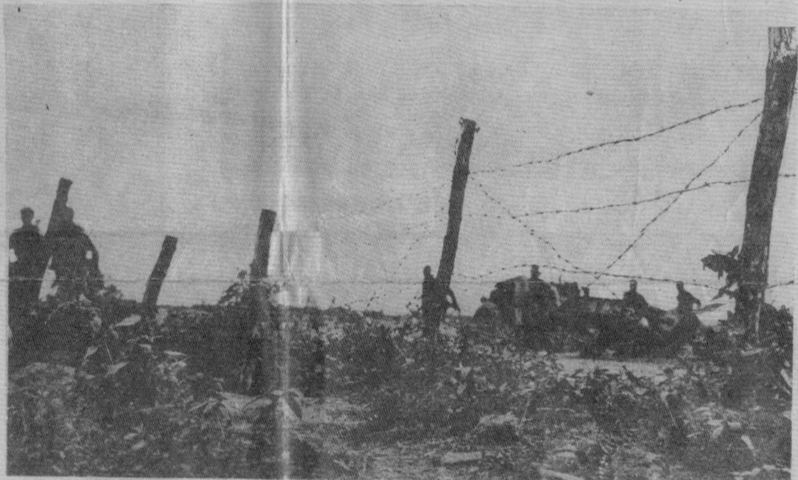

↑割破了敵人的電網工事（劉江沛攝）

↑我大軍開進大境門（石少華攝）

↓我前鋒部隊突入火車站（石少華攝）

畫報

時事增刊
第三期
晉察冀軍區政治部出版
一九四五年九月十五日
本期定價邊幣十五元

↑↓我抗日民主政府發放救濟市內災難民（增埔攝）

中國解放區抗日軍總司令

→電話工人熱誠地重架電話線（石少華攝）

解放張家口

我晉察冀八路軍，在接到中國解放區抗日軍朱總司令的命令後，立即向日寇侵佔了八年的偽蒙疆自治政府的首都張家口市展開圍攻，經一星期激戰，至八月二十三日，即將該市全部解放，我軍除大部東向追擊敗敵外，一部開入市內，在張市衛戍司令部指揮下實施軍事管制。由于黨政軍民的共同努力，張市革命秩序迅速地建立起來，偽軍偽組織人員已大批到政府登記自新，各種交通部門亦已完全恢復，政府正普遍進行賑濟災難民工作，隨之工人青年婦女等群眾工作也蓬勃開展起來。

↓敵偽突圍逃跑時，曾將市內五座大橋燒毀，現鐵路修路工人積極搶修清河橋，以利我軍民通行（孟昭瑞攝）

↓軍管平綏鐵路管理局成立大會之盛況（葉昌林攝）

←在軍管平綏鐵路管理局成立大會上，全體鐵路職工聽到張局長闡述中共的職工政策和提高職工生活待遇的講話後，皆報以熱烈的掌聲。（石少華攝）

晉

解放偽蒙疆宣化省省會宣化城

八月三十日，我軍向偽宣化省城之偽軍李守信部第一二師及偽警備大隊千五百餘人進行圍攻，激戰至九月一日晚我軍發動總攻，遂將該城完全佔領，當我軍進攻該城時，龍烟鐵礦工人立即起義組成工人大隊配合我軍作戰。

↑我軍佔領偽察宣化省公署（力耕攝）

←偽宣化龍烟鐵礦工人武裝起義配合八路軍作戰的工人英雄們，現已在民族組織委員[illegible]林同志領導下，全部參加八路軍。（力耕攝）

沙嶺偽警五百投降

我軍解放張家口後，某部主力即乘勝于八月二十八日進攻東距張市三十餘里之沙嶺據點，該處偽宣化警察隊在我強力威脅下，全數五百餘名攜帶全部裝備向我投誠，圖爲該部偽警集合準備繳械投降時之情形。（[illegible]攝）

解放涿鹿城

八月廿六日，我冀察主力部隊配合地方武裝開攻涿鹿城，圖爲開攻該城時我軍之機槍射擊。按涿鹿爲我國有名之古城，即黃帝戰敗蚩尤之地，現已爲我軍解放。（沈力攝）

佔領龍烟鐵鑛

←聞名全國之宣化龍烟鐵鑛，是我冀察十二分區民兵戰鬥英雄何金海領導之大隊與宣化懷來民兵大隊配合于八月二十日完全佔領的，圖爲該鑛鋼鐵爐之壯觀。（力耕攝）

佔領下花園車站

→八月二十五日，我軍佔領平綏鐵路之下花園車站，圖爲我軍追擊敵寇大隊撤退之情形。（下花園係平綏鐵路大車站之一，民國一重要之工業區）劉峰攝

報

人民的軍隊和武裝的人民

晉察冀解放區介紹之一

图片比例按 47% 呈现

《晋察冀画报 / 月刊》

Jin-Cha-Ji Pictorial/ Monthly

晉察冀

中國人民偉大領袖
毛澤東同志

大會全景

↑紅軍萬歲！慶祝紅軍搗毀希特勒匪幫老窠！ 丁里

邊區各界萬人集會
慶祝紅軍解放柏林與中共七代大會

[illegible]

↑摧毀德國法西斯的中心巢穴——柏林 徐靈

↑大會宣傳活動之一：秧歌舞

畫報

月刊
第二期
晉察冀軍區政治部出版
一九四五年六月三十日
本期定價邊幣五十元

↑紅海軍在艦上瞭望

聯紅軍最高統帥
大林元帥

蘇聯紅軍

（本頁照片係蘇聯塔斯通訊社贈）

↑紅軍坦克車衝向德寇陣地

↓蘇聯紅軍哥薩克騎兵隊

↓紅軍機械化重砲隊

→紅軍遠射程砲轟擊德寇陣地

晉察

冀中軍區

練兵造成熱潮

晉察冀軍區的第一期練兵，已使許多部隊在軍事技術與政治質量上大大提高一步，部隊戰鬥力加強了。冀中軍區練兵團，係抽調幾個新戰士佔絕大多數的部隊所組成，在未練兵以前，軍事素養和政治質量都相當的差，但由於部隊領導作風的改變，實行了練兵運動中群眾路線的方針，使得全體指戰員的上進心、積極性、創造性大大發揮，造成自覺的群眾性的練兵熱潮，以至射擊成績僅僅六星期的工夫，即由平均三、四環進到十

↑大部隊一連刺殺操練（宋克章攝）

↑九練部隊三連九班練習射擊技術（宋克章攝）

↑練兵造成熱潮，大家訂出練兵公約，進門出戶都要瞄三槍。圖為戰士們在進門前作瞄準射擊練習時之情形（紀

瞄準射擊的新創造

（上）鏡中檢查：這是戰士們創造出來的一種檢查瞄準是否完全準確的方法。使用時將標尺立起，在標尺原來的位子上裝置一小匣子，匣子的前面後面及側面各有一個小孔，當中嵌上一塊四十五度的小鏡子作反射物像用。當瞄準時，旁邊一人即可從小孔中看出所瞄準的目標是否完全準確。這方法底簡單而又確實。（紀志成攝）

（下）震動檢查：這是檢查步槍擊發時是否因震動而變更位置的一種方法。瞄準時，把槍口攔在一個裝有米達尺的木架上，槍口前下方釘一鐵針，鐵針緊靠米達尺，扣機後，如果鐵針變動了位置，就知道槍口因振動而變動位置的程度了。（紀志成攝）

↑識字多的教識字少的

↑互相矯正射擊姿勢

↑學習生活檢討會

程志均互助組

程志均是一個積極進步的戰士。在他的影響和幫助下，三個月練兵期中改變了張金貴、溫占平、劉振宗等三個落後份子，使他們在政治思想、軍事技術、文化水平上都大大提高了。（眼兵攝）

报

兵團剪影

練兵比賽大會

本上消滅了打罵現象，炊事員積極性被發揮起來，伙食的改善鼓舞了戰士苦練，戰士也不斷捐獻慰勞鼓勵炊事員。各連隊不願練兵的消極落後份子絶大部份得到改造。他們用互助組的方式，使積極份子聯系群衆，起着帶頭作用，而落後份子也因此獲得了經常的具体的帮助與教育。在互助組中各人自定紀律來糾正克服自己的缺點，因而使紀律變為真正的自覺的紀律。短短的三個月的練兵中，部隊煥然一新，團結和進步空氣是到處可見的。現將練兵中的一些照片刊載以饗讀者。

↑六練部隊宋福森同志投彈遠達十三公尺，是全團投彈優勝者之一（眼兵攝）

↑單槓表演（白連生攝）

↓全團練兵模範班｜九練部隊三連九班，他們射擊平均以三槍打二五環，投彈平均以四六·二公尺，獲得全團射擊與投彈的模範班（紀志成攝）

↑在總結大會上，冀中練兵團王政委給優勝模範發獎（紀志成攝）

↑特等射手之一：六練部隊郝元員同志：他以一百五十公尺距離、卧射十環靶、三槍連中三十環的最高紀錄，獲得全團射擊優勝之一的光榮稱號。（眼兵攝）

↑九練部隊梅政委打靶，三槍打中二十八環（紀志成攝）

↓冀中練兵團總結大會閱兵式（白連生攝）

晉察冀

淶源城重歸祖國

冀察子弟兵 打破偽『蒙疆』確保區

我軍收復金家井，繳獲糧食五百石（劉峰攝）

老鄉們把拆毀馬圈子據點堡壘由木料扛回家裡去（劉峰攝）

我軍前鋒部隊搜索淶源偽縣公署（高粮攝）

重見天日的石綁礦工，向子弟兵訴說在敵疑壓梗下的悲慘生活與礦內情形（高粮攝）

在三萬餘軍民的祝捷大會上，人民要獅子以示慶祝（高粮攝）

雄壯的子弟兵行列，開進東大廟祝捷大會會場（劉峰攝）

畫報

月刊
第三期
晉察冀軍區政治部出版
一九四五年七月三十日
本期定價洋五十元

十八個縣境內進行了一百二十一次戰鬥，克復涿源縣城（五月二十七日），解放涿源全境，一度攻佔懷安縣城（五月十三日）襲入昌平偽蒙軍司令部，並攻拔與逼近了萬全、懷安、天鎮、陽原、廣靈、蔚縣、涿鹿、崇禮、龍關、赤城、延慶、懷來、易縣、涿水、定興、涿源等縣境內敵偽點碉八十三座，斃傷俘敵偽官兵一千二百三十名，反正偽軍一百二十八名，繳獲武器軍用品無算。這一連串的光輝勝利，打破了偽「蒙疆權保區」，使我冀察與冀晉區在西部廣潤的地域上聯結起來。總計從五月十二日至六月二十七日間，我冀察區光復國土六千八百五十二方里，解放一座縣城，二百七十九個村莊，同胞十四萬四千六百五十九人。

↑妙峰山近景

宣傳戰

妙峰山東距北平六十里，是我區有名的佛教聖地，抗戰後敵設據點於此，去年五月六日被我軍收復。該地每年舊曆四月初一到十五，華[illegible]

↑朝山香客參觀展覽照片（力競攝）

↓在廟會上演出"血淚仇"（力競攝）

解放察南軍事重鎮
一懷安城

↑懷安城居民夾道歡迎子弟兵（沈力攝）

冀晉子弟兵
迫退大赤澗堡壘

陽曲（盂）山綫上之大赤澗堡壘，在我政治攻勢與嚴密圍困下，水斷糧絕，於五月十四日全部守堡偽軍攜械反正。

↑子弟兵佔領堡壘（李進鴻攝）

將繳獲之非軍用品，發給反正偽軍，遣散回家（李進鴻攝）←

晉察

↑"兩個大會"活報之一場面　石少華攝

↑日人解放聯盟晉察冀地區協議會表演櫻花舞 ——汪洋攝

邊區各界狂歡慶祝七月三大節會

↑邊區黨政軍民領導機關組成之慰問團，攜帶豐盛的慰勞品，赴國際和平醫院慰問傷病員時留影（眼兵攝）

↑在七月節大會上，于副議長致開會詞。　石少華攝

繼七月節前邊區各地普選和劃分等運動之後，七月十日，邊區各界七千餘人齊集阜平X地舉行抗戰八週年、中共誕生二十四週年及軍區成立八週年紀念大會。這個大會是在我擴大解放區連續告捷，慶祝中共七代大會勝利閉幕和苦旱後普落透雨的歡呼聲中召開的，是個充滿着勝利信心洋溢着無限歡欣的盛會。開會之前進行了盛大的群眾性的宣傳活動，各種活報，秧歌、街頭劇深入到會群眾中間，宣傳兩個戰場的對比，毛主席聯合政府的英明主張以及表演我邊區人民在共產黨地方性民主聯合政府領導和八路軍幫助下同旱荒作鬥爭的生動場面。接着大會在一段有共產黨就沒有中國的高歌聲中揭幕。主席于副議長報告了慶祝會的重大意義以後，中共晉察冀分局代表程子華同志首先講話。他於歷述過去一年中邊區軍民的偉大戰績及進步和目前要做的五件事情之後，提醒大家：敵人還有強大的力量，同時美國反動派與中國國民黨的反動統治集團正加緊製造內戰。我們必須提高警惕，但我們相信經過八年鍛鍊的中國人民一定能把國際和國內的反動勢力打下去，使中國變成一個獨立、民主、自由、統一、富強的新國家。接着邊府宋主任、軍區政治部潘副主任、抗聯代表及X區勞動英雄張鳳仙都有講話，最後全體一致通過通電擁護中共中央及中國人民領袖毛澤東，擁護和執行七代大會的決議，擁護迅速召開解放區人民代表會議

↑慰問團訪問傷病員時之情形。（眼兵攝）

↑新近從天津脫離敵寇魔手來邊區之反法西斯法國朋友，在七月節大會上參觀文藝活動。（眼兵攝）

↑蔣家班拿手好戲「還政於民」　丁里畫

啟事、預告

一、晉察冀畫報月刊的主要對象，是部隊的廣大幹部戰士，因此部隊系統發到連隊，連隊應負責在戰士中傳開，並使用它去向群衆宣傳。因印刷條件限制，地方只發到區。

二、本報已收到冀中平原春季攻勢光復六個縣城的照片，準於下期專刊登出。特此預告。

黨政軍民一齊下手

熱烈進行防旱備荒

今年大秋作物播種時節，當晉、冀、察[illegible]普遍遭受旱災的嚴重威脅。對這一人民生計攸關的[illegible]問題，中國共產黨中央晉察冀分局和晉察冀邊區政府於六月初先後發出緊急指示，號召全邊區黨政軍民急起防旱備荒。各地軍民在接到這一指示後，立即行動起來，到處可見撥工隊，子弟兵的勞動大軍，和機關工作人員突擊大秋作物播種、變旱地為水地的緊張戰鬥場面。他們用挑水點種，修渠築壩，滅蝗捕蝻，開展手工業副業生產，並厲行節約等方法，大大的減弱了荒旱所給予的威脅。從同大自然的實際鬥爭中，人們改變了過去「靠天吃飯」的思想，一致相信：只要有中國共產黨抗日民主政府的領導和八路軍的幫助，組織起來就可以戰勝天災！

↑乾地點豆（史寰攝）

↙雨後，子弟兵幫助老百姓搶種去（胡冰攝）

↑修渠，變旱田為水地（胡冰攝）

↑築堤防洪水（胡冰攝）

（孟昭瑞攝）

↑平山××小車巧，把本縣的土布運銷到外縣去。（胡冰攝）

子弟兵積極開展紡織業：織布（劉峰攝）

↓軍民合作打蝗蟲（楊國治攝）

《摄影新闻》

News Photography

攝影新聞

晉察冀畫報社編印

嚴懲民族叛逆
張市偽市長崔景嵐、韓廣森處死刑了！

張家口市偽市長崔景嵐、韓廣森，在我神聖民族抗戰期間，助敵為虐，殘害人民，張市人民對此等協助日寇侵略戰爭的罪犯、醜類日寇的漢奸恨之切骨。我英勇之八路軍解放張市後，即將之逮捕，經晉察冀邊區高等法院審訊判決處以死刑，於本月八日執行槍決，對此奸逆的伏法，全市人民無不稱快。

1945.10.9

↑ 判處死刑之偽市長崔景嵐、韓廣森

复制于《晋察冀画报影印集》
Reproduced from *Photocopy of Jin-Cha-Ji Pictorial*

↑死心塌地的民族叛逆的下場。

……刑場前押解罪犯遊街，千萬群衆夾道歡呼

血海深仇得償報復！

· 555 ·

图片比例按 100% 呈现

攝影新聞

晉察冀畫報社

晉察冀邊區暨
狂歡慶祝

中華今年的雙十節，生日民國第三十四個最快樂的張家口人民飄揚着國旗，一天。街上商店們懸着各色口彩和樓上着幸福的臉呈現牌着人慶祝過的自己已獲容了後行參加生活。美術午行列紛紛拉松賽以，從各方大會的跳來人巨流在街上上合了的高飄面聚集群成秧歌隊過。樂隊獅集去，了隊過去了。

1. 和平，民主，團結——引向勝利的旗幟。（袁克忠攝）

2. 市郊民衆坐大車遠道趕來參加大會，（和谷秀攝）

3. 大會場景。（白連生攝）

各界

馬拉松賽跑中途（大會運動節目之一） （和谷岩攝）

邊區貿易局裕民百貨公司開幕，優待抗日軍人家屬減價售貨。（白連生攝）

宣化縣慶祝雙十節大會之群衆示威遊行。（力揚攝）

大會上新華蠟工廠（原僞龍烟鐵工廠）工人控訴以前的工頭王文輔，倚仗敵人勢力剋扣工資，剝削工人。（力揚攝）

參加大會的平綏鐵路的員工（流[illegible]攝）

图片比例按 100% 呈现

攝影新聞

晉察冀畫報社編印

新華毛織工廠

本報特派攝影記者 流 瑩

當日寇從張家口狼狽撤退的時候，爲「滿蒙毛織工廠」的工友們，即在「保衛工廠交給祖國」的響亮的口號下，組織起來，保衛了一切機器物資。我軍進入張市後，即將該廠接收，並改名爲「新華毛織工廠」。

該廠于八月二十三日上午得到解放，當日下午就復工，爲八路軍趕製軍衣。二十四日，成立工會籌備會，不久工會即正式成立，把全廠工友們團結起來，爲新的解放了的工廠服務。

在工人自己的組織——職工會和革命工廠的領導與扶助下，工人生活得到了改善，建立了讀報、上政治課等學習制度，並組織了歌詠團，籃球隊，自衛隊，在日寇奴役下多少年來的苦悶抑鬱都一掃而光。

他們深知：現在只是新生的開始，新的更幸福的生活還靠他們去建設，而目前敵人不但沒有完全放下武器，且在中國內部反動派的指使下，大規模向我解放區進犯，他們爲了要示對於解放人民保衛人民的邊區子弟兵的愛護，正用高度的勞動熱忱，以每天七百套軍裝的紀錄，爲轉戰于古長城內外的八路軍趕製冬衣。

↓ 緊張熱情地爲八路軍趕製冬衣

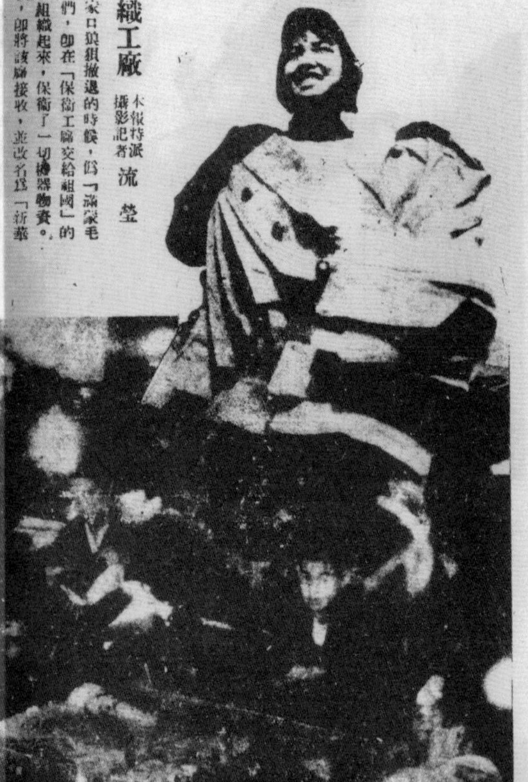

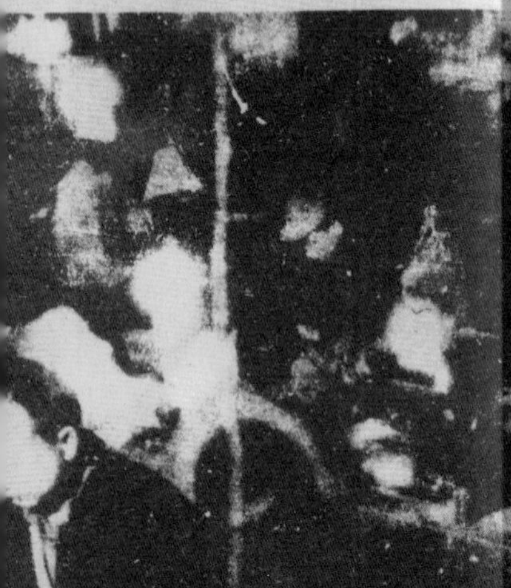

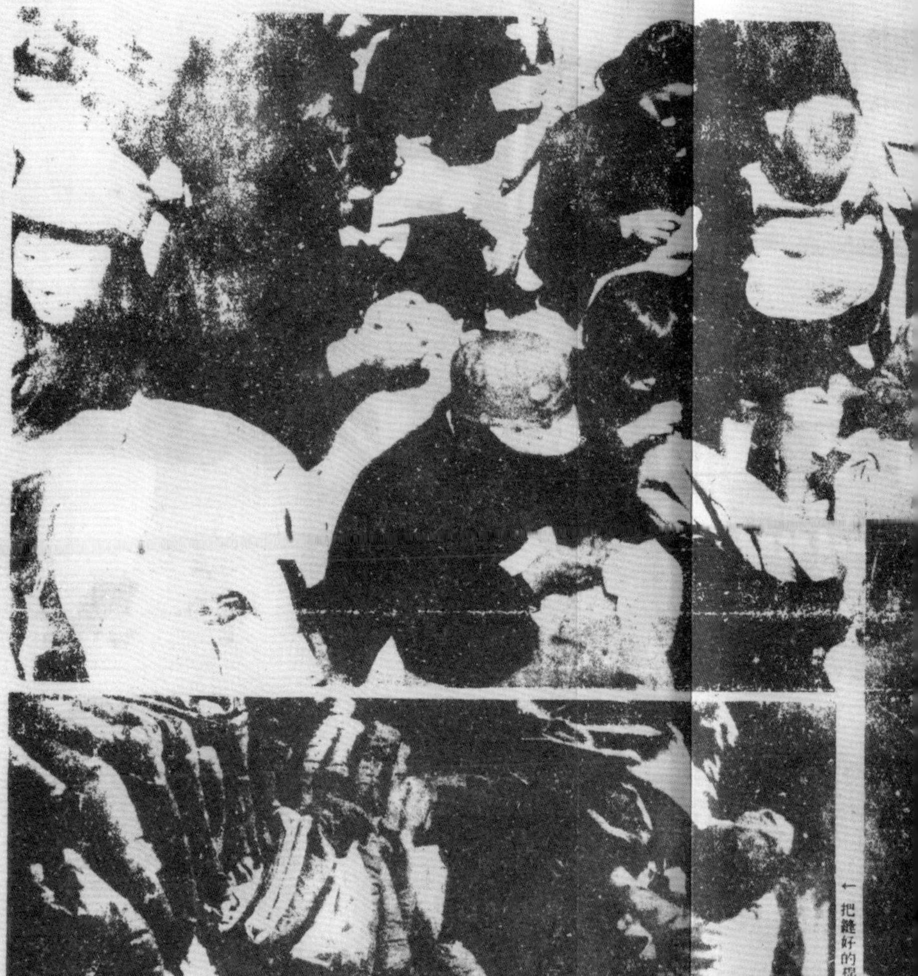

←把縫好的棉衣裝搬運到前方去

職工會成立大會

复制于《晋察冀画报影印集》
Reproduced from *Photocopy of Jin-Cha-Ji Pictorial*

↑ 歌詠隊自由地歌唱

職工籃球隊 ↓

图片比例按 100% 呈现

攝影新聞
晉察冀畫報社編印
4
1945.10.27

宣化龍烟鐵廠
第八號煉鐵爐開工

（力競攝影）

龍烟鐵礦在敵僞統治下八年，礦廠的五千餘職工受盡壓迫剝削，過着黑暗痛苦的日子，隨着八路軍光復宣化，他們才得到了解放。職工們聚集在礦廠裡沒有散去，因爲他們日夜盼望的救星降臨了，共產黨八路軍來解救了他們。

龍烟鐵礦的職工們，對我邊區『發展工業』『勞動保護』等政策的實施，感到十分振奮，都願意貢獻出自已的力量來報効祖國。

龍烟鐵廠第八號煉鐵爐於雙十節紀念日歡騰鼓舞的舉行了開爐典禮。在『愛護工廠，積極工作』『爲中國人民服務』『爲建設新中國而奮鬥』的號召下，全体職工更爲了使狡詐的日寇在中國人民面前完全放下武器，爲了使敵僞頑合作合流進攻解放區的陰謀立即停止，爲了使人民戰爭獲得澈底的勝利，第八號煉鐵爐被點着了！像爐裡燃燒着的火焰一樣，職工們都燃燒着强烈的生產熱情，開始了緊張的勞動。

（右上）烟囱裡噴出白烟，開工了！
（右下）第八號煉鐵爐。
（左上）白熱的鐵溶液從爐中湧流而出。
（左下）造槍間

↑電鋸

↑修械間

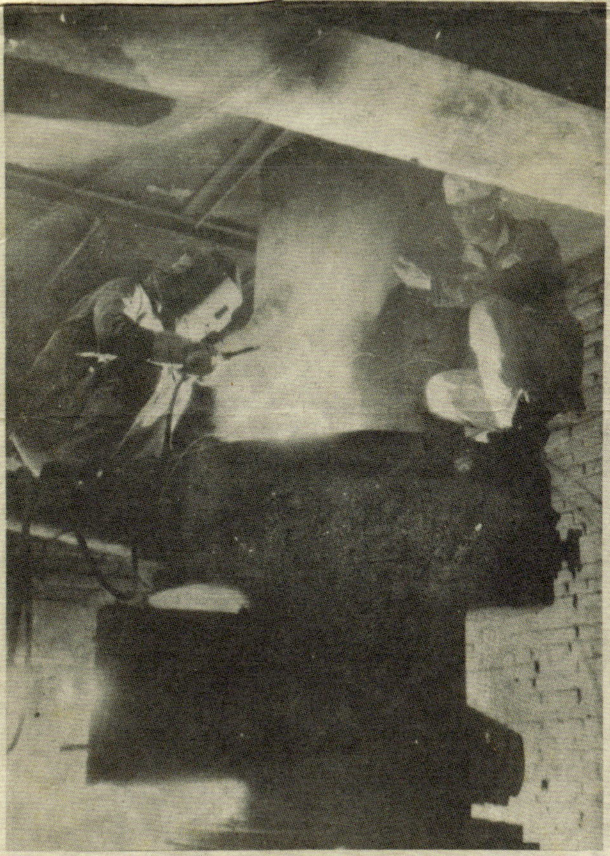

↑電銲

↑電鎚

图片比例按 60% 呈现

《晋察冀画报 / 旬刊》

Jin-Cha-Ji Pictorial/ 10 Days

晉察冀畫報旬刊

出版：晉察冀軍區政治部　編輯：晉察冀畫報[illegible]編輯委員會
NR 1　1945.12.9

所，得三十餘萬僞幣，第二天宣佈禁使，她抱着大捆僞幣到歸綏市僞蒙彊銀行大門前痛哭一陣、自刎而死！傅又强行使用中央票，多是五百元一千元一張，找不[illegible]

裡，男人的皮襖，女人的褲子食衣都被搶走。隆盛莊三個老頭被搶光，吞煙自殺。集寧城西一個排長說：『西軍（指傅軍〕到處搶，往夾壁墻裡找「軍用品」，[illegible]

這個不幸的婦女姓雲，二十二歲，歸綏乃莫板村人，十月二十六日，傅軍從這個村子撤退之前，一個軍官和三個士兵輪姦了她。無恥的官兵們用刺刀威嚇着强姦她的時候，她的婆婆跪在門外哭求，却被野獸們踢個四脚朝天。她被輪姦以後，下部受傷很重，好幾天不能行動，記者到村子的時候是八天之後了，她才能勉强的走出來。（佚名）

綏遠自衞戰

反共反人民內戰的急先鋒傅作義

抗戰開始，傅作義不戰而逃，把綏遠二百萬人民交給了日本人。他躲在河套，多年來對日寇一槍不發，只蹂躪老百姓。綏遠八年抗戰是八路軍和綏遠廣大人民艱苦堅持的。日本宣佈投降，八路軍向着不肯放下武器的綏遠敵僞軍發動英勇進攻。八月十二日到二十八日，就收復綏東八縣和許多重要車站。百萬人民慶幸得到解放，開始過和平幸福的日子了。而這時傅作義充當了反共反人民內戰的急先鋒，指揮着軍隊，一路上聯合敵僞，收容土匪，向我解放區殺來。當八月十八日我軍攻入歸綏，包圍僞蒙軍總司令部，正當敵人請降的時候，傅部幾千人突然攻來援助敵僞，使我被迫退出。二十七日傅軍主力與大同日軍五百餘配合，奪去八路軍解放的集寧豐鎮。傅得寸進尺，又大舉向我解放的張家口進攻，先頭部隊竄到了柴溝堡附近。我軍忍無可忍，讓無可讓，爲了自衞，才給了進犯的傅軍一連串堅決的回擊。

傅作義利用日寇漢奸禍國殃民

傅作義到了大同，大同日寇不但沒有解[illegible]而且連日本居留民也發給槍，讓他們照樣橫[illegible]義部下王英土匪，在大同附近和日本人一起[illegible]，汚辱同胞姊妹，眞不如禽獸！敵傅合流移[illegible]人交給傅作義大批蒙彊僞票。傅爲了發財，把大批僞票推到人民手裡，又立即宣佈停使。傅作義大腹便便，老百姓血淚漣漣！歸綏一個婦女，因沒飯吃賣出房子一[illegible]

八路軍爲自衞而戰

傅軍到處貼着『民衆齊起協助剿除奸黨！』『一好匪不滅人民不能[illegible]

元，問話交還老鄉，老鄉歡喜得裂開嘴說：『你們眞好！要是西軍︵傅軍︶不用說還我，在口袋裏還得掏了去昵！』在歸綏乃莫板村，八路軍一個排住在張老漢家，戰士替房東推磨，掃地，出圈，感動得張老漢要殺雞犒勞，戰士們拒絕了。張老漢夜褲[illegible]

八路軍回到了平地泉。（劉士珍）

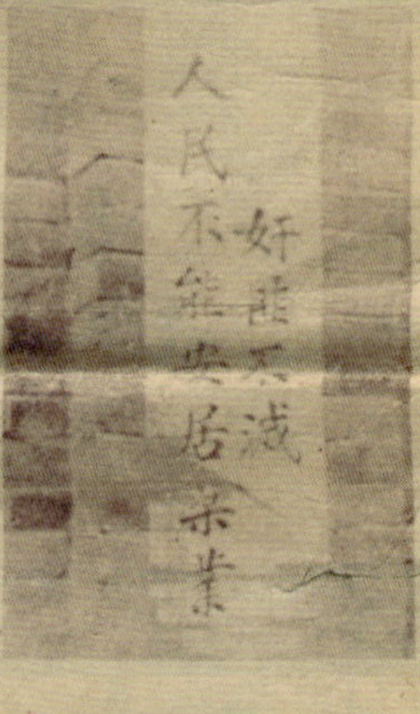

傅軍所到的地方都貼着汚衊共產黨八路軍的狂妄宣傳品，這和國民黨反動派所頒發的『剿共手本』一樣，都是首先開槍挑動內戰的證據。（吳群）

這是我軍在興和戰鬥中，從頑軍手裡繳獲的美國新武器的一種，美國當局供給國民黨軍隊武器來打內戰，這就是鐵證。（潘福順）

綏蒙警察保安隊武裝起義

組成內蒙古人民自己的武裝

——內蒙人民自衞軍一支隊

綏蒙廂藍旗廂紅旗的警察保安隊，在日本鬼子統治下過着幾年的黑暗生活。日寇投降，傅作義又騎在他們的脖子上，驅逐着他們去當內戰的砲灰。傅作義不把他們當人看待，按十個人發一雙鞋子，一排人發三件棉衣，自己軍隊吃白麵，給他們吃山藥蛋。從他們自己的可憐的經驗中，他們知道隨敵隨僞隨頑都是死路，光明的道路只有一條，那便是到八路軍方面

軍第一支隊司令華林秦

內蒙古自治運動聯合會全體執行委員合影 （[illegible]）

內蒙古自治運動聯合會成立

在內蒙二百萬人民的殷切期望下，[illegible]內蒙古自治運動聯合會成立大會，已于十一月[illegible]閉幕了。聯合會成立大會的召開，正[illegible]上所說，「在蒙古歷史上，是一件[illegible]治事件。」邊區全體人民對於內蒙人[illegible]表示着熱忱的慶賀。來賓劉瀾濤同志[illegible]充分的代表着全邊區人民對於大會[illegible]「內蒙古自治運動聯合會的成立，不[illegible]所一致希望與擁護，即在全中國人民說[illegible]古民族這樣偉大的覺悟，偉大的力量，也[illegible]。」他又說：「我們晉察冀邊區的共產[illegible]萬人民，將要用一切可能的與最大的力量[illegible]蒙民族的自治運動。」

大會討論通過了聯合會會[illegible]聯合會目前工作方針和各盟旗代表所提出的各種議案，在討論中充分表現了蒙古民族各代表團結一致的精神。

大會在一種極為熱烈和毫無拘束的自由空氣中進行聯合會執行委員的選舉，選舉的結果，雲澤、奎璧、烏藍、孟子裕、克力更、王[illegible]、田戶、武勒濟那仁、胡勒沁畢勒格、包崇新、蘇劍嘯、田協安、陳炳宇、丹巴、索特那穆札瑪綽、才喜牙爾圖、松津旺楚克、李海山、薩穆丕勒諾爾布、李新民、索登那木雲龍等二十一人當選為執行委員。在被選出的執行委員中，包括着內蒙的各個盟旗的代表，其中有巴彥塔拉盟、烏蘭察布盟、伊克昭盟、察哈爾盟、錫林郭勒盟、哲里木盟、昭烏達盟、卓索圖盟、寧夏西套蒙古以及其他各旗；同時也包括着各個階層的人士，其中有工人，青年學生，士紳，王公。特別值得指出的，是有蒙古婦女代表一名，也被選為執行委員，這在蒙古歷史上說來，還是一件罕有的事件。各位代表對於此次被選出來的執行委員，均極感滿意。

選舉完畢，接着通過大會宣言和通電。在臨時動議時，有幾個代表先後提議發起募捐，派遣專人去前方和後方的醫院，慰問幫助內蒙大部地區獲得解放的八路軍將士。大會最後，由雲澤同志代表新選出的來執委致閉幕詞後，這一莊嚴熱烈的大會，即宣告閉幕。（秋浦）

疊鎮隆蠶莊是傅頑軍隊打算進佔張家口的前進出發地。我軍在自衛戰中於十月二十日把它拿下來。（力競）

隆蠶莊戰鬥中，我軍乂團一營劉文發一個人繳獲十支步槍，四把刺刀，一挺馬克辛重機槍，真是好樣兒的英雄。（力競）

算什麼？」老百姓含淚念道：『說中央，盼中央，中央來到一樣光！』在興和，疊鎮的鄉村！

不完的。誰無妻女姊妹，能任匪軍如此糟蹋！人民武裝起來，消滅此等禽獸！

[illegible]下第一軍！』八路軍兩[illegible]個戰士何忠台，王鳳岐在柴堆裡拾了一萬五千[illegible]

[illegible]為實現和平團結民主統[illegible]一而奮鬥，不達目的不止。

保衛綏蒙人民的草原鐵騎隊 （凌飛）

在陸軍醫院裏，我軍戰士慰問一個傅軍俘虜，這俘虜四十多歲，姓劉，是個農民，綏遠河套人，兩個多月前，正在地裏做活，被傅作義部下抓去當了兵，第一次作戰就被我們俘虜了。（顧棣）

[illegible]兵起義，[illegible]路軍熱誠的招待，在八路軍的幫助下編成[illegible]古人民的武裝——蒙古人民自衛軍第一支隊，他們向綏蒙人民發出宣言說『我們已經是新的綏蒙人民武裝了，我們再不作反動軍閥的走狗爪牙，我們再不作毫無立場的『牆頭草』，我們要聲援英勇的八路軍，打垮綏蒙人民的公敵——反動派傅作義，建立綏蒙人民民主自由幸福的生活，為蒙古人民服務，為實現內蒙的自治努力，跟着共產黨為和平民主團結而奮鬥到底！』

定價 每份邊幣十元

……』
我昨天走過的是一個去向。』 炎羽

夢想與現實

馬達化

(1) 牧場裡天天有獵戶出現

(2) 收稅人活像是土匪一般

(3) 咋一臉還得從跨下爬過

(4) 一件件刼殺案何處聲寃

國民黨大漢族主義壓迫下的蒙古

石冰

北平風光 許群

中国摄影家协会保存并提供
Preserved and provided by CPA

晋一旬刊 1-2

請看「傳作義做的什麼事？」

雨新作

抗戰八年，傳作義遠遠的躲在河套，對敵一槍不放。

傳作義此時却露出頭來，向我解放區進攻，聯合敵僞，把我軍打出平地泉、豊鎮，奪去我解放區八座縣城往多軍站。

傳作義佔領大同豐鎮以後，設三道崗，第一道是傳軍，第二道是僞軍，第三道是日本鬼子，與敵僞合流是鐵的事實。

大同等地日寇不但沒有解除武裝，連日本居民也武裝起來，與傳軍協同到處搶掠金銀。

大同東六十里之地方及口泉之鐵路兩側，地裏的穀子均被傳軍割去五里全十里部。將老百姓一年辛苦種得的粮食嘸了牲口。

傳作義到綏遠，開始濫發僞幣，接着又驟然禁用僞幣，他們發了財，却讓僞幣爛在老百姓手裏，並且强迫行使五百元、一千元一張的中央票。物價因之暴漲。

聽說傳作義軍隊來了，她們連忙改換男裝。

丰沅

GS.

在傳作義的血腥統治下，河套五原的老百姓都這樣唱着：
『年老的被槍崩！
年青的當了兵！
留下婦女充了公！』

靳夕

傳作義問老百姓說：『三十三年收成怎樣？』
老百姓答：『收成牛皮了！』
傳問：『爲什麼？』
答：『地無人種，牛沒用，都殺了肉吃！』

戚單

死路

晉察冀畫報旬刊

No.2 19.15.12.13

爲制止內

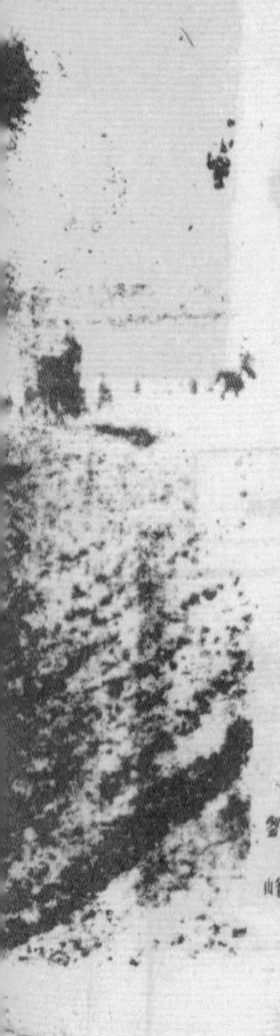

爲迎擊得寸進尺，侵佔解放區的反動派傳作義，我軍源源開往前綫。

黎吶 袁克忠 劉峰 合攝

勇敢的八路軍開回綏遠解放區，一度被蹂躪的人民又安居樂業了，牛羣又安靜地吃草了，人民的軍隊是爲人民利益而戰的。（黎吶）

十一月十三日，在東蘇拉齊戰鬥中，傅作義騎兵暫編第一旅的第二團三百多個官兵，都放下了武器，拒絕國民黨反動派的內戰命令。

袁克忠攝

把麵粉運到前綫去

胡水攝

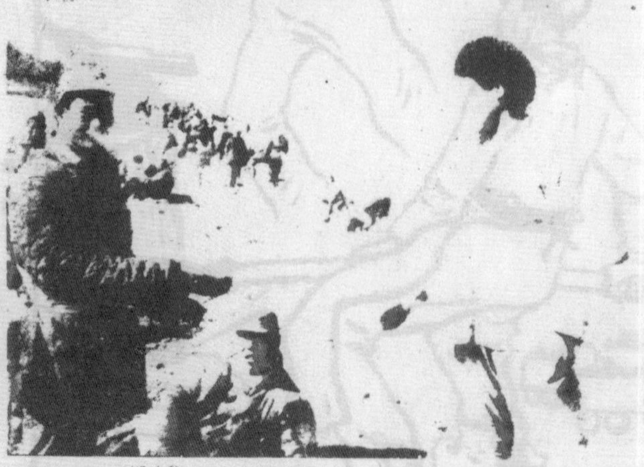

黎吶攝

在保衛解放區的自衛戰爭中，結成了一個整體，前方的戰士……

實現和平而鬥爭

[illegible]

北平學生救亡運動第一次大示威　原載鄧拓同志主編的[illegible]第一卷第八期），為了紀念偉大的「一二、九」十週年，特把這幅有歷史意義的照片轉載在這裡。

為了制止內戰保衛和平，張家口市的熱血青年，在「一二九」十週年紀念日，冒着漫眼的風砂，舉行了廣大群衆的示威遊行。　劉峰攝

邊區各界前方慰勞團負責人把冀中婦女們寄來的慰勞品[illegible]　黎[illegible]

把冬衣運到前綫去　（艾楠攝）

定價　每份邊幣十元

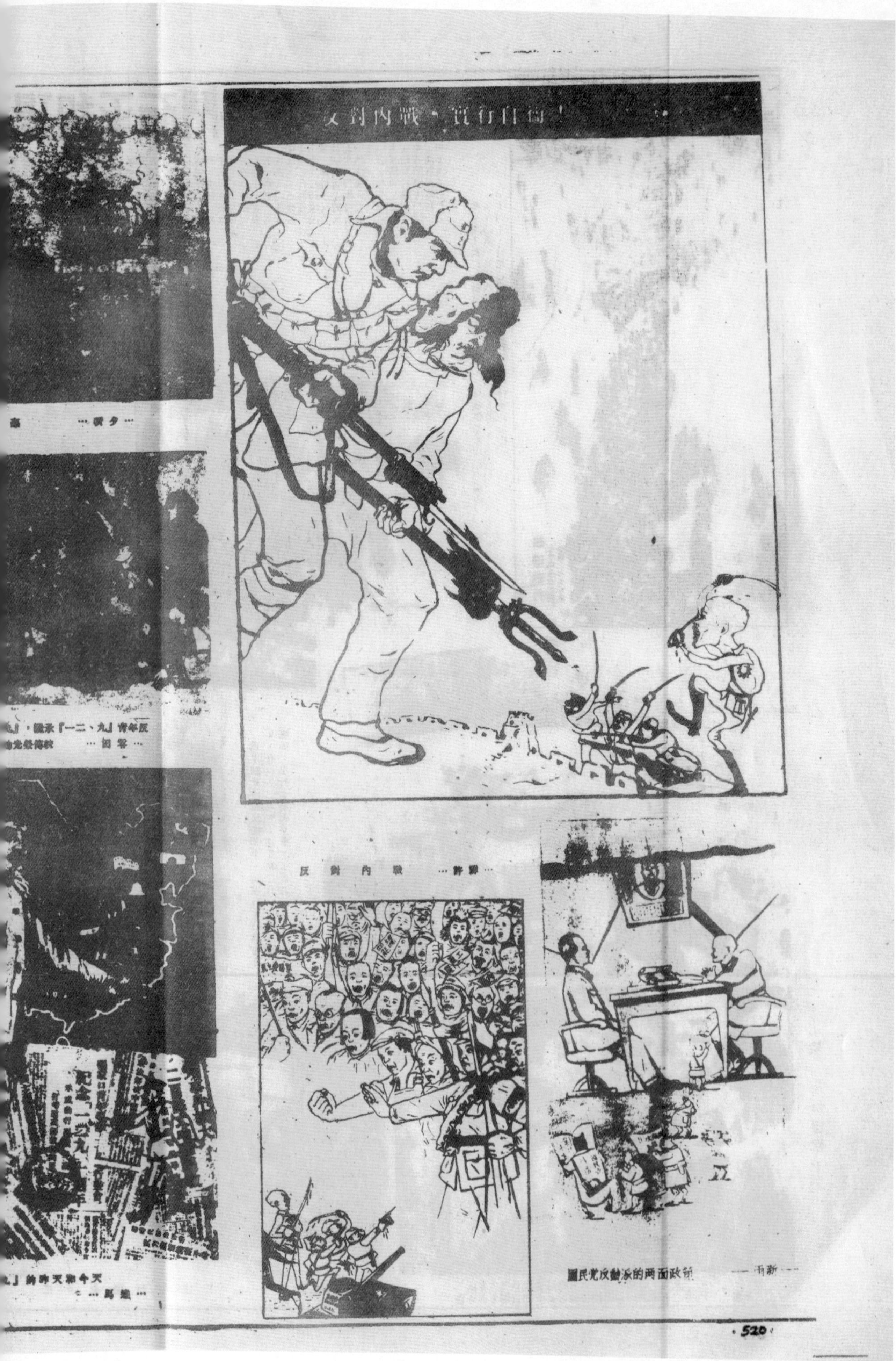

反對內戰，實行自衛！

反對內戰 …許群…

國民党反動派的两面政策 ——石新——

九」，繼承『一二、九』青年反

九」的昨天和今天

…馬達…

·520·

复制于《晋察冀画报影印集》
Reproduced from *Photocopy of Jin-Cha-Ji Pictorial*

图片比例按 100% 呈现

晉察冀畫報旬刊

出版：晉察冀軍區[illegible] 編輯：[illegible]
No.3 1945.12.29

··吳群··

解放後的豐鎮，民主政府發糧救濟難
民。把傅作義棄下的棉花衣被分贈無衣
府是全心全意爲人民服務的。
，商業欣欣向榮。大街上擠滿行人，他們都記得傅作義
商店關閉十之八九，而現在達深夜時小販叫賣仍不絕於耳

戰鬥英雄高發海

收復武川（綏遠）的戰鬥中，高發海第一個攻入城裏。他勇敢善戰，單一個人向十餘敵人衝鋒；以一當十，一百當千，表現了爲人民作戰的大無畏精神。你看他繳獲了多少勝利品呀！

高發海在收復武川的戰鬥後，成爲全團的戰鬥英雄。這是與他全體戰友的合影。大家向他笑着，以表戀和仰敬的眼光向着他。

抗議！
十次百次
的抗議！
··[illegible]攝··

[illegible]，這是[illegible]死五傷十一。死者的鮮血流在我們面前，[illegible]和不被破壞、人民被屠殺而抗議！

反共反人民的急先鋒傅作義，不惜毀壞人民的莊稼、房屋、財產與生命來進行內戰，[illegible]是包頭附近的村莊，房屋全被傅軍拆毀。而這是塞外寒冷的冬天呀！人民往那裏去安身呢？

爲蒙疆戰犯賣國賊頭子 逆品卿執行槍決

庭公審于逆品卿。（沙飛）

大漢奸于品卿，在七七事變前就和日商敵特勾結，進行賣國勾當。日寇侵佔張家口以後，他強迫商民組織維持會，歡迎日寇，供給物資；後來做了察南自治政府的最高委員，連任僞蒙古聯合自治政府的副主席；曾經兩次到日本和敵寇陸相坂垣海相米內等密商侵略中國的計劃，曾經設立各種僞『組合配給』，盡量搜括民財，支持日寇的侵略戰爭；曾經組織僞軍，竊據國土，反抗祖國，協助日寇侵略戰爭，強化「掃蕩」，使察哈爾人民遭受燒殺搶掠姦淫的空前慘禍，人民無不切齒痛恨。我八路軍解放張家口後，即由公安局與衛戍司令部把他拘押，經幾個月的調查，已將該犯的犯罪事實及證件材料，大致搜集整理完畢，後即移交給邊區高等法院。經該院多次調查審問，供證業已齊全，爲執行民意，晉察冀邊區行政委員會邀請邊區及張市黨政軍民共同組織特別法庭，於十二月二十三日公開審訊，于逆品卿自已供認：『背叛祖國，危害民族，罪該萬死。』當由特別法庭宣判死刑。判決主文爲：『于逆品卿，通謀敵國，竊據國土，反抗中華，以財物資敵，使國土附屬於敵，從一重處死刑，褫奪公權終身，並沒收其財產全部。』二十四日即將該犯執行槍決。

這個頭號的漢奸罪魁被我們的抗日民主政府槍斃了，是件人人稱快的好事，但是和于逆一道賣國殃民的德王、李守信等民族敗類却還在國民黨的陪都重慶，高官厚祿，逍遙法外；真是忠奸不分，法紀蕩然！這實在又令人非常憤慨。從這裏很可以看出來，解放區和國民黨統治區是全然不同的兩個世界！也只有在解放區才能澈底懲辦戰犯賣國賊，伸[illegible]正義，伸張公理。

于逆品卿被槍斃於張市解放大橋北面沙河灘上，觀衆如堵，拍手稱快。（沙飛）

在塞外與反動派、嚴寒搏鬥的前線戰士的生活

在綏遠自衛戰中，不管地理氣候給我們許多困難，但我們仍時刻記着我們是人民的軍隊，是為人民的利益而作戰。目前的困難正是考驗自己是否真實忠誠地為人民。這種自覺使我們在前線的戰士勤勞刻苦，毫無怨言，心地光明，勇敢作戰。

草原上的早飲（力該）

積極緊張地在挖防禦壕（潘福順）

防備敵人進攻，在戰壕裡休息（毅芬）

戰壕歌［?］（毅芬）

張市工人首屆代表大會

主席開幕，致開詞：宣布一更進一步展開全市工人運動［illegible］

十二月二十日召開的張市工人首屆代表大會，向全國說明了這個事實：張家口市的工人，已經真正地走上了解放的道路。

大會是在輝煌的燈光、彩旗、錦旗、樂聲、鼓掌與歡呼聲中進行。而由工人的老伙伴白色恐怖下張家口工人運動領導者蕭明同志作張市解放以來三個月工運的總結報告：解放以來三個月工人發動了許許多多的鬥爭、清算、增資、洗刷壞份子；參加人數一萬一千餘人，每次鬥爭都取得了勝利，是中國工人運動史上光榮的一頁。解放以來總工會成立失業工人介紹所，共介紹失業工人千餘人，連下津失業工人［illegible］

［illegible］

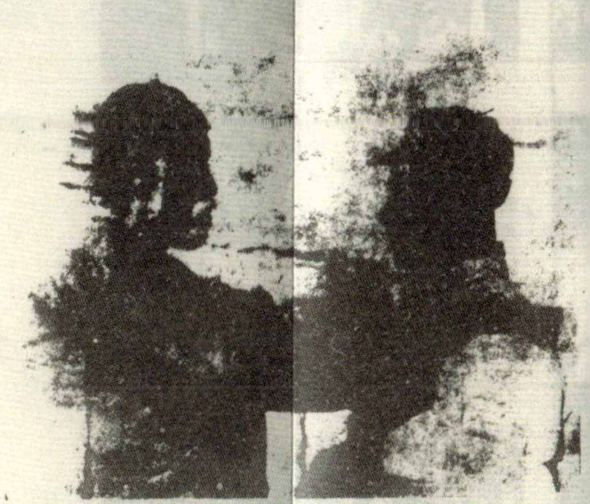

軍民一家

綏遠老鄉慈祥、和藹、真誠地敬愛八路軍。有話向八路軍說，有苦向八路軍訴。從自身的體驗中他們已証明了八路軍是人民的軍隊，是救難者，和他們是一家人！這些綏遠的孩子們，被傳軍驅出鄉里而流離失所，八路將他們收容了，予以百般的愛護。使那曾經一度失掉的天真的笑又回到他們的臉上。（毅芬）

冀晋

，主席發言道：

釋被咱們政府拘禁起來了，過去他們靠着敵人不怕他們了，我們要一條條的和他們算算，有

劉宏舜速寫

張市工人代表大會見聞

潘力樸

發自心底的呼聲：

『我們翻身了！我們由奴隸而變成社會的主人，這種幸福是誰帶給我們的呢？是共產黨！八路軍！』

電話工會的代表告訴給我們，他們那兒的路線工友們自動到前方，在冰天雪地裏，日以繼夜的爲八路軍工作着，因爲他們開始了解到，現在是爲自己而工作。

解放區工人過着自由，民主，快樂的生活　　苗青

(1) 生活改善了，有吃，有喝。

(2) 學習文化。

(3) 舉行遊行示威，反對內戰。

(4) 開大會建立自己的組織。

(5) 把生產出來的子彈搬運往自衛戰的前線。

加工趕造鋪鐵軌的釘子
(鐵路工廠積極生產之一)　　石

-532-

刊旬

宣化電業公

工人組織起來，保衛自已的工廠！ 吳勞

國民黨到了上海，九十萬人失業，二百萬人挨餓。

朱文

八年不知道你們鑽到什麼地方，鬼子完蛋了，你們才跑來，可是你們和鬼子有什麼兩樣？

曾振峯

提防國民黨的『修路隊』！ 許群

為自衛戰爭的勝利，加緊工作！

馬戲班的老闆，你那根鞭子再也制馭不住東亞雄獅了！

張超

鐵路工會的代表說：『國民黨反動者們，用盡卑鄙的手段想破壞瓦解我們，但是當我們的一個工友受騙而跑到他們那裡的時候，所得到的又是奴隸的生活，後來他又自動的跑回來。』

图片比例按 100% 呈现

晉察冀畫報旬刊

No.4 46.1.9

勝利的新年

路軍的砲隊

的强大武裝力量，人民從敵人手中繳獲來，武裝起自已。毛主席的政
各線，已經使我們勝利的打敗了日寇，要是國民黨軍隊向我們進攻，
、乾脆、澈底的消滅！ （石少華攝）

軍民團結魚和水
人民城市過新年

人民的城市張家口，熱烈歡騰的過着抗戰勝利後第一個新年。除了那家家戶戶懸旗結彩，大街小巷鑼鼓喧天而外，還充滿了軍民團結如一家人的新氣象。老太太們帶着過年的禮物，吃的用的，老遠的跑到醫院裏去慰勞那些爲保衛人民而流了血的英雄戰士；小學生們給那些冒着寒冬的風雪，守衛着解放區邊沿的將士寫着親切的賀年信；孩子們給光榮的軍人家宅門前貼上鮮紅的春聯；市民們對抗屬也是如此尊敬，對抗屬舉行了宴請和團拜；公營商店裕民百貨公司優待軍人家屬和軍人傷病員，特別減價五天；人民的政府也給抗屬發下了大批的優待粮，讓抗屬衣食豐足，過一個美滿的新年……這由於八路軍趕走了日寇，解放了張家口，把人民從無邊的災難中解救出來，讓人民享受到眞正民主自由的生活。而國民黨反動軍隊的豬嘴又伸進解放區來，想一口吞下這人民用最大的痛苦和犧牲換來的勝利果實，繼續抗戰以前的黑暗統治，八路軍又堅決的拿起武器，在冰天雪地裏進行人民的自衛戰爭，打垮反動軍的進攻，取得了很大的勝利。老百姓深切知道；沒有八路軍八年來的和今天的英勇艱苦的戰鬥，就不會有這樣一個快快樂樂的勝利新年。因此老百姓對八路軍表示衷心的愛護。軍民團結過新年，這是人民城市和一切解放區所獨有的風光。在國民黨統治區裏，這時候老百姓還正遭受着無端的蹂躪；在唐山，國民黨軍隊正在搶劫財物，姦淫婦女；在廣州東山住宅區，堆積着「國軍」要人們趁火打劫得來的山積似的財物，拍賣不出，佔據民房，弄得流亡了七八年的老百姓直到抗戰勝利了的今天還是無家可歸，那裏還談得到過勝利的新年！

裕民百貨公司的減價廣告。（芬殺）

市區軍範大帶婦會部年抗拜。
張四擁模何媽着女幹給老屬年（芬殺）

抗屬領到了優待粮。（芬殺）

給抗屬貼春聯。（高穎）

鑼鼓喧天闊秧歌，人山人海賀新年。

何大媽在病房裡和傷員談話。

何大媽帶着東西去看傷員。

用慈母般熱愛傷員 何大媽是擁軍模範

（毅芬攝影）

八歲 ，
路國八人
軍覺路家張
真到軍都市
正現解稱四
是在放她區

候員家好養一隔替﹁跑吃就眼傷帶第媽媽死子倰。、條雖衛員老再了何一
，們常些啊定的你等去了笑，員了二，媽了，子她補還然生意百不張大病
傷快，禮！要雖幹傷咨。起我看一次我﹂！不一愛子總她部的姓受家媽的
員樂說物﹂去然活好行傷來們見塊去很。）幸樣護、少家附犧的啟口，黃
們的心去過看遠。了，員把也了牛醫想一因在（年紙不境屬護隊人和是老
留歡裡看年你了﹂我傷們牛想，肉院吃個此去她青、了很醫八伍的張、太
戀迎話傷的們些何們員轉肉吃說給的點傷傷年有的等要貧院路。氣家位太
的她。員時，，大一們院每呢：那時牛員員中一傷等帶寒去軍從了口頂，
送，去，候你有媽定感的人，﹁傷候肉跟也秋個員送點，探。此。的慈五
着回的和她們工也來動時分﹂媽員，呢她叫節廿做給花但望她媽媽人愛十
她來時他又好夫說看的候給於，。果。說他以歲自傷生去傷經就認民的多
。的候們帶好我：你說，一是偏別然﹂：做後的已員、的員常異識，老歲
時傷敘了休還﹁，：她點她心的就她﹁﹁病後的們糖時，到心到她人了

何大媽回來時，傷員們都出來送他。

張市第七完小學生李保書給前方將士寫賀年信。（高粮）

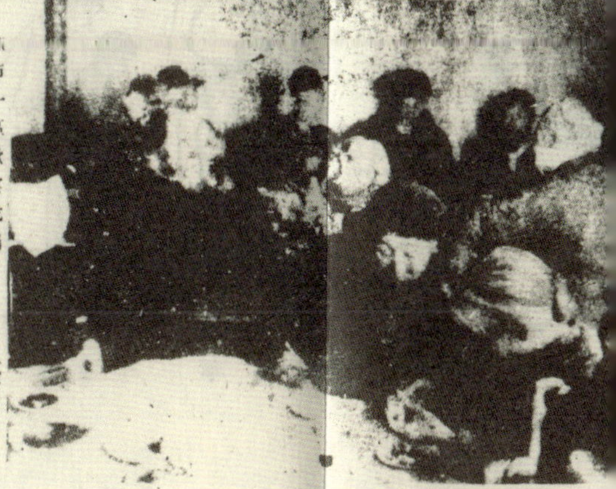

張市一區歡宴抗屬。（毅芬）

留軍把大士工，，軍。涉十十闡，一弟博嚴既想衛。哥以親弟樣護愛軍推與全傷愛唐的取頑。爬不緊給點饑已沒一員他公掃極。捨厚區有敵着貧一分下放知解
我隊進家們作在我都他到餘六，組分們門寒得起戰這﹂﹁兄兵，自護模洛選。號和也勝得强脊山能張傷粮受吃有粒，替家滿端在己的愛着門堅農個區。區的放
才殲攻一安作後不是說前而萬帶織區了的中利爲爭次的子弟也所己八範唐拔在和苦以利反的蘇爺行了員食陳饑的下窮部堅﹂殘一爲農八强爭決，非易他還了區推
甘減的齊心好方能伐：綫，元慰前發，八和益保中在光弟吞把以的路。被英總費門無了﹁門鬥、動，吃却，燒時鍋到隊壁中餡九人民路烈的頑可常縣是須，是洛
心一反努打，把士的﹁去長，問處動在路反在衛，綏榮兵待他邊兄草因選模結財保比，掃爭軍鐵的他；儘弃榮候豹家掩貧，的四的國軍的意强是窮人黨介在人唐
個動力仗叫優前兄八慰途錦款慰慰慰軍動氷人他東稱的，當區弟和爲爲時戰的護的崔滿終民山傷指情先到﹂，米裏護財他反三積情的愛志的他苦，窮紹新所在
﹂不派，，敵抗方弟路勞跋旗二問勞察兄派害民又自號大附作子一愛他擁，門安了熱洛﹂於以洞員着況做一忍自都連傷，替﹁年神和深邊，對有的是一﹁解共老

定價　每份邊幣十元

慰問團在豐鎮車站留影。

慰問團在途中　拿團旗的就是洛唐哥。

迎接一九四六年的任務

1. 張市學生高舉制止內戰，爭取和平民主的旗幟
2. 龍關八區農民減租算帳
3. 阜平勞動英雄胡順義，努力春耕
4. 延安春節的秧歌舞

吃人

給抗屬拜年　李知

慰勞前錢，一切爲了自衛戰爭的勝利！　許群

慶新年支援前綫　彥涵

報旬刊

『人民用血汗養活着你們，現在你們又要把從人民身上搜括來的錢用來屠殺人民嗎？』　力揆

江南人民的骨肉　曹振峯

『同志們，你們多會回來呀！……』

『你們走到天南地北，別忘了江南的[illegible]，別忘了浙東的魚味……』

狗年漫畫

人民的張家口，槍斃『喪家犬』

北京城裏狗咬狗

比

電訊摘錄

骨肉難分離
江南人民捨不得新四軍

中國共產黨爲了求得共同談判成功，全國民主和平建設立即實現，不惜委曲求全，決定將浙東、浙西、蘇南、皖南的新四軍全部撤到江北，這種爲國爲民，忍讓犧牲的精神與努力是可歌可泣的，是永垂不朽的。

新四軍蘇南部隊某營奉命北撤，離開駐地時，數百羣衆阻塞了他們的道路，雖經一再解釋仍然不讓我們戰士離開。手持捧香的十多個中年婦女圍住營長的行李擔子不放，她們說：『你們是恩人，你們不能離開』。許多老百姓哭泣着說：『讓我們舒服地死了你們再走』。當大家聽了政工人員長時的解釋，知道不可能留下時，所有的羣衆都哭泣了。老太婆把乾糧塞在戰士的飯包裏，村長，村代表，民兵隊長依依不捨的跟着部隊送行。他們說：『爲避免內戰，新四軍撤退了，國民黨可要答應民主，不然老百姓可不再像戰前那樣受氣了。』月一撤退部隊在三天中謝絕十四處羣衆的『餞行酒』。戰士們說：『我們放心不下你們，吃不下去，謝謝。』當他們移動時，農民們把菜酒桌子擡到路旁招待戰士們，婦救會會員當部隊臨行時哭着說：『子弟兵永遠忘不了你們。』當我軍北撤時，曾在一處遭國民黨部隊襲擊，戰士對進犯軍隊進行了宣傳工作，勸他們不要傷害老百姓，許多羣衆聽到這件事都感動得流淚。他們都說：『這樣好的部隊，臨走時還不忘我們。』

減價優待抗屬

晉察冀畫報旬刊

出版：晉察冀軍區政治部　編輯：晉察冀畫報社
№ 6 1946.1.20

啓事

本報春節放假七天，二月九日旬刊無報。以後照常逢九出版。此啓。

編輯室　一月二十九日

高城人民，於一月十六日舉行集……命令，慶祝人民贏得和平。

（吳群）

……軍隊仍繼續向我進攻，解放區人民……高簡易師範學生演講，要求國民……

（吳羣）

部隊要聞

軍事調處執行部第五小組來張

一月二十日上午十時，晉察冀軍區聶司令員接見軍事調處執行部駐張家口小組。

聶司令員（[illegible]）與美代表[illegible]國民黨代表[illegible]合影。（夏風）

聶司令員於解放大飯店招待軍事調處執行部駐張家口小組。（夏風）

晋一旬刊 6—1

整頓張市市容

張家口市為迎接和平建設時期的到來，市府特發動軍政民一起動手整頓市容，填平防空壕，清除敵偽遺跡，厲行交通與衛生之新設施。（毅芬）

建設民主繁榮的新張家口

自市府發動整頓市容以來，各種建設大有進展，路徑全部修整，敵偽字跡已消滅不見，建立露天市場，豎立大畫牌——建立民主繁榮的新張家口。（毅芬）

停戰協定以後：

「政治民主化才能軍隊國家化」

國民黨進犯軍放下武器的軍官八十餘人舉行國是座談會，咸認為政治民主化是當前國內時局的關鍵，主張只有做到政治民主化才能軍隊國家化。圖為發言者之一。（毅芬）

慶祝和

擁有三

會，歡

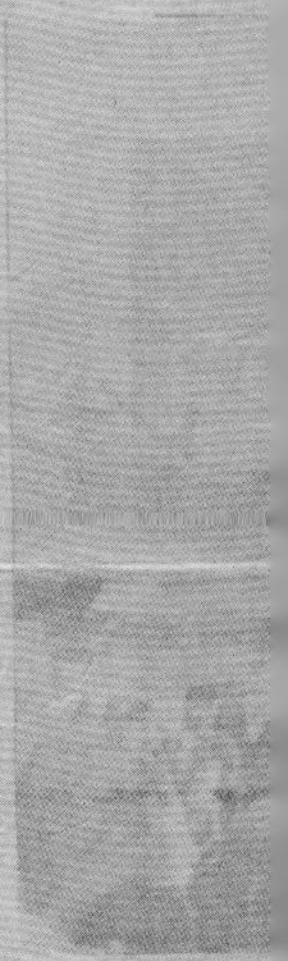

要求

停戰命

紛紛

無停止

察晉

古元

硒

黃沙窩吃水困難，溝里馱水
路很遠。開會討論打水井，
張治國班全體去幫忙。

軍愛民，　民擁軍；
三担水，　感動人。　　高帆

×旅警備連傍黑到了這村，二排機槍班指定在這老太太家暫時休息，何班長去問老太太，可是她說沒地方，于是全班就決定在院子的草堆旁邊過夜。

老太太開始作晚飯，但是一看缸裏沒有一滴水，何班長看見了，馬上給她挑了三担水。

天黑啦，老太太拿着燈走到院子裏，那樣冷的夜，她看到戰士們果然都在院子裡睡，她難過極了，那有這樣好的隊伍喲！「同志們！」她擅抖的喊叫着，「快上炕上去暖暖吧！……」

何班長說：「沒關係，老太太，要是不方便的話就在外面吧，。」「可不行，我一個人怎麼也好說呀！」她嚷着，親自叫醒了每個同志，於是全班都休息在老太太的暖炕上了。

張治國班（木刻連環畫）

——愛民——　吳勞刻

（一）張治國參加羣英大會回來了，這消息很快就傳遍了黃沙窩，差不多每家都有人來看他，要他講去延安的一切情形。

（二）張治國在趙文哲的家裡住，給房東掃院子担水，……樣樣事情搶着做。

（三）趙家的房子壞了，要修理，張治國幫助抹房頂，打土坯。

戰士詩抄

紅楊樹選
潘力模畫

電話員劉裴然

電話員：韓計虎作

通信隊電話員，
他的名子叫劉裴然。
行軍不論幾十里，
住下了馬上就架綫。
工作忙，不嫌累，
還給同志把病看：
又治胳膊，又治腿，
還會扎針治風寒。
多會叫多會動，
十回八回不嫌煩。

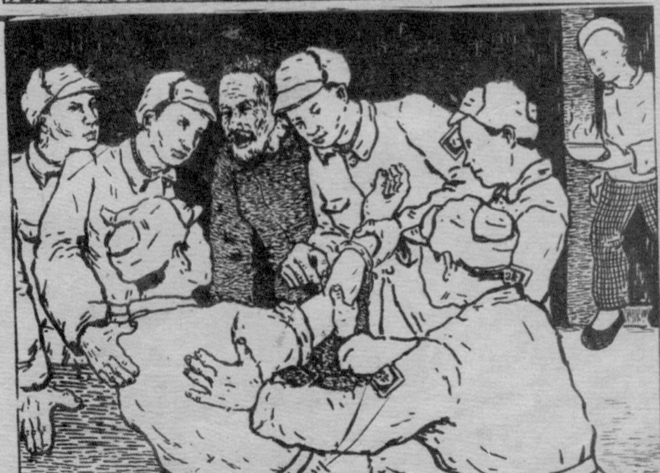

晋一 旬刊 6-2

刊旬

連環圖畫

王老漢怎樣種下了山藥蛋

（記陝甘寧邊區小故事）

張超作
之白圖解

（一）

春暖地開忙春耕，
山藥蛋切下幾百斤，
老婆病了娃子小，
王老漢越想越煩惱。

（二）

八路軍見難就幫忙，
王老漢心裡樂洋洋，
有說有笑上山去，
忘掉了洋芋壓肩膀。

（三）

衆人搶柴火焰旺，
大夥兒做活有力量，
你刨窩兒我點種，
又快又好又利爽。

（四）

種完回來天已晚，
硬拉好說也不吃飯，
吃米不忘種穀人，
好日子靠的八路軍。

中國共產黨中央辦公廳給老炊事員「老來紅」祝

延安大衆衞生合作社給老百姓看病

（五）早起上山去生產，晚上
，還捎柴火給老鄉。

（六）幫助抗屬收莊稼，趙老太婆
去送飯。

（七）把全村的老鄉組織識字組，
輪流派人去幫助。

（八）老鄉心裡受感動，揹着花生
，提着月餅，拉着羊，慰勞
他們。

定價　每份邊幣十元

《毛主席近影集》

Recent Photos of Chairman Mao

中國人民偉大領袖

毛主席近影集

晋察冀軍區政治部出版

中國人民偉大領袖

毛主席近影集

晉察冀軍區政治部出版

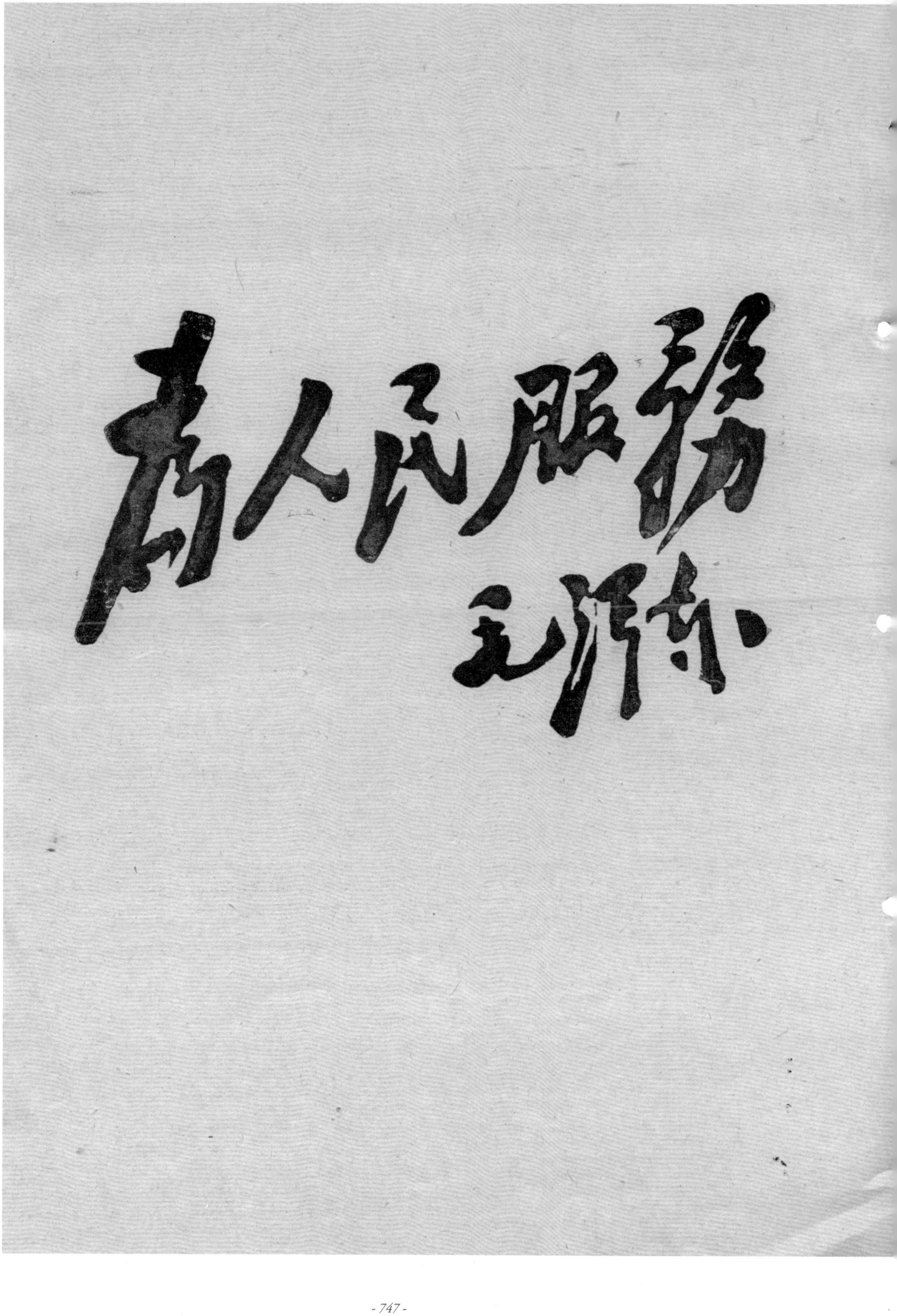
为人民服务
毛泽东

毛主席肖像之一

毛主席肖像之二

毛主席肖像之三

中國共產黨於一九四五年四月下旬在延安舉行第七次全國代表大會，毛主席在大會上作政治報告之一

毛主席在大會上作政治報告之二

中共七次代表大會主席團
座上的毛主席與朱總司令

毛主席在部隊勞動英雄與模範工作者大會上講話

毛主席在歡宴外國記者團席上

一九四五年七月二日，國民參政會褚輔成等六參政員到延安商談國是，毛主席親臨機場歡迎，並與之合影。右至左：毛主席、黃炎培先生、褚輔成先生、章伯鈞先生、冷遹先生、傅斯年先生、左舜生先生、朱總司令、周恩來同志、王若飛同志。

毛主席偕六參政員由交際處
至十八集團軍總司令部中途

毛主席應國民黨當局邀請，於一九四五年八月二十八日
由延飛渝，商談團結建國大計，登機起飛前向歡送者告別

晉察冀軍區政治部 晉察冀畫報社編印
一九四五年十二月二十二日

图片比例按 100% 呈现

《晋察冀画报 / 号外》

Jin-Cha-Ji Pictorial/ Extras

图片比例按 65% 呈现

自衛戰爭不是孤立的
無數的高樹勳將和我們站在一起！

高樹勳將軍，原來是國民黨第十一戰區的副司令長官，因爲覺悟到受了國民黨反動派的欺騙，於一九四五年十月三十日，率領新八軍全體官兵，在邯鄲前線拒絕國民黨反動派的內戰命令，舉行武裝起義，組成民主建國軍，站到中國人民和人民的軍隊方面來，堅决反對反人民的內戰。

從光榮的邯鄲起義開始，被迫進攻解放區進攻我軍的國民黨軍，曾經不斷發生武裝起義，放下武器，或是退出內戰漩渦走向人民的義舉，最近東北營口海城前線一八四師的起義，山西汾南閻錫山軍三千人的起義，冀東讀軍一個支隊的投誠　國民黨空軍上尉劉善本等十數人不願內戰，飛抵延安，以及泰興如臯我軍自衛戰中蔣軍一萬二千人放下武器等等；這些接二連三的事實，充分說明我們保衛和平民主與獨立的自衛戰爭不是孤立的，我們不僅有全中國人民和民主人士的同情和支援，而且有廣大的被迫充當內戰砲灰的國民黨官兵，當他們一旦與强大的人民武裝接觸，覺悟到國民黨反動派的欺騙，就會反抗內戰的亂命，跑到人民方面來。只要我們堅定勝利的信心，當國民黨反動派破壞和平向我進犯時，給他以嚴重的打擊，那麽會有無數的高樹勳出現，會有無數的高樹勳和我們站在一起的！

(一) 邯鄲市各界慶祝民主建國軍成立大會之盛况。

(三) 民主建國軍總司令高樹勳將軍及該軍高級將領宣誓就職。

……台上之民主建國軍高級將領。

(四) 到會軍民高呼：擁護高總司令領導民主建國軍參加和平建國事業！

晉冀魯豫軍區人民畫報社來稿

晉察冀軍區政治部晉察冀畫報社編印，一九四六。八。一五

晉察冀畫報 號外

晉察冀軍區政治部出版
一九四六年八月二十五日

歡迎海福龍率部起義退出內戰

〔國民黨軍隊的官兵〕

起來，拒絕拿美國武器殘殺自己同胞

起來，不替蔣介石打內戰堅決退出內戰

駐大同的馬占山將軍所部，原東北挺進軍先遣第一路指揮，現任騎兵第十五團海福龍團長，在本月十四日夜間率部三百多人於大同北關自馬城起義，退出內戰，並發表通電，反對蔣介石，閻錫山的內戰罪行，願為和平民主獨立而奮鬥。他的部隊和家屬現在已全部到達解放區，得到我當地軍政機關，人民群衆的熱烈歡迎和優待。

近來在解放區人民軍隊自衛戰的偉大勝利影響下，國民黨內戰軍中許多官兵已日益覺悟紛紛起義，退出內戰。高樹勳將軍和新八軍將士首先起義在邯鄲，潘朔端和一八四師健兒相繼起義於東北，給國民黨軍隊反內戰起義創造了光輝的先例，得到全國人民的歡迎和擁護。這一次蔣介石發動全國內戰不到兩月，國民黨軍隊反內戰起義更接連而來：郝鵬舉將軍率部兩萬多人通電成立華中民主聯軍，蔣嘉賓將軍率部五千起義在隨海路的廣城，王一芳大隊長率部起義於膠濟路的南泉，現在海福龍團長也率部起義了，這些都是學習高樹勳潘朔端兩將軍的光榮榜樣，國民黨反動派和人民為敵，冒險進行全國內戰，結果必然自取滅亡，而人民的自衛戰爭必然勝利，因為人民的行動完全是正義的。

事實不止一次的證明了國民黨內戰軍中，絕大多數官兵都是不願意替蔣介石打內戰的，他們是被強迫為着蔣介石們少數人的利益供犧牲，因此國民黨軍隊厭戰反戰的風氣，不僅是下層，而且已經發展到上層軍官，尤其蔣介石把非嫡系的所謂「雜牌」軍擺到內戰的最前線，企圖一箭雙鵰，同時消滅「雜牌」軍，排除異己。這種毒辣陰謀，凡是有愛國心有血性的軍人，絕不能容忍！

歡迎海福龍團長及其所部退出內戰的起義，我們號召在蔣介石，閻錫山內戰中的官兵們：起來像海福龍團長一樣，起來學習高樹勳潘朔端兩將軍的光輝先例，實行光榮的起義，拒絕拿蔣介石賣國換來的美國武器屠殺自己同胞，拒絕內戰的命令，讓蔣介石、閻錫山自己去打內戰好了。一切愛國軍人都應該站在中國人民方面，為恢復國內和平，實現和平民主獨立的新中國而共同努力！

（一）海福龍率部起義退出內戰奔向解放區。

（二）海部全體官兵合影。左到右：團長海福龍，副團長齊廣武，參謀長塔寶福。

（三）八路軍代表歡迎退出內戰的海部官兵。

图片比例按 100% 呈现

海福龍率部起義後致全國同胞電

親愛的全國同胞們：

福龍原供職十二戰區，任蒙邊司令八年之久。日寇投降後，又改屬東北挺進軍。對國民黨反動派之陰謀暴行，知之彌深，恨之彌切，滿腔鬱悶抑之已久。福龍等際茲揭竿起義，走向光明，欣慶更生，解放之餘，願掬誠以爲國人告：蔣介石與國民黨反動派，不愧爲「好話說盡，壞事做完」之專家。其滔天罪行，罄竹難書，言行相違，舉世無匹。例如彼等標榜孫先生「平均地權、節制資本」之主張，而今日中國，在城市則買辦官僚資本壟斷一切；外喪國權，內殘民命，豈僅操縱國計民生而已哉？在農村，則豪紳惡霸地主保甲一脈相通，橫行鄉黨。富者田連阡陌，貧者無立錐之地，又豈「平均地權」之結果耶？彼等標榜「天下爲公任人唯賢」，然試觀今日蔣介石總攬黨、政、軍、學、內政，外交之大權，又豈希特勒所能望其項背乎？十四年來拱手奉送東北河山於日寇，而今日反向東北人民接收主權；一貫以大漢族主義，欺凌少數民族，而今日又千方百計破壞國內各民族之自治自決運動；對美國則屈膝奉送「決定權」，對人民則變手實施「討伐令」；非嫡系均視同仇敵，見異己則必消滅排除；眞可謂厚顏無恥，蔑以復加；陰險毒辣，甚於蛇蝎。當今全國人民，慶世界法西斯毀滅，幸日本侵略者崩潰之時，獨立和平民主之局面，本可實現，自由幸福富強之新中國，亦將出現於世界。但蔣介石勾結美國之反動派，置陷人民於水深火熱中，堅持獨裁，使餓殍遍野，發動內戰則殺人盈城。仁者痛心，智者切齒，無怪全國人民均以國民黨反動派爲死敵也。福龍等早已洞悉其奸，奈障礙重重，迄未如願。幸得內蒙古自治運動聯合會之指導，晉北八路軍各部之支援，始於八月十四日毅然率部起義來歸。從此脫離蔣閻日僞匪幫集團與晉北反動巢穴之大同，今後誓以赤胆愚忠與全國軍民並肩携手，求獨立和平民主之實現，爭自由幸福富強新中國之成功。謹此奉聞，尚希垂鑒。

東北挺進軍先遣第一路總司令海福龍率全體官兵同叩　八月二十二日

致毛主席　朱總司令電

毛主席
朱總司令鈞鑒：

公等領導中國共產黨與人民軍隊，努力於中華民族與中國人民解放事業，萬人共仰，薄海同欽。雖遭千折萬磨，終以堅忍不拔之偉大精神，取得中國革命之節節勝利，奠定和平民主之基礎，拯人民出於水深火熱之中，使得一律享受自由平等幸福。豐功偉績，欽感莫名。福龍雖供職蔣僞陣營，早已厭惡其虛僞欺詐，卑鄙醜惡行動，屢有起義之心，苦無機緣可乘。幸得內蒙古自治運動聯合會雲主席指導與當地八路軍支援，乃於八月十四日率全部官兵，脫離蔣、閻、僞、日、匪棍集團，脫離晉北反動巢穴之大同，毅然來歸。今後誓必竭愚効命，打倒發動內戰之反動派，而打倒妄想獨裁之野心家，爲實現獨立、和平、民主而奮鬥，使民族與人民獲得徹底解放，方遂衷心夙願。至希主席總司令時加指導，以匡不逮。謹祝二公永遠健康！

海福龍率原東北挺進軍先遣第一路全體官兵叩
八月二十二日

海福龍團長草擬電文

海部家屬安抵解放區

晉察冀畫報

號外

晉察冀軍區政治部晉察冀畫報社印
一九四六年八月二十七日

驚心 怵目

蔣閻軍內督戰官下毒手

大同臥虎灣發生慘事，騎六師十七團二連許多弟兄遭殺害

找活路，來八路！

八月十四日夜裡，仗打的正緊的時候，在大同西北的臥虎灣發生了一件驚心的慘事，這就是被國民黨強迫打內戰的騎六師十七團二連的許多士兵，他們不願意白白的當砲灰，他們要放下武器，當時，蔣介石派來督戰的特務和喪良心的連長，下毒手向他們開槍，摔手榴彈，把他們打的血肉橫飛死傷了一地！這時候八路軍冲了進來，發現了地下這些死傷的一堆人，立刻就把沒有死的上等兵李樹書、二等兵張占山等許多人抬下火線，用担架送到後方醫院去救治，八路軍的官兵聽見這件事情，對蔣介石、閻錫山和國民黨特務，更恨的入骨 可是這種事情在國民黨軍隊裡邊時常發生。現在，二連這些受傷的士兵，因爲八路軍一向對俘虜很優待，醫院給他們細心的醫治，傷口已經快好了。可是當他們想起送了命的一些伙伴、想起自己爲什麼會落到這步田地，都很傷心，當他們又想起長官騙他們說，八路軍捉住了人要割鼻子剜眼睛，就越發的氣憤。他們說：『我們眞正認清敵人是誰了！是誰救了我們的命，我們也知道。』有的說：『這會兒在閻錫山、蔣介石手下當兵，我看就是死路一條，他逼着你給他打內戰，打是個死，你不打他也打死你，反正活不成！』騎六師十七團二連上等兵李樹書等，和別的許多到八路軍方面來的官兵弟兄，自從生活安定了以後，他們非常惦念現在還讓閻錫山、蔣介石逼着打內戰的弟兄們，他們說：『我們得想個辦法，稍個話給他們，叫他們知道我們的情形，叫他們好好盤算盤算，得早點給自己想個活路才行，要不然遲早也是死！打起仗來背後總是讓機關槍盒子槍督着，這條命可眞叫懸呢！』

（石少華攝）

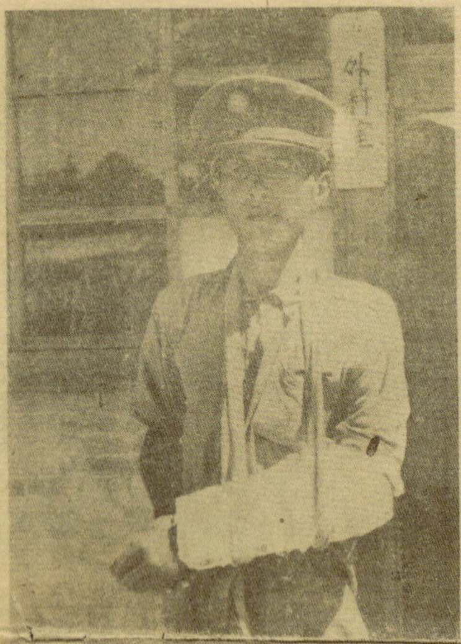

（一）騎六師十七團二連上等兵李樹書（東北人）被督戰的手榴彈炸傷。

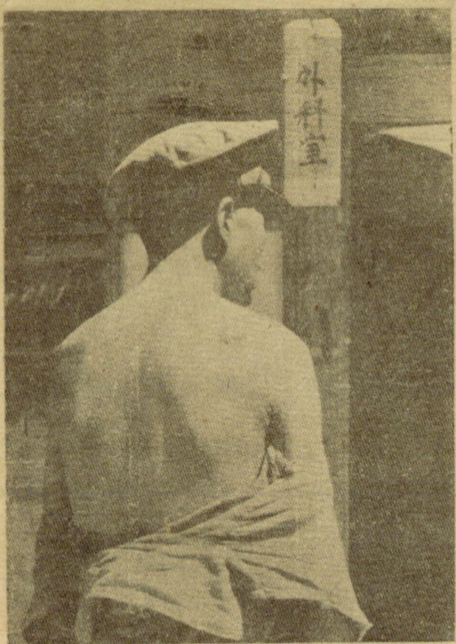

（二）騎六師十七師機槍連火伕楊慶堂不替送命，也被從背後打了一槍。

（三）被督戰隊特務用手榴彈和槍打傷的士兵。前排是：二等兵張占山（左）上等兵胡正旺（中）一等兵宋占元（右）後排是：一等兵石玉素（右）伙伕楊慶堂（左）

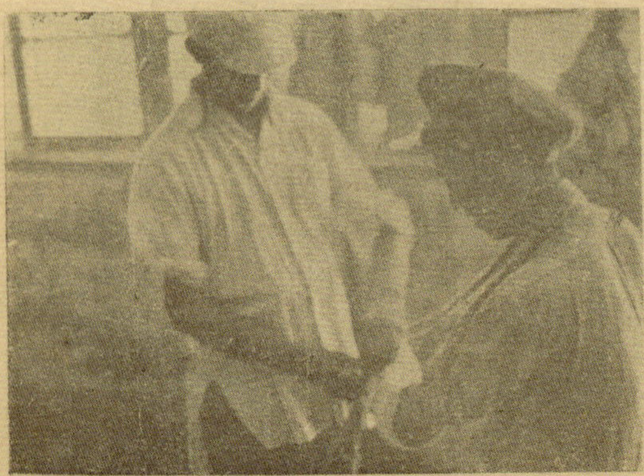

（四）八路軍醫在給被督戰隊打傷的騎六師十七團士兵上葯治傷。

图片比例按 65% 呈现

晉察冀畫報

號外

晉察冀軍區政治部晉察冀畫報社印
一九四六年九月八日

放下武器投八路 走出地獄到天堂

請看閻軍到解放區後的生活

八月初，在大同外圍毛家皀等地打仗時候，不願替蔣介石、閻錫山打內戰，在戰場上放下武器先後投奔到八路軍來的閻軍三十八師三團一連崔春石等四百多人，自從到解放區後他們的情形怎樣？好些人都挺關心，九月初，本社專門派記者去看了他們一次，現在將親眼看到的向大家來報告：

記者一到後方駐地，就看出他們每個人的臉面都是高高興興的，問他們到解放區以後感覺怎樣，大夥搶着回答說：「嗨，比起舊日在大同來，眞是走出地獄到天堂啦！」後來經過記者兩天的實際調查和參觀，才證明他們說的可眞一點不假。

原來自從他們放下武器來到這邊，不僅生命得到安全保證，而且生活上更得到很好待遇，在閻軍有病活該沒有管，來到這邊腿上長個小瘡醫生也就馬上給治。在大同每人每頓十兩高粱黑豆不管飽，來到這邊是小米乾飯頓頓管飽，還時常吃個大米白麵和肉菜的。在這邊伙食是他們自己選出人來管的，和在大同完全不同，這裡是根本沒人苛扣私吞當兵的伙食錢。在大同赤脚板被子不全凍的像孫子一樣，現在呢，都已經領到棉被、衣服、毛巾和鞋子。每天他們聽講報，學識字，沒事就到俱樂部去隨便看書報下棋玩，要不就在場子裡學唱歌，學扭秧歌舞……。

九月二日，他們四百多人集合在一塊開了一個回憶控訴大會，在會上各人把各人如何被閻錫山强迫來當兵打內戰，在閻軍中如何受欺侮受壓迫等等都痛快的說了出來，當他們說到閻錫山不抗日勾結日本當漢奸，把山西人民都出賣了的時候，他們都氣憤的不行，大家一塊喊起口號：「我們要報仇！」「要武裝上前線，反對賣國賊蔣介石、閻錫山！」……

記者參觀了他們的生活，看到了他們的情緒，非常感動，當時就給他們照了幾張像片，現在一塊印出來讓大家也看看。

眼兵 田野 攝

（一）他們在集合領棉被鞋子和毛巾等等。

（二）每天八路軍軍醫來給他們治病。

（三）他們自由的在俱樂部裡看畫報下棋玩。

（四）他們在小花園裡齊唱『四問閻錫山』小調。

（五）他們集合在場上學扭秧歌舞。

图片比例按 65% 呈现

死裡逃生

——記閻軍士兵崔春石控訴

一、崔春石在回憶控訴大會上述說死裡逃生的經過。

二、和崔春石一塊被迫參加閻軍的礦工。

我是山東萊陽人，四年以前被日本鬼子抓到大同下了煤窰。四年多，挨打挨罵，受凍受餓，這些苦處，十天十夜也說不完。……

日本投降了，大夥兒可真高興。我心裡話：這會子準能回家了。可是摸摸口袋，一個錢也沒有，又凉了半截。唉，幾年的苦算是白受啦，除了一身烏黑的破爛，啥也沒啥。祇有盼望中國軍隊趕快來。心裡捉摸着！中國軍隊來了坐車準不掏錢，爬上車，『嗚』一下子就回到老家了。

不知怎麼的，中國軍隊老不開過來，連影兒也看不見。這會礦上，日本人也不管事了，礦務系的唐玉民先生出來叫礦工們組織自衛隊，站崗看礦，別讓鬼漢奸把礦破壞了。第二天有八路軍一班人下來了，他們跟大夥說：『你們願下窰的就下窰，願回家的可以回家。大夥聽了，都樂壞了。可是不到三天，又一幫子軍隊過來了，是閻老西在大同收編的偽軍，叫四十五團。不管三七二十一就把那一班八路軍打走了，賊眉橫眼的叫咱們礦上的人都當兵。我們說不幹，想回家。誰料想這幫雜子可厲害，聽說不幹，就掄起棍子，劈頭蓋臉的打下來，一下就打傷了五六個。還硬賴咱們是八路軍，上起刺刀，架上機關槍，把咱們一百二十八個人全圈起來，要鍘腦瓜子。俺們可嚇壞了。後來就用刺刀逼着，把我們押到一個澡堂裡。澡堂小得很，大夥擠在裡頭，也不給吃的，連咱們一些工人家裡送飯來了，也不叫吃。一直押到第二天傍晚，又把我們一個一個的推到澡堂後面的一個地窖裡去。那地窖只有四米長兩米高，當中隔着兩層板，原是鬼子放菜的。同志，您替想想，這麼小個地窖裝這麼多人怎麼行？人擠人，人壓人，連氣也喘不過來。狗日的把我們塞進去以後，就用土來封口，我們不讓封，他們就用刺刀刺。後來唐玉民化了一萬塊錢，才給留下兩個小氣眼。

夜裡越來越悶熱，渾身上下直淌汗，汗氣臭得人惡心。我們在裡面拚命的喊救命。屎尿把人們憋的更難受，有些人把大便屙在褲襠裡，自己拉小便自己喝，狗日的來了，在外面開了腔：『想出來的話，就都把身上帶的錢啦什麼好東西都拿出來。要不，就在裡邊多悶兩天罷。我們恨的牙巴骨癢，可是沒法子，就都把身上的錢、衣服、鞋、襪子都從氣眼裡遞了出去。但錢物都搾光了還不放人，大家都絕望地抱頭痛哭了。第二天，狗日的就把我們放出來了。可是呀，有一半人都動彈不了啦，躺在地上直喘氣。狗日的黑心眼，搾了我們的東西以後，還是要叫我們到大同去當兵。我們不答應，他們說不去，再關起來。我們誰也沒答應，就又給關起來了。不給飯吃，連一口水也不給喝。到第三天，眞都快餓死了，我們還是不答應，他們也沒辦法，就給我們一點飯吃，每個人一天六兩米，又關了有半個月。大夥兒覺得這樣下去也不是個結局，逃又逃不了，死又死不了，倒不如先答應當兵，出了這死囚牢，再找機會開小差。我們商量以後，這才答應了。狗日的就把我們編成了一個第四連。不發襪子不發鞋，光着脚鴨子跑了四十里，趕到大同。一看，滿城淨是碉樓。當官的瞪着眼睛對我們說：『不許開小差，開小差抓住要鍘頭的』。不兩天，果然就看見鍘了幾個，誰也不敢走了。從此以後天天上操。操不好，不管輕重就給你幾拳。當官的還說：『這是給你們的饅頭！』他奶奶的！我不知道吃了他多少饅頭。後來叫我當伙伕，光叫做飯不發煤，說是讓拿老百姓的燒。沒法子祇好去偷。說起來也叫寃家路窄，偏偏我偷的一家就是那當官的姘頭。不容分說，我又大大的吃了一頓饅頭，狗日的還罵我不長眼。那天晚上我倒在炕上哭了一場。起來走走又回來躺下，走不安，坐不寧的。想跑，又怕抓住鍘頭。當官的發覺了，說我鬼鬼祟祟，形跡可疑，私通八路，就把我關起來了，還說要鍘我的頭。後來又改編了，把我們一夥礦工全拆散，編到好幾個連裡去。我們一共十九個都編到三十八師三團一連。調到岱岳，當官的光知道喝兵血，糧餉都給尅扣了，吃不上，就黑着良心去搶老百姓。後來又調到毛家皀（平旺懷仁之間的一個村子），這回八路軍來了，我們整個連就投奔過來了。這回算是走到活路上了。……

在回憶控訴大會上，他們齊喊口號：「我們要武裝上前線，反對賣國賊蔣介石閻錫山！」「報仇！」

《晋察冀画报 / 半月刊》

Jin-Cha-Ji Pictorial/ Semimonthly

晉察冀畫報

半月刊

第一期

粉碎蔣閻偽的進攻

我軍堅決自衛反擊 解放同蒲路六百里

今年春季以來，山西閻日偽聯軍，於「一帶區」「蠶食」清（源）太（原）徐（溝）解放區後，在蔣軍聲援幫助下，更變本加厲的撕毀和平協定，在山西各區同時發動對解放區的進攻。六月中旬，閻日偽聯軍大舉進犯晉中平川解放區，在晉北同蒲路沿線，不斷向解放區蠶食進攻和搶糧。僅朔縣來說，自停戰令後，閻偽軍向我進攻共一百七十四次，使用兵力在一萬八千人以上，侵佔解放區村莊二百多個，更痛心的是殺死了我民主政府的區長劉永勝，並包圍殲滅了我們八年抗戰有功的西小寨駐軍等，迫使我軍忍無可忍，退無可退，不得不堅決自衛反擊。

同蒲北段我自衛反擊戰役，自六月中旬開始，連戰連勝，到八月初為止，先後解放朔縣，岱岳，陽方口，寧武，[illegible]同蒲北段北自懷仁，南到忻口，約六百里的鐵路線已完全由人民管理，[illegible]同蒲北段東邊的閻偽據點，山陰，繁峙，代縣，崞縣，五台，定襄，[illegible]晉綏解放區的呂梁山區和晉綏冀解放區的五台山區已完全連成一片。[illegible]的偉大勝利。

現在本社先將搜集到的解放岱岳，朔縣，寧武，陽方口等照片發表於下：

朔縣

朔縣城離大同二百六十里，去年日本投降後，[illegible]入還城，後來[illegible]下被迫撤出。六月十七日早上，晉綏我軍舉行自衛反擊解放了朔縣城，[illegible]……火車一列……。

（二）解放朔縣時有數千朔縣民兵參戰，勝利後他們隨着部隊入城。（吳群攝）

（一）我軍解放朔縣北門後，將山炮推到城牆上，向鼓樓及北門的偽軍轟擊（江濤攝）

（三）在鐵路工人保護下，停在朔縣車站的一列火車沒有被破壞。（羊君攝）

山陰岱岳

山陰縣在岱岳東南，離鐵路二十里，去年四月就被我軍解放，後來敵偽侵佔了，日本投降後，我軍就又把它解放，可是不久被閻偽軍搶佔。六月二十一日上午，我冀晉軍區一分區部隊第三次又解放了它。

岱岳是同蒲路北段的一個重要車站，離大同一百七十二里，六月二十四日被解放。在解放山陰全縣戰役中，共俘虜了閻偽軍一百九十[illegible]人，打死打傷四十人，自動放下武器的有一百一十五人，繳獲輕機槍十[illegible]挺，長短槍二百四十二支，擲彈筒兩個，汽車一輛……。

（二）我軍進入岱岳（吳群攝）

（一）我軍進入山陰城（吳群攝）

（一）參加二十里舖保衛戰的勝利部第七連指戰員。

大同二十里舖保衛戰中兩個英雄的連隊

（高征攝）

七月二十四日，閻日偽聯軍三千七百餘人，[illegible]

（二）參加倍加皂保衛戰的勝利部第八連指戰員。

（三）這個機槍班在二十里舖保衛戰中，打倒了二百多個敵人，[illegible]

（四）保衛戰中，我軍小砲手向日軍坦克射擊的情形。（高征攝）

陽方口

陽方口離大同三百一十二里，鐵路經過這裏直通寧武，是長城上的一個重要關口，因為軍事上險要，有「太原之鎖匙」的稱呼。楊方口在六月十七日被我晉綏部隊解放。下圖是解放了的楊方口車站。（羊君攝）

寧武

寧武城在大同南邊，離大同三百三十八里的同蒲路上，這座城和車站在七月一日早上被我晉綏部隊解放。

（一）這是在寧武放下武器的閻軍保安十二團官兵一部。這些人舊日多半是忻崞兩縣偽軍。（羊君攝）

（二）寧武車站解放了，這裏的七個火車頭和一部份車輛已由人員管理。（羊君攝）

晉察冀畫報

（一）三〇二次頭等客車中了美造子彈，這是蔣介石「恢復交通」的事實　（高粮攝）

炸陽高暴行

八月十三日又四次侵擾張家口市，並掃射我平綏鐵路綫上重要車站陽高，丟了刻有DM43的美國造達姆彈及燃燒彈、死五人，被打傷十三人，開車的司機、得起火燃燒，一位被打死在車上的十九車一塊燒掉，死得最慘。在這前幾天，解放區）也遭到美造轟機一架轟炸，投半畝，炸死正在鋤苗的村民兩人，五棵[illegible]！老鄉們！這不是蔣介石對全國人民實行大屠[illegible]介石的全國性內戰是瘋狂的開始了。我們解放區軍民希望[illegible]，但蔣介石卻逼着我們打仗，反動派打到咱們老百姓頭上了，我們再讓步我們就活不了啦！全邊區軍民行動起來！堅決自衛，粉碎蔣介石的進攻，恢復國內和平！

把憤怒變成行動

反動派軍隊從那里進攻，

我們就把他打回那里去！

（四）父親被炸得血肉模糊死的慘，連孩子走到跟前也不忍看。（袁苓攝）

（三）正在鋤苗的聚樂堡村民王安國（近）魏積（遠）和附近的棗樹一起被炸死了，家屬蹲在他跟前哭的好悲傷。（袁苓攝）

（二）被打傷的司機李風潮送入醫院後，工人兄弟紛紛前往慰問　（高粮攝）

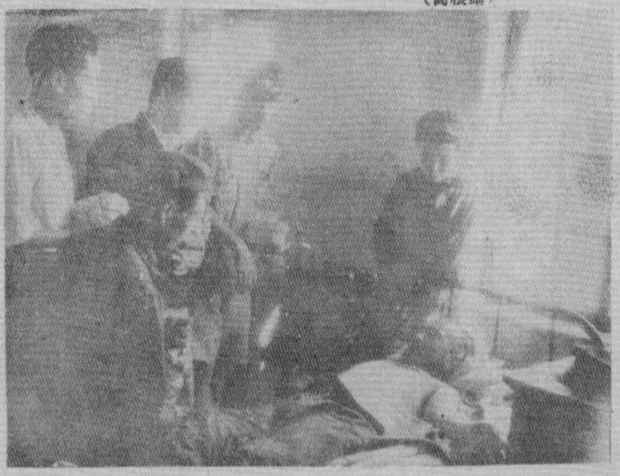

3

4

給冀中人民除害，為死難戰友復仇
我軍自衛還擊解放泊鎮

八分區 [illegible]

冀中泊鎮在津浦路上，緊靠運河，是冀中有名的水陸碼頭，全鎮有人口六萬。先前忠實日軍，後來在國民黨反動派指使下罪大惡極的偽軍徐逆春林部佔此。徐逆春林破壞停戰協定，兇暴無理，幾乎天天向解放區侵犯，搶掠屠殺無所不為，人民恨他入骨。五月初又發生泊鎮偽軍毆打執行小組我方代表傳繼澤，解除美方代表華納中校及隨員武器任意污辱的事件。接着徐春林偽軍三百餘人就向我駐三里屯的交河保安隊二中隊大舉進攻，後來增到五百多人，二中隊一百餘人全被包圍，自上午九時打到下午四時卅分，因為兵力懸殊全部損失，被俘人槍甚多。為這件事我八分區曾數次向政府交涉，但他不備不理，反縱使偽軍將我方被俘人員大部慘殺，投入運河，經我地方幹部打撈上岸的屍體，就有我副政委以下六十餘具。這股偽軍仍然準備向我進犯，在萬衆一致控訴申請下，我軍忍無可忍為了給冀中人民除害，為死難戰友復仇，不得不自衛還擊。

冀中子弟兵於五月五日晚，對罪大惡極的泊鎮偽軍積極自衛開始反擊。七日夜解放馮家口車站，十日拂曉解放泊鎮。總計偽東光保安隊長李文成以下一千名放下武器，打死偽寧津縣長包秀群以下一百多名，繳獲很多。

（一）這是被泊鎮偽軍槍殺投入運河的我交河保安隊戰友的屍體，這是經我地方幹部打撈上岸的六十多具中的一個。他死的多麼慘呀！兩手兩腳還被粗繩綁着，血肉模糊的已認不清他的面目。看了這幅照片，誰的心裏也要激起復仇的怒火。

（三）我軍進駐泊鎮，家家懸掛國旗，人人鼓掌歡迎。

（二）冀中子弟兵忍無可忍，被迫自衛向泊鎮反擊。

碉堡能維持反動派統治嗎？
——不能！請看同蒲路北段的實況。

日本投降後，閻錫山勾結日偽聯軍佔據了同蒲路北段。以後雖然和平實現了，但閻錫山為了鞏固擴張他的反動統治，在停戰協定公佈後，不但不拆毀碉堡，反而大修起碉堡來，企圖利用這些大量的堡壘來作為屠殺人民的巢穴，來作為進攻解放區的據點。這是閻錫山發動內戰的鐵證。這些碉堡的修築，耗費了人民大量的人力財力，阻止了流浪在外的人民還鄉，影響了人民自由互通貿易，使得人民在和平實現後生命仍然毫無保障。

這些碉堡不少都修築得很堅固，但這樣堅固的軍事工事能維持反動統治嗎？不能夠！問題是決定在人，不是決定在碉堡和武器。因為人民都反對閻偽軍，當我軍隨人民之請堅決進行自衛反擊時，在人民力量的強大打擊底下，這些守碉堡的閻偽軍一打就垮，不是馬上繳槍就是早已跑掉了。

（一）這是偽岳南門山水外巷巷口的碉堡，這是偽岳三十多個碉堡中的一角。這碉堡下半部是過去日軍修下的殘基，最上兩層則是閻偽軍新近加修的，因此顏色分明不一樣。碉堡雖然稠密，但它都絲毫沒起作用。

（二）閻[illegible]

（四）我軍解放泊鎮車站後，從偽軍手裡將老百姓的糧食又搶回來，準備歸還老百姓。

晉察冀畫報半月刊第一期
編輯：晉察冀軍區政治部　晉察冀畫報社
出版：晉察冀軍區政治部
印刷：和平印書館
出版日期：一九四六年八月三十日
定價：邊幣五十元

晉察冀畫報

半月刊

第一期

粉碎蔣

我軍堅決自衛反擊 解放同蒲路六百里

今年春季以來，山西閻日偽聯軍，於「掃蕩」「蠶食」清（源）太（原）徐（溝）解放區後，在蔣軍撃援下，更變本加厲的撕毀和平協定，在山西各處同時發動對解放區的進攻。六月中旬，閻日偽聯軍大舉進犯晉中平川解放區，在晉北同蒲路沿綫，不斷向解放區蠶食進攻和搶糧。僅朔縣一地來說，自停戰令後閻偽軍向我解放區進攻共一百七十四次，使用兵力在一萬八千人以上，侵佔解放區村莊二百多個，更痛心的是殺死了我民主政府的區長劉永勝，並包圍殲滅了我們八年抗戰有功的西小寨駐軍等，迫使我軍忍無可忍，讓無可讓，不得不堅決自衛反擊。

同蒲北段我自衛討逆戰役，自六月中旬開始連戰連勝，到八月初為止，先後解放朔縣，岱岳，楊方口，寧武，原平，忻口，懷仁，口泉，平旺等重要城鎮及車站共十九處，同蒲北段北起懷仁，南到忻口，約六百里的鐵路線已完全由人民管理，這一線已沒有閻偽踪跡。也在這時候，同蒲北段東邊的閻偽據點，山陰，繁峙，代縣，五台，定襄六城也都得到解放。因此，在這六百里長的鐵路綫上，晉綏解放區和晉察冀解放區的五台山區已完全連成一片。這是我軍在山西北部自衛反擊的偉大勝利。

現在本社先將接到的解放岱岳，朔縣，寧武，楊方口等照片發表於下：

朔縣

朔縣城離大同二百六十里，去年日本投降後，我民主政府及民兵曾進入過城，後來在閻日偽聯合進攻下，被迫撤出。六月十七日早上，晉綏我軍舉行自衛反擊，解放了朔縣城，守城閻偽軍全部被殲滅，放下武器的有由大同偽軍改編的

（一）我軍解放朔縣北門後，將山炮推到城墻上，向鼓樓及北門的偽軍轟擊（江濤攝）

（二）我軍進入岱岳

山陰

山陰城在
，離鐵路三十
四月就被我軍
來敵偽侵佔了
降後，我軍就
放，可是不久
搶佔。六月二
午，我冀晉軍
部隊第三次又解放了它
岱岳是同蒲路北段
要車站，離大同一百七
六月二十四日被解放。
陰全縣戰役中，共俘虜
一百九十一人，打死打
，自動放下武器的有一
人，繳獲輕機槍十挺
二百四十二支，擲彈筒
車一輛……。

①

偽的進攻

（二）……民兵參戰，勝利後他們隨着部隊入城。（吳群攝）

（三）在鐵路工人保護下，停在朔縣車站的一列火車沒有被破壞。（羊君攝）

（一）參加二十里鋪保衛戰的勝利部第七連指戰員。

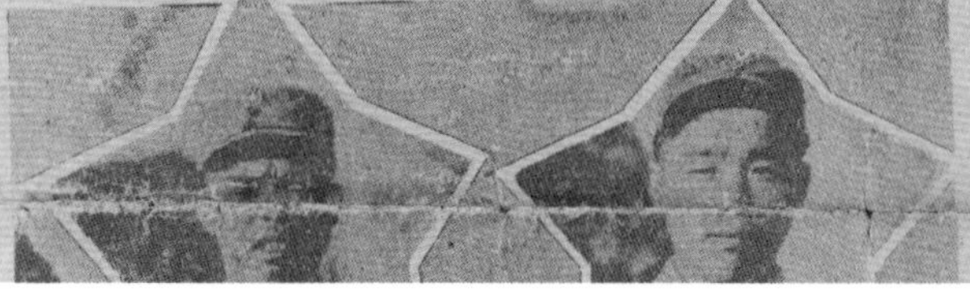

陰岱岳

山陰城在岱岳東南鐵路三十里，去年就被我軍解放，後偽倭佔了，日本投，我軍就又把它解可是不久被閻偽軍。六月二十一日上我冀晉軍區一分區解放了它。

蒲路北段的一個重同一百七十二里，鎮解放。任解放山，共俘虜了閻偽軍，打死打傷四十八人器的有一百一十五槍十挺，長短槍，擲彈筒兩個，汽

進入岱岳（吳群攝）

（一）我軍進入山陰城（吳群攝）

楊方口

楊方口離大同三百一十二里，鐵路經過這里直通寧武，是長城的一個重要關口，因為軍事上險要，有「太原之鎖匙」的稱呼，楊方口在六月十七日被我晉綏部隊解放。下圖是解放了的楊方口車站。（羊君攝）

寧武

寧武城在大同南邊，離大同三百三十八里的同蒲路上，這座城和車站在七月一日早上被我晉綏部隊解放。

（一）這是在寧武放下武器的閻軍保安十二團官兵一部。這些人舊日多半是忻崞兩縣內偽軍。（羊君攝）

…的七個火車頭和一部份

君攝）

②

（二）參加倍加皂保衛戰的勝利部第八連指戰員。

大同二十里舖保衛戰中兩個英雄的連隊

（滿征攝）

七月二十四日，閻日僞聯軍三千七百餘人，擁着八輛坦克，三十多輛汽車，用密集的砲火向二十里舖、三十里舖、倍加皂等地進攻，我察晉勝利部用兩個半連的兵力堅決自衛，英勇搏鬥，把進犯的敵人打垮了！勝利部的第七連，在二十里舖的保衛戰中，抵擋着比他們多三十幾倍的敵人，堅持抗守了十六個鐘頭，士氣像一團火，越打越旺；陣地像一座山，屹立不動。

在戰鬥中，出現了很多漂亮的射擊英雄：我們的機槍手左秉瑞、張有奇都殺傷了敵人一百多；王峯生、周德順、張國棟和新戰士楊吉等同志都是出色的神槍手，打死了逆殲軍的射擊手、指揮官和坦克駕駛員。

在戰鬥中，敵人密集的砲火破壞着我們的陣地，拼下來的磚瓦泥土把我們的戰士和武器埋在底下了，但是他們翻起身來，操了武器又繼續射擊。我們的指揮員庚永壽等，敵工人員劉景山等，自己帶頭殺敵，還隨時提出口號，鼓舞士氣，組織戰鬥。

戰士李進、李生純、佟有英、穆大和等同志負傷不下火綫，還鼓勵別人戰鬥。每一件事實，每一個行動都說明：我們的軍隊，在保衛人民、保衛解放區的自衛戰爭中，真正發揚了英勇頑強、新英雄主義的戰鬥作風。這兩個英雄的連，勝利部的第七連和第八連，都得到了縱隊光榮的嘉獎。

（三）這個機砲班在二十里舖保衛戰中，殺傷了二百多個敵人。前排右為左秉瑞，左為張有奇。

（四）保衛戰中，我軍小砲射手向日軍坦克瞄準射擊的情形。（滿征攝）

（二）寧武車站解

車箱已由人民

畫報

…子彈，這是蔣介石

安國（近）魏橫（遠）
在他跟前哭的好悲傷。
（袁苓攝）

炸陽高暴行

八月十三日又四次侵擾張家口市，並掃射我平綏鐵路綫上重要車站陽高，王「劉有DM43的美國造達姆彈及燃燒彈死五人，被打傷十三人，開車的司機、得起火燃燒，一位被打死在車上的十九車一塊燒掉，死得最慘。在這前幾天，解放區）也遭到美造蔣機一架轟炸，投半畝，炸死正在鋤苗的村民兩人，五棵

ㄑ！老鄉們！這不是蔣介石對全國人民實行大屠…介石的全國性內戰是瘋狂的開始了。我們解放區軍民希望和平，但蔣介石却逼着我們打仗，反動派打到咱們老百姓頭上了，我們再讓步我們就活不了啦！全邊區軍民行動起來！堅決自衛，粉碎蔣介石的進攻，恢復國內和平！

把憤怒變成行動

反動派軍隊從那里進攻，

我們就把他打回那里去！

（二）被打傷的司機李風潮送入醫院後，工人兄弟紛紛前往慰問
（高粮攝）

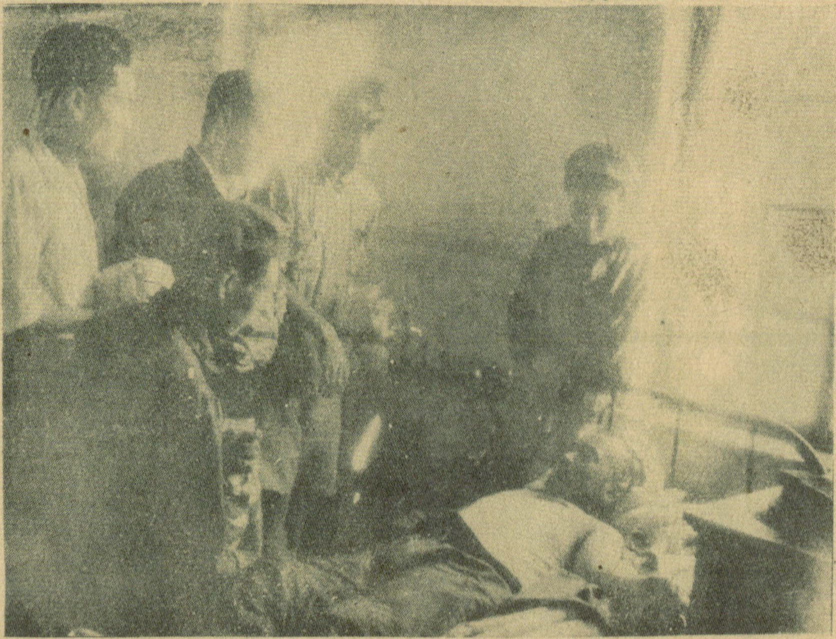

爲死難戰友復仇

…擊解放泊鎮

八分區
郝建奈、洛夫攝

（一）這是被泊鎮僞軍槍殺投入運河的我交何保安隊戰友的屍體，這是經我地方幹部打撈上岸的六十多具中的一個。他

③

晉察

（一）三〇二次頭等
「恢復交通」的事實

（四）父親被炸得血肉模糊死的慘，連孩子走到跟前也不忍看。
（袁苓攝）

（三）正在鋤苗的聚
和附近的棗樹一起被炸死

給冀中人民

我軍自

擊解放泊鎮

八分區
郝建奈、洛夫攝

運河，是冀中有名的水陸碼頭，全鎮有人口六萬。先前
使下罪大惡極的偽軍徐逆春林部佔此。徐逆春林破壞
向解放區侵犯，搶掠屠殺無所不為，人民恨他入骨。
組我方代表傅繼澤，解除美方代表華納中校及隨員武
軍三百餘人就向我駐三里屯的交河保安隊二中隊大舉
一百餘人全被包圍，自上午九時打到下午四時卅分，
甚多。為這件事我八分區曾數次向政府交涉，但他不
人員大部慘殺，投入運河，經我地方幹部打撈上岸的屍
這股偽軍仍然準備向我進犯，在萬衆一致控訴申請下
除害，為死難戰友復仇，不得不自衛還擊。
對罪大惡極的泊鎮偽軍積極自衛開始反擊。七日夜解放
總計偽東光保安隊長李文成以下一千名放下武器，打
名，繳獲很多。

的我交河保安隊戰友的屍體，這是經我地方幹部打撈上岸的六十多具中的一個。他死的多麼慘呀！兩手兩脚還被粗繩綑着，血肉糢糊的已認不清他的面目。看了這幅照片，誰的心頭也要激起復仇的怒火。

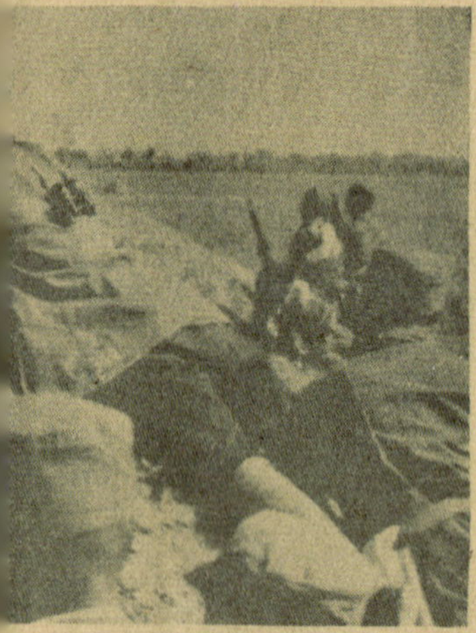

（二）冀中子弟兵忍無可忍，被廹自衛向泊鎮反擊。

（三）我軍進駐泊鎮，家家懸掛國旗，人人鼓掌歡迎。

④

我軍

冀中泊鎮在津浦
忠實日軍，後來在國
停戰協定，兇暴無理
五月初又發生泊鎮僞
器任意汚辱的事件。
進攻，後來增到五百
因爲兵力懸殊全部損
僮不理，反縱使僞軍
體，就有我副政委以
，我軍忍無可忍爲了

冀中子弟兵於五
獨家口車站，十日拂
死僞寧津縣長包秀祥

碉堡能維持反動派統治嗎？

——不能！請看同蒲路北段的實況。

日本投降後，閻錫山勾結日僞聯軍佔據了同蒲路北段。以後雖然和平實現了，但閻錫山爲了鞏固擴張他的反動統治，在停戰協定公佈後，不但不拆毀碉堡，反而大修起碉堡來，企圖利用這些大量的堡壘來作爲屠殺人民的巢穴，來作爲進攻解放區的據點。這是閻錫山發動內戰的鐵證。這些碉堡的修築，耗費了人民大量的人力財力，阻止了流浪在外的人民還鄉，影響了人民自由互通貿易，使得人民在和平實現後生命仍然毫無保障。

這些碉堡不少都修築得很堅固，但這樣堅固的軍事工事能維持反動統治嗎？不能够！問題是決定在人，不是決定在碉堡和武器。因爲人民都反對閻僞軍，當我軍應人民之請堅決進行自衛反擊時，在人民力量的強大打擊底下，這些守碉堡的閻僞軍一打就垮，不是馬上繳槍就是早已跑掉了。

（一）這是岱岳南門山水外巷巷口的碉堡，這是岱岳三十多個碉堡中的一角。這碉堡下半部是過去日軍修下的殘基，最上兩層則是閻僞軍新近加修的，因此顏色分明不一樣。碉堡雖然稠密，但它都絲毫沒起作用。

（二）僞北壘碉軍北些反碉個毀楊破堡
軍段就堡解段用動堡被丁方摧之
在每修，後放以統也人・口毀一
同隔一常嗣，維治一民圖車的。
閻蒲數個我蒲這持的個摧爲站碉

百姓的糧食又搶
回來，準備歸還
老百姓。

晉察冀畫報半月刊第一期

編輯：	晉察冀軍區政治部　晉察冀畫報社
出版：	晉察冀軍區政治部
印刷：	和平印書館
出版日期：	一九四六年八月三十日
定價：	邊幣五十元

图片比例按 47%，91% 呈现

晉察冀畫報

半月刊 第二期

自衛反擊，連戰連勝
我軍解放大同外圍各工礦區

為了有效的制止蔣軍內戰兇燄，解救蔣介石大舉進攻所造成的晉南與冀熱解放區的嚴重形勢；同時為了澈底粉碎閻錫山大量保留日僞軍，充作內戰工具，屢次進犯雁北解放區，製造慘案，屠殺人民的暴行，我晉察冀、晉綏兩部隊在堅決自衛反擊，解放同蒲北段六百里時，於八月初旬接受人民請求包圍大同，將大同外圍各工礦區也完全解放。大同外圍工礦區，包括全國著名的口泉煤礦區及平旺發電廠，孤店鍊鋼廠等，現在已由民主政府管理，過去像奴隸一樣在各礦山工廠做工的數萬工人兄弟，也得到解放了。

口泉煤礦區

口泉煤礦區在大同西南，是全國著名的大煤礦區之一，有礦工兩三萬人，口泉王逆林原部，從前是僞省防軍師長，後來被閻軍收編爲一十九師二團團長，在停戰前後，曾不斷向我解放區進攻，殺人，搶糧，抓丁。八月三日我軍解放懷仁殲滅僞軍張逆佐漢部後，四日口泉僞軍也畏罪向大同逃跑，口泉煤礦區遂被解放，我軍在追擊和殲滅自大同出援的八百閻僞軍時，繳獲火車兩列，汽車兩輛，及其他軍用品一部。口泉煤炭質量很好，除當燃料用最適宜外，同時又是製鐵所不可缺少的。煤的埋藏量也極豐富，儲量約在五百萬萬噸以上。

（一）被解放了的口泉煤礦區一角。（袁葆攝）

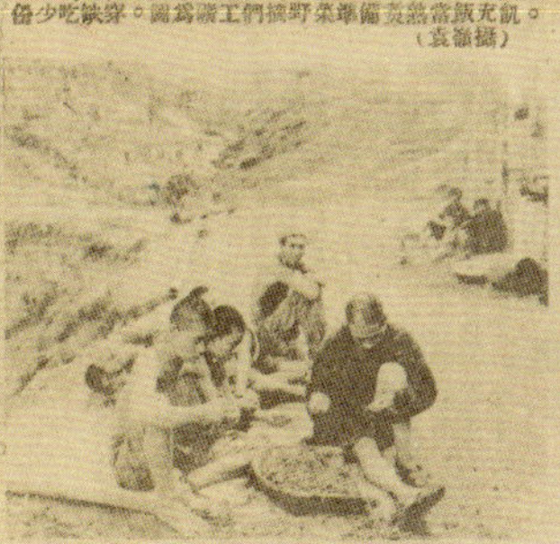

（三）在閻錫山壓迫剝削下，口泉煤礦工人大部份少吃缺穿。圖為礦工們摘野菜準備當飯充飢。（袁葆攝）

（二）我軍進入口泉永定莊礦區。（袁葆攝）

平旺發電廠

平旺發電廠在大同城西南十五里，八月五日被我軍解放。平旺發電廠規模很大，大同城和附近各工廠礦山用電，都是由他供給。

堅決自衛瞄準射擊
忻縣我軍打下蔣機一架

最近以來，蔣介石空軍連日向同蒲線上忻縣外圍八路軍駐地不斷侵犯，平均每天三次之多。八月一日上午，蔣機一架又飛到平社八路軍駐地投彈，掃射，我十一旅機槍班長趙士尼，射手黃寶珍忍無可忍，被迫對空射擊，兩梭子機槍把飛機打下來了。飛機雖然燒燬，但仍可以看出是一架改塗國民黨徽的4327號美國大型戰鬥機，機上駕駛員兩名，全都燒死，我軍在機上繳獲機關槍八挺。

蔣介石出賣中國，從美國換來大量飛機向解放區人民大屠殺開始了，在我們身邊，許多兄弟姐妹已經慘死在美造蔣機的暴行下，在我們眼前，許多和平村鎮已經遭它轟炸。我們解放區軍民希望和平，但蔣介石要我們流血，反動派從天上打到咱們老百姓頭上了，我們再讓步就活不了啦！全邊區軍民行動起來，堅決自衛，向侵犯的蔣機瞄準射擊！

（一）蔣機墜地起火後，我軍趕到前來拆卸美造機關槍。（楊振亞攝）

（二）機身完全被毀了，光剩下一個大尾巴，駕駛員被燒成一團黑光餘一半上體，做了蔣介石打內戰的無謂犧牲品。（李照輝攝）

①

②

守衛平旺發電廠的我軍步哨（孟慶彪攝）

大同鍊鋼廠

大同鍊鋼廠在大同城北十五里孤店村，爲日寇建築，去年日本投降時尚未全部建設完畢，僅只小規模的動工，閻錫山佔領該廠後，將它駐紮重兵，鍊鋼廠被迫停工，我軍於八月初解放孤店後，工人們都紛紛回廠準備復工。

（一）大同鍊鋼廠鍊鋼機鍋爐一部。

（二）我晉綏工業管理局人員視察該廠各部機械時情形。（楊國治攝）

為雁北人民除害的
我軍應縣討逆戰

應雁北一百二十萬人民的請求，我軍於七月下旬展開應縣討逆自衛戰，盤據城內罪大惡極的雁北漢奸匪首喬日成，已於七月二十八日被擊斃。

喬逆在抗戰前就是土匪，一九三八年投敵，當了日寇「雁北勦匪挺進軍」司令，從此應縣、渾源、繁峙、靈邱川下同胞被他屠殺簡直多的不能計算，如一九三九年八月喬逆引日寇「掃蕩」渾、繁地區，一次就將一百二十里沿途村莊完全殺光、搶光、燒光。日寇投降後，喬逆收編戰犯僞軍，繼續屠殺人民，停戰令後違約向我解放區進攻達一百二十九次，捕殺我縣區幹部達四十名，並先後製造橋頭、中柳會等慘案。人民對喬逆早已恨入骨髓。此次喬日成被我軍打死，含冤八年的雁北一百二十萬人民得到報仇，都對我軍表示感謝。

（一）我軍砲兵開到應縣城下，為人民報仇去。（蔡尚雄攝）

（二）我軍迫擊砲隊將砲架在應縣西關，向城內轟擊。（羊君攝）

（三）應縣西城關一角，在我砲兵轟擊中。據說喬日成就是在這附近被打死的。（吳群攝）

歡迎海福龍率部起義退出內戰

駐大同的馬占山將軍所部，原東北挺進軍先遣第一路指揮，現任騎兵第十五團海福龍團長，在本月十四日夜間率部三百多人於大同北關白馬城起義，退出內戰，並發表通電，反對蔣介石，閻錫山的內戰罪行，願為和平民主獨立而奮鬥。他的部隊和家屬現在已全部到達解放區，得到我當地軍政機關，人民群衆的熱烈歡迎和優待。

近來在解放區人民軍隊自衛戰的偉大勝利影響下，國民黨內戰軍中許多官兵已日益覺悟紛紛起義，退出內戰，高樹勳將軍和新八軍將士首先起義在邯鄲，潘朔端和一八四師健兒相繼起義於東北，給國民黨軍隊反內戰起義創造了光輝的先例，得到全國人民的歡迎和擁護。這一次蔣介石發動全國內戰不到兩月，國民黨軍隊反內戰起義更接連而起：郝鵬舉將軍率部兩萬多人通電成立華中民主聯軍，蔣嘉賓將軍率部五千起義在隴海路的廣城，王一芳大隊長率部起義於膠濟路的南泉，現在海福龍團長也率部起義了，這些都是學習高樹勳潘朔端兩將軍的光榮榜樣，國民黨反動派和人民為敵，冒險進行全國內戰，結果必然自取滅亡，而人民的自衛戰爭必然勝利，因為人民的行動完全是正義的。

海福龍率部起義退出內戰奔向解放區。（石少華攝）

晉察冀畫報半月刊第二期

編輯：晉察冀軍區政治部晉察冀畫報社

出版：晉察冀軍區政治部

印刷：和平印書館

出版日期：一九四六年九月十五日

定價：邊幣五十元

晉察冀畫報

冀熱遼軍民緊急動員起來！

堅決自衛 收復失地
讓熱河永遠是人民的

蔣介石利用美國軍艦陸續運來熱河的三個美械軍，從八月二十日起，分路大舉猛犯承德，把內戰的火自關內燒到長城以外，燒到我熱河解放區的首府，我軍為了更有效的粉碎蔣介石的進攻，已在二十八日主動撤離承德。

承德和熱河是蔣介石丟棄給日本人的。我冀熱遼八路軍在抗戰開始就挺進熱河，和熱河人民堅持抗日游擊戰爭，熱河全省是八路軍從日寇手中收復的。蔣介石有罪無功，現在竟無恥侵佔承德，還企圖繼續侵佔整個冀熱遼，八路軍和熱河人民永遠不承認蔣軍對承德等地的侵佔，已經獲得解放的冀熱遼人民，決不能重當蔣介石賣國賊統治下的牛馬奴隸，我們一定要繼續堅決的自衛反擊，一直到收復失地。熱河和承德是永遠屬於人民的。

下面發表的承德照片，是冀熱遼軍區政治部勝利畫報社的來稿，從這兩張照片裡，可以看出我熱河民主政府是怎樣熱愛熱河人民，而熱河人民又怎樣擁護解放他們的八路軍。

（一）熱河民主省政府發放賑濟糧食及衣物等，圖為人民由省政府領回救濟品的情形。（魯克攝）

（二）當熱遼八路軍行進在承德市街上，人民自動集結起來，夾道歡迎。（李柯攝）

粉碎蔣介石的進攻 邊區各界全力支援前綫

為了堅決進行自衛戰爭，粉碎蔣介石的進攻，全邊區各界人民都已緊急的動員起來了，到處都熱烈底開展支援前線運動，他們從直接到前線參軍、參戰、參加前線勤務工作，在後方獻金獻物，節衣縮食，義演義賣，加緊工作，努力生產……總之想盡一切辦法，拿出一切力量，前方後方一致，千人萬人一心，都是為自衛戰爭的勝利，為恢復國內和平而努力。在熱烈支援前線中，有許多偉大生動的場面是值得報導的，由於本社材料不足，篇幅有限，故現在僅將所有的一部分照片略加選擇發表，這裡反映的只是我們邊區各界支援前線動態的一角，但就從這裡也可以堅信：勝利一定是屬於我們的。——編者

加緊生產

（一）張家口汽車修理廠工人，為前方加緊製造零件。（高粮攝）

（二）張市西區古家廟街婦女，怕前線戰士挨凍，她們集中一切力量，加緊突擊，為戰士趕製棉衣。（石英攝）

獻物

（一）張家口的各學校學生，在支援前線中也不落後。圖為一位才從北平來的華北聯大政治班女同學，她將自己的金戒指脫下獻給前方。（高粮攝）

（二）張市擁軍模範何大媽，親自招待過往的傷員，……（高粮攝）

參戰

民兵參加自衛戰爭，組織戰鬥隊伍，協助部隊作戰，……（一組）

前線勞軍

張市總工會、平綏鐵路總工會組織的前線慰勞團，攜帶共值七千多萬元的煙、火柴、肥皂和共值一千多萬元的毛巾、襪子及現鈔日用品等各種文娛節目，在八月中旬出發前線勞軍。圖為該團到達前方，將慰勞品發給自衛將士。（石少華攝）

參軍

解放區的好男兒紛紛參加八路軍。圖為懷安縣新兵開始集中操練情形。（劉峰攝）

抬担架

察北人民支援大同自衛戰，擔架隊爭先上火綫。圖為人民担架隊正集合準備出發前線的情形。（高粮攝）

義演勞軍

張家口市影劇界，為了支援前線將士，特於八月七日舉行義演勞軍，各影劇院全部收入一千多萬元，作為勞軍之用。（高粮攝）

獻金

（一）在獻金運動中，張家口市工人踴躍捐獻……（谷芬攝）

（二）……（高粮攝）

減租清算鬥爭勝利！
察哈爾人民大翻身
抗屬生活也進一步改善

最近以來，在我晉察冀解放區，廣大農民都在轟轟烈烈的展開清算減租鬥爭。這一洶湧澎湃的農民翻身運動，到目前已經收到相當大的成績，例如察哈爾張北全縣二百三十五個村莊，已有二百個村莊勝利完成了減租清算鬥爭，捲入這一運動的農民，已經擺脫漢奸惡霸不法地主的重重壓迫，獲得大量土地牲口和糧食，從黑暗痛苦中得到翻身。廣大農民翻身以後，情緒空前高漲，他們已迅速的組織起來和行動起來，他們熱烈的擁護共產黨八路軍，他們熱愛自己的解放區，他們積極的支持自衛戰爭，踴躍的參軍和加入民兵行列，他們要堅決保衛和平民主幸福的家鄉，保衛自己的切身利益。

在清算減租鬥爭勝利以後，農民生活普遍上升了，抗屬生活也進一步得到改善。如柴溝堡七、八、九村農民多年所受的壓榨剝削，今天得到了賠償。這三個村子共有四百五十戶得到了土地，四百九十戶得到了糧食和布疋等，在分配時都首先照顧抗屬，如八村二十三戶抗屬，一百十一口人共得到園地及河地一百二十畝，平均每人一畝以上；九村九戶抗屬，三十二口人，平均每人得到土地一畝五分五。園地河地產量很大，每人有一畝多地，就可達到中農以上的生活。三個村子有一百六十九戶都由貧農升為中農。抗屬在大家熱情的照顧下，情緒非常高漲，他們紛紛給參加八路軍的丈夫兒子寫信，如常振興給兒子常福寫信說：「你去後家裏各項都很平安，村公所不斷給優待，咱家現已有了園子地一畝，你要很好的為鄉親的平安努力打仗，保住咱家這一畝園子地，把殺人兇首蔣介石打的遠遠的！」

（一）柴溝堡九村一部份抗屬和貧苦農民分到布匹後的歡欣情形。（李峰攝）

（二）柴溝堡九村農民翻身以後開勝利大會，他們為了感謝毛主席給他們的好處，他們把毛主席的畫像掛在臺中央，高呼：「毛主席萬歲！」（劉峰攝）

晉察冀畫報
半月刊
第二期

自衛反擊，連戰連勝

我軍解放大同外圍各工礦區

為了有效的制止蔣軍內戰兇燄，解救蔣介石大舉進攻所造成的晉南與冀熱解放區的嚴重形勢；同時為了徹底粉碎閻錫山大量保留日偽軍，充作內戰工具，屢次進犯雁北解放區，製造慘案，屠殺人民的暴行，我晉察冀、晉綏兩部隊在堅決自衛反擊，解放同蒲北段六百里時，於八月初旬接受人民的請求包圍大同，將大同外圍各工礦區也完全解放。

大同外圍工礦區，包括全國著名的口泉煤礦區及平旺發電廠，孤店鍊鋼廠等，現在已由民主政府管理，過去像奴隸一樣在各礦山工廠做工的數萬工人兄弟，也得到解放了。

平旺發電廠

平旺發電廠在大同城西南十五里，八月五日被我軍解放。平旺發電廠規模很大，大同城和附近各工廠礦山用電，都是由他供給。

口泉煤礦區

口泉煤礦區在大同西南，是全國著名的大煤礦區之一，有礦工兩三萬人，口泉王逆林原部，從前是偽省防軍師長，後來被閻軍收編為三十九師二團團長，在停戰前後，曾不斷向我解放區進攻，殺人，搶糧，抓丁。八月三日我軍解放懷仁殲滅偽軍張逆佐漢部後，四日口泉偽軍也畏罪向大同逃跑，口泉煤礦區遂被解放，我軍在追擊和擊潰自大同出援的八百閻偽軍時，繳獲火車兩列，汽車兩輛，及其他軍用品一部。

口泉煤炭質量很好，除當燃料用最適宜外，同時又是製鐵所不……

（二）我軍進入口泉永定莊

（二）機身完全被毀了，光剩下一個大尾巴，僞駛員被燒成一團黑光，餘一半上體，做了蔣介石打內戰的無謂犧牲品。（李照輝攝）

為雁……

我……

就將一……屠殺八……先後……八年的……

守衛……

①

（三）在閻錫山壓迫剝削下，口泉煤礦工人大部份少吃缺穿。圖爲礦工們摘野菜準備煑熟當飯充飢。（袁嶺攝）

（一）被解放了的口泉煤礦區一角。（袁嶺攝

堅決自衛瞄準射擊

忻縣我軍打下蔣機一架

最近以來，蔣介石空軍連日向同蒲線上忻縣外圍八路軍駐地不斷侵犯，平均每天三次之多。八月一日上午，蔣機一架又飛到平社八路軍駐地投彈，掃射，我十一旅機槍班長趙士尼，射手黃寶珍忍無可忍，被迫對空射擊，兩梭子機槍把飛機打下來了。飛機雖然燒燬，但仍可以看出是一架改塗國民黨徽的4327號美國大型戰鬥機，機上駕駛員兩名，全都燒死，我軍在機上繳獲機關槍八挺。

蔣介石出賣中國，從美國換來大量飛機向解放區人民大屠殺開始了，在我們身邊，許多兄弟姐妹已經慘死在美造蔣機的暴行下，在我們眼前，許多和平村鎮已經遭它轟炸。我們解放區軍民希望和平，但蔣介石要我們流血，反動派從天上打到咱們老百姓頭上了，我們再讓步就活不了啦！全邊區軍民行動起來，堅決自衛，向侵犯的蔣機瞄準射擊！

（-）蔣機墜地起火後，我軍趕到前來拆拿美造機關槍。（楊振亞攝）

守衛[illegible]電廠的我軍步哨（孟慶彪攝）

大同鍊鋼廠

大同鍊鋼廠在大同城北十五里孤店村，爲日寇建築，去年日本投降時尚未全部建設完畢，僅只小規模的動工，閻錫山佔領該廠後，將它駐紮重兵，鍊鋼廠、迫停工，我軍於八月初解放孤店後，工人們都紛紛同廠準備復工。

（一）大同鍊鋼廠鍊鋼機鍋爐一部。

（二）我晉綏工業管理局人員視察該廠各部機械時情形。（楊國治攝）

爲雁北人民除害的 我軍應縣討逆戰

應雁北一百二十萬人民的請求，我軍於七月下旬展開應縣討逆自衛戰，盤據城內罪大惡極的雁北漢奸匪首喬日成，已於七月二十八日被擊斃。

喬逆在抗戰前就是土匪，一九三八年投敵，當了日寇「雁北剿匪挺進軍」司令，從此應縣、渾源、繁峙、靈邱川下同胞被他屠殺簡直多的不能計算，如一九三九年八月喬逆引日寇「掃蕩」靈、繁地區，一次就將一百二十里沿途村莊完全殺光、搶光、燒光。日寇投降後，喬逆收編戰犯僞軍，繼續屠殺人民，停戰令後違約向我解放區、進攻達一百二十九次，捕殺我縣區幹部達四十名，並先後製造橋頭、中柳會等慘案。人民對喬逆早已恨入骨髓。此次喬日成被我軍打死，含寃八年的雁北一百二十萬人民得到報仇，都對我軍表示感謝。

歡迎海福龍率部

駐大同的馬占山將軍所部，原東北挺進軍先遣第一路指揮，現任騎兵第十五團海福龍團長，在本月十四日夜間率部三百多人於大同北關白馬城起義，退出內戰，並發表通電，反對蔣介石，閻錫山的內戰罪行，願爲和平民主獨立而奮鬥。他的部隊和家屬現在已全部到達解放區，得到我當地軍政機關，人民群衆的熱烈歡迎和優待。

近來在解放區人民軍隊自衛戰的偉大勝利影響下，國民黨內戰軍中許多官兵已日益覺悟紛紛起義，退出內戰，高樹勳將軍和新八軍將士首先起義在邯鄲，潘朔端和一八四師健兒相繼起義於東北，給國民黨軍隊反內戰起義樹立了光輝的先例，得到全國人民的歡迎和擁護。

②

(一)我軍砲兵開到應縣城下，為人民報仇去。

(三)應縣西城牆一角，在我砲兵轟擊中。據說日當
成就是在這附近被打死的。　　　(吳群攝)

(二)我軍迫擊砲隊將砲架在應縣西關，向城內轟發。(羊君攝)

退出內戰

……龍團長也率部起義了，這些都是學習高樹勳潘朔端兩將軍的光榮榜樣，國民黨反動派和人民為敵，冒險進行全國內戰，結果必然自取滅亡，而人民的自衛戰爭必然勝利，因為人民的行動完全是正義的。

海福龍率部起義退出內戰奔向解放區。(石少華攝)

晉察冀畫報半月刊第二期
編　輯：晉察冀軍區政治部晉察冀畫報社
出　版：晉察冀軍區政治部
印　刷：和平印書館
出版日期：一九四六年九月十五日
定　價：邊幣五十元

畫報

冀熱遼軍民緊急動員起來！

堅決自衛 收復失地

讓熱河永遠是人民的

蔣介石利用美國軍艦陸續運來熱河的三個美械軍，從八月二十日起，分路大舉猛犯承德，把內戰的火自關內燒到長城以外，燒到我熱河解放區的首府，我軍為了更有効的粉碎蔣介石的進攻，已在二十八日主動撤離承德。

承德和熱河是蔣介石丟棄給日本人的。我冀熱遼八路軍在抗戰開始就挺進熱河，和熱河人民堅持抗日游擊戰爭，熱河全省是八路軍從日寇手中收復的。蔣介石有罪無功，現在竟無恥侵佔承德，還企圖繼續侵佔整個冀熱遼，八路軍和熱河人民永遠不承認蔣軍對承德等地的侵佔，已經獲得解放的冀熱遼人民，決不能重當蔣介石賣國賊統治下的牛馬奴隸，我們一定要繼續堅決的自衛反擊，一直到收復失地。熱河和承德是永遠屬於人民的。

下面發表的承德照片，是冀熱遼軍區政治部勝利畫報社的來稿，從這兩張照片裡，可以看出我熱河民主政府是怎樣熱愛熱河人民，而熱河人民又怎樣擁護解放他們的八路軍。

（一）熱河民主省政府發放賑濟糧食及衣物等，圖為人民由省政府領回救濟品的情形。（魯克攝）

（二）冀熱遼八路軍行進在承德市街上，人民自動集結起來，夾道歡迎。（辛柯攝）

粉碎蔣介石的進攻

邊區各界全力支援前綫

為了堅決進行自衛戰爭，粉碎蔣介石的進攻，全邊區各界人民都已緊急的動員起來了，到處都熱烈展開支援前線運動，他們從直接到前線參軍、參戰、參加前線工作，努力生產………總之一心，都是為自衛戰爭的勝

勤務工作到在後方獻金獻物，節衣縮食，義演義賣，加緊

想盡一切辦法，拿出一切力量，前方後方一致，千八萬人

參戰

雁北民兵積極參加自衛戰爭，他們組織了參戰隊，隨部隊一地行

參軍

中八

③

晉

加緊生產

（二）在支援前線中，工人們都自動加工努力生產，還提出了「後方多流汗，前方少流血」的口號。圖為張家口汽車修造廠工人加緊趕製汽車零件（高粮攝）

（二）張市四區古宏廟街婦女，怕前線戰士挨凍，她們集中一切力量，加緊突擊，為戰士趕製棉衣。（谷芬攝）

獻物

（一）張家口的各學校學生，在支援前線中也不落後。圖為一位才從北平來的華北聯大政治班女同學，她將自己的金戒指脫下獻給前方（高粮攝）

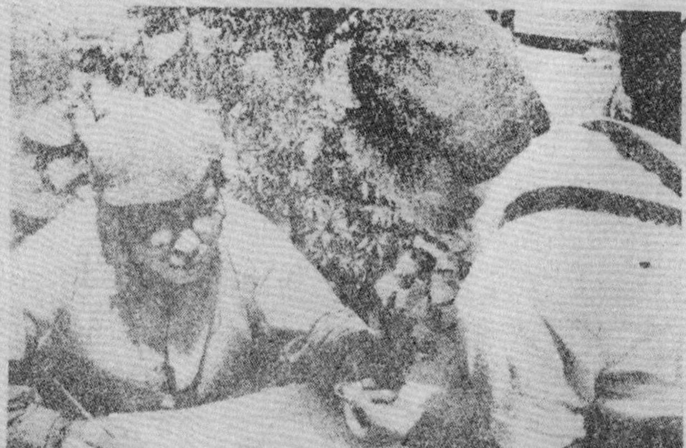

（二）張市擁軍模範何大媽（除了親自去車站招護前線下來的傷員外，還把家裡的布傘出來，日夜加工做鞋，計劃做十五雙趕送萬方。（高粮攝）

（蔡尚雄攝）

前線勞軍

張市總工會、平綏鐵路總工會合組的前線慰勞團，携帶共值七千多萬元的烟，火柴，肥皂和共值一千多萬元的毛巾、襪子及現

參軍

解放區地好男兒紛紛參加八路軍。圖為懷安縣新兵開始集中柴溝堡積極操練。（劉峰攝）

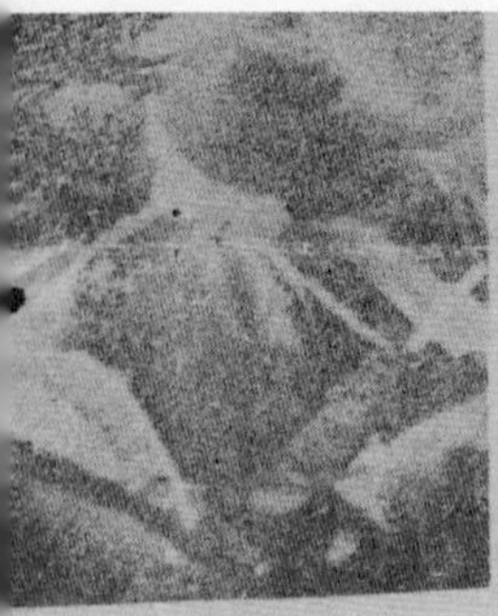

抬担架

雁北人民支援大同自衛戰，担架隊爭先上火綫。圖為大同某區人民担架隊正集合準備出發前線的情形。（袁岑攝）

献金

（一）在献金運動中，張家口市工人献金非常踴躍。銘華木製廠工人呂宣山將一個月所得工資兩萬五千圓，全部献給前[illegible]

農民多年所受的壓榨剝削，今天得到了賠償。這三個村子共有四百五十戶得到了土池，四百九十戶得到了糧

十三戶抗屬，一百十一口人共得到園地及河地一百二十畝，平均每人一畝以上；九村九戶抗屬，三十二口人

柴溝堡九村一部份抗屬和貧苦農民分到布

情形。（劉峰攝）

（二）柴溝堡九村農民翻身以後開勝利大會，他們永遠不忘毛主席給他們的好處，他們把毛主席的畫像掛在會中央，高呼：「毛主席萬歲！」（劉峰攝）

④

的烟，火柴，肥皂和共值一千多萬元的毛巾、襪子及現……備有各種文娛節目，在八月中旬出發前線勞軍。圖爲該團到達前方，將慰勞品發給自衛將士。（石少華攝）

義演勞軍

張市劇影界爲支援前線，特分別在八月二十三日前後作義務公演，各劇場影院共將收入一百九十七萬元全部勞軍。圖爲新華電影院舉行義演時，觀衆買票擁擠。（高穰攝）

（二）察哈爾省政府工商廳劉仁衞縣長夫婦二人，献金一千萬圓，並停領機個每月發給的津貼二百斤小米，直到自衞戰爭勝利。他在張家口工廠入股到年底分得的紅利，及自己薪給報酬」也要全部献出。此外還計劃拿出一部資本，和其他機關合辦一個小工廠，自己紅利十分之八献出。教育廳暨廳長稱他爲「民族資本家献金的楷模。」（葉昌林攝）

減租清算鬥爭勝利！

察哈爾人民大翻身

抗屬生活也進一步改善

最近以來，在我晋察冀解放區，廣大農民都在轟轟烈烈的展開清算減租鬥爭。這一洶湧澎湃的農民翻身運動，到目前已經收到相當大的成績，例如察哈爾張北全縣二百三十五個村莊，已有二百個村莊勝利完成了減租清算鬥爭，捲入這一運動的農民，已經擺脫漢奸惡霸不法地主的重重壓迫，獲得大量土地牲口和糧食，從黑暗痛苦中得到翻身。廣大農民翻身以後，情緒空前高漲，他們已迅速的組織起來和行動起來，他們熱烈的擁護共產黨八路軍，他們熱愛自己的解放區，他們積極的支持自衞戰爭；踴躍的參軍和加入民兵行列，他們要堅決保衞和平民主幸福的家鄉，保衞自己的切身利益。

在清算減租鬥爭勝利以後，農民生活普遍上升了，抗屬生活也進一步得到改善。如柴溝堡七……食和布疋等，在分配時都首先照顧抗屬，平均每人得到土地一畝五分五。園地河地產量很大，每人有一畝多地，就可達到中農以上的生活。三個村子有一百六十九戶都由貧農升爲中農。抗屬在大家熱情的照顧下，情緒非常高漲，他們紛紛給參加八路軍的丈夫兒子寫信，如常振興給兒子常福寫信說：「你去後家裏各項都很平安，村公所不斷給優待，咱家現已有了園子地一畝，你要很好的爲鄉親的平安努力打仗，保住咱家這一畝園子地，把我大路日將介在打得遠遠的！」

图片比例按 47%，91% 呈现

《晋察冀画报 / 丛刊》之一《八路军和老百姓》

Jin-Cha-Ji Pictorial/ Series 1:The Eighth Route Army and the Folks

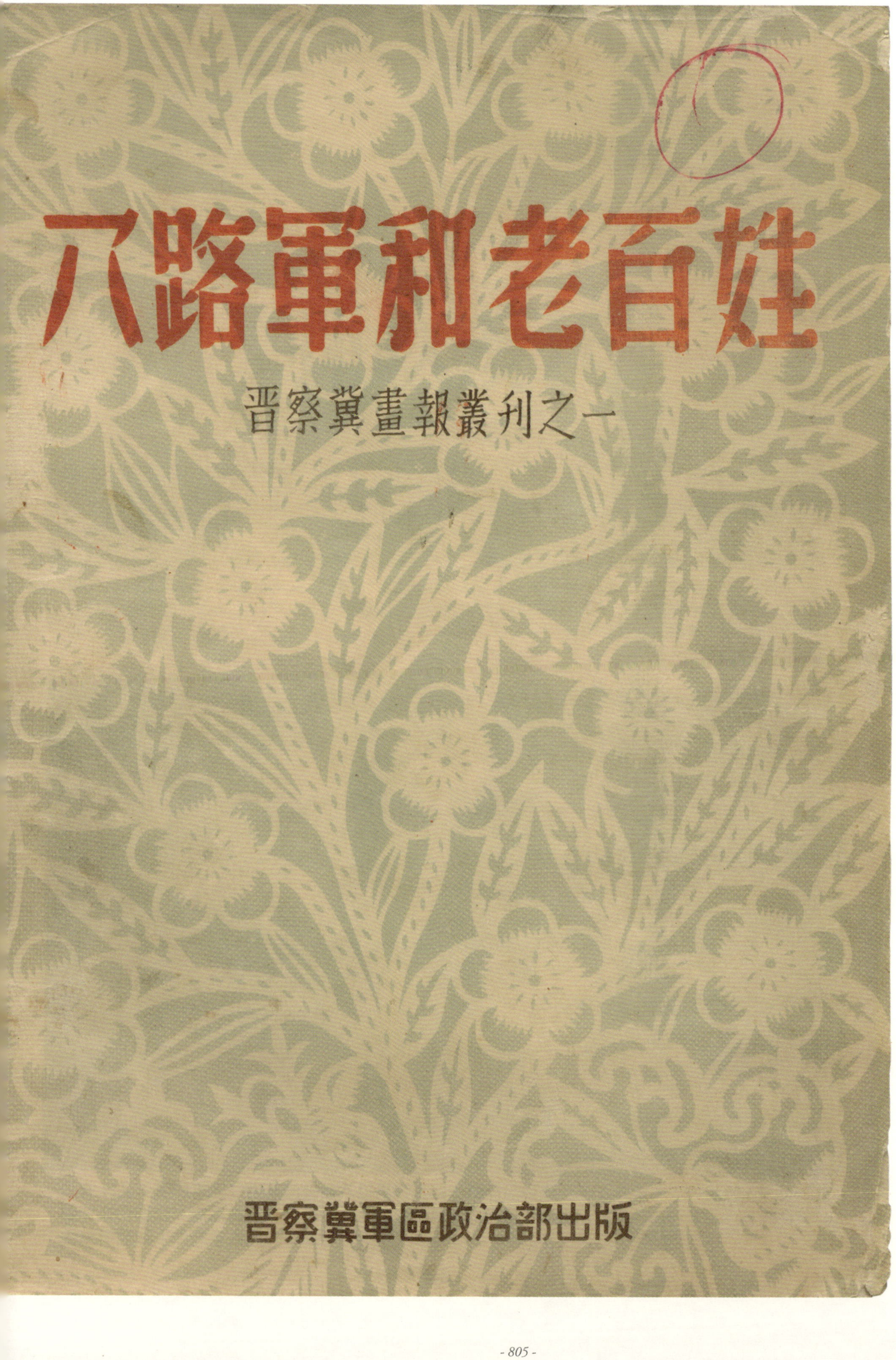

八路軍和老百姓

晋察冀畫報叢刊之一

晋察冀軍區政治部出版

八路軍和老百姓
晉察冀畫報叢刊之一
晉察冀軍區政治部出版
·738·

我們是人民的軍隊　當我們參加八路軍的時候，我們站在家鄉的土台上，受着鄉親的敬禮，聽着父老的囑咐，婦救會員爲我們戴花，兒童團爲我們跳舞。我們是帶着人民的意志，家鄉的希望出來作戰的。我們是人民的軍隊。

軍隊擁護政府　軍隊是人民的軍隊，政府是人民的政府，軍隊要成爲執行政府政策法令的模範。邊區的各級政府都是人民的勤務員，我們人民的子弟兵當然擁護這樣的政府。圖爲春節中冀察軍區直屬隊向駐在地區公所獻旗。

爲人民勇敢作戰　我們來自人民，是人民的子弟兵，要全心全意爲人民服務，不怕流血，不怕犧牲，爲人民的利益而勇敢作戰。敵人從那裡進攻，就叫他消滅在那裡！時時刻刻都記住父老的吩咐，保護自由幸福的家鄉！

帶領民兵作戰 帮助組織訓練民兵，是八路軍指戰員的義務。在敵人進犯時即帶領他們作戰。待他們獲得信心和經驗後，就能獨立作戰，而且和正規軍一樣的堅強勇敢。在機巧和地形熟悉上，則是我們要向他們學習的。

帮助人民學習 八路軍不但自己要學習文化，而且要帮助人民學習文化。軍隊和人民都提高了文化，懂得現代技術，才能取得人民澈底解放，建設工業化的中國。因此八路軍指戰員有義務在民校帮助講課，帮助群衆識字。

帮助發動群衆 群衆力量大如山！群衆是革命的動力！離開了群衆是一件事也做不成的。新中國的到來首先要經過群衆的鬭爭才能實現，只有當群衆起來了，而且建立強大組織，人民的勝利才能永存，民主才能澈底實現。

爲人民築壩防洪 滹沱河年年要發洪水，洪水大時往往成災。冲毁田禾，刮走灘地，血汗培植的莊稼不免付之流水。八路軍是要在一切方面保衛人民的。在作戰之餘，渡河搬石爲人民壘起攔水壩，滹沱河沿岸得以安全。

「捧起白米飯就想到八路軍」 三九年秋北岳區空前大水災，冲毁灘地十四萬畝，接着是日寇的「掃蕩」。春天一來，全體子弟兵幫助老百姓修灘，修復十一萬畝。以後一到稻米收成老鄉就說「捧起白米飯就想到八路軍」。

修蓋被敵人燒燬的房屋 日寇把邊區看成爲他的死敵，每年都調動大軍來「掃蕩」，實行搶光、燒光、殺光政策。當日寇最後被驅逐出去之後，軍隊普遍爲老百姓修蓋房屋，帶搶的人成了木匠，泥瓦匠，表現了人民子弟兵的特色。

帮助人民春耕 每年春耕的時候，全體指戰員都到地裡帮助老百姓春耕，扶犁的扶犁，翻地的翻地，山間河邊盡是一片軍民歡笑和勞動的聲音，好像是一個新的節日。廣大的子弟兵群給每年人民的農業生產增加了財富。

武裝保衛麥收 夏天麥子黃熟，子弟兵分成小組帮助人民麥收。另外以一部兵力出擊敵人，保護麥收。在接敵區則先把敵人崗樓圍住或在汽車路上派監視哨，敵人出來就打，敵人不出來即帮助老百姓收割。槍就架在地裡。

防旱備荒，與天災鬪爭　一九四五年春天，北岳區各地雨量稀少，到夏天久不降雨，播種無法進行。每天太陽炎熱，萬里無雲，農民無不焦急萬分。這時抗日民主政府即提出防旱備荒的口號，號召挑水點種。首先，全體子弟兵擁入這個運動，每天在炎熱之下軍隊成批的在地裡和河邊往來穿走，從山下把水挑上山去。一瓢一勺，辛辛苦苦把種子點下，不幾天乾枯的土地居然長出綠苗來，戰勝了天災。不久天降普雨，萬民到處歡呼雀躍。圖為從窪地把水傳送到上面地裡點播。

撲殺蝗蟲，為民除害　一九四四年滹沱河、沙河、唐河沿河發現蝗群，全體人民掀起了滅蝗熱潮，子弟兵是滅蝗戰的生力軍，排起隊來，把蝗虫逐步驅至預先挖好的短壕內，然後掩埋。保障了農民一年的依靠——食糧。

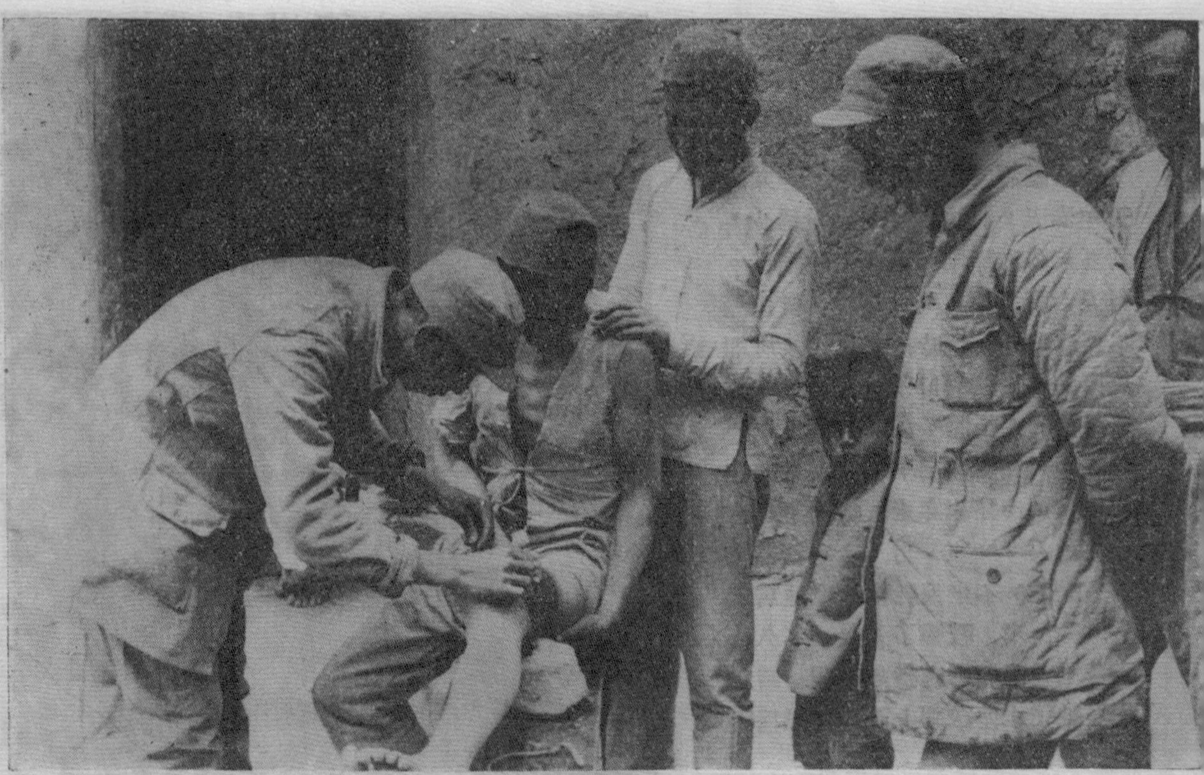

替老百姓治病　八路軍醫生給老百姓看病吃藥已成爲我軍光榮傳統，許多重病被救活的老鄉呼這些醫生爲救命恩人。部隊醫生常親自到老百姓家中去看病，而當某處有流行病發生時，就組織醫療隊，赴該地進行治療。

借物要送還，損物要賠償　「三大紀律八項注意」是每個八路軍戰士都要徹底遵守的。裡面有一條是「不拿人民一針一線」。圖爲某連戰士損壞了老鄉的傢俱，在會上進行自我批評後向老鄉道歉賠錢，老鄉則堅拒不受。

爲人民服務 這是綏遠自衛戰中我戰士爲新解放區老鄉挑水。不管我們走到那一縣，那一省，都不例外的要爲人民服務；那怕是最微小的工作如挑水，出圈，推輾，打塲，也都要熱情地去做，就如同在自己的家裡一樣。

子弟兵到處是家 八路軍戰士知道自己是爲什麽目的出來作戰的，因此兵與兵之間官與兵之間都如兄弟般友愛。遇到抗日軍人家屬就對他們特別親切，一定要幫助他們做活。圖爲秋收時幫助抗屬劈棒子的年青子弟兵。

作戰又種地的軍隊 毛主席不但號召人民大生產，還號召軍隊動手生產，以減輕人民負担，克服自己的困難。晉察冀子弟兵每年要生產兩個半月的給養，老百姓就少拿公糧。這是世界上從未有過的作戰又種地的軍隊。

「愛民如玉，殺敵似虎」 這是蔚縣城關人民送給攻克蔚縣城的八路軍的兩面錦旗。牠題示了人民對我們的認識，簡單八個字說盡了八年來我們的一切思想和行爲。我們要保存這光榮傳統並在今後行動中發揚光大之。

擁軍優抗

來了八路軍　自從來了八路軍，黑夜的中國透了明，苦難的人民翻了身。到處是招迎的手和快樂的歌聲。

我們擁護八路軍 飲水思源，老百姓擁護八路軍。圖爲韓鳳齡小學校長韓鳳齡教她的小學生讀『擁軍公約』

端午節 每逢節日，老鄉們總拿出眞心欵待過路的軍人。圖爲婦女勞動英雄韓鳳齡在端午節請過路軍人吃糕

勝利者挿花　八路軍作戰保護老百姓，老百姓心底裡熱愛八路軍。圖爲百團大戰勝利歸來，婦女給勇士挿花。

縫軍衣　冀中平原戰爭環境中不可能建立大規模的被服廠，婦女們就愉快地做這工作，有時袋子裡還放慰問信。

送飯 這是在冀中白洋淀。我們作戰受傷的戰士在蘆葦中休養，民衆帶着做好的飯架船送去，不讓敵人發現。

送水 我們軍民要合作，前面打勝仗，後面也接應，挑飯送水上戰場。圖爲冀中大城戰鬥老鄉自動送水上前綫

愛護傷病員　圖爲阜平大台村婦女給醫院的傷病員拆洗被子，老百姓對傷病員的愛護如同對自己親人一樣。

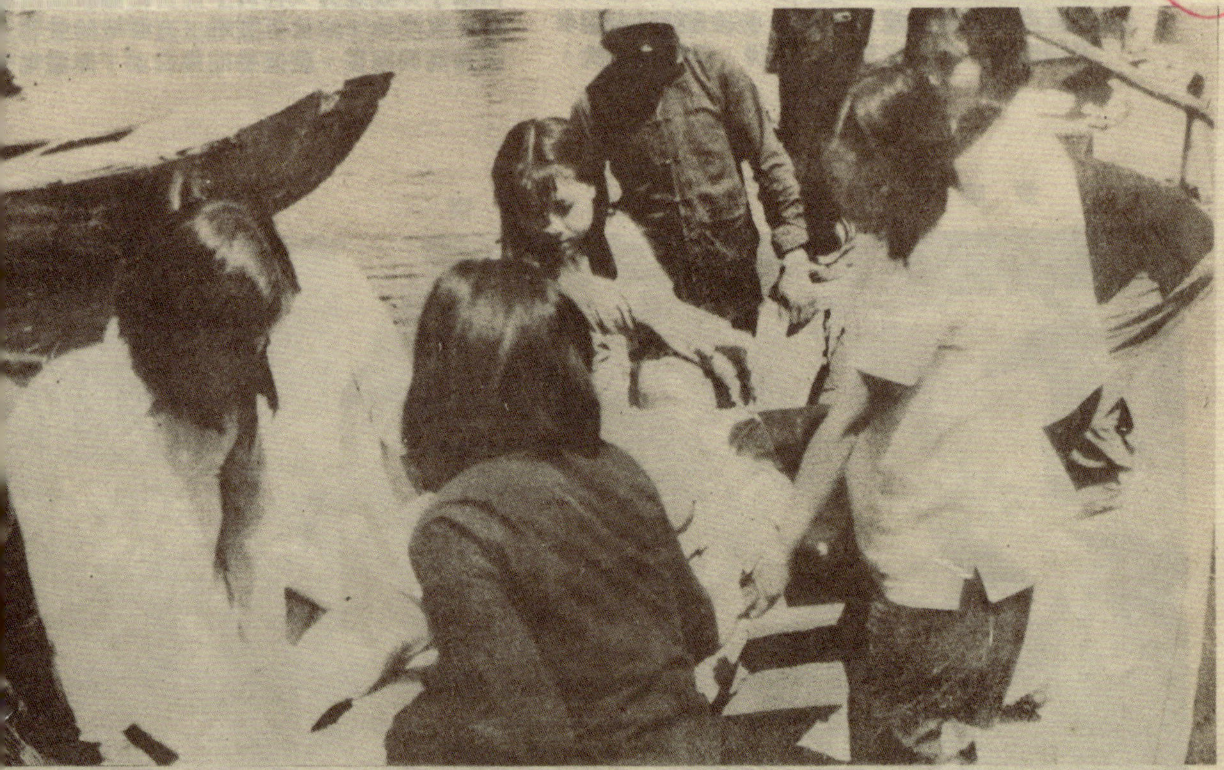

救護傷員　戰士爲我們受了傷，我們要盡力救護他，迅速送往醫院。圖爲冀中白洋淀婦女救護隊救護傷兵情形。

北岳區擁軍模範

子弟兵的母親戎冠秀

戎 冠 秀

自從八路軍創造了邊區抗日民主根據地，戎冠秀就在村裡當婦救會主任。她向婦女們宣傳八路軍是老百姓的隊伍；勸她們動員自己的家裡人去參加子弟兵；勸大家交公糧要交好公糧，納公鞋要結實的。她愛護公家，愛護軍隊。有一次村裡過來一付担架，但村裡的自衛隊正好出去配合作戰不在了，戎冠秀就領導婦女們抬担架，四個人抬不動就用八個人來抬；無論如何要讓傷員早一點到達醫院治療。她這樣愛護子弟兵，她眞正體現了中華民族偉大的母愛。

一九四三年秋季反『掃蕩』，有一付担架停在她村的交通站上。戎冠秀聽到這消息趕快丢下工作去看傷員。傷員閉着雙眼，血跡滿身，已經失了知覺。戎冠秀心裡明白，這傷員是和鬼子拚刺刀的。她就向站長自告奮勇來照顧他。她低聲的喚道：『同志！同志！』但傷員只直直地躺着，沒有回應。戎冠秀就叫人端來半碗開水，先自己嚐着，太燙，就輕輕地吹，

溫和了，就慢慢灌開水進去，水都順着嘴角出來了。戎冠秀又伸出手臂，把他的頭慢慢正，又灌他，水流下喉嚨，有微微的音響，冠秀高興極了，就低聲問傷員：『你還喝嗎

愛 護 傷 兵

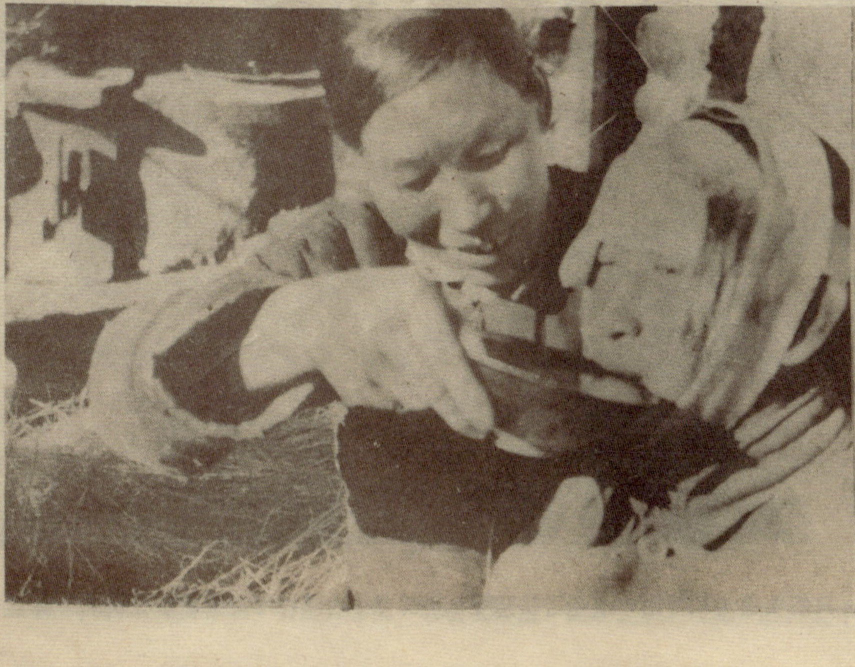

最 大 的 光 榮

光照着，只見嘴唇微動。戎冠秀又接着灌，又灌一碗豆腐漿。這時戎冠秀又問：『喝嗎？』『喝——』戎冠秀又燒開水，這已不用一口口灌了，碗沿碰着牙齒就骨碌一口氣喝乾了。戎冠秀扶着他的身子問：還喝不？『『我就是想喝水，想——喝！見他會說話戎冠秀高興極了，問他是那一怎樣受傷？傷員告她已經五天不吃東西了冠秀又喂他豆腐腦，麵片，玉茭餅子，整了一宿。把這個傷員從死裡挽救了出來。快明，院裡露着白光，把傷員安頓在炕上之後，才回到自己家裡休息。剛躺下，就門外有人喊着：

『老會長，老會長，你那個傷兵下了地了

戎冠秀急忙跑出去 看見傷兵巍顫顫的站沿，生怕他倒下去，趕快扶着他：『同志不要下來，你好好的躺着有事我來做。』戎冠秀看見這個傷員那隻光脚板在地下踩就回到家裡找棉花套，找不着，把她閨女襟斷下一大塊棉花，把這傷員的脚輕輕裹來。又去端一盆炭火來讓傷員取暖。傷員說怕烤火傷口裂了，他又趕緊拿去。

這一天早上戎冠秀沒有想到自己要吃什麼想到這個傷員該吃什麼，她問傷員，傷員小米稀飯。她想，該給吃稠點的，做稀的多尿尿，他傷重不好動彈。做成了稠飯了，傷員吃了兩口，就放下了碗。戎冠秀站在一旁發怔了，滿心眼裡想他今天會多吃幾碗，怎麼才吃兩口就不吃了？她很不放心，又問：『我給你盛碗稀的，你喝不！』『喝！』她端了一碗棒子麵糊糊，傷員已經能自己端碗吃了，只要她扶着背就成。一連喝了三碗糊糊，戎冠秀很高興。他已想吃乾的了，戎冠秀又烤餅子給他吃。

一會担架來了。戎冠秀在担架上鋪了厚厚的草，把被子也鋪上，扶他上担架。衣扣和褲帶鬆了，又給扣上紥上。傷員感激地說：

『好人啦！好人啦！我什麼時候也忘不了你的好處呀！』

戎冠秀說：『咱們是一家人，用不着結記。你下次過我這個下盤村，千萬可要到我家裡坐坐，我有你吃的，也有你喝的。』

民兵把担架昇上肩，還聽見那個傷員說：

『好人啦，好人啦，我的好老人啦！』

戎冠秀愛護傷員的故事很快的傳遍了邊區，被廣大子弟兵擁護，成爲北岳區的擁軍模範，被邀請參加邊區英雄大會，奬給銀牌，農具，騾子和一面大紅旗：『子弟兵的母親』。開完會回去時軍區直屬隊全副武裝歡送。她騎騾走得很遠了，子弟兵還在河灘上瞭望。

戎冠秀第二年積極生產，生活變了樣，被選爲勞動英雄。四十八歲的戎冠秀也大翻身了。

當了勞動英雄

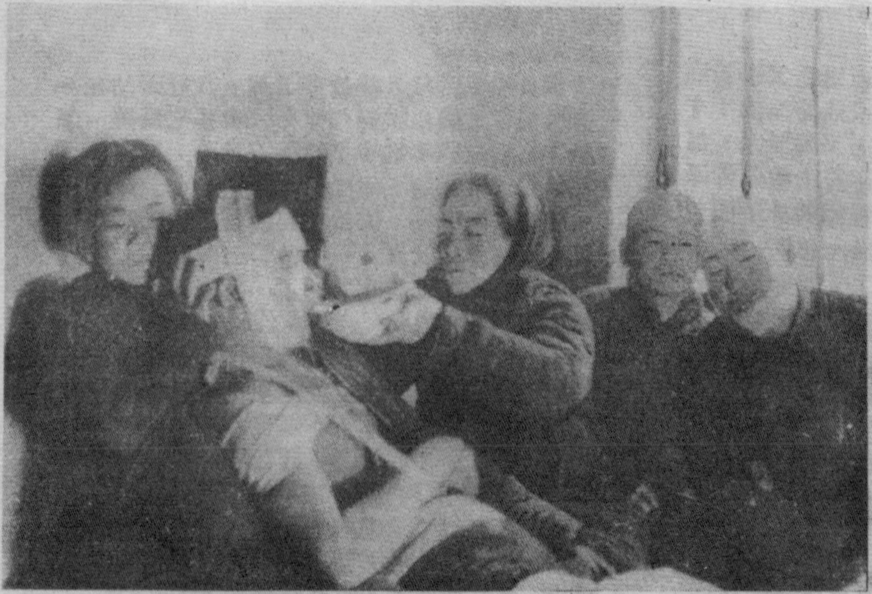

喂　飯

往洞裡送

冀中子弟兵的母親
李杏閣

李杏閣從小家裡挺窮，二十塊錢就賣給比她大三十歲的男人。婆家更困難，種幾畝沙地，不夠吃，給財主洗衣裳，做針線，一把淚一把汗的掙錢維持生活。有人勸她賣閨女換幾斗粮食，李杏閣記起自己被賣的苦痛，不忍吃這幾碗飽飯，咬着牙磨難下去，幾十年如一日。七七事變，八路軍來了，窮人翻了身。政府發粮救濟，過年還給白麵，到後來熬的種三畝老契地二畝當地。杏閣總是說：『共產黨八路軍把窮人救活了』。她也參加婦救會，年紀很大了也跟青年婦女們一樣開會募捐作宣傳。一九四三年敵人在冀中鬧得很利害，一切都轉入秘密狀態，李杏閣領着婦女們堅持大大小小的抗日工作。她眞是越老越堅強的人物。

一九四四年秋有一個傷員送到他家裡：是個將死的人，滿身滿臉的血，五處重傷，露着白骨翻捲着血淋淋的肉。杏閣把傷兵放在自己的炕上，在傷兵耳邊輕輕的說：『孩子，到了家啦……』

她先用棉花沾了開水，一星一點的輕輕把血洗了乾乾淨淨，然後做熟了飯，把傷員在懷裡，讓孩子們端着燈，一口一口的餵給吃。

自從這個傷員——他的名字叫劉建國—

應得的光榮　（在她左右兩旁爲冀中軍區林政委和李政委）

了之後，杏閣從沒有安生睡過覺，整夜坐在的頭前　被窩裡暖着水壺　屋角上支着沙鍋喝水有水，吃飯有飯，不管是深更半夜　風雪地，杏閣總是在手忙脚亂的給傷員燒水做，接屎接尿，揉肚子，抓癢癢　講故事，說話，從不嫌髒，從不覺苦。睏時就靠着墻打盹，一聽傷員動彈，忙睜開眼問他是渴，是，是痛，是癢，傷員的傷口化了膿，痛得流淚，杏閣撕了自己的一條被子，作草褥子圓的給他墊上。

後來又送來四個傷員。輕的入地洞，重的杏閣炕上。作熟了飯先把炕上的餵飽，然後子們端着燈，杏閣提着飯，一家大小總動員到地洞裡去。一碗一碗的盛上，能吃的自己，不能吃的杏閣抱在懷裡喂。一天四五次，了上頭忙地下，抽空洗綳帶，洗衣裳，醫生在她給傷員換葯。滿屋是藥品，就像一家小院。

傷員們傷都很重，都得接屎接尿，拿白鐵去接大便，拿小筒去接小便。有最重的傷員小便時，杏閣就拿起傷員的「小便」來放在裡。起初傷員們不肯讓這老人家這樣作，杏就說：『孩子，別不好意思，我是你娘，你我兒，親娘親兒不講細禮：』傷員們流着淚，感激的不知說什麼好！

以後他們見了杏閣先叫娘　後說話。杏閣愛護傷員勝過自己的孩子，眞是要星星不給月亮。她雖是很窮也常常拿東西去換一點希罕東西給傷員們吃。傷員感動的說：『娘，等我好了，給你幾千斤粮票幾千塊錢。』杏閣就說：

『說這句話，你的思想就壞了，娘不是爲的錢，也不是爲的粮食，娘爲的你們早些好了，好去打日本，你看日本害的咱們多寒苦呀！殺人放火！……………』

有一次重傷的劉建國正在傷痛最利害，不能入洞，讓一個日本兵瞧見了，敵人兇兇的問：『什麼的幹活！』李杏閣不慌不忙的回答：『這是我的兒子，病的幹活。』終於把鬼子騙走了。

傷員們一個個的都好了，特別是劉建國，是從死裡逃生。地方上已準備棺木，總以爲難救活了。可是在杏閣十個月的救護下獲得了重生，這是多麼偉大的工作！李杏閣不但以母愛救護傷員，而且也以她的智慧戰勝敵人，在冀中一九四四年的環境　到處是敵人的據點和崗樓，掩護八路軍的傷員不是一件容易的事。這種熱情和智慧永遠爲我們所記憶，並且要爲着李杏閣以及全中國人民的幸福而奮鬪到底。

何大媽愛護傷員 自從八路軍解放了張家口，實行民主，救濟貧民，何大媽就認識到八路軍眞正是老百姓的隊伍。從此她眞心擁護八路軍，經常到醫院探望爲保衛中國人民利益作戰而受傷的戰士們。雖然她家挺窮，但每次總帶不少的花生，糖，柿子，紙送給傷員們。傷員像愛母親一樣地愛她，每逢她來時大家都快樂地歡迎她。有一次一個傷員說：『媽，我想吃點牛肉。』果然下一次她就帶來一塊牛肉。現在何大媽已成爲張市擁軍模範。圖爲她帶東西去看傷員時和傷員合影。

洛唐哥千里來慰問 北岳區擁軍模範子弟兵大哥崔洛唐帶領一分區慰問團自易縣出發到綏遠前線慰問將士。

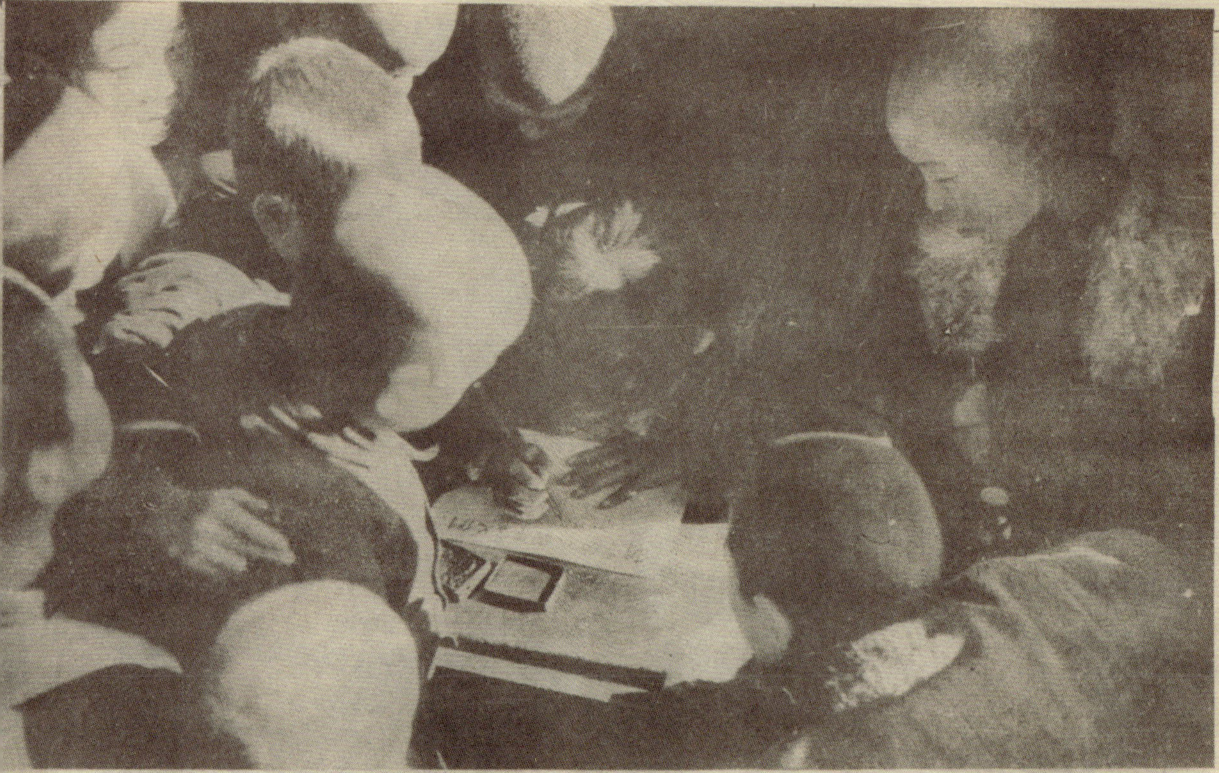

慰問信 張家口市過年時，小學生紛紛給醫院傷兵和前方戰士寫慰問信。這是一羣孩子把他們的敬意寫給八路軍。

春節勞軍 舊曆新年前，張家口市發動了一個極其廣泛的勞軍運動，工人，學生，店員，農民，商家，合作社都興奮地拿出東西來表示他們的心。他們這樣說：『快過年了，飲水思源，應當慰勞解救我們保護我們的八路軍。』據不完全的統計，捐欵超過一千萬元，肉萬餘斤。張市勞軍委員會又從全部慰勞品中抽出一部份肉及麵粉，發給抗屬每人一斤白麵一斤肉。圖爲六十七個羣衆合作社聯合勞軍的行列載着全猪全牛的大車爲旗幟和鞭爆所引導，總値百萬元，哄動了全張家口。

擔架隊　綏遠自衛戰中，人民熱烈支援前綫，組織担架隊帮助八路軍，圖爲集合的一羣，每人都是興高彩烈的。

埋地雷，配合軍隊作戰　八路軍是民兵的大哥，民兵是八路軍的弟弟，戰鬥來了，共同去保衛民主自由的邊區。

援助軍隊 我們民兵是廣大而堅強，有過無數光輝的戰績，屢次以英勇的作戰援助八路軍，使日寇胆破心驚。

母親送兒子，妻子送丈夫 圖為平山某村全家送這位青年參加八路軍，牽着牲口的是妻子，持旗的是弟弟。

抗屬光榮 抗日軍人家屬在民主解放區是最受尊敬的，因爲他們的家人對國家有了功勞，保護了我們全體。他是光榮的戰士，他的家人是光榮的公民。圖爲舊曆新年張市第五區的抗屬被邀請坐車遊行，軍隊在後護送。

優待抗屬 無論什麼場合抗屬都要受到優待，特別是在過年，給抗屬送禮，送戲票，公司優待抗屬購物減價。

代耕團　圖爲洛唐哥組織的代耕團給抗屬耕地。這是公平的制度而且是我們的義務，不使抗屬的田地減少收成。

給抗屬拜年　每逢年節到來，應該使抗屬加倍高興，這也是理所應得。圖爲張家口市新年居民給抗屬拜年。

軍政民更加團結，建
設民主繁榮的新中國

中華民國三十五年三月出版

編輯：晉察冀軍區政治部晉察冀畫報社

出版：晉察冀軍區政治部

定價：邊幣二百元

图片比例按 100% 呈现

《晋察冀画报 / 丛刊》之二《晋察冀的控诉》

Jin-Cha-Ji Pictorial/ Series 2:Accusation from Jin-Cha-Ji

晋察冀的控訴
晋察冀畫報叢刊之二
晋察冀軍區政治部出版

日本法西斯對晉察冀邊區人民的種種暴行

『三光政策』

抗戰八年來，邊區是經常處在日寇的殘酷掃蕩清剿當中，每次獸蹄到處實行燒光、殺光、搶光的『三光政策』。圖爲山西東北部五台山地區，所有的村莊全被日寇燒成廢墟，把人綁住用火燒死，婦女被輪姦後刺刀挑死，使這片廣大地域變成『無人區』。

『無人區』

村莊被燬為廢墟，粮食、衣被、傢俱全被搶光燒光，虎口餘生的人民結羣避居山洞中。經我抗日民主政府幾次救濟，及全體人民互助互愛下渡過了這巨大的災難。春天一來，政府領導人民在廢墟焦土上進行耕種，堅持活下去與日本强盗作不屈不撓的鬥爭。

拆毁房屋造『人圈』

日寇爲了絞殺我冀熱遼同胞的抗日鬥爭，實行最野蠻的毀滅人性的
奴役統治，將由古北口到山海關綿延七百里的長城兩側村莊盡行拆
繼之以大規模的燒毀搶掠，造成廣漠的絕緣地帶，強迫人民搬到指定的
地區居住，不許和他村來往，不許種十里以外的地，每月有十五天
二十天的『勤勞奉公』，打下粮食不够交稅，吃的配給，穿的配給
每人每年多不過三尺布）姦淫成爲公開……這種地區就叫『人
』。

『人圈』是什麼？

『人圈』是意味着中國人被日寇當成牲畜一樣看待，像牛住牛圈，羊住羊圈，人也住『人圈』。在這裡邊人民連種地都不得自由，食不果腹，衣不蔽體，是人類有史以來最黑暗的統治。圖爲沒有衣穿的『人圈』中的孩子。

菓樹園那裡去了？

冀中平原本是一個物產豐富的地方，日寇對這裡的統治是最殘酷，破壞也最厲害；建立了一千八百點碉，八千五百餘里長的封鎖溝，公路封鎖溝封鎖牆與點碉互相聯結起來，全冀中被分割爲二千七百小塊，田園被破壞，人民被奴役和屠殺，菓樹園也砍伐一空了。

砲樓是這樣修起來的

這一千八百個點碉的建築材料從那兒來？日本人自己是很懂得節儉的，打定了就地取材的主意，把中國人住房的楝樑，磚石拆下來，强迫給他運送、又强徵人工修砲樓。一千八百個砲樓就是這樣修起來的。照片中高聳的圓形就是砲樓。

仔細看一看

這是一九四〇年四月六日，日寇由漢奸帶路在夜裏包圍了望都縣柳陀村，捕去男女村民八十餘中途逃出二十餘人，其餘均被非刑殺死。仔細看一看，這個被刺殺而僅埋一條腿的同胞是一個青年，在他的左方地面上露出兩個脚掌子是另一個被活埋的同胞。（按此次慘案殉難五十九名，其中十七人爲婦女，死前被非刑拷打，針刺胸膛，割乳頭，烙身等等殘忍行爲。）

不忍目睹

日本軍是野獸的集團，他把我們國土每一塊地面都染了血跡，我們應怎樣去制裁這無數慘案的製造者。這照片裏是一個先被姦淫後被用刺刀挑腹的女同胞。她死得好慘，她還不瞑目，她的寃仇要我們替她伸訴。

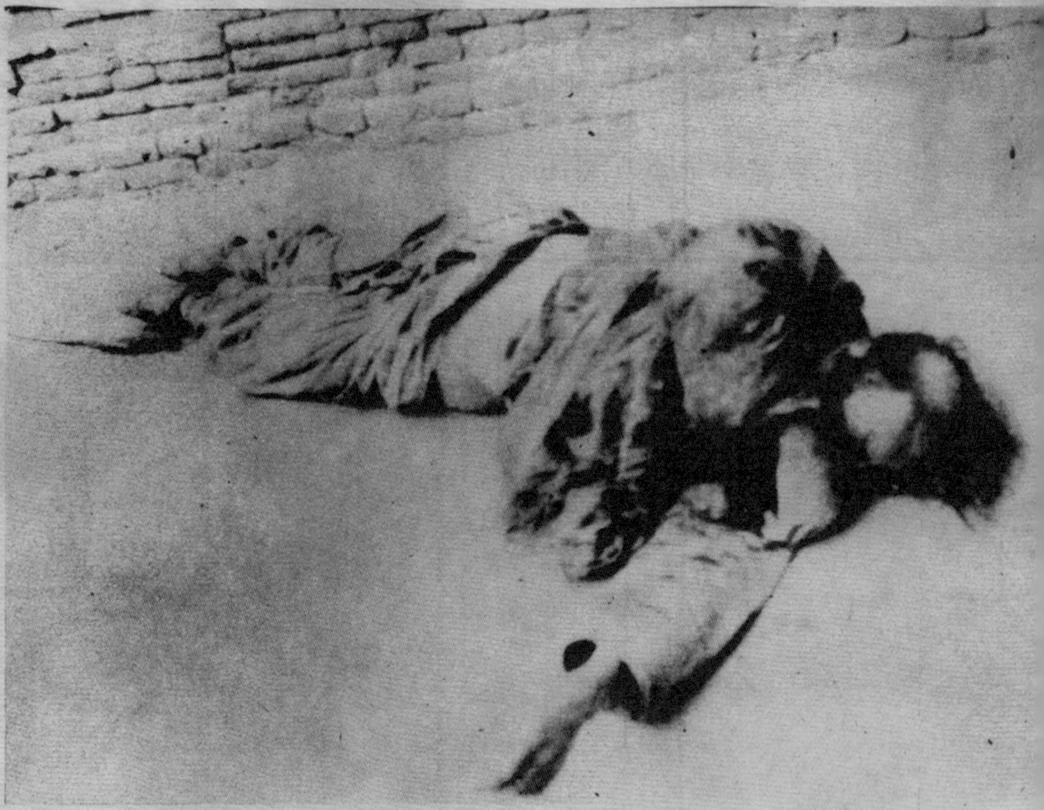

用毒瓦斯殺人

日寇在冀中獸蹄橫行殺人盈野，人民最後挖地道堅持不屈，日寇竟用毒瓦斯來對付英勇的人民。一九四二年六月，日寇用毒瓦斯放入地道裏窒死定縣北坦村村民八百餘人。圖爲被窒死的老婦人之一。

飛機轟炸

敵機屢次配合地面寇軍進攻邊區。在平時則瘋狂轟炸村莊和集市，低飛掃射，投彈殺害老百姓，婦孺慘遭橫禍。圖爲被彈炸傷的婦人。

骨曝沙礫

一九四三年五月，日寇對易縣狼牙山周圍進行殘酷『掃蕩』，七十餘村莊橫遭血洗，燒房屋七百餘間，搶牲口五百餘頭，殺我同胞三百餘名。屍腥撲鼻，骨曝沙礫。

血井

日寇在狼牙山附近的北淇村包圍了村民四十餘人，以刺刀逼令跳入水井，許多人在井沿上被刺死了，四十餘人的屍首堆積在井裡，敵又投以大石，僅有二人被救生還。

掩面哭泣

财產全被日寇搶光，沒有住房，沒有粮食，孩子又在病危，越想越難過，竟掩面哭泣。

今後的日子怎麼辦？

這是中國有史以來最大的一次災難，這災難比瘟疫比天災都要更深更重。被日寇災害的這些同胞，今後的日子怎麼辦？

低頭想一想……

幾十年辛苦經營全被日寇焚燬洗刼，坐在這曾經是可愛的家現在變成一片瓦礫的上面，低頭想一想：此後的生活要走到什麽樣的道路上。

心頭恨

易縣步樂村村民許成，父母妻子被日寇殺死，他自已腰部也受重傷，他死裡逃生掙扎着跑回家，從瓦礫中救出了手脚均被日寇刺傷的一歲幼女，懷着無母的孤女，心頭燃燒着無比的仇恨。

日寇决堤放水

一九四二年七月，日寇在冀中白洋淀决堤一百二十八處，淹沒了千里廣濶的田園和村莊。三十五縣受災，一千五百萬畝田園被淹，一萬六千間房被冲毀，損失共約一萬萬六千萬元以上，災民二百萬人。圖爲水退後殘剩無幾的莊稼。

文化毀滅不了

無數這樣的國民小學被
本人燒毀了，以致我們
小學不得不在破壞的屋
開辦，椅桌大都用土石
成，爲的不易爲敵人破
，在這樣困難條件下人
還更多的開辦學校，爲
讓孩子們都知道爲什麼
國受這次災難，也讓他
記住這個血的教訓。日
要毀滅文化是毀滅不了

誰使他們沿門求乞？

日寇在冀中平原大肆搶掠與燒殺後，建立多如牛毛的僞政權，到處寫着『建設王道樂土』的標語。但在這宣傳的另一面是日寇及僞政權無饜的敲詐與勒索的事實，使廣大人民流離失所，沿門求乞。

誰使他們無家可歸？

日寇的掃蕩、清剿、三光政策、無人區，使我廣大同胞流浪逃亡，無家可歸。

救救孩子

父母被殺死，房屋被燒光，這時可憐的小兄弟，處境是多麽困難呀！我們要替狼牙山以及解放區一切受難的孤兒們呼請：救救孩子！

無數次慘案中的一次——

冀東潘家峪大慘案

一九四一年一月二十五日，正是舊曆除夕的前夜，敵寇調集了遷安、灤縣、盧龍、遵化、豐潤五個縣的僞軍，在天剛明包圍了豐潤縣的潘家峪。日寇心裏早打定了主意要製造一件大慘案，來鎮壓冀東人民抗日的决心。潘家峪千餘村民被鞭打着趕入一座大院子裡，院子裏堆着凡是可以引火的什物，屋頂架着機關槍，牆頭站滿敵兵，全村人被驅入院子裏，大門關上，機關槍就嘟嘟地向密集的人羣掃射，人整排地倒下，硫磺彈把院裏燒着熊熊的火，在槍聲中，火焰中，房屋倒塌的灰塵中，發着反抗的悲慘的呼號，姊姊抱着弟弟在火堆裏爬，父親抱着孩子往機關槍彈巢衝去，全都被葬身槍彈與火焰中。入夜，才有少數幾個負重傷從火堆裏爬出來，被慘殺者共一千零三十五人，其中婦女兒童六百五十八人，重傷八十四人，活着和下落不明只剩三百零三人，全家殉難的三十餘家，房屋被燒一千一百間。

敵人走了，附近村民趕來援救，院裏屍蓋着屍，火苗燒着發出吱吱的聲音，許多只燒剩了肩背或是頭顱，屍首大都認不得。八路軍爲報這個仇，懷着憤怒，在灤河作幾次激烈的戰鬥，抗日政府派人來救濟並主持了公葬和祭奠，沒有唱一支輓歌，也沒有葡萄和花酒，人們只用一顆悲憤痛悼的心，在西北風中默默地站着。過了幾天，附近的青年紛紛參加八路軍去了。

殺人放火的强盜

人類有史以來最野蠻的强盜集團日本軍隊，把潘家峪燒成一堆瓦礫和屍骸之後，他們就騎着潘家峪的牲口，吃着潘家峪的葡萄，載着搶來的潘家峪人民的財物揚長而去了……。

老人的殘屍

這些屍體被燒成了炭了，殘缺不全。他們殉難時的呼號彷彿可聞可見。

中國兒童被這樣殘殺

在這些屍堆中有着兒童的屍骸，有燒剩半截的，有缺腿缺臂的，面目全認不清了。天眞的孩子有什麽罪，爲什麽死得這樣慘！

母親的骷髏

無數的母親被燒成這樣的骷髏。讓那些生育日本法西斯强盜的母親也看看這幅慘圖吧。

我的親人……………

在瓦礫與屍堆中，他能認出那一具是他的親人嗎？

無數次"掃蕩"中的一次——

一九四三年秋季大"掃蕩"紀實

記着：這不過是無數次掃蕩中的一次。邊區是幾乎整八年每年都處在不斷的掃蕩與反掃蕩的鬥爭中。舉其最大者有一九四一年八月以七萬兵力對北岳區兩個月的大掃蕩，一九四二年春四萬兵力對冀東三個月的大掃蕩，同年五月以五萬兵力對冀中的大掃蕩，一九四三年九月以四萬兵力對北岳區三個月的大掃蕩，一九四四年十月以十一萬兵力對冀熱遼區持續半年的大掃蕩。這裡所記載的是一九四三年秋對北岳區的一次。

村莊在燃燒

這是秋天莊稼熟了的時候，敵人的大掃蕩給和平人民帶來了恐怖，到處放火，燒了穀禾，走時又燒光了村莊，到處搜山，殘殺手無寸鐵的村民，實行所謂燼滅政策，邊區人民與軍隊一起捲入了血與火的鬥爭。

殺人放火的勾當

這是河北阜平縣羊和門村，全村被日寇燒成一片焦土。這景象使每個過路的人都不免黯然傷心，那些失了家屋的人們，又該怎樣的痛哭呀！在三個月中日寇燒了邊區人民的房屋十餘萬間房。

搶刼糧食

三個月中搶刼北岳區人民十四萬石糧食，搶不走的即踐踏焚燬。他想這樣使我們活不下去。

砸毁傢俱

凡是日寇獸蹄所到的地方，農民的傢俱全被破壞，農具也被搶走。搶不走的一律砸毁，不剩下一個完整的鍋或水缸。

宰殺耕牛

日寇敗退後，到處看得見這樣牲畜殘骸。他想摧毀我們的物力使我們無法生產。

破壞牲畜

三個月中搶走了北岳區人民的牲口一萬二千頭，宰殺猪牛羊驢三萬五千頭，能搶走的搶走，搶不了這麽多就宰殺。圖爲日寇從阜平孟家台撤退時遺下的羊皮。

這些爛布條能穿嗎？

日寇見到凡是布製的東西不是搶走就是燒燬，計搶走衣被四十八萬件。人民回到家裡來從灰燼中撿出一些爛布條，這就是過冬衣被的指望了。

瓦礫堆中能找出什麼？

人民從山裡回到家來，家只剩下一堆瓦礫，但却不甘心，還要在瓦礫中尋找出什麼來。

越想越難過

從地裡挖一點山藥蛋，撿一點剩落的豆類，回到家來沒有鍋，沒有桶，連一個完整的碗都找不見，對着這一堆破亂磚瓦，想起日寇給我們這麼大的破壞，怎不越想越難過！

泣不成聲

親人被殺死，財產被搶光，鐵打的心也經不起這樣嚴重的打擊，老漢無聲飲泣，老太太已悲不成聲了！

此恨難消 老人含淚伸訴，不報此仇恨難消！

寃仇何時了？

被難者的母親哭得好慘！我們要怎樣去安慰年老孤零的母親，這洗不淸的寃仇又怎樣替她報復！

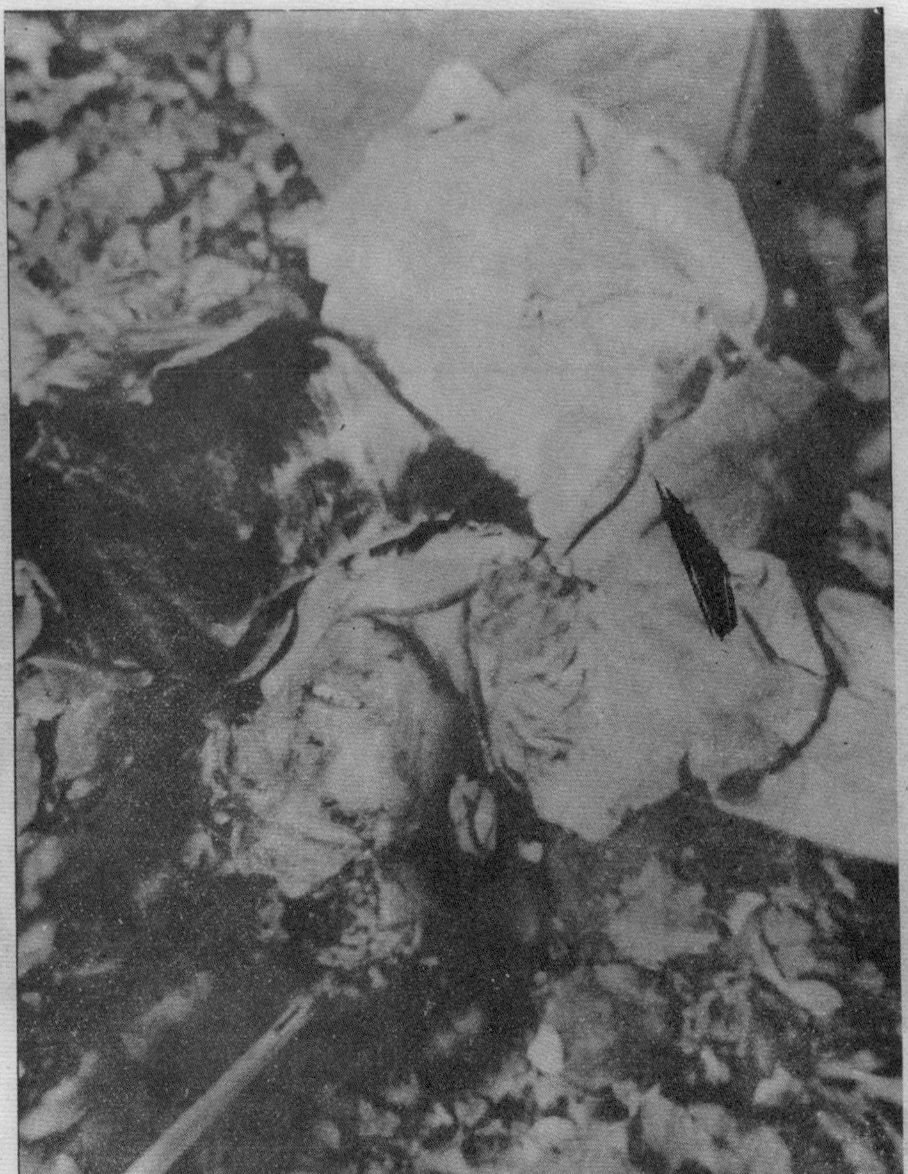

這樣的屠殺！

日本法西斯是最殘暴的劊子手，他把中國淳樸的農民倒懸在木樁上，然後用石頭砸死，這照片拍的是在曲陽。

碎屍

阜平羅峪村婦救會主任劉耀梅被捉，拒絕敵人姦汚，竟慘遭碎屍！敵人把她的頭砍斷，把腿上的肉割下來包餃子吃。這些吃人的野獸應受怎樣的懲罰；這個不共戴天的仇又應怎樣的報法?!

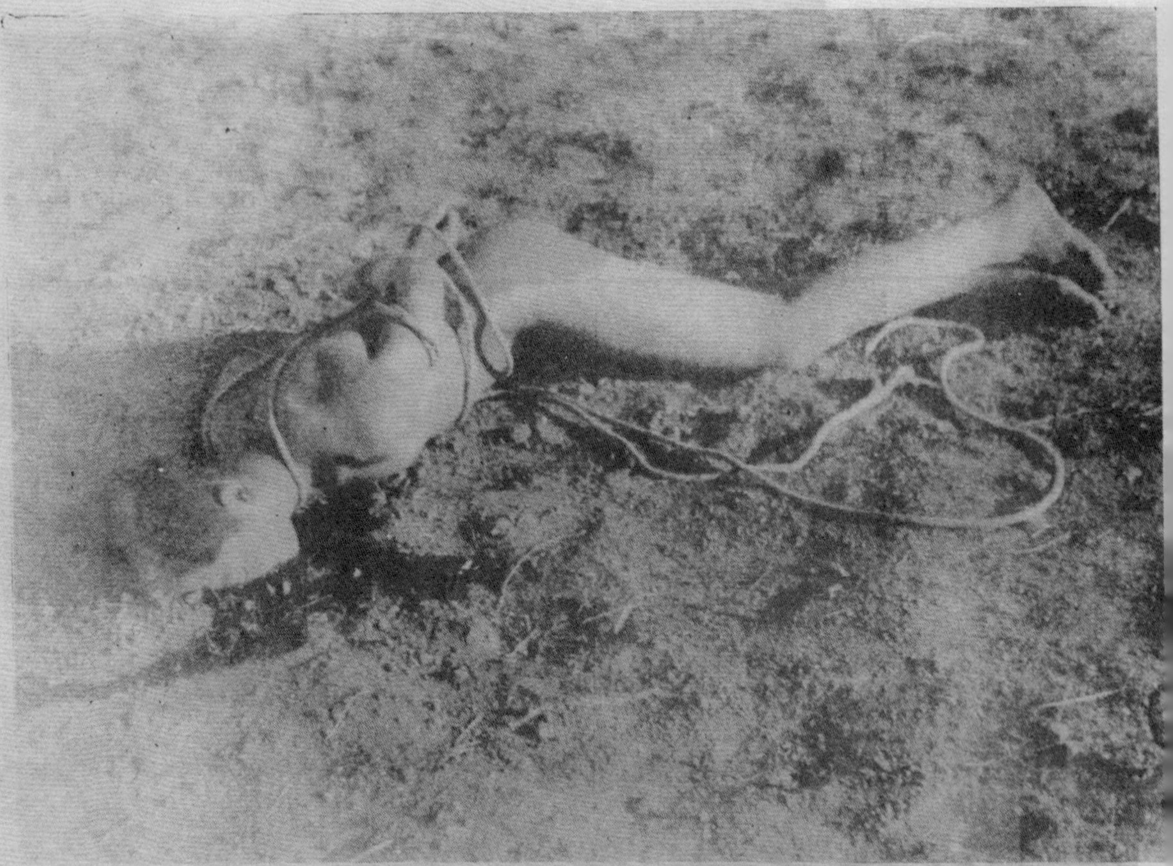

惨　　案

敵人在十二月十二日拂曉，包圍了平山崗南村，全村除了三人逃脫，其餘均被圈住。有一批二十七人被剝光衣服反縛兩手，推入一條寬縱五尺的溝內，寇軍便居高臨下一一刺殺。另一批數十人迫其坐在窪地邊，窪地中間燃高粱稭，獸軍在五十步外持槍向他們奔來，當中是熊熊的火，四周是敵人的刺刀，他們全部死在刺刀下和火堆中。圖為一個堅決不屈服的殉難者。

數不清的慘案

日寇在邊區製造的慘案太多了，可以寫一本很厚的血書。這是阜平馬蘭村被殺死的農民。

更大的慘案

日寇荒井大隊長和他的部下在阜平縣平陽村，用刀砍、斧劈、活埋、石頭砸，各種各樣方法，屠殺我青年男女老弱婦孺千餘人，井裏塞着死屍，院里地上結着一寸厚的血層，大路上死屍横陳，五個大屠殺場屍體遍地，一個院里躺着二十餘個光着身子的女屍，七個地窖填滿了死人，小孩燒死在洞內，六十多個婦女脫光衣服砍了頭·挖人心來吃剖開孕婦的肚子取胎兒……這是曠古未有的大屠殺呀！

向全世界控訴

這是阜平平陽慘案中蒙難者橫陳的屍體。他們還伸着臂握着拳要向全世界人民控訴日本法西斯的屠殺。他們已經死了，但他們的仇還未完全報清，荒井大隊長應該捕捉歸案，依法懲處去安慰死者的親人！

讓生者得到救濟，
讓死者得到安息吧！

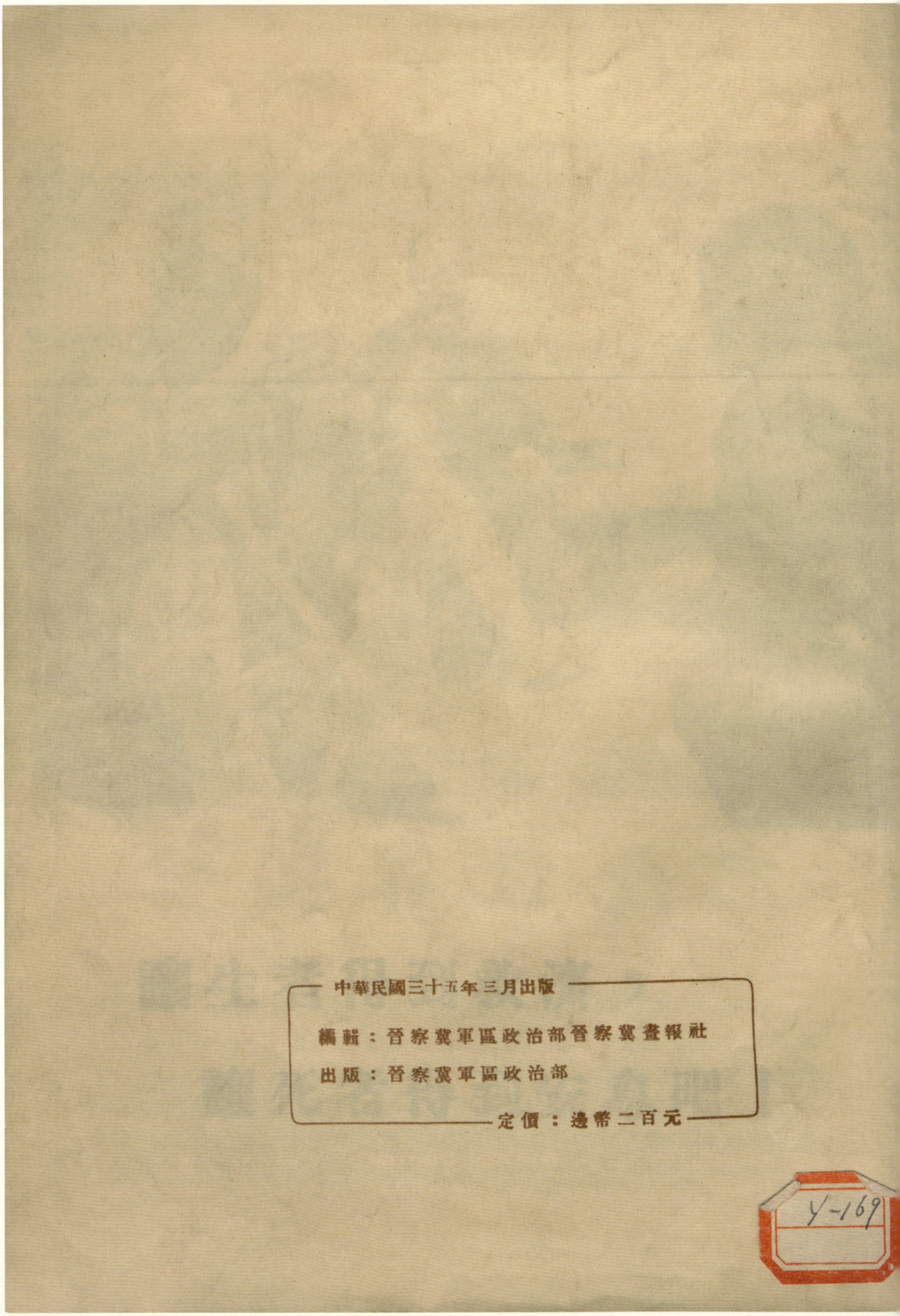

中華民國三十五年三月出版
編輯：晉察冀軍區政治部晉察冀畫報社
出版：晉察冀軍區政治部
定價：邊幣二百元

图片比例按 100% 呈现

《晋察冀画报 / 丛刊》之三《民主的晋察冀》

Jin-Cha-Ji Pictorial/ Series 3:Democratic Jin-Cha-Ji

民主的晋察冀

晋察冀畫報叢刊之三

晋察冀軍區政治部出版

民主的晉察冀

晉察冀畫報叢刊之三

晉察冀軍區政治部出版

普遍的、無拘束的
民主選举

最廣泛的民主制度

公民的條件是什麼？

關於公民的資格，選舉條例上規定的明白：『凡在邊區境內之人民，不分性別、職業、民族、階級、黨派、信仰、文化程度、居住年限，年滿十八歲者，經選舉委員會登記後，均有選舉權與被選舉權。』只有漢奸，犯罪受通緝或褫奪公權或有精神病者，才沒有選舉權與被選舉權。於此可以看出，邊區的民主是一切抗日人民的民主，是最廣泛的民主。選舉之前，選民的名字都列示在公民榜上。

爲人民負最大和最後責任的政黨

中國共產黨是人民的政黨，處處爲人民服務。在民主建設上，爲了對人民負最大和最後的責任，共產黨便要和其他黨派競賽，使自己的綱領、主張能在人民中勝利的實現。圖示中共中央北方分局代表劉瀾濤同志在邊區第一屆參議會上提出以中共中央北方分局頒佈的關於晉察冀邊區目前施政綱領爲邊區行政委員會施政綱領的議案。

這裡沒有黨派歧視

在晋察冀邊區的民主選舉中，一切主張抗日的人士、黨派、都可自由參加競選，宣佈政綱，發表演講，這裡沒有黨派歧視。圖示山西老同盟會會員安宅仁先生在邊區第一屆參議會上演講。

知無不言、言無不盡

無黨無派的進步人士在民主制度下受着尊重，各級議會都選擧或聘請他們參加，有時特爲召開座談會，徵詢並聽取他們的意見。這些開明人士，也本着知無不言，言無不盡的精神，傾談自己的主張、建議和批評。圖示平山士紳韓植庭先生在平山縣議會上發表談話。

他們是民主政治的基石

世世代代流汗受苦的工人和農民，向來是被看做『治於人』的『野人』的。但是，他們實實在在是人民中的大多數，是抗日戰爭的主要支持者，是新社會的創造者與建設者，是民主政治廣大而堅强的基石。圖爲出席察哈爾人民代表會議的工人代表(下)和農民代表(上)

婦女和男子享有同樣權利 在抗日民主解放區晉察冀，婦女獲得了和男子一樣的待遇，在政治上享有選舉與被選舉權。解放區的婦女已經不是男子的奴隸，不是廚房和臥室裏的僕役。

喇嘛也參政了 在邊區，宗教信仰是自由的，但在新的社會制度裏，宗教信奉者也有了新的覺悟，他們不再是青燈古佛超然世外了，無論是黃衣喇嘛青衣僧人，都出來參與政治生活了。圖示出席邊區第一屆參議會的喇嘛參議員。

各民族一律平等

大漢族主義使少數民族遭受着歧視、排擠、壓迫與殘殺的苦難，在民主的晉察冀，這種苦難是被解除了，從邊區第一次軍政民代表會議起到最近的察熱人民代表會議止，都有滿蒙回藏等族代表出席。民族平等了，民族間的團結友愛也就非常親密融洽。圖示出席察哈爾人民代表會議的蒙民代表(上)和回民代表(下)。

轟轟烈烈的大選舉

大家踴躍去選舉

選舉了，鄉村裏的人們像忙着收割、忙着趕集一般，扶老携幼，紛紛都到選舉場去。

髮老太婆也去選舉

對於選舉，公民具有無限熱情，頭髮蒼蒼的老母親也懷着興奮的心情，拄着拐杖，跋山涉水的趕到選舉場上。據一九四〇年統計，婦女參選者佔女公民百分之八十三•五六。邊區婦女參政熱心與覺悟程度，於此可見。

風雨阻不住人民的選舉

人民對眞正的民主選舉，重視而且熱情。選舉之日，雖然淋淋下着雨，他們還是披着雨布，打着雨傘，進行選舉；神色昂奮，絕不稍懈。

一個普通的鄉村選舉會

這是一個敵後的農村，開選舉會時却也如同過節一樣。搭起台子，扯起帳幔，農民們興高采烈，在有太陽有風的田園裏作民主活動。

人民城市的區選舉

新解放城市的人民，過去備受敵僞高壓統治，一旦翻了身，便在民主運動的激盪中鼓舞起來，熱烈而又嚴肅的參加選舉和競選。圖爲一九四六年四月張家口市第八區寧遠堡市選大會之場景。該區參選公民達百分之九十八。

國大代表選舉會

宣化市國大代表選擧大會於一九四六年四月七日隆重開幕，出席者、爲該市三四一三一名公民投票選出的一五一名代表。圖爲代表行列從容步入會場時的情形。

優勝劣敗

競選是選舉熱潮中最激越的浪花，擁街塞巷的人羣，震天價響的鑼鼓，五光十色的宣傳，競選者無拘無束熱情洋溢的演說，發表着自己的政見。誰是優勝者？要看誰能眞正的爲人民服務。圖示競選宣傳形式之一

(右上)河北省阜平縣
選大會上，一個小
商人發表競選演
說。
(右下)河北省平山賈
峪村婦女競選人發
表競選政見。

能選擇　能判斷

人民的眼时
最亮的，能很
色的人物中拈
出自己最稱
人 —— 能爲
辦事的人。拃
已確定的名
在自己所珍
票上。(上圖
農投票。(下
婦女投票。

人民的勤務員受人民愛戴

阜平馬叔乾先生當選爲縣長，七十多歲的老太太給他獻花。政府人員是人民的勤務員，因此也最受人民愛戴。人民的花朵是最光榮的。

一位女縣長

陳舜玉女士當選爲唐縣縣長，開闢了中國民主政治史的新紀元，這是晋察冀婦女解放的鮮明旗幟，也是民主政治發展的標尺。

民主建設的歷史會議

第一個敵後的人民代表會議和民主抗日政權

民國二十六年十一月八日太原失守，大軍南撤，舊政府人員逃散了，晉察冀三省邊陲地帶處於混亂中。老百姓耳語着：『這樣的局面不得了，究竟誰出來管事呢？』人民都在渴望着抗日的新秩序，渴望着統一的政權。民國二十七年一月十五日，晉察冀邊區軍政民代表會議在人民的一致要求下召開了。到會代表一百四十六人，代表着國民黨、共產黨、各團體、各地方政府、游擊隊、正規軍、代表着工農商學兵和婦女，代表着漢滿蒙回藏各民族，代表着和尚與喇嘛。代表們穿着各色各樣的衣服，然而却表現了異常團結與異常興奮的精神。大會根據三民主義的最高原則與抗日救國十大綱領，對軍事、政權、財政、經濟、教育、人民武裝、司法等各項政策，都有熱烈的討論並作了決定，成爲邊區政府施政的準繩。最後大會選出了邊區行政委員會委員，民主抗日政權——晉察冀邊區行政委員會宣告成立，並很快得到國民政府的批准。圖爲邊區軍政民代表大會全體代表留影。

二十九年七月的大選運動

邊區政權自建立以來，就實行了區村選舉。二十九年在全國開展憲政運動的聲浪中，晋察冀邊區又進行了轟轟烈烈的各級選舉運動，使邊區政權實現了更廣泛的民主。大選之後，縣議會正式建立，縣長由縣議會選舉，縣議會爲縣政權之權力機關。至此，縣政權的民主制度臻於完善。在邊區的民主建設過程中，這是一個重要的歷史階段。圖爲唐縣縣議會全體縣議員合影。

晉察冀邊區第一屆參議會

晉察冀邊區第一屆參議會於一九四三年一月十五日正式開幕，它劃出了邊區民主建設的新階段，從此才有了邊區一級的最高代表機關，直接的經常的監督與領導政府工作，使邊區的民主政治機構成了完整的體系。圖爲邊區第一屆參議會大會場景。

察熱兩省的人民代表會議

察哈爾、熱河、經八路軍解放，完全肅清敵僞軍之後，各羣衆團體即要求召開人民代表會議，本地方自治原則，成立省政府。一九四五年十月十八日晋察冀邊區行政委員會暨邊區參議會公佈了關於召開察、熱兩省人民代表會議及成立該兩省省政府的決定，察熱兩省即掀起了廣泛的選舉熱潮。十一月初，兩省人民代表會議均分別開幕。討論通過了施政方針和建設大

計，選出省政府委員及主席，成立了民主的省政府。這一行動，與孫中山先生手定的第一次全國代表大會宣言上關於對內政策的規定：『各省人民得自定憲法，自選省長。』是完全脗合的。在今天的中國，眞正依照人民的意志，由人民的代表所產生的民主省政府，這是第一聲。(左圖)察哈爾人民代表會議。(右圖)熱河人民代表會議。

察熱兩省的人民代表會議

三 三 制 政 權

中國共產黨在晋察冀邊區，始終如一的執行毛主席的『認眞與黨外人士實行民主合作』的方針的。在選舉中帮助各抗日階層及進步人士競選，說服黨員與羣衆不但要選舉共產黨員而且要選舉進步人士，堅持實現三三制政權的原則。邊區參議會駐會參議員九人中，共產黨員只佔二人（中圖）；九個邊區行政委員中，共產黨員只佔三人；（上圖）察哈爾九個省政府委員中，共產黨員只佔三人，其他則爲老同盟會員，少數民族代表、工商界、實業家、名流學者等。（下圖）所有這些，無不符合三三制政權原則，與一黨專政的獨裁政治完全兩樣的。三三制政權是聯合政府的具體形式，是廣泛的民主制度。

為人民服務

為人民興利除弊

新民主主義的綱領

中國共產黨中央北方分局本着親密國共合作、堅持團結抗戰、堅決保衛與發展邊區的原則，於民國二十九年八月十三日頒佈了關於晉察冀邊區目前施政綱領，經民國三十二年一月二十日在晉察冀邊區第一屆參議會通過，確定爲晉察冀邊區行政委員會施政綱領。這是一個新民主主義的綱領，是晉察冀民主政治的大憲章，是爲人民服務、爲人民興利除弊的具體政綱，它給晉察冀邊區的民主建設豎立了明確的指針。

保證戰鬪力不斷增强

動員新戰士，擴大子弟兵正規兵團，增强了保衞鄉土，堅持抗戰的力量；每年一次都由政府協助部隊進行。發動羣衆父勸子、妻勸夫、弟勸哥，青年們成班成排的入伍，掀起了從軍熱潮。行唐連、阜平營、平山團等光榮的番號，表示出人民積極參軍的情況。圖爲一九三九年阜平營的光榮報名處。

把人民的戰鬬力也組織起來

這是人民戰爭！人民武裝是最強大的廣泛羣衆性的戰鬥力量，是人民子弟兵的有力的助手和無盡的源泉。邊區政府從成立之後，即頒佈了人民武裝自衛隊的組織條例，建立了人民武裝的總指揮部，廣泛的組起民兵自衛隊來。我們的民兵自衛隊，從站崗、放哨、破交、襲敵、一直到地雷戰、地道戰，在偉大的人民戰爭中創造了永垂不朽的光輝戰績。

誰說『自古兵差無善法』？ 邊區的軍隊是不能隨便派差的，一切抗戰勤務動員統統通過政府，規定辦法嚴格管理。十八歲以上五十歲以下的人民，每人每月服勤務最多二至四個工。軍隊既得人民之助，人民亦無兵差之苦，軍民關係，異常親密。打破了『自古兵差無善法』的陳舊之論。（上圖）送子彈。（下圖）運軍粮。

減 租 減 息

減租減息而又交租交息，是團結農村各階層堅持對日抗戰的基本政策，它解决了農民與地主的糾紛，一面保障了地主的土地所有權，一面又減少了地主對農民的剝削，改善了廣大農民的生活，提高了他們的抗戰積極性與生產積極性。

發揚了工人的創造力

提高了工人的生活

晋察冀邊區的工人，在民主政府的勞動保護政策下，在自己的組織工會的領導下，實行戰時的十小時工作制和半實物工資制，照顧了勞資雙方的利益。工人們有了職業和經濟的保證，有了政治文化生活的培養，在生產上便高度發揮了積極性和創造性。圖爲本社技師工人創製的輕便平版印刷機，曾得邊區政府獎勵。

解放了婦女的枷鎖

幾千年來，受着封建主義、宗法制度重重壓迫的婦女，在民主的晋察冀得到了解放。她們擺脫了沉重的枷鎖走到社會上，和男子一樣，開會、學習、歡快的歌唱、參政、救護傷員、生產、爆炸，和敵人作頑强的鬥爭……八年來出現了許多出色的女英雄。

我們可以自由呼吸

在晉察冀，一切抗日人民均有集會結社言論出版的自由，抗日黨派有國民黨、共產黨，抗日團體有工人、農民、婦女、青年、文化界等救國會，有教聯會，學聯會，抗敵後援會，犧盟會，回民救國會，佛教救國會，青年記者協會，自然科學協會。這些社團在組織上是完全獨立的，政府絕不加以干涉，在經費上工作上，政府且盡力予以援助。在言論出版方面，報紙刊物，蓬勃滋長，如雨後春筍，不須登記，不受檢查。(左上)憲政促進會（左中）青記學會（左下）學聯代表會（右上）邊區工人代表會（左中）四一年皖南事變後，邊區羣衆反妥協投降大會之示威遊行。(右下)邊區出版的報紙之一部。

信仰自由

少數民族不受歧視，宗教信仰完全自由，政府且曾幫五台山喇嘛組織蒙藏同鄉會，佛教救國會，曾幫助冀中回民組織回建會。民主的晋察冀，基回道佛都有成百成千的信奉者，並且尊重宗教風習，保護教民及其財產。（上圖）冀中定縣回民在清眞寺誦經。（下圖）八路軍解放冀中河間後，該縣縣長慰問天主教堂的牧師。

戰勝災荒

旱潦風雹的天災，搶掠燒殺的敵災，帶給人民深重的苦難。政府總是積極設法，克服困難，予以救濟。舉其著者：一九三九年北岳區大水災之後，政府發放合作貸欵三百萬圓，並借貸種子，補充耕畜。一九四三年大『掃蕩』之後，政府即舉辦了二千萬圓的牲畜貸欵，一萬六千大石的貸糧，九百大石的賑糧，恢復了災民貧民的生產力，展開了一九四四年的大生產運動

（上圖）一九三九年大水災後，政府給災民發放賑欵（下圖）一九四一年大『掃蕩』後，政府在日寇所造成的五台『無人區』發放春耕貸欵。

爲民除害

在晋察冀的山區，農業上的虫害是很嚴重的。步曲蠶食着棗樹，蝗虫啃噬着稻子，豿貍偷吃着粮食……爲了保證軍需民用，政府便發動羣衆，捕殺害虫：挖蝗卵、打蝗蝻、捉步曲蛾、打棗步曲，政府人員也親身參加。圖示阜平縣長馬叔乾率領人民捕殺蝗虫。

消滅人民戰爭的毒菌！

像農作物的害虫
一樣，敵特漢奸是
人民戰爭的毒菌，
地腐蝕着抗戰的力
量。要像捕殺害虫
一樣，消滅這些可
惡的奸特！（上圖）
會甓為敵作倀的無
恥漢奸。（下圖）懲
罰以物資資敵的經
濟漢奸。

保衛我們的鄉村

民主的晋察冀，人民的親愛的鄉土！要嚴防奸特對她的擾亂、破壞，加强崗哨，除奸防諜，維護人民的治安，守衞住幸福的田園。

優　抗

邮　烈

抗日軍人爲人民求解放，爲民族爭光榮，是中華民族的優秀兒女，是民族英雄，應受全民族的尊敬，他們的家屬也應得到優待。犧牲殉國的烈士，爲民族爲人民流盡了最後一滴血，更應受全民族的尊敬，他們的家屬更應受國家撫邮

（上圖）給抗屬送光榮扁。（下圖）給抗屬發優待粮。

榮譽軍人的光榮和驕傲

榮譽軍人爲人民解放戰爭負了光榮的創傷，他們的血是解放的花朵。在他們榮返故鄉的時候，鄰里街坊熱烈的擁護他們，尊敬他們，政府爲他們成家立業，安排生活。而榮譽軍人往往是本着英雄的本色，在自己的家鄉又進行組織民兵，帶領民兵，對敵作戰。疊獲勝之後，又被選爲戰鬥英雄，贏得了光榮和驕傲。圖示行唐榮軍康福山就是一個出類拔萃的好榜樣。

勞動大軍組織起

響應中國人民領袖毛澤東同志的號召，晉察冀的勞動大軍組織起來，蓬蓬勃勃展開了大生產運動，增加生產，積蓄民力，準備反攻。圖爲阜平沙河灘地的灘員們。

撥工是以個體經濟爲基礎組織起來的集體勞動方式，是生產中的勞動互助方式。它解決了勞動不足的困難，減少了分散性的勞動力與勞動工具的浪費，發揮了集體的力量，提高了生產的效率，培養起散漫農村的集體互助的新觀念。(上圖)撥工隊播種。(下圖)撥工隊耕牛組集體春耕。

改造大地的面貌

開荒是擴大耕地面積、增加農業生產的好辦法。政府提倡無租開荒，於是便掀起開荒的熱潮。河灘裏，山坡上，到處有我們的墾荒隊，打下的碉堡，拆毁溝牆，隨處閃動着钁頭的光。據二十七、八兩年統計，只平山阜平等九縣，開荒即達一萬九千餘畝（上圖）改變着大地面貌的墾荒隊。（下圖）拆掉崗樓開出耕地，一寸土也不讓荒廢。

沙漠能變成綠洲嗎？

一九三九年秋，北岳區發生了空前的大水災，沙河、滹沱河、唐河、等大河沿岸的稻田被冲毁了十四萬七千餘畝。第二年春天政府就號召人民開展修灘運動，子弟兵動員以大力幫助，軍民合力下，修復灘地十三萬九千餘畝，茫茫荒沙又變成肥美葱綠的稻田　圖沙河岸上的修灘。

讓水成爲土地的血液

要使得山地的農業生產提高必需興修水利。人民的政府委派水利專家，技術人員終日奔勞的勘查，測量，帮助人民修渠，築壩、濬河、打井、據一九四四年七月統計，平山一帶即開渠六十五道，可澆地九千餘畝。(上圖)築壩(中圖)水渠(下圖)水車。

預防莊稼害病

麥類多生黑疸病使收穫量大大減低。邊區農林牧殖局研究出簡便的浸種方法，可以祛除黑疸病　圖示農民在播種之前進行浸種。

開展合作事業

合作社在分散的敵後農村環境中，是改善農民生活、調劑邊區經濟、對敵經濟鬥爭、減少奸商操縱的最好辦法。如有名的張瑞合作社則更把經濟的業務與組織羣衆生產、救濟災民、發動羣衆對敵鬥爭、教育敵佔區羣衆等工作統統結合起來，成爲敵後抗日根據地合作運動發展的方向。(上圖)運輸(下圖)婦紡。

爲工業品的自給而奮鬥

在敵人嚴密的經濟封鎖下，我們所需的工業品全靠自己動手，自力更生的。幾年來，着重發展農村手工業和家庭副業，也舉辦了較大規模的工廠工業，如紡織、磨麵、榨油、造帋、藥劑，化學、玻璃、陶磁、軍需工業等等。雖然頻遭敵寇的摧殘破壞，却還是在戰鬥中生長起來，日寇企圖用『毀滅掃蕩』和經濟封鎖的毒辣手段扼死我們，事實證明這是極其妄誕的夢想。今天我們掌握着更大規模的輕重工業了。(上圖)造帋(中圖)農具(下圖)陶器。

貿易自由，商業繁榮

我們的商業貿易政策是：對內貿易自由，發展小商業，對外貿易則嚴格管理，禁止敵人奢侈品傾銷邊區套取我們的必需品。這一正確政策的實施，對邊區經濟的自力更生，對敵經濟鬥爭的勝利，都起了決定的作用。因之村鎮集市，欣欣向榮。

把鄉村與城市連系起來

在對內貿易自由的政策下，鄉村的食粮、原料、不斷的運往城市，城市的工業品則絡繹的送到鄉村　鄉村與城市親密的携起手，調劑着物資，如同交流着最富營養的血液。

邊區人民自己的銀行

晉察冀邊區銀行是人民自己的銀行，它爲邊區人民服務。放款、存欵、匯兌等業務的開展，活躍了邊區經濟，調劑與改善了人民的生活。對於救濟災荒，開展合作事業，發展工商業，解決春耕困難，發展運銷事業等，截至四二年，放欵達一千八百餘萬元。

公平合理的稅收

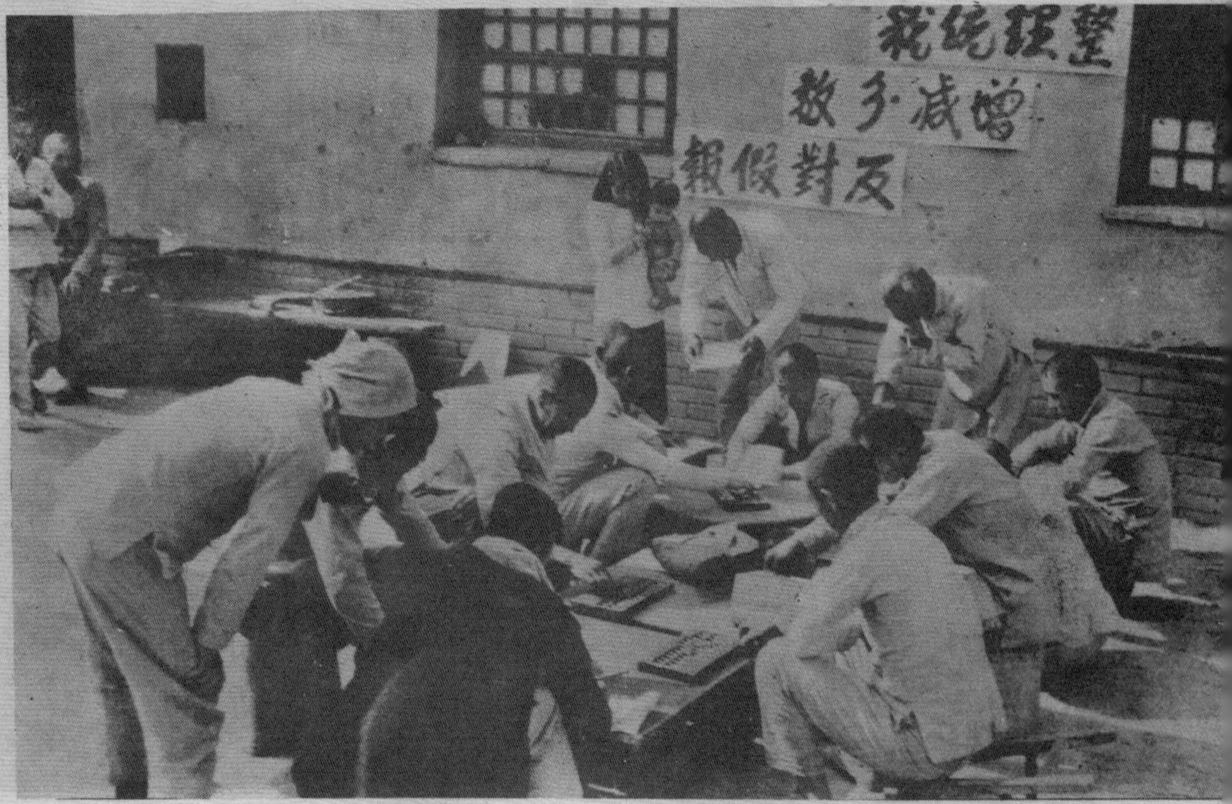

晋察冀取消了一切苛捐雜稅，實行了統一累進稅。人民的負担大大減輕了，四四年份，徵收額每分減至小米八市升半。這是一種公平合理的稅制，人民無不樂於繳納，徵收非常順利，有的地方三天就把一年的徵收工作完成了。

人人有書讀

晋察冀的小學教育相當普及，山溝小村都設有學校，學齡兒童都有讀書機會　他們不但學着書本知識，而且還學着社會活動：春耕、秋收、宣傳、慰勞、站崗、放哨……兒童們都欣然參加

民主自由的學生生活

小學、中學、師範外，還有培養軍事、政治、文化、藝術、醫藥、工礦等抗戰建國人材的專門學校，如抗日軍政大學，華北聯合大學，白求恩衛生學校，工業訓練班等。這裡學術研究自由，師生團結友愛，生活中充滿新鮮、活潑，愉快的生氣。圖爲華北聯合大學學生會的競選活動。

文盲消滅吧！

普及人民教育的另一途經是開辦民校冬學，讓辛勞的成年農民在閒隙的時候來受教育 一到冬季，各村的識字組、午學、夜校都紅紅火火的開辦起來，他們學以致用，學一字時，要能唸得、寫得、講得、用得。農村中的文盲一天天在掃除中

從鄉村瞭望世界

享有民主的人民，對政治問題特別關心，看報聽報是他們最喜歡的事，三天不見報紙就悶得慌。城廂集鎮都設有閱報處、講報舘，窮鄉僻壤少不得也有讀報組，鄉下人都了解世界大事。

從羣衆中來，到羣衆中去

『行行出狀元』，只有民主的社會才是發展才智的最好土壤。晋察冀民間英雄蔚起，能狙擊敵人的神槍手，能巧佈雷陣的爆炸手，深耕細作的老農夫，打虎打狼的獵戶，捨己爲人的村幹部，堅强不屈的鐵漢子，出色的人物，眞正人民的英雄，處處受讚揚，人人都尊敬。四二年以來，每年黨政軍民都聯合召開群英大會，用以激發軍民戰鬥生產的積極性，吸取典型經驗，指導全盤工作。圖爲邊區行政委員會宋主任給勞動英雄發獎。

出生入死，為人民服務

我們的政權幹部常在游擊區指揮民兵作戰，日夜不得休息，也常越過層層封鎖，深入敵後進行地下工作，出生入死，不怕犧牲，全心全意為人民服務。圖示我政府工作人員爬過封鎖溝到敵佔區去工作

人民的政府，人民的公僕

這裏的政府，人民可以自由出入，不同於官僚制度的衙門，政府首長和人民戰鬪生活在一起，生活低於普通工人。圖示邊區行政委員會宋劭文主任委員和老農一塊點種，這眞是人民的政府，人民的公僕

在民主生活中發展向上

黎明鐘聲

人民更有組織了，村莊更加活躍了，噹噹的黎明鐘聲一响，農民們便起身下地，開始一天的勞動．山溝小道的冷落村莊，變成進步的繁榮的村莊了，圖示晋察冀擁軍模範，北岳區『子弟兵的母親』戎冠秀撞起黎明鐘聲，催人早起生產。

耕一餘一

龍華縣葛存村，全村生產組織性强，積極性高，四四、四五兩年都做到耕一餘一，全村生活改善，還得政府的奬勵．圖示葛存村幹部開生產會議，計劃一年生產

家　庭　的　民　主

家庭會議是邊區民主制度在人民家庭中的體現　家庭會議增强了農民的組織性，生產計劃周到，家庭分工具體，生產鬧得好，工作做得强，大家和睦，合家歡喜

精耕細作收成多

阜平朱家營老農胡順義，抗戰前受地主剝削，窮得賣女兒。八路軍解放敵後國土，他翻身了，生產積極，爲羣衆謀利益，上升爲富農，被選爲勞動英雄　他愛土地，愛勞動，六十多歲了，還憑着他豐富的農事經驗，精耕細作，增加生產。

兄妹開荒

春天來到田野裡，花紅草綠了　勞動人民的孩子，健康愈快，漲滿着春天的生命，扛起钁頭，向陽光曝晒的原野開荒去。這是黃金一樣的生活呵！

一人十樹

孩子們在亂石荒砂上栽起小樹，培土、澆水，讓小樹和自己一樣生長。

一人一鷄

農家養雞，一人一隻。餵雞放雞由孩子們担任。一家分工，各盡其職。

一戶一猪

『養兒念書，耕地餵猪』，因爲猪糞是很好的田肥，而且養得一口猪，過年過節也就有豐盛的餐饌。邊區農家差不多是一戶一猪的。

英雄的快樂

淶源銀坊村的韓鳳齡被選爲勞動英雄，政府獎她一頭大黑牛，第二年就生了一匹小犢，韓鳳齡勞動之餘，撫摩着光潔的小牛，快樂的笑了。

可愛的羊

山嶽地區，農家大都養羊。老英雄胡順義也餵養幾隻。每當清晨老胡拿料餵羊時，馴順的綿羊撲到這老農民的身上，温順親切。老胡一把一把的黑豆送給牠們。

纍纍豐收

這是人民勞動的成果。一尺多長的大棒子，閃着黃金的色澤，孩子把它披掛在身上，看見這誰不喜悅！軍民的食糧哪裡還須顧慮。

確是好光景

麥收後，農家生活更美了。端午節，女勞動英雄韓鳳齡一家聚餐，酒肉饅頭，黃米角黍，異常豐盛。邊區人民的光景越過越好。

農家之夜

政治生活自由，經濟生活豐裕，文化生活的要求也就迫切了。這是一個農家、晚上，一家團坐煖炕上，婦女們紡線，男子讀着書報給她們聽，使她們增長知識。勞動與智慧在靜靜的夜裡生長着。

熱心識字

邊區人民在識字運動中創造出各種各樣的方式，崗哨有識字牌，田間有識字組，耕作時，把字寫在農具上，一面勞動、一面學習．推碾時，把字寫在碾旁牆壁上，邊推邊認（如圖）……

黑板報

每村大都辦有黑版報　老百姓自己編，自己寫，大家看，反映着自己的生活，討論批評着自己的事情，在文化教育與推動工作上都起着很大的作用。

到處有勞動的歌聲

有生活，就有歌唱。新的農民愛唱新的歌，集體勞動的灘員們，當休息時候，集聚在白楊樹蔭的大石上，大沙河在身旁嘩然流過，他們用淳樸的喉嚨粗壯的唱着勞動的歌。

人民的藝術

"窮人樂"——

人民是生活的創造者，人民也必然成爲藝術的創造者。阜平高街村劇團『窮人樂』的集體創作和演出，揭示出光輝的範例。把一個村的窮人翻身的歷史眞實、生動、感人的再現於舞台上，給人民創造自己的藝術開闢出一條新道路。

歌唱民主的晉察冀

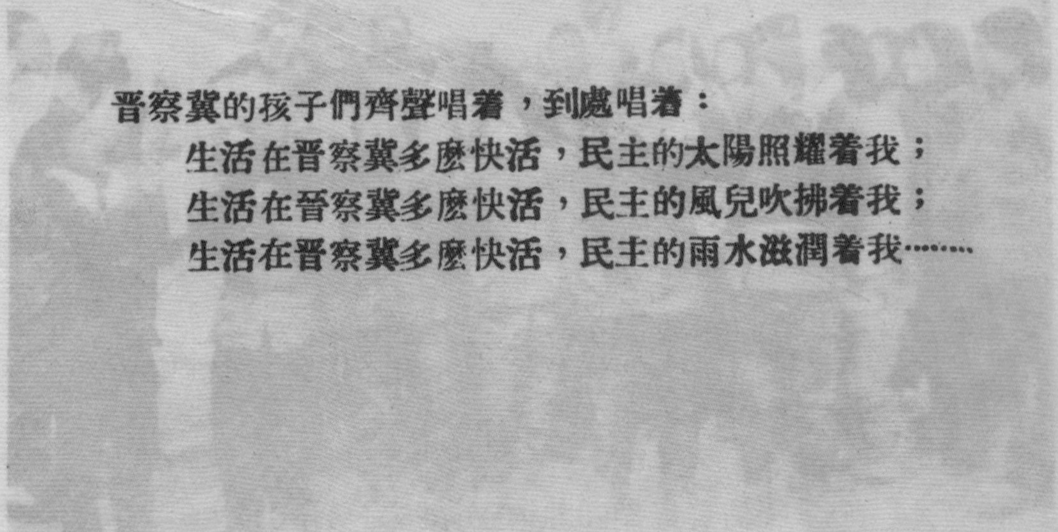
晉察冀的孩子們齊聲唱着，到處唱着：
生活在晉察冀多麼快活，民主的太陽照耀着我；
生活在晉察冀多麼快活，民主的風兒吹拂着我；
生活在晉察冀多麼快活，民主的雨水滋潤着我……

攝影者（以姓氏筆畫繁簡爲序）

白連生	石少華	申　曙	江　波	汪　洋
沙　飛	李　途	周郁文	胡　氷	孟昭師
流　螢	高　粮	葉曼之	葉昌林	楊眞亞
楊國治	趙　烈（遺作）		趙銀德	劉　峯
劉長忠	劉博芳	錢　義	羅光達	

中華民國三十五年五月出版

編輯：晉察冀軍區政治部晉察冀畫報社

出版：晉察冀軍區政治部

定價：邊幣五百元

图片比例按 100% 呈现

《晋察冀画报 / 丛刊》之四《人民战争》

Jin-Cha-Ji Pictorial/ Series 4: People's War

人民戰爭

晉察冀畫報叢刊之四

晉察冀軍區政治部出版

人民戰爭

晉察冀畫報叢刊之四

晉察冀軍區政治部出版

前 言

中國八年神聖的抗日戰爭是人民的戰爭。

戰爭的重心不是國民黨戰場而是解放區戰場。

抗日人民戰爭的支持者，抗日人民戰爭的中流砥柱不是蔣介石賣國獨裁政策支配下的國民黨軍隊，而是人民的英雄——八路軍、新四軍、華南抗日縱隊——和英雄的人民——具有極端堅強戰鬥意志的解放區人民和全國人民。

抗戰開始以來，由於蔣介石政府改變政策的不徹底，仍固執其法西斯的反人民的政治制度與失敗主義的單純防禦的戰略方針，這就爲敵寇所乘，大舉進攻，十五個月內就打到了廣州、武漢，囊括華北與華中的大片土地與華南的要地。這時我八路軍、新四軍等人民的軍隊，執行了中國人民偉大領袖毛主席所創造的深入敵後，與廣大人民相結合，開展群衆游擊戰爭，以持久戰戰勝日寇的人民的戰略戰術，先後向敵後挺進，取得了不斷的勝利，建立了戰略根據地，創造了民主解放區。宛如一支支鋒利的刀劍插入敵人的心臟一般，使日寇膽戰心驚，從此改變戰略，轉移主力，對國民黨當局進行誘降，對解放區則瘋狂『掃蕩』。這時國民黨當局不來積極抗敵，反而變本加厲的施行反動政策，對外消極抗戰，對內『防止異黨』。而我們人民的軍隊則在這種瘋狂『掃蕩』與反共狂潮的夾攻中，與敵後廣大人民更加親密團結起來，構築成一座偉大的血肉的長城，綿亘千萬里，矗立在華北華中與華南，以無比的英勇和堅忍，熬過困難，堅持戰鬥，把國民黨當局所喪失的黑暗的廣大淪陷區，逐漸收復，變成了光明的廣大解放區，成爲中國抗戰的脊梁。要是沒有人民的解放區和人民的軍隊，則日寇在國民黨戰場的破竹西進無以阻止，則戰略的相持階段無由到來，則國民黨當局妥協投降的路綫難以制止，則中國的持久抗戰也不能堅持。

八年長期作戰的過程中，解放區軍民所起的作用是偉大的，所建的功績也是不朽的：一九四四年中原戰役以前，八路軍、新四軍和華南抗日縱隊，抗擊侵華日軍百分之六十四，抗擊僞軍百分之九十五；至抗戰八週年，抗擊侵華日軍尚達百分之五十六，而所抗擊的僞軍則仍爲百分之九十五。八路軍、新四軍與華南抗日縱隊，八年來對敵戰鬥十餘萬次，擊斃和殺傷敵僞約百萬名，俘虜敵僞約三十萬名，攻克碉堡三萬數千座，攻克據點一萬餘個，創造了遍於華北華中華南十六省地區的解放區，在這光明的土地上，有一萬萬以上的人口從外國侵畧者與國內專制主義的羈絆下解放出來。

晋察冀是中國解放區的一個組成部份，是第一個在敵後建立起來的根據地。

晋察冀八路軍是人民軍隊的一部份，一九三七年九月，當整個八路軍根據毛主席的天才戰畧挺向華北敵後的時候，一一五師一部由聶榮臻將軍率領，從五台山下，冒着北方的風雪進入晋察冀邊陲地帶。一九三八年更向東挺進，一部進入冀中平原，與揭竿起義的冀中人民相結合，一部則更深更遠的進入冀東，與冀東起義的人民相結合，展開了如火燎原的敵後游擊戰爭。一九三七到一九三八的一年中，很快就使這一地區發展成爲西自同蒲，東至渤海，北起長城，南抵滄石和正太鐵路的大塊根據地。

在這一支軍隊未來之前，晋察冀這一地區是處在極端的動亂狀態之中，慣於騎在人民頭上作威作福的國民黨官兵們，一旦大敵當前，都臨陣而逃，惶惶然如喪家之犬，游兵散勇，隨處刼掠。只知敲骨吸髓、魚肉人民的國民黨政權的官吏們，有的腰纏萬貫，紛紛逃命了，有的認賊作父，曲膝事敵了，只剩下無辜的人民在刀光血泊中掙扎呻吟。

八路軍來了，把人民從水火中挽救出來，與挺身自衛的人民結合起來，在人民的援助之下，對敵展開了進攻。從一九三七年十月中旬到十一月中旬，短短的一個月中就攻克了淶源、紫荆關、易縣、繁峙、大營、蔚縣等城鎮，控制了五台山、恒山全部的山溝小道與四周原野，開闢了廣大的解放區，跟着又廣泛的發動群衆，組織群衆，武裝群衆，幫助群衆建立起抗日民主政權。人民也都振奮起來，行動起來，各種抗日組織建立起來了，大批的青壯年湧進了人民自己的隊伍，人民的軍隊得到了迅速的發展壯大。這給華北日寇以很大刺激，他們認爲晋察冀的發展對他們是致命的威脅，因此就引起了嚴重的注意。一九三八年日寇圍攻武漢時，就把晋察冀看得和武漢一樣重要，發動了三萬多兵力的九路圍攻。嚴重的圍攻並沒有將我們年青的人民子弟兵嚇倒，相反的，到十一月上旬就把敵人的圍攻全部粉碎，敵淸水少將，常岡旅團長以及七千敵軍全被殲滅了。

一九四零年全華北八路軍的百團大戰，更使日寇觸目悚心，從此日寇便調轉主力，進攻『敵後』。直到一九四二、一九四三，晋察冀同其他解放區一樣，經歷着殘酷的鬪爭與嚴重的困難。敵人除了用分進合擊的『掃蕩』戰術，『封鎖』『分割』『掃蕩』三者並用的戰術，以及『鐵壁合圍，捕捉奇襲，縱橫掃蕩，反轉電擊，輾轉抉剔』等『掃蕩』辦法之外，更進而實行分割蠶食，併村集家，搶光、燒光、殺光等毒辣政策，製造『無人區』來增加我軍活動的困難，企圖消滅我軍的生存條件。但是這一切惡毒的伎倆，並沒有達到毀滅我晉察冀的預期目的，恰恰相反，我們晉察冀的軍民却團結得更緊密，人民游擊戰爭開展得更廣泛，軍隊的戰鬥力鍛鍊得更堅強，學會了更多更巧妙的堅持與敵寇鬥爭和取得勝利的本領。終於渡過了一切難關，進入了一九四四、一九四五的恢復與再擴張的新時期。

在困難的年月，解放區日益加強的民主政治建設，軍民勵手自力更生的發展生產熱潮，抗日人民的全力支援戰爭，正規軍、游擊隊與民兵的密切協同作戰，以及敵進我進，機動靈活的戰略戰術，形成了克服一切困難，堅持敵後，持久抗戰的種種決定因素，創造了史無前例的人民戰爭的無數奇觀奇跡。並因此於一九四三年起獨立自主的展開對敵進攻，擴大解放區，縮小敵佔區，驅逐敵人於極其狹窄的一些重點點綫之上。

日寇無條件投降了，朱總司令反攻的命令給晉察冀八路軍帶來了無比的興奮和力量，展開總反攻，如乘風破浪，很快就解放了察熱兩省的全部，解放了河北山西的一部及許多城鎮和鄉村，把北平、天津、保定、石家莊等大城市也嚴密的包圍起來。要不是當時國民黨反動派爲獨吞抗戰勝利果實，與敵僞合作合流，發動反人民的血腥內戰，命令日寇拒絕向我投降，這些已在掌握的大城市的敵僞軍當已立即爲我全部解除武裝。

抗日的人民戰爭勝利了，和其他解放區的人民軍隊一樣，晉察冀的八路軍，在八年抗戰中，建立了不可磨滅的光輝戰績。八年來，由於正確的執行了毛主席朱總司令的人民戰爭路綫，緊緊地和人民站在一起，這裏經常抗擊着十幾萬乃至二十幾萬的敵僞，解放了四千萬人口，解放了熱察兩省全部，河北大部，遼西一部，山西東北部的廣大土地，根據一九三七年十一月至一九四五年五月的統計，共計對敵大小戰鬥三萬二千一百二十九次，擊斃和殺傷敵僞二十五萬二千四百四十名，俘虜敵僞六萬八千六百二十名，投誠及反正敵僞一萬九千六百二十三名，敵僞損失共三十四萬餘名。我軍主要繳獲計砲類一百七十九門，輕重機槍一千六百二十七挺，擲彈筒七百零五個，各種槍枝七萬三千六百五十三枝。

除了這些光輝的戰績與纍纍的戰果之外，這支人民的軍隊還創造了驚天動地曠古未有的戰術，如地雷戰、地道戰、聯防狙擊戰，坑道圍攻戰………這支軍隊也曾打了不少出色的殲滅戰：陳莊一戰，敵水原旅團長就殲；黃土嶺一戰，號稱『名將之花』的阿部中將也歸於黃土。這支軍隊中間也產生了傑出的英雄，發揚了革命的英雄主義。

人民戰爭給作家以主題，正不知有多少辛勤的作家在攪和着心血爲人民戰爭的偉大歷史鑄造形象，我們懇望着它的成功，這裏所蒐集的只是一些散亂的影片，它不是什麼精心結構的創作，但它却是在戰爭砲火裏拍攝下來的人民戰爭的眞實面相。雖然這只是偉大史實的一鱗一爪、一鼻一目，我們還是願意把它結集印製，獻給晋察冀的英雄的人民和英雄的指戰員。倘使敬愛的讀者能從這裏窺視出一些人民戰爭的聲音笑貌與精神實質，那就是我們的奢望了。

編者　　一九四六年七月七日

到 敵 人 後 方 去

不到長城非好漢

中國紅軍兩萬五千里長征中，毛澤東同志曾在六盤山頂臨風高歌：「不到長城非好漢！」紅軍經過艱苦的奮鬥，終於實現了北上抗日的志願。當全國抗戰爆發以後，聶榮臻將軍接受了毛澤東同志所給予的戰略任務，率兩千兵馬，深入冀西，直抵長城，捲起塞上風雲，開闢了第一個敵後抗日根據地。圖為一九三七年十月向長城內外進軍的楊成武支隊。

敵人從那裏來，我們打向那裡去

我們挺進的方向是和敵人戰略進攻的方向正相反對，也是和國軍一切主力潰退的方向正相反對；這時，一切兵馬都正順着北風向南奔跑，只有我們這一支隊伍冒着荒寒的風沙向北馳騁。圖爲一九三七年十月向冀西進軍的騎兵營

向華北的烏克蘭挺進

冀中平原上，大軍南撤時，呂正操同志帶領了兩個營向敵人後方挺進，摧毀了深澤、安國、任邱、河間、献縣、安新、高陽等地的僞組織，建立了平原游擊戰爭根據地。圖爲一九三八年八路軍三縱隊活動在冀中大清河上。

那怕風雪茫茫！挺進！

跨過雨雪紛紛的邊城，艱苦奮鬥的八路軍，挺向平北，挺向塞外的茫茫雪原。

那怕山高水深！挺進！

我八路軍
在熱河承德
尖寶山行進

挺進！向着黑水白山挺進！

勇敢的八路軍，爲解放人民而進軍，爲收復國土而進軍，一往直前向敵人的縱遠後方挺進，這支隊伍正挺向關東草原，僞滿國境；與東北抗日聯軍相呼應，戰鬥在白山黑水之間。

解放城鎮，解放村莊

這一支兩千兵馬的隊伍，深入晋察冀三省邊陲地帶，旋風一樣向前挺進，今天奪回一個城鎮，明天收復一個村莊，在解放了的國土上插起鮮明的國旗，解放了的人民歡呼着迎接八路軍，到處飄揚着歡迎的旗子和歡迎的歌唱。

圖(1)一九三七年十一日克復察南蔚縣，軍民聯歡。(2)一九三八年八月，粉碎敵寇八路圍攻以後，我們的鐵騎兵，衝破平型關之敵，長驅出擊。(3)光復後的靈邱城樓。

2

(4) 進入淶源城。

(5) 收復平西齋堂。

(6) 大龍華殲滅戰後，人民沿路歡迎勝利的八路軍。

解放城鎮，解放鄉村

把人民組織起來，武裝起來

解放了的廣闊的晋察冀，到處有要求抗日的人民，到處有潰退的國軍和擊敗的寇軍丢下的槍枝，我們就把槍枝拾起來，交給人民。人和槍結合起來了，立刻就成爲保衛家鄉的力量。於是各處的義勇軍、游擊隊，自衛軍都蓬蓬勃勃的生長起來，『老八路』領導着他們，訓練着他們，也帶領着這些新隊伍和人民武裝，到處打擊敵人。

山地的人民組織起來，揹起了他們的土槍。

水上的人民組織起來，駕起了他們的快船。

婦女們組織起來，學習保衛家鄉的本領。

喇嘛們組織起來，加强訓練。

爲了準確的打穿敵人，他們練習射擊。

爲了有效的殺傷敵人，她們練習投彈。

爲了利用一切可能利用的武器，他們試練着土砲洋槍。

人民和八路軍並肩作戰

狙擊手 農民游擊隊的狙擊手，他們懂得利用一切可能利用的地形，一個土丘或是一堵破牆；耐心的偵候，沉着的瞄準，敵人來吧，一槍就是一個。

吸彈巢 有過這樣的事實：平山水月村，一個游擊小組，用十幾個草人，一面旗子和一些手榴彈，在山頭上迷惑牽制了數百敵人，並消耗了他們很多槍彈。

滚木檑石 這是曾見於中國舊小說上的原始戰術，而在今天的山地游擊戰裡，也竟被我們的民兵運用起來，而且確曾打擊了不少敵人。

麻雀戰 對付優勢兵力的敵人，我們的民兵是採取高度分散的麻雀戰術的。三五一組，到處埋伏，以冷槍隨時隨地殺傷敵寇，像麻雀吃穀一樣，乘隙而入，啄他幾口；風頭不對，就飛出圈外，使進犯的敵人不斷遭受打擊。

人民和八路軍並肩作戰

人民和八路軍並肩作戰

拆　橋 在敵人大舉進犯時，需要把大河上的橋樑拆毀，以阻止敵人的前進。

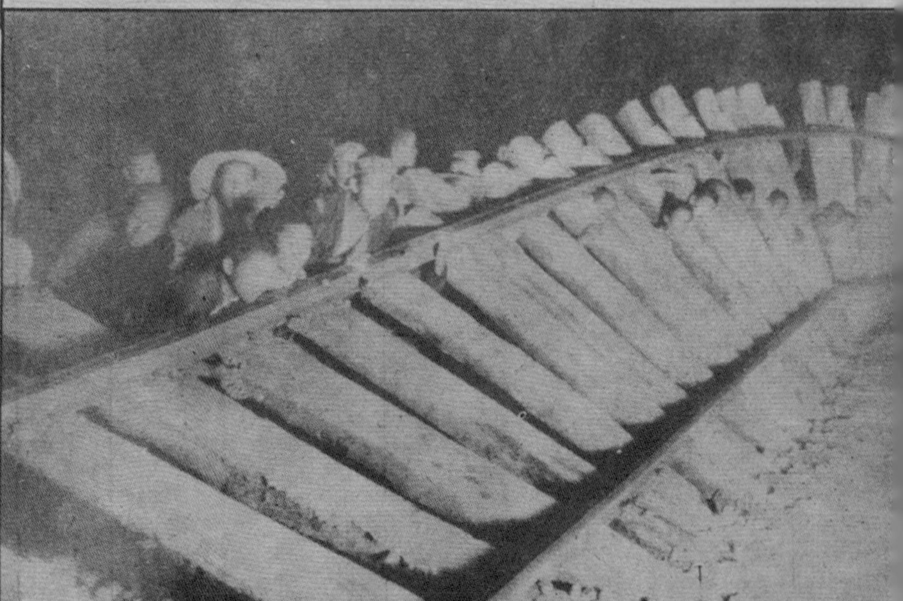

破　路 羣衆的力量大如山，鐵軌連同枕木就這樣翻轉過來了。讓鬼子兵開來的火車在此傾覆吧！

人民和八路軍並肩作戰

割電線 割斷敵人的電線，就是割斷敵人的聯絡，這是民兵游擊隊經常的課目。一九三八年二月九日夜，人民隨同八路軍出擊平漢線，一宿即割回電線數萬斤。

挖交大隊 一九四五年春夏季攻勢中，冀中安平民兵大隊配合八路軍作戰，担任坑道作業，把坑道從我軍陣地一直挖到安平四門，炸毁城樓，便將該城攻克。

震動全國的百團大戰

一九四〇年秋季
全華北的八路軍在
千里長的戰線上舉
了有名的百團大戰
晉察冀的部隊以正
線東段爲中心，同
在冀中的任邱、肅
、河間、大城地區
在察南雁北的蔚縣
淶源、靈邱、渾源
區，在平漢、平綏
石德、滄石各個交
線上、普遍展開猛

破擊戰與攻堅戰，
量摧毀了敵人的鐵
、橋樑、據點，堡
、礦山、工廠等各
設施，給予敵寇以
重打擊，全國人心
之振奮。(1) 進攻
經礦。(2) 破擊正
路。(3) 克復淶源
團堡。(4) 歡迎淶
三甲村戰鬥所俘之
僞軍。

3

我們是怎樣戰勝

1

2

把人民轉移

日寇對邊區進行『掃
候，携帶着這幾樣東西
屠刀，想把人都殺個乾
是火種，想把房子都燒
第三是民伕，車輛馱
我們的資財都囊括而去
饑渴的血口和無恥的
們的對策則是『空舍清

敌人的「掃蕩」的？

4

3

已的家畜，馱着自己
着自己的行李，轉移
方去、不能帶走的東
』(埋藏)起來 連房
里的水井都給堵死。
、寒冷和地雷等候着
圖 (1)(2)(3) 老百姓
)(5) 在山裡生活。

全的地方去

5

轉移不是敗退，而是爲了勝利的進攻

對付優勢兵力的『掃蕩』，蠻幹不如巧打，避重就輕，閃過虎頭，打其蛇尾，或擊其側背；我們的隊伍在山野裡迴旋，相機出擊。（左圖）迴旋在熱河的萬山叢中。（右圖）行進在塞外的雪原上。

轉移不是敗退，而是爲了勝利的進攻

隨時隨地準備戰鬥

(1) 迴旋在荒寒的山林裡，休息下來的時候，他們燃起熊熊的篝火，取着暖。火，給人增添了戰鬥的熱力和興奮的情緒。(2) 須要好好的休息，有充足的睡眠，才有飽滿的戰鬥精神。

(4) 要把肚子吃飽，在戰時，炊事員們更加着意於保證指戰員有香甜可口的飯。(3) 就要戰鬥了，每一個同志都把自已的武器檢查一下。

勇敢的消滅敵人！

在青紗帳裡伏擊行進的

在拂曉時候襲擊駐紮的

雪山上的游擊隊開動了機關槍。

主力兵團佔領制高點，開始無情的掃射。

這是敵人送來的『禮物』

阿部中將的凋謝；　一九三九年十月敵人以兩萬多大軍，分十二路向晋察冀舉行「冬季掃蕩」。頭一仗——淶源戰鬥，我英勇的晋察冀八路軍便給予由北面進攻的總指揮阿部中將和他指揮下的第二混成旅團以迎頭痛擊，殲滅敵軍一於黃土嶺，阿部中將也被擊斃了。這個殲滅戰的勝利，震動了全國，因爲殺死敵人中將在全國還都是破天荒的創例、圖爲黃土嶺殲滅戰中所繳獲的武器。

右圖爲一九三八年五月平山洪子店戰鬥繳獲敵人的戰馬。

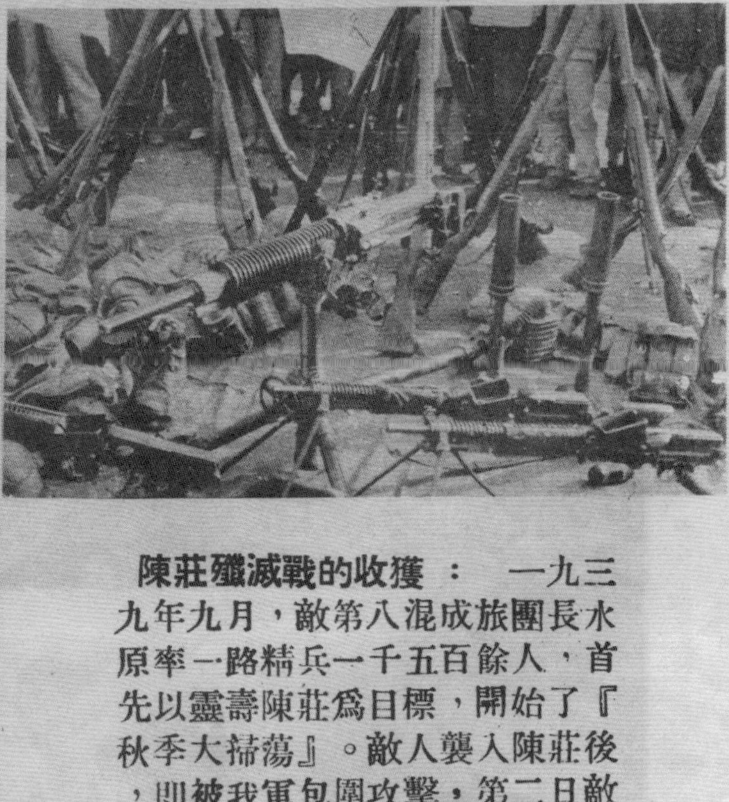

陳莊殲滅戰的收獲： 一九三九年九月，敵第八混成旅團長水原率一路精兵一千五百餘人，首先以靈壽陳莊爲目標，開始了『秋季大掃蕩』。敵人襲入陳莊後，即被我軍包圍攻擊，第二日敵企圖逃脫，復被我軍跟踪追擊與迎頭痛擊，激戰六天五夜，斃傷敵人(連增援部隊在內)共二千人，被圍敵人的全部裝備成了送給我們的禮物。圖爲繳獲勝利品的一部。

1

2

3

在戰鬥中我們

(1) 爲了人民
利益，八路軍幫
老百姓搶收，(2
爲了人民的利益
八路軍掩護老百
耕地。(3) 爲了
民的利益，八路
醫務人員替老百
治病。(4) 爲了

的勝利，後勤部
趕做着被服，供
部隊及時的需要
（5）爲了前線的
利，老百姓把茶
送到火線上去。
）爲了前線的勝
，老百姓救護着
傷的指戰員。

了些什麼?

粉碎囚籠

敵人想這樣消滅我

一九四二年敵華北派遣軍參謀長安達十三誇耀的説
北碉堡已新築成七千七百餘個，遮斷壕也修成一萬
百六十公里之長，實爲起自山海關經張家口至寧夏的
長城的六倍，地球外圈的四分之一。『在晋察冀的山
平原，眞是堡壘如林，溝牆如網』，敵人想用這種
策、封鎖、分割、蠶食我們，並防止我們隊伍的深入活
配合以『掃蕩』和『清勦』，想這樣把我們毀滅。

封鎖政策

待斃呢？還是戰鬪呢？

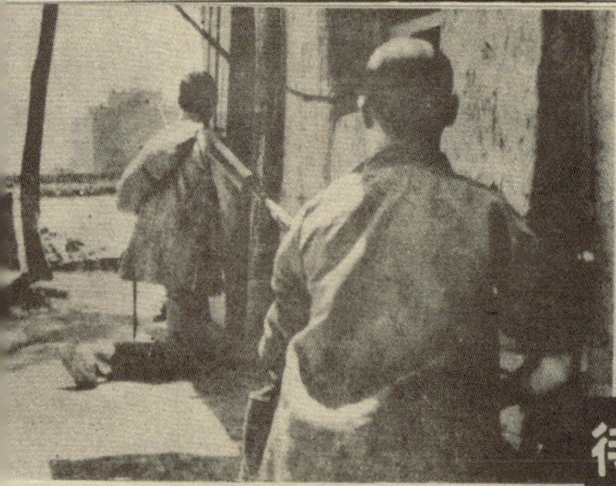
我們日夜攻打着堡壘。

我們不斷襲奪着堡壘。

我們勝利的佔領了堡壘。

我們有廣大的平溝破交隊。

我們把汽車路挖斷。

我們把封鎖溝牆平毀。

粉碎囚籠

讓「囚籠政策」毀滅吖

1

2

3

(1)我們把堡壘炸坍了。
(2)我們把堡壘燒燬了。
(3)我們把堡壘拆掉了。

封 鎖 政 策

(4)企圖毀滅我們的堡壘被我們毀滅了。

粉碎囚籠

永不平熄

所有的堡壘、路溝，都是拆老百姓的房屋，毀老百姓的田園，强迫老百姓勞役而修築起來的。這裏面埋藏着多少血淚和仇恨呀！當堡壘被攻克的時候，老百姓便拉起大車把一磚一瓦一樑一柱都拉回去，這原都是他們的東西。(左圖)把磚瓦木料拉回去。(右圖)孩子仇恨的劈着拆下的木材。

封鎖政策

恨

用正義征服敵人

正義征服敵人

中國人民的抗日戰爭是正義的戰爭，是正義的民族人民反抗野蠻的日本法西斯侵略者的搏鬥。在政治上我們是處於不敗的絕對優勢地位，因此在劇烈的戰爭中，我們又不斷的展開對敵的政治攻勢。我們用傳單、標語、喊話、通訊、演戲、教育、優待俘虜等各種各樣的戰鬥方式打向敵人的『確保區』，打進敵人的堡壘，打入敵僞的心底深處；使得外强中乾缺乏任何政治資本的敵人，在猛烈的政治進攻下，驚惶失措、動搖不安、士氣低沉、投誠反正，走上潰敗的道路。八年來，在這種不流血的戰爭中，我們是取得很大的勝利的。

觸目驚心！ 第二戰
的嚴重宣告。我們把這
們戰慄哭泣吧！

標語戰 喚醒被壓迫民族聯合起來，朝鮮義勇軍的同志把標語寫在敵佔村莊的土墻上。

我們的禮物 日本
、信件、連同一些禮
們，促使他們覺悟，
的非正義的戰爭，反

宣是一個使日寇喪胆
人的堡壘跟前。鬼子

傳單的威力 太平洋戰爭一週年時，敵人想誇耀的慶祝一番，我們却展開了政治攻勢，宣傳品散遍鐵路沿線和他們盤據的中心城鎮，使保定敵人戒嚴三天，石家莊敵人恐怖無狀，很自然的「大東亞戰爭」週年紀念大會竟宣告流產。

友們，把傳單、畫報
裏，送給日軍的士兵
反對使人民陷於苦難
。

藝術作戰 在政治攻勢中，我們的文藝工作者常常是不避艱險，深入游擊區，以藝術武器配合作戰，在敵人據點附近演出，也有的因此被敵人襲擊而光榮掛花的。

我們不殺害俘虜 縱令是我們攻克敵人的點碉時，只要敵人放下武器，我們决不殺害他們，只有那些罪大惡極的戰犯我們才嚴懲不貸。

接待的筵席 這些
日本法西斯驅策到中
覺悟，只要自新，我

歡迎投誠者 對於投誠反正的敵僞軍，我們竭誠相待，當他們來到解放區的時候，我們的人民熱烈歡迎，互相行禮。

擧起抗戰的旗子
的懷抱，又重見了光
起抗日的大旗，舉手
効力。

中國同胞，這些被
的日本弟兄，只要
，予以優待。

唱一支告别的歌 被俘的日本人如果願意回去，我們決不留難他們。在我們的眞誠感召下，他們是留戀的，臨行前唱着告别的歌曲，有時甚至是洒淚而别。

軍弟兄們，投到祖國
的領導下，他們又揭
祖國的人民解放戰爭

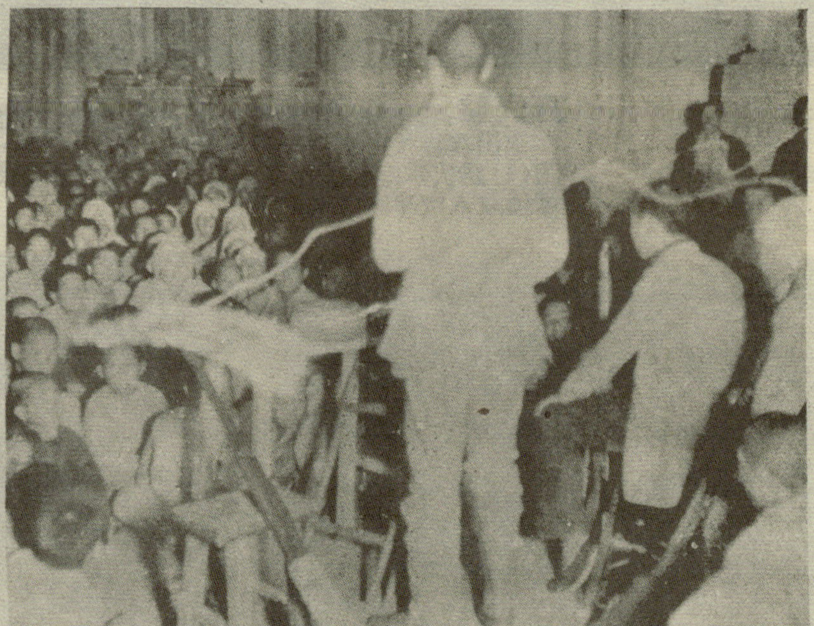

喚醒淪亡區同胞 我們的武裝工作隊，經常冒最大危險，到游擊區和敵佔區去做地下工作。在黑夜裡招集淪亡的同胞們開會，給他們講解抗戰形勢，講解解放區的情形，喚醒他們起來鬥爭，從黑夜走向天明。

出奇

打伏擊 我們的游擊隊善於打十面埋伏。在隘路上設伏，也在山峽處設
在麥田裏設伏，也在葦叢裏設伏，槍聲一響，短兵相接，讓敵人束手就
圖(1)爲伏擊定縣敵人車子隊。圖(2)冀中部隊在蠡縣林堡伏擊敵衣存中
奪獲敵人汽車時之情形。

g107-55

制

務

開門戰術 開門戰術是村落狙擊戰的方式之一。當敵人出發到農村裡打家劫舍的時候，我們的隊伍就埋伏在各家的門內，將門緊閉，持槍佇伺。敵人來到街巷中，敲門打戶了，我們就開門衝殺，給以迎頭痛擊，使敵寇狼奔豕突，棄屍鼠竄。

流螢

流螢

g107-57

出奇制勝

壓頂突

這一種
，表現了
原游擊
的沉着
勇。我們
紮村中，
人突襲
，佔領
（故名壓
我們的
員在屋
房上射
打出一
子槍和
彈後，
烟砲火
猛不可
衝出，
房上敵
危爲安
得勝利

化裝混襲

扮娶親，也扮出殯，扮赶集，也扮走戚，走到敵人的崗樓跟前，我們的游擊健兒，操槍突襲，攻其無備，打他一個措手不及。常常是這樣把砲樓拿了

坑道圍攻戰

這是一種地道與爆炸結合的攻堅戰術。巧妙的工兵把地道挖到敵人堡壘下，埋上炸藥，當堡壘在濃烟與轟響中爆炸時，我們的隊伍便一鼓衝鋒，攻克據點。

創造戰爭的奇蹟——(一)地雷戰

地雷戰是群衆性游擊戰爭中的傑出創造。我們的民兵游擊隊普遍的掌握這一武器，在邊區展開了極爲廣泛的爆炸運動。我們的地雷，在爆炸手的手裏都活起來了，從山地炸到平原，從腹地炸到邊沿，從防禦變爲進攻。在戰鬥中，凡是日寇所能走到的地方，都有地雷等候着他們，駐守的日寇被地雷封鎖着，不敢出來活動；進犯的日寇被地雷爆炸着，到處血肉橫飛，請看一首人民慣唱的地雷歌兒吧：『地雷好像個大西瓜，翻開地皮埋上它，澆上鬼子的血和肉，讓他開一朵大紅花。』圖：爆炸組出發去埋雷。

把地雷埋在山脚
河邊的小路上。

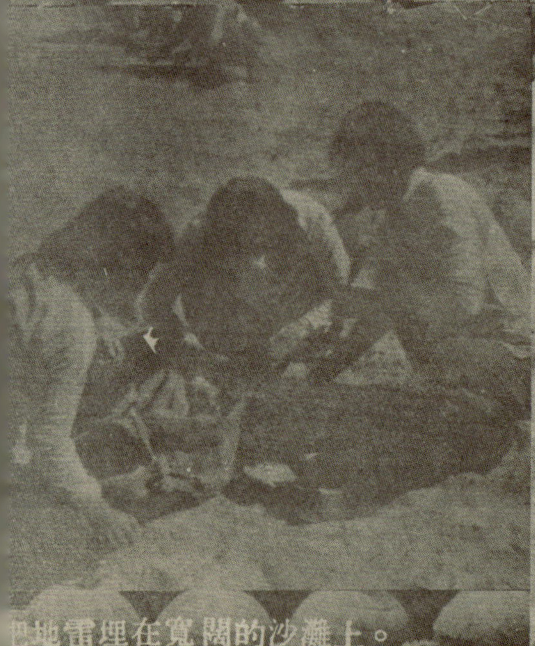

把地雷埋在寬闊的沙灘上。

公路上也埋上幾個。

鐵路上也埋了起來。

地雷爆炸，
人仰馬翻了！

ミカイ1779

創造戰爭的奇蹟——(二)地道戰

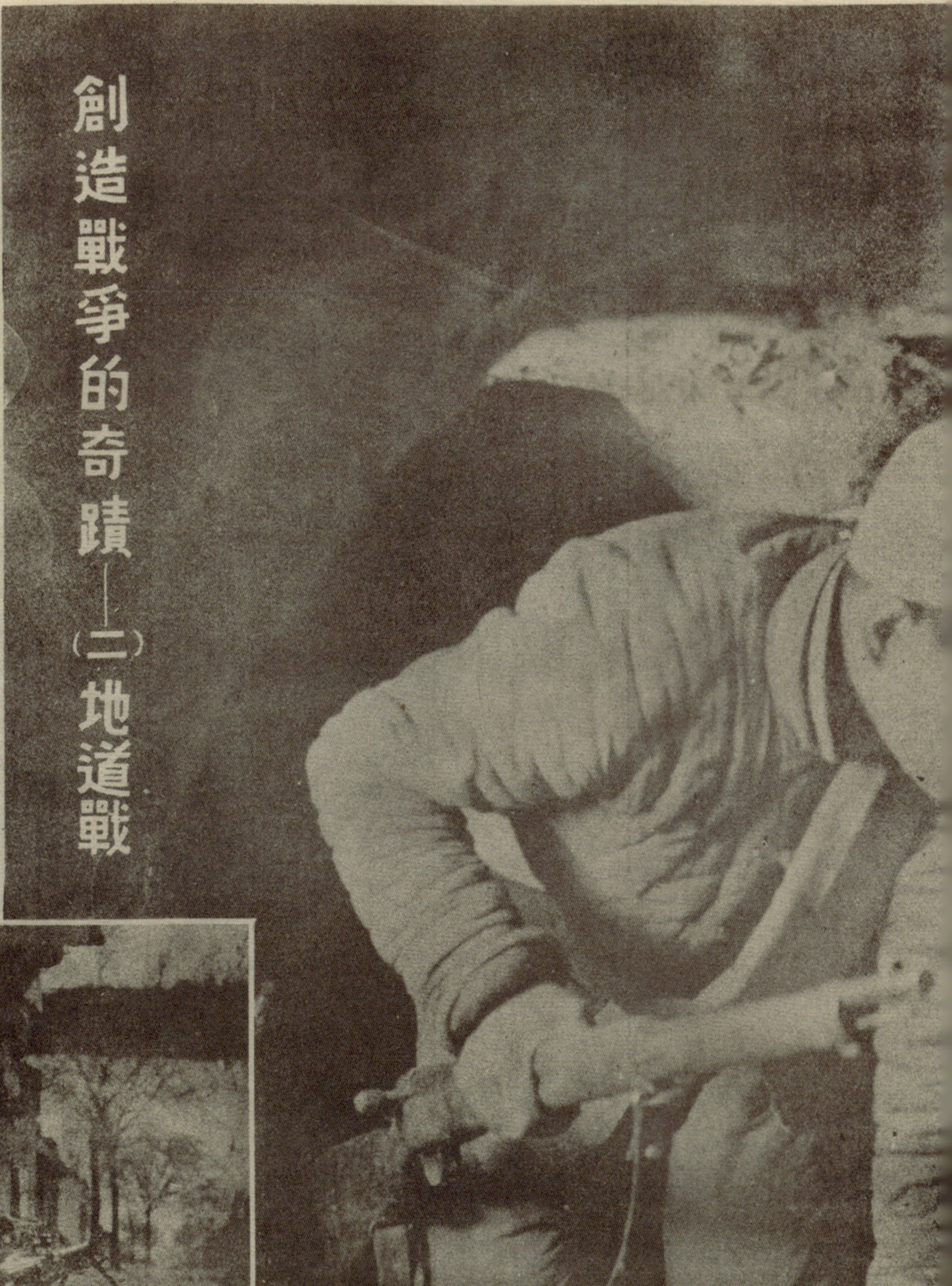

1

3

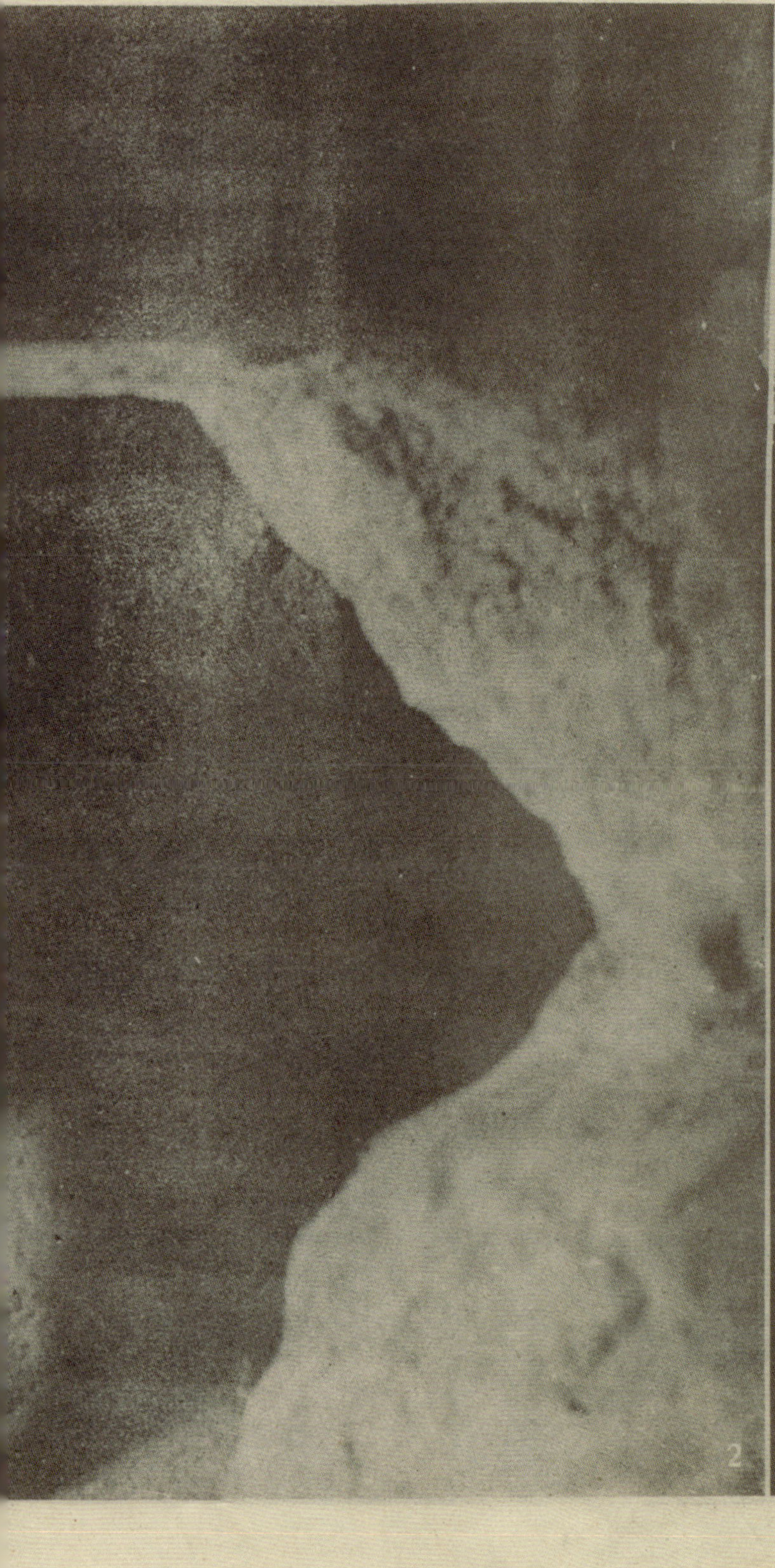

2

一九四二年『五一』大掃蕩之後，廣大的冀中平原一度變質了，敵人以優勢兵力控制了這塊平原游擊戰爭的根據地，於是我們的抗日鬥爭不得不由地面轉入地下，於是戰爭的奇蹟——『地道戰』便被創造出來 起初，所謂地道，只是一種臨時隱蔽的洞所，漸漸發展開來，洞與洞連接便成爲地道，更進一步，家與家連接，村與村連接，縱橫交錯，綿延數十里，儼然成爲地下的交通網和戰壕。我們賴以堅持工作，賴以堅持戰鬥，使平原游擊戰爭得以堅持、鞏固並發展起來。1敵人包圍村莊的時候，我們的武裝開始是據守村落工事，頑强抗擊。2如果是敵衆我寡，力量過於懸殊，就先掩護人民進入地道，最後戰鬥員也進入地道。

3守伺着封好的地道口，把地雷的火線拉在手裏，一旦敵人近前，就予以爆炸。

創造戰爭的奇蹟—(二) 地道戰

另一個地道口來，利用預先好的工事，出不意的打擊敵。

找有利時機，們又從地下轉房上，向敵人開攻勢，居高下，痛擊而殲之。

一九四四年，美觀察組來晉察，杜侖上尉曾與了冀中平原地道戰。此圖在地道中所攝。

人民的軍隊智勇雙全

毛澤東同志說：『沒有文化的軍隊是愚蠢的軍隊。』朱德總司令說：『沒有政治覺悟的勇敢是血氣之勇。』我們的隊伍注重文化政治的學習，在文化的基礎上提高政治的覺悟，個個鍛鍊得智勇雙全，其素質優越於任何舊式軍隊。

圖(1)上文化課。 圖(2)開討論會。

在砲火中

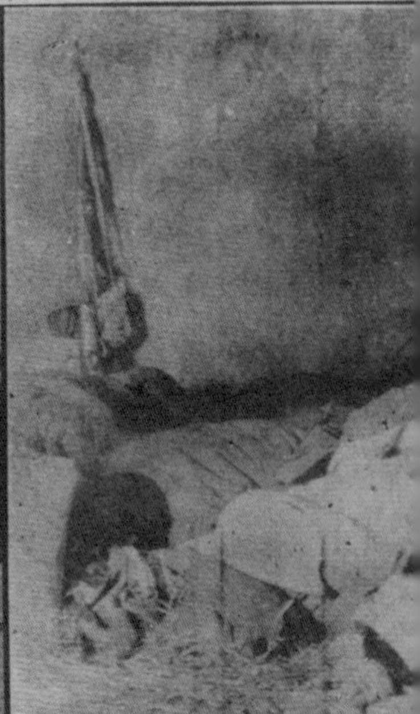

2

鍛鍊成鋼

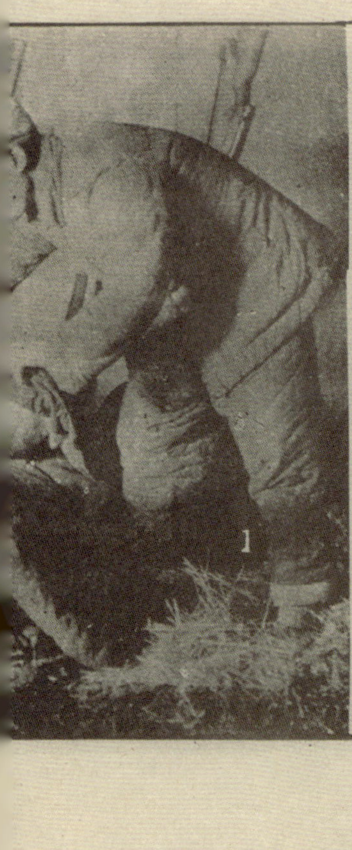

1

人民的軍隊團結似鐵

我們的軍隊是鋼鐵般團結的軍隊。在內部：官兵之間，上下級之間，軍事工作、政治工作與後勤工作之間；在外部：軍民之間，軍政之間，我友之間，都是親密團結，如兄如弟，如親如友，如一家人。圖（1）替睡熟的弟兄把被子蓋好。圖（2）帮助老鄉推碾磨麵。

人民的軍隊能戰鬪能生產

我們的軍隊大部份是武裝起來的工農，他們具有堅强的勞動觀點和熟練的生產技術。他們從人民中來，從愛民出發，爲人民福利而戰，在戰鬥之餘，動手生產，以減輕人民的負担，改善自己生活。

技 訓
術 練

幾年來
至發展成
，再加
的勝利

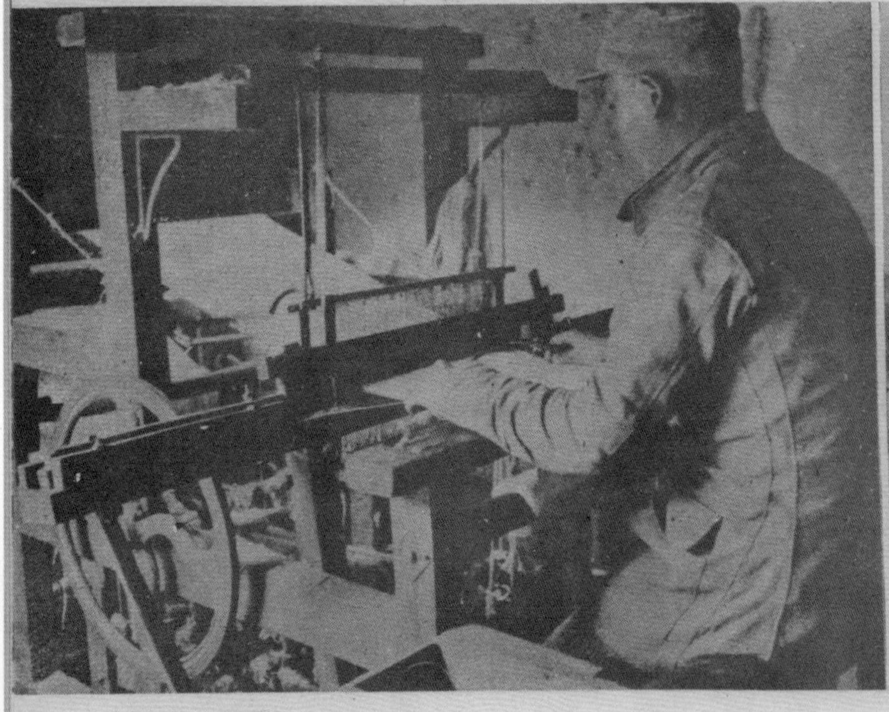

着大模規練兵運動。有的地區甚
兵了。因爲有了高度的政治覺悟
術，我們便能在戰爭中取得更大
已的損失。

圖（1）刺殺訓練。（2）投彈訓練。（3）砲兵訓練。（4）擲彈筒訓練。

切合實際的運動

我們的軍隊在課外活動中，自然也有球類，田徑等等的運動，然而還有更切合實際的運動，如跋山、泅水、騎馬、越牆等。爲了鍛鍊身體，也爲了戰鬥；增強了體力，也提高了技術。

我們的隊伍廣大强壯

你該記得，
我們成長壯大
造了武器；我
變得廣大而强
砲兵檢閱。（

伍原只是兩千兵馬，武器是非常的低劣。然而在戰鬥之中
我們奪取了敵人的武器武裝了我們自己；我們就地取材製
把奪獲的機械建立起我們的兵工廠。就這樣，我們的隊伍
不可戰勝的力量。圖（1）騎兵陣容。（2）步兵行進。（3）
擊隊進行。

湧現出人民戰爭的英雄

八年的人民戰爭，是一部驚天動地的偉大史詩。他包涵着多少轟轟烈烈的場面，多少可歌可泣的事蹟呵！而這些，都是戰爭的靈魂——人，英雄的人所創造，抒寫而成的。這些出色人物，是眞正的人民英雄。他們的業光芒萬丈，他們的功績永垂不朽

冀東人民抗日武裝大起義的英雄們

八路軍鄧宋支隊於一九三八年夏季，跨過了平綏路向冀東挺進，沿途克復了無數敵人的據點和縣城。這消息很快在冀東傳開，幾年來含垢忍辱，飲淚吞聲的人民，始而興奮，繼而像炸彈一樣的爆發了。在李運昌同志的領導下，久被奴役的冀東人民於七月間爆發了抗日的武裝大起義，組織起抗日聯軍。人民武裝，風起雲湧，號稱十萬。他們佔領了幾乎全部的縣城，東自昌黎、盧龍、灤縣，西至玉田、寶坻、薊縣，中心區在遷安、遵化、豐潤。在北面，起義的羣衆曾襲擊承德飛機場，放水冲毀了飛機八九架。唐山礦工餘人，也響應了冀東人民的起義，先後發動捕漢奸走狗，炸燬礦山油庫，成立了義勇軍隊。等到八路軍鄧宋支隊到達遷安薊縣一帶和起義武裝取得聯系，帮助他們整理部隊，行動，開始創造下冀熱遼解放區。這一轟轟的冀東人民抗日武裝大起義，所包括地區達一縣，聲威浩大，使敵人破胆。圖爲曾經參東人民抗日武裝大起義的英雄們。

狼牙山跳崖的壯士

狼牙山在淶源縣境，一九四一年九月廿五日，敵高見部隊用兩千兵力包圍狼牙山，企圖打擊我們的主力兵團，能征慣戰的一團的一部份。當敵人進山的時候，我們這支小小的主力先只留下兩個班掩護便轉向外綫，準備從敵人背後進行反擊。之後這担任掩護的兩個班又奉命撤走一部份，只丢下五個戰士了。瞎了眼睛的敵人以爲他們五個就是主力的所在，便緊緊地追踪着他們，五個勇敢的戰士，邊打邊退，一路上用槍彈、炸彈、手榴彈殺傷了四十多個鬼子，一直轉到狼牙山的高峯棋盤陀。這裡都是四面懸崖無路可通的絕地。我們的五勇士在破釜沉舟的頑强抵抗中，打退了敵人的三次衝鋒，又擊斃了五十多個鬼子。最後，子彈打完了，他們却知道：光榮的八路軍不能做敵人的俘虜，他們抱定了寧死不屈的決心，只有最後的一條路：跳崖殉國。敵人的第四次衝鋒又上來了，這時，他們投擲了最後的一顆手榴彈，緊跟着就把武器全都摔碎，視死如歸，毅然決然地一齊跳下陡立的懸崖。三個落到谷底，爲國捐軀了；兩個被崖壁的樹枝掛住，帶傷脫險。這是光榮的勇士，不向敵人屈服的氣節英雄！三位烈士的名字是：馬保林、胡德林、胡福材。兩位壯士的名字是：宋學義（左）葛振林（右）

子弟兵戰鬭英雄鄧世軍

鄧世軍是一位英勇機智的指揮員，他十五歲的時候就參加了中國工農紅軍第四方面軍當勤務員。在紅軍中，他還當過看護，學過號兵，參加過少年先鋒隊，也當過通訊員。在名震世界的兩萬五千里長征中，他參加過歷次著名的戰鬥、抗戰初期，他參加過光輝萬丈的平型關戰鬥。來到晋察冀以後，在鐵的子弟兵團中担任連長，身經百戰，屢建大功。一九四〇年百團大戰時，參加了娘子關漢河灘的血戰，在下着大雨的夜晚，他帶領一連的五六十名精壯渡過冶河，襲擊漢河灘車站的敵人。激戰了一夜又一天，殺傷敵人一二百名，在四面包圍中，他雖然腿部受了重傷，最後，却還是搶渡暴漲的冶河，勝利地回到自己的陣地。又在一九四三年反『掃蕩』中，有一次遭受了敵人的合擊，鄧世軍同志果敢沉着，指揮作戰，自己奮不顧身，站在陣地的最前沿，連續投擲了四十多顆手榴彈，使敵人受到嚴重的打擊。在晋察冀邊區第一屆羣英大會上，他被奬爲部隊的第一等戰鬥英雄，獲得邊區黨政軍民所贈的『子弟兵戰鬥英雄』的光榮稱號。

民兵爆炸英雄李勇

李勇是一個出色的民兵中隊長。阜平五丈灣人，他是一個貧農的兒子，一九四一年秋季大『掃蕩』的時候，他爹被日本鬼子刺死了，從此他把仇恨記在骨頭上，下定了復仇的決心。那年冬天他就被選舉爲民兵中隊長，他打得好槍，是全區的第一個射手。在晉察冀展開爆炸運動的時候，他所帶領的民兵也組織了爆炸組，李勇是一個天才的爆炸手，他善於掌握敵人活動的規律，機智、巧妙而且靈活。一九四二年五月反『掃蕩』中，他用地雷與步槍結合的戰術，炸死了八個鬼子，炸傷了二十五個，用槍打死了一個日本小隊長，打傷了兩個日本兵，創造了驚人的戰績。晉察冀軍區首長通令嘉獎他，人民武裝部獎給他們兩支快槍，當時並確定他爲晉察冀北岳區的爆炸英雄。一九四三年持續三個月的極端劇烈殘酷的反掃蕩中，李勇又和他的游擊小組、爆炸小組，用地雷戰和麻雀戰密切結合的戰術，主動的打擊日寇，三個月中，斃傷敵僞三百六十四名，炸毁汽車五輛，成爲羣衆游擊戰的傑出能手。在晉察冀邊區第一屆羣英大會上，榮獲晉察冀邊區爆炸英雄的稱號。

手槍隊長魏占英

魏占英是一位地方武裝的英雄。原
來的望都手槍隊後改爲雲彪支隊第
隊，魏占英就是這一隊的隊長。他
七歲就當了八路軍，十八歲就加入
中國共產黨。魏占英有勇有謀，他
年幼的時候，曾化裝過要飯的孩子
殺死了鬼子砲樓的哨兵，得了一支
八槍。他還化裝過日本鬼子，和他
支隊長巧襲了北合砲樓，把十一個
軍全部俘獲。有一次，大白天在清
店把定縣城日本憲兵隊的情報主任
活的攔腰抱出來，槍斃了。魏占英
領的手槍隊，一年來(一九四四)摧
了望(都)定(縣)平原上的東市邑，
圪兩個據點，雲彪山邊的郭村，高
兩個砲樓，打退與迫退了留早、清
店、胡房、綠合營、來各莊、月南
等七個據點砲樓。四次襲擊淸風店
三次襲擊胡房村，連同大大小小的
十多次戰鬥，共繳獲步槍一一七支
短槍七支，俘虜僞軍一一七名。一
來他們從敵人手裡奪來的槍支，再
上自動火器，足够裝備兩個連。

武裝工作隊長王樹平

武裝工作隊是一種別動的組織，除了戰鬥之外，主要的任務却是深入游擊區和敵佔區，向呻吟在敵僞魚肉之下的廣大同胞進行宣傳和組織工作。王樹平是一個青年，智勇雙全，善於以少勝多，巧襲砲樓，玩弄敵人。化裝特務像特務，化裝老鄉像老鄉 會裝貓叫狗咬，會裝鷄打鳴，會用巴掌吹號。善於組織羣衆，宣傳羣衆。他說過：『我們的仗不光槍打，還用嘴巴子打。』在保衛棉花的時候 他和五個戰士被三百多敵人三面包圍在定興城邊的五里寨，一直打到黃昏，子彈快打完了，他突然站到房頂，用手巴掌吹起衝鋒號，高聲喊着：『一中隊向南衝，二中隊向西衝！』在烟霧中敵辨不清那裡來的人馬，在僞軍們猶豫的一刹那，王樹平就帶着戰士們突圍出來了。有一次他和大隊長趙光明，一個化裝特務，一個化裝日本軍官，混進僞軍的堡壘，結果俘獲八個僞軍八支步槍，火燒了大砲樓。一位老太太被土匪綁去了，沒有很多的錢贖不出來，王樹平帶一顆手榴彈就跑到匪窠裡把老太太救出來。老百姓對他的英勇仗義的行爲都非常感激。

1944

擴大攻勢，擴大解放區！

一九四四年爲了配合正面戰場作戰，在『敵進我進』的作戰方針指導下，晋察冀和敵後其他各解放區一樣，戰役攻勢猛烈而持續的展開，並取得了輝煌的勝利。一月攻入盧龍，二月攻入寧城、昌黎，三月攻入趙縣、晋縣，四月攻入博野，五月攻入任邱、安新，六月攻入定襄、淶源、河間，獲鹿 靈邱、徐水，七月攻入大城、易縣、蔚縣，八月攻入雄縣、滄縣，九月攻入深澤、饒陽，十月攻入獻縣、平谷、唐山、並再度攻入石家庄、保定、高陽、肅寧、武强等城；拔除敵人據點一千五百餘個，恢復村莊五千餘。由於這一勝利，冀中平原地區恢復了百團大戰以前的局面；在北岳區將敵第一線碉堡摧毁，並將敵人向後擠退一步；在冀熱遼則將游擊戰爭的烽火燃燒到僞滿境内。

一九四五年，勇敢的晋察冀軍民，響應中國人民領袖毛主席所提出的擴大解放區的號召，經春到夏，續展攻勢，攻城奪堡，鋭不可擋。鐵路線以外敵碉堡與城市大量被我攻克，計有冀中區的任邱、河間、肅寧、饒陽、安平、武强、文安、新鎮、新安、深澤、獻縣，大城；冀南的棗强、故城；冀晋的靈邱、山陰 冀察的淶源、崇禮等縣城十餘座，攻克與逼退敵僞大小點碉五百餘座，由雁北、察南、到平北、冀東、從冀中平原到津南海濱，在許多大塊地區中都驅逐與肅清了敵人，打通了許多地區之間的聯系，把敵人從東西南北各方面擠到鐵路沿線和城市中去。新解放地區的面積約計三十萬平方華里。

1944

四月七日攻克任邱。

五月二日克復後城。

五月六日收復妙峯山。

五月二十九日攻克

1945

六月十日攻克武强。

九月二十九日第三次克復肅寧

。

八月挺向渤海之濱。

1945

四月三十日解放任邱。

五月十三日解放涞源。

五月三十日解放文安城。

五月二十九日攻克懷安。

七月四日火攻大城司令部。

五月十七日解放新鎮。

1945

展開總反攻，

走向勝利

繼蘇聯對日宣戰之後，朱德總司令卽發出總反攻的命令。在延安的清凉山頂，吹起進軍的號，雄壯激越的號聲鼓動着解放軍民的戰鬥的意志和復仇的心。

晋察冀的雄師勇敢前進！

勇敢勇敢再勇敢，走向胜利

突進張家口車

攻打平山

勇敢的消滅敵人！

夜打渾源城。

逼向新保安。

解放張家口

解放山海關

解放國土

解放蔚縣

解放陽高

解

解放人民

解放赤城

解放興和

人民戰爭勝利萬歲！

攝影者（以姓氏筆畫多少爲序）

于　舒	石少華	江　波	沙　飛	李　疇
李昭輝	李鴻年	申　曙	李　棫	沈　力
吳　群	周郁文	孟慶彪	孟振江	胡　冰
袁克忠	袁　苓	流　螢	高　明（遺作）	
梨明雙	張進學	賈　健	齊觀山	葉曼之
葉昌林	雷　燁（遺作）		楊國治	董玉福
趙　烈（遺作）		劉　峰	劉沛江	劉士珍
蔡尚雄	黎　呐	羅光達	魏宗耀	

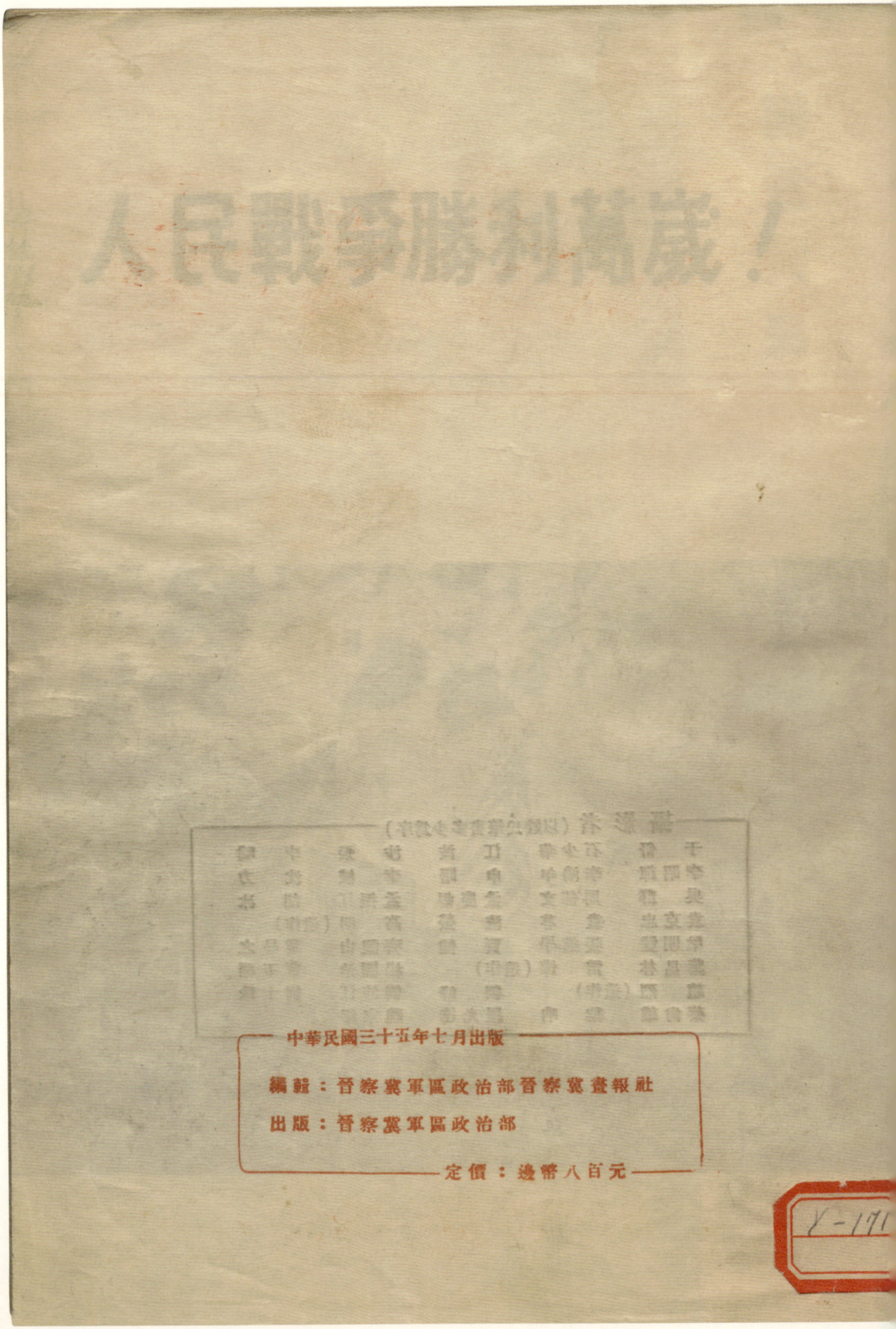

中華民國三十五年七月出版

編輯：晉察冀軍區政治部晉察冀畫報社

出版：晉察冀軍區政治部

定價：邊幣八百元

图片比例按 100% 呈现

《晋察冀画刊》

The Jin-Cha-Ji Illustrated

這是一羣

『美化』的蔣軍俘虜

這是一群美式裝備的蔣軍俘虜。我們的軍隊和老百姓都管他們叫『猴子兵』。這些美化蔣軍士兵在被我軍解放後，很快就覺悟過來，參加人民軍隊，反對蔣賊的內戰，為人民立功。就這一事實可以看出蔣介石反人民集團的空前孤立，和必敗的前途。

（一）『美化』蔣軍俘虜群之一（穀芬）

（二）『美化』蔣軍俘虜群之二（穀芬）

（三）『美化』蔣軍俘虜群之三（穀芬）

（四）『美化』蔣軍俘虜群之四（曹智才）

編輯者：晉察冀軍區政治部 晉察冀畫報社

出版者：晉察冀軍區政治部

晋察冀画刊

第一號

一九四六，一二，三〇，

造的武器
上的禮物

請看我軍繳獲的各種美式裝備

俗語說得好：『酸棗好吃，猪八戒就倒牙。』同樣的，美國武器不壞氣不振的蔣軍使換起來就抵不了多。因為蔣介石的軍隊是被強迫着來解放區，來屠殺人民的，其中大部抓來被綑來的，他們當然不願意替賊獨裁魔王蔣介石當內戰砲灰，來的送死。所以蔣介石雖然靠着他的爸爸把他的軍隊都裝備起來，也還看不中用。只要我們人民解放軍能心計劃，英勇戰鬥，他們是一定要敗，一定要被殲滅的。請看我軍在戰爭中所繳獲的各種美式裝備——給我們送來的禮物。

↑ 美造重迫擊砲（高粮）

← 美造戰防砲（劉　峯）

美造火箭砲（崔國良）↓

↑美造平射砲（高　粮）

美造60小砲（高　粮）↘

↑

美造重機槍（高　粮）

美造輕機槍（高　粮）

↓

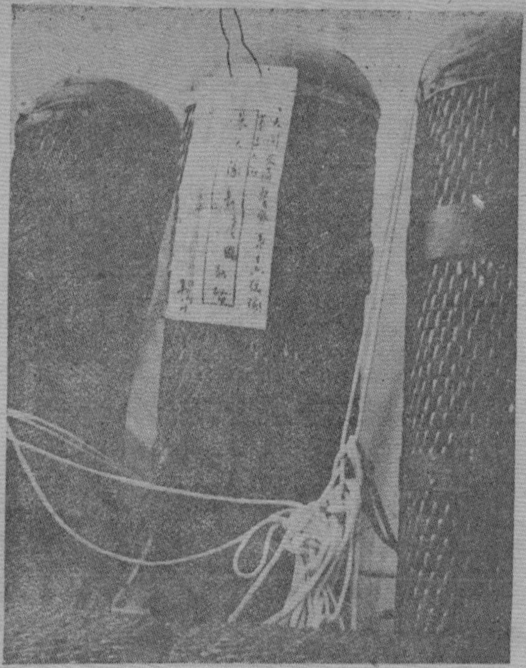

↑
美造降落傘和柳條包　（宋貝珩）
↖ 美造手提輕機槍　（宋貝珩）
← 美造反坦克槍
↙ 美造翻山測量鏡　（曹智才）
美造帳篷　（林揚）
↓

兩個地區，兩種景象

這是大同附近的沙嶺村，閻軍把老百姓的房子都拆了，修成工事。老百姓都逃走了，村裡是一片瓦礫，滿目荒涼，像一個死去了的村子，連一點生機都沒有。（蔡尚雄）

這是冀中河間市，在人民的管理與建設，氣象煥然一新。工商各業欣欣向榮，文化事業蓬蓬勃勃，街市繁盛，充滿新生的氣象。（李械）

兩種軍隊，兩種行爲

美造蔣機三架於十月二十三日轟炸淶源城，投彈二十多枚，炸毀和平居民與商民的房屋數處，死傷無辜百姓二十餘人，蔣軍對解放區人民所施行的就是這樣的屠殺。（谷芬）

大同自衛戰役中，我軍的醫務人員給被俘的蔣閻軍傷員換藥。人民的軍隊是多麽寬大的胸懷，以德報怨的軍隊啊！（郝建國）

在高碑店，蔣偽軍把老百姓的粮食、麵粉、食鹽裝起來修工事。我軍解放高碑店後，老百姓才去收拾起他們生命所繫的東西。（李瑞峯）

我軍解放定興城以後，把繳獲蔣偽軍的小麥分給城裡貧苦的人民。蔣災籠罩下的饑荒的人民，得到粮食，眞像乾枯的田苗得了一塲好雨一樣。（李瑞峯）

編輯者：晉察冀軍區政治部 晉察冀畫報社　出版者：晉察冀軍區政治部

晉察冀畫刊

第二號
一九四七，一，一五，

神砲十三連

立功在前綫

神砲十三連，立功在前線： 大
府，七里村，一砲打死二十四個蔣
軍。 兩發砲，打碉堡，四挺機槍
來了。 十四發砲彈打大同，南關
堡壘、門樓、圍牆一掃空。十二發
彈連發連中南大廟，吓得敵人亂造
，說八路軍有日本砲手，他們不相
八路軍炮手有這般好。 平漢線，
碑店，接連摧毀車站北邊的堡壘一
片。砲離目標九百呎，砲打七發五
堡壘完了蛋。 砲轟水塔司令部，
骨水泥太堅固。神砲手，好智謀，
發砲彈打窗戶，砲彈開了花，窗戶
裡噴黑霧。 攻車站，砲兩發，敵
的電缸粉碎啦！電燈全滅了，對面
見牙；電網不頂事，步兵突破它。
喊冲，他喊殺，打它個流水又落花
 臥虎山，門墩山，砲打堡壘正前
，彈像老鷹飛千尺，將軍立脚不穩
頭竄。步兵冲上去，佔領了兩座山
 盼全軍、戰鬥員，學習神砲十三
，射擊技術練得好，殲滅蔣軍不困
。

1，神砲十三連開向大同前線時的情形。（石少華）

2，神砲十三連把大同北關閻軍司令部打得破破爛爛。（石少華）

3，神砲十三連在平漢戰役時作戰的情形。（孟慶彪）

奮勇殺敵立大功 橋頭戰鬥出英雄

··劉峯··

十一月三日，我軍反擊進攻易縣的蔣軍，在橋頭戰鬥中，殲滅蔣一〇一師四個營，繳獲山砲兩門，戰防砲一門，活捉敵人八百多。這裡所發表的是參加這次戰鬥的幾個好樣兒的英雄。

十團五連二排在橋頭戰鬥中，他們一個排和一百多敵人搏鬥，全排戰士，勇猛奮戰，冲殺了好幾次，把敵人大部份都殲滅了，繳獲戰防砲一門，六〇小砲一門，美造手提冲鋒槍六挺，美造步槍十九枝，還有不少別的勝利品。

剛從火線上下來的勇猛奮戰的第二排。

第二排繳獲的戰防砲。

革命友愛好溫暖 牽羊送款看傷員

··黎民··

兩個月以前，教導旅組織了慰問團，到×縣野戰醫院去慰勞他們的傷病員同志。帶撫卹金二百萬元，帶的慰勞品很多：衣服、鞋襪、手巾、牙刷、牙粉、肥皂、罐頭紙烟、餅乾等東西，裝了滿滿的兩大車，外加兩駄子，還赶着一小隊六十多隻綿羊。

慰問團到了醫院，旅政治部的代表和各營連的代表分別去慰問自己的同志，把慰問信念給大家聽。傷病員同志們一個個都感到革命隊伍的溫暖，忘記了身上的創傷痛苦，眉開眼笑的向代表們問長問短。他們都願意赶緊把傷病療養好，出院回隊，和革命的同志們一塊作戰，殲滅敵人。等到慰問團要動身回去的時候，他們這個捎封信，那個捎句話，眞是又熱鬧又熱情，人雖不在一塊，心却是團結得緊緊的。

慰問團赶着大車、駄子和綿羊到野戰醫院去。

↙ 九連機槍一班，在戰鬥最激烈的時候，機槍壞了，於是他們全班就和敵人展開了手榴彈戰。戰鬥結束了，他們也得到一個小小的勝利：從敵人手裡繳獲了一挺美造輕機槍。

八連戰士劉壽河，在猛烈的冲殺中，他和主力失掉了連絡。可是他既大胆，又堅决，一個人繳了四條步槍，到第二天才回到自己連裡來。↙

宋小柱是十連的新戰士↘這次戰鬥中一個人拿了手榴彈，冲人的的隊，只一個彈，獲了美造。

二團八連連長張丙山同志，接到全連同志們寫來的慰問信，他感動極了，他說：『看到他們的信我又高興又難過，真捨不得離開他們，我恨不得一下就看到他們。』他拿起水筆給連裡的同志們寫回信。他寫道：『同志們，接到你們的信，我非常高興，你們的信解除了我的痛苦。你們安心工作吧，我很快就出院『回連，和大家一塊共同生活，共同消滅敵人……』↓

慰問團把撫卹金和慰勞品發給傷病員同志們。

編輯室

1947，1，30

一、本刊從這一號（第二號）開始，增加篇幅爲八頁。每月逢十五、三十兩日出版。

二、本刊從這一號開始，闢出『戰場人物介紹』專頁刊登我軍在自衛戰爭中湧現出來的出色英雄和他們的故事。

三、本刊是連隊畫刊，希望各連隊普遍組織傳看，並且希望隨時提出意見，供本刊改進參攷。

四、希各縱隊各軍區的攝影工作同志與通訊工作同志，多寄照片和短小精悍的文字稿，來充實本刊。

戰場人物介紹

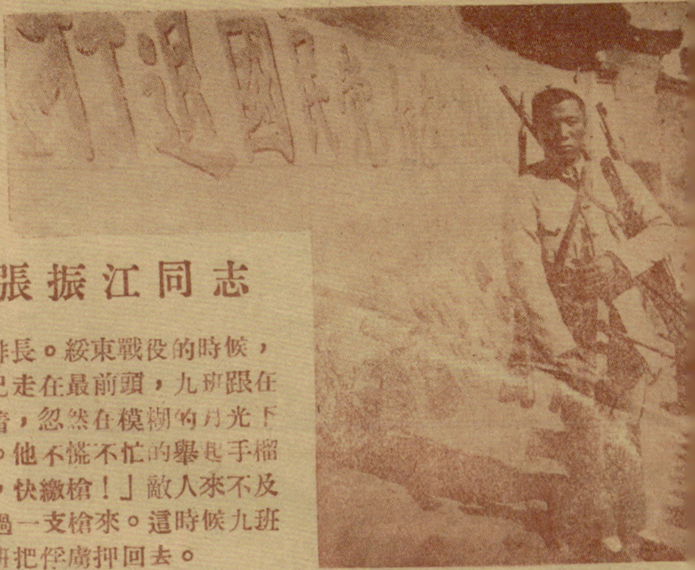

1，一夜三打遭遇仗 捉了俘虜又繳槍

三排長張振江同志

張振江同志是教導旅一團二營四連的三排長。綏東戰役的時候，有一天夜裏去執行任務，他帶着一排人，自己走在最前頭，九班跟在他後邊。他們是沿着一道槽前進的，走着走着，忽然在模糊的月光下閃出三個人影來。三排長估量着一準是敵人。他不慌不忙的舉起手榴彈，向着走近來的敵人大喊一聲：「不要動，快繳槍！」敵人來不及躲閃，三排長兩個箭步就跑到敵人跟前，奪過一支槍來。這時候九班也跟上來，就把三個傳軍都活捉了。他派九班把俘虜押回去。

三排長帶着十班繼續搜索前進，這時又從山根底下轉過幾個敵人。敵人首先發覺了他們，馬上散開。那知三排長來得更快，趁敵人還未找好隱蔽地形的當兒，一顆手榴彈就猛扔過去。手榴彈剛一爆炸，就連蹦帶跳的赶到敵人跟前。班長任福也跟上來。敵人亂了手脚，無法招架，便都做了俘虜。三排長親繳了一挺機槍，三支步槍，捉住三個俘虜。

戰士們坐下來休息，三排長離隊伍大約有十來步光景。剛剛坐下，就聽見『西西沙沙』的沙子響。頭一看，八九個敵人已經離他不遠。他這時急中生智，猛可的一跑，就從敵人的夾當裏鑽過去。順手抓敵人的一支步槍，一扣頂門子兒，砰的一聲，側對面有一個傢伙就倒下了。緊跟着三排長就端着槍逼向人，狠狠的嚷道：『不准動，誰動就叫誰不得好死，快繳槍！』這時十班同志一擁圍上來。這意外的打，使敵人朦頭轉向，哆嗦着連話也說不出來，一一把槍繳了。

三次小小的遭遇戰，他們一共活捉了二十一名傳軍，繳輕機槍三挺，步槍十支。有一快板唱道：

三排長，張振江，胆子大，智謀强，被包圍，不發慌；機動靈活好榜樣。一夜三打遭遇仗，捉了俘又繳槍。

（黎民）

2，仇恨入心生了根 勇敢作戰眞驚人

棄暗投明的常有福同志

常有福是放下武器的蔣兵。原來他到湯陰縣去找表兄，被蔣軍抓住當了兵，强逼着來打內戰。他放下武器之後，才知道八路軍是人民解放軍，他就决心棄暗投明，參加了八路軍。

他參加八路軍快一年了，現在他更認識了蔣介石是人民的公敵。他恨透了蔣介石，他想報仇雪恥，在懷來戰役中，他表現出驚人的勇敢。

在反擊懷來東邊台莊蔣軍一〇七師師部的時候，常有福是戰鬥組長。他正在挖墻掏洞，敵人朝他打了一槍，沒打中；便大聲問他：『那一個？』常有福沒言語，眞快！他一把就抓住了敵人的槍，一使勁，連人帶槍一齊就都過來了。他和三個戰士堅守一間房子，他連打十幾盤子，戰鬥結果，他們四個人俘虜了十個人。我們的後續部隊沒冲上來，敵人發瘋的打開了。我們要撤出戰鬥，班派常有福當聯絡哨，去撤哨兵，他剛院子裡就被敵三面包圍起來。他很機的拾起了一頂蔣軍的鋼盔戴上。敵人來問他是幾連的？他沉着的回答道：三連的』敵人又問：「手裡拿的什麼』他說：『手榴彈。』敵人向他要，機警的跟敵人說：『你去地下拾呀，邊還有。』敵人以爲他是自己人，沒追問。常有福抽空子就轉回部隊來了

快板道：

常有福，眞勇敢，懷來前綫把威顯。連人帶槍捉俘虜，堅守陣地穩紮打像座山。被包圍，有機智，戴上鋼充兄弟。完成任務、勝利歸來、大大獎勵。

（高粮）

慘痛的南橋頭

十一月十四日早晨，淶水將軍九十四軍和五十三軍，集結主力向易縣進攻。全部美械裝備的第五師用九十門大小砲向南橋頭及台頭村一帶，瘋狂轟射，想毀滅這些村莊。打了二千多發砲彈，把村子都打得牆倒屋塌。村裏的老百姓一部份在八路軍的掩護下撤走了，一部份受了國特的欺騙，對將軍抱了幻想，沒有離村。那知道將軍進村之後，却比從前的土匪偽軍趙玉崑，野蠻强盜日本軍還要兇惡十倍，全村的雞、猪、狗都給殺光填了飽們的臭皮囊了，全村的大小樹木都給砍光修築工事了

被服粮食牲口都給搶光了，門板箱櫃給搬光了，柴火都給燒光了，傢俱都拿光了。老鄉們都說這是將軍的『六政策』，比日本鬼子的『三光政策』加一倍。還有更無恥更野蠻的行爲，他們把全村沒有跑走的婦女都在光天日之下，當着她們的父親、丈夫的面給强姦輪姦了；青壯年們有的被打死有的被拉去當了兵，這裏所發表的照，就是這批失去人性的將軍暴行的遺。我們應該從這裏得出慘痛的教訓，能再對美蔣抱任何幻想了，他們是下决心要消滅解放區和解放區人民的，們只有堅决自衛，堅决替受害的和死的同胞報仇雪恥，軍民團結，齊心合，奔赴戰爭，殲滅敵人，爭取全面反的早日到來。

將軍把老百姓的箱子傢俱全搬來構工事。↓

↑ 將軍住在橋頭村只六天，砍伐樹木二千八百顆來當鹿柴。並且還把樹幹樹枝將村子圍得密密叢叢，不讓老百姓外出，這樣好方便他們進行抓捕壯丁和强姦婦女的無恥勾當。

：石少華攝：

↑ 將軍所到之處，雞犬不留。這是一隻被他們屠殺的狗的屍首。

慘痛的南橋頭

↑ 蔣軍在劉家溝（橋頭的鄰村）把劉永春用刺刀戳死，又把他的閨女强姦了！這照片是劉永春的可憐的女兒，她懷裏抱的是她父親的血衣。

↑ 這是樊家台村被蔣軍燒燬的糧食，教老百[illegible]吃什麼呢？

↑ 樊家台張耀庭家被蔣軍搶刼一空，這是刼後的零落景象。

← 老百姓的房屋都被蔣軍用美造火砲打毀了，嚴冬的風雪來了，教老百姓何安身呢!?

台頭村張老開的房子和樹都被蔣軍破壞乾凈了，他的頭也被打破了。

蔣軍經我軍屢次反擊，在十一月十九日又狼狽的退向淶水城去了。這張照片是蔣軍第五師在退却的時候，手忙脚亂，來不及把一輛裝滿死屍的汽車開走，便弄來很多柴火，把死屍連汽車點着就滾蛋了，這就是這輛汽車的殘骸。

蔣軍被我軍打退後，南橋頭帶的老百姓經過這一次慘痛的教訓，都明白了。知道受了蔣的騙，知道對蔣軍抱幻想是錯誤的。現在他們自動的起來，懷着深仇大恨，把蔣軍留在村一切遺跡都洗刷乾凈。今後他還要積極參加自衛戰爭，把蒙蔣軍的恥辱也洗刷乾凈。

戰場人物介紹

二連六班戰士王恩國，熱河人，才參加部隊不久，大家都叫他『熱河新兵』。在進行戰鬥動員以後，他記得首長說過：『刺刀要磨得亮亮的』。於是他就找了一個大磨石，磨亮了他的刺刀。他沒打過仗，就問班長怎麽個打法。班長說：『你緊跟着我，聽我的話就行了』。刺刀磨好了以後，他跟班長說：『我非拚他五個六個的不行』。隨後他又跟大家練習投彈，讓常有福教他怎樣投。

台莊戰鬥打響了，班長帶着他往村裏冲，他在後邊就緊跟着班長跑。班長怎麽着，他就怎麽着。在村邊上班長打手榴彈，他也打了幾個。他跳進一所院子，班長叫他挖墻洞接近敵人。正在挖的時候，一個敵人挺着刺刀過來問他是『那個』，王恩國一下子就奪過來他的槍。

戰鬥回來，王恩國指着新捉克式，把中指上套着的七根手榴彈絃交給指導員。指導員問他怕不怕，他說『一點也不怕。只要聽上級的話，緊跟着班長，人家怎麽着，你就怎麽着，保準打勝仗。』

關於王恩國也有快板唱道：

新戰士，王恩國，參加部隊半月多，首長的話，緊記着，刺刀磨得亮如雪，刺殺投彈用心學。台莊戰，眞勇敢，跟着班長冲上前，打了七顆手榴彈，繳了支捷克式大槍扛在肩。他說是：『上級的話，要牢記；跟着班長別孤疑；新戰士打仗一樣能勝利。』

焦志清，孫連崗 投彈手，好榜樣

平漢戰役我軍進攻清河車站的時候，在車站南方有一個大砲樓。如果不把這個砲樓拿下來，我們的機動能力可能受到限制。這個砲樓裡的敵人是一部份還鄉隊，頑強的很。當時，八旅二十二團一營一連的任務是平毀這個砲樓。一連一班接受的任務是接近敵人，控制敵人，掩護爆炸組的前進。這班裏有兩個挺棒的小夥子，一個叫焦志清，一個叫孫連崗。他們這一班接受任務以後，一直就冲過了敵人的封鎖火力，直衝到敵人砲樓下的封鎖溝中，距離敵人只有六米遠近。這時正是半夜，敵人驚慌地往下打手榴彈；迫擊砲，機關槍也無情地向他們射擊。但是他們却始終不後退一步，機動的利用地形掩蔽着自己，一個勁的向砲樓裡扔手榴彈，焦志清和孫連崗兩人在最前面，全班弟兄都變成了他倆的運輸隊，盡量的給他們運送手榴彈。手榴彈一接到手裏就即刻扔到砲樓去。在他們這樣掩護下，突擊組和爆炸組都過去 拂曉，敵人這個頑強的堡壘，就被我們平毀了。他們從半夜到 離敵人始終是六米左右。（是否浪費彈藥，值得考慮，不登

戰鬥結束後，部隊首長爲了表揚他們的功績，贈給他們『……廉 』的稱號。

焦志清同志

孫連崗同志

編輯者：晋察冀軍區政治部 晋察冀畫報社
出版者：晋察冀軍區政治部

晋察冀画刊 第三號 1947.3.15

今年一月一日，晋冀魯豫軍區公佈了一九四六年全區愛國自衛戰爭的作戰公報，總計大小戰鬥三千九百五十次，戰役二十七次，殲滅蔣介石正規軍十八個旅，斃傷俘蔣軍共十六萬人。創造了人民解放區愛國自衛戰爭的光輝戰績。

在天才的戰略家劉伯承將軍指揮下，冀魯豫大平原上的人民常勝軍，先後在隴海、大陵湖、龍堌集、鄄城和濮（陽）滑（縣）打了五次大的殲滅戰，殲滅了進犯蔣軍十個半旅共七萬人，俘擄了趙錫田、劉廣信、楊顯明等將級軍官十餘名。使進犯的蔣軍聞風喪胆；使解放區人民鼓掌祝捷。

這裏發表的照片，就是這幾次大殲滅戰的真實紀錄。我們應該接受兄弟部隊光輝勝利的經驗，學習他們善於運動戰的巨大成功。今後我們要更多的殲滅蔣軍，更大的爲人民建立功勞。

鄄南戰役中繳獲的八門榴彈炮　　（高帆）

鄄南戰役從十月二十九日打到三十一日，蔣介石進犯軍的一個半旅全部都被殲滅了。活捉了蔣軍旅長（原來是師長）劉廣信，繳獲山砲七門，榴彈砲八門，汽車二輛。

→鄄南戰役中被俘蔣軍之一部（裴楨）。

↗鄄南戰役中被俘的蔣軍一一九旅旅長劉廣信（熊西夫）。

在這張照片上，左面戴眼鏡的是劉伯承將軍；中間一個是楊顯明，他的後面是李克源；右邊一個是晋冀魯豫軍區參謀長李達同志。

楊顯明和副旅長李克源。

濮滑戰役中繳獲的戰防砲。（高帆）

龍鳳之戰

龍鳳之戰指的是去年九月二十九日鉅野龍堌集的保衛戰和十月五日張鳳集的反擊戰。

在龍堌集戰鬥中，血戰四晝夜，斃傷蔣軍三千餘人，我軍傷亡只五十八人，創造了一比六〇的光輝範例。在張鳳集戰鬥中，把蔣軍

張鳳集戰鬥中，冀魯豫部隊突向村中的情形。（裴植）

鬥中，冀魯豫部隊追擊潰敗蔣軍的場面。（裴植）

隴海戰役中，被我人民常勝軍生俘的蔣軍整三師師長趙錫田。（原來是第十軍軍長）去年九月五日至六日，劉伯承將軍麾下的人民常勝軍在隴海前線，定陶地區，殲滅了冒險進犯冀魯豫解放區的蔣軍整兩個旅。趙錫田就是在這次戰役中被俘的。

↑隴海戰役，蘭封戰鬥中，被冀魯豫部隊打毀的蔣軍坦克。（裴植）

攝影網通訊　第一號

晉察冀畫刊已經出到第三期了，感謝攝影工作同志們對它的支持。這個面向連隊的小刊物一定要堅持下去，我們並且希望它能成爲戰士的朋友。因此今後就更需要同志們本爲兵服務的精神，多多給本刊來稿。現把所需稿件範圍寫出，略供參考。

一、戰役與戰鬥
二、英雄與模範
三、特殊兵種的活動
四、政治攻勢
五、政治工作
六、後勤工作
七、重要運動與日常生活
八、休整與療養
九、文化工作
十、老戰士和新戰士
十一、前方和後方
十二、軍隊和人民
十三、軍隊和政府
十四、群衆游擊戰
十五、新武器與新戰術
十六、被俘將軍與起義將軍
十七、美蔣暴行和人民控訴

編　者　一九四七年一月三十日

隊打仗，民兵幫忙。
緊冬訓，百鍊成鋼。
錢孫李，周吳鄭王。
哥投彈，二哥操槍。
彈操槍，武藝高强。
槍射手，百步穿楊。
雷爆炸，將軍傷亡。
雀戰術，最難提防。
村扭擊，敵人遭殃。
擊戰場，又寬又廣。
衛土地，保衛家鄉。

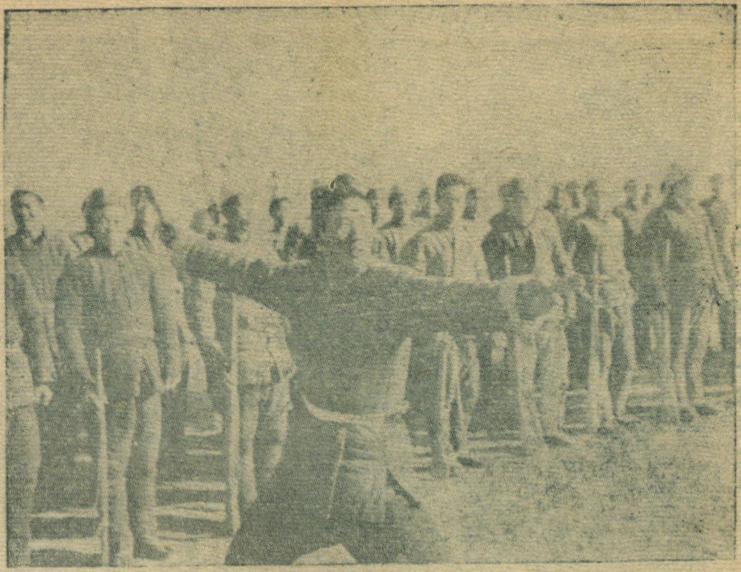

民兵冬訓之一。

民兵冬訓之二。

冬訓之三。

民兵冬訓之四。

放下書本拿起槍 師生踴躍上戰場

毅芬：

邊區聯合中學十一位教職學員，響應政府號召，報名參軍。他們的名字是一、雪崗（學生）二、邱義（註册課員）三、鄭國耀（學生）四、韓海天（學生）五、李子平（教育科長）六、徐英俊（通訊員）七、胡振匯（學生）八、王宗沂（學生）九、牛陰西（學生）十、王奎增（通訊員）

再看看，
第三片：
范玉波，
是青年，
年紀二十二，
北平把書唸。
在去年，
八月間，
蔣軍抓壯丁，
他就遭了難。
蔣介石，
騙青年，
說是到西山，
前去受訓練。
那知開到青龍橋，
平綏路上打內戰。
被俘到邊區，
心裡好喜歡，
從今後，
光明世界就在眼前面。

這是工業專
們的名字是：一
課員）三、梁正
常潤書　七、康
一、王珣（以上

罪惡大如天，
害人必然害自己，
有一天，
惡貫滿盈一定受裁判。

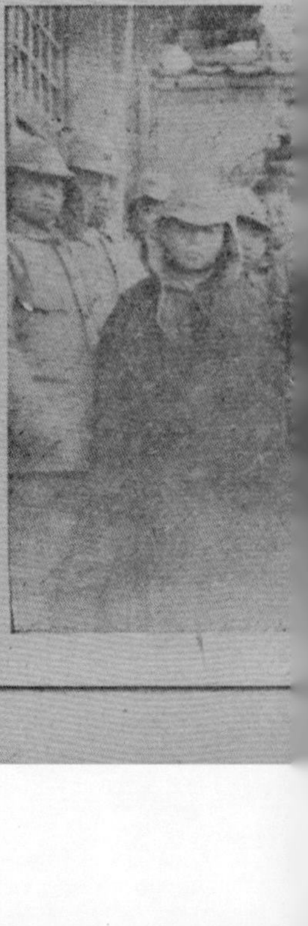

孟振江攝

圖片比例按 100% 呈現

職員和學生。他
、王保安（討册
、郭維琛　六、
十、陳江　十

李子平同志是聯中的教育課長，去年十二月十五日他向郝校長寫了一封參軍請求書，他這樣寫的『郝校長：我響應政府的號召，我要求立刻派我到前方工作。爲了粉碎蔣介石的進攻，我已下定決心，犧牲我的生命來爲人民立功。…』這張照片是他在參軍大會上朗讀請求書的時候照的

雪崗同志是聯中的學生，他十四歲的時候就參加了八路軍，是在抗戰中經過很多鍛鍊的。到市中初一班唸書的時候，屢次都被選當學生會主任。現在他也報名參軍堅決要求到鬥爭的最前線去。這張照片是他在參軍大會上宣誓的情形。

蔣介石抓丁沒挑選
老頭小孩一攬子拴

蔣介石，
打內戰，
兵不够，
沒法辦，
抓百姓，
上火線，
不管老頭和少年，
老老少少一繩串。
學生正在把書唸，
連哄帶騙送前線。
同志你要親眼見，
請看下面的照片：

第一片：
老漢郭起生，
今年五十三，
一身棉軍裝，
又髒又破爛。
滿城大戰被俘虜，
覺得自己實可憐。
想起老蔣心好惱，
破口大罵無情面。
他罵道：
『蔣介石是個坑人害人
的王八蛋！』

往下看，
第二片：
劉化南，
太渾蛋！
一群娃娃兵，
送到前線。

李械攝

李械攝

武器常識

1. 美式戰車防禦槍

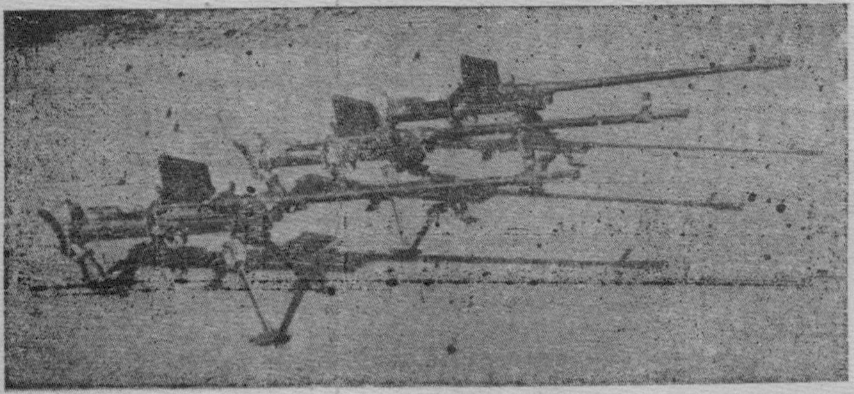

美式戰車防禦槍，簡稱戰防槍，又名英
防槍。是一槍機擊發，彈匣裝填，單發射
。它的構造和步槍差不多
擊目標是坦克車、裝甲車
火器掩體等。有效射程是
一個特等射手每分鐘能打
子彈。這種槍的主要特點
一）命中精確，侵徹力大
件簡單，携帶輕便。（三
口火光和音響都很大，很容易暴露陣地。
大。（晋冀魯豫人民畫報社裴植攝）

2. 九二式步兵

這種砲是日本神武天皇建國紀元二五九二年（即昭和十二年）造成的，所以叫九二式。最大的有效射程是二千八百公尺。它的特點有三個：（一）構造簡單，携帶輕便，可以跟步兵行動。有一個前車，一匹馬就可以拉走，必要時還可以拆開用人力搬運。（二）能平射，也能曲射，能高着打，也能低着打。（三）彈藥是按彈續壳，裝藥方便。

（晋冀魯豫人民畫報社裴植攝）

晋察冀軍區政治部 晋察冀畫報社編輯 · 晋察冀軍區政治部出

晋察冀画刊

第四號

一九四七，三，三十，

（一） 突擊隊，去攻城

機槍響，大砲轟

協同作戰立大功

炮兵大砲響連聲

一月二十一日收復望都城，攻城時砲兵
（蔡尙雄攝）

2. 機槍掩護不放鬆

我軍在一月二十一日第二次解放王京車站，機關槍掩護衝鋒。
（冀連波攝）

靠梯子登城立頭功

十八日，我們晋察冀的子弟兵解放了平漢
强大內戰據點定縣和定縣車站。斃傷俘蔣
人，我軍李旅成功部第八連拂曉的時候，
火下奮勇登城，立了第一功。（王樵攝）

4. 突擊部隊眞英雄

解放望都首先登
城的突擊隊。
（蔡尙雄攝）

（二）攻堡壘，打近戰

手榴彈，最當先

衝鋒肉搏要勇敢

5. 突破鹿柴，向前進攻

王京戰鬥中，我軍勇士衝過敵人的鹿柴工事，向前衝去。（冀連波攝）

6. 放起烟幕，猛打猛衝

王京戰鬥中，我軍在烟幕的掩護下勇
（冀連

7. 堡壘跟前，血戰英勇

王京戰鬥中，我軍衝到敵人的堡壘跟前，在烟霧中展開激烈的戰鬥。（冀連波攝）

8. 抃手榴彈，近戰成功

王京戰鬥中，我軍突擊到敵人的堡
展開手榴彈戰，大大發揮了近戰的威力
人殲滅。（冀連

（三） 殲滅敵人，大家努力

登城上房，圍殲追擊

指揮部在城頭指揮作戰

縣戰鬥中，突擊隊拂曉登城之後，成功所也上了城頭，指揮作戰。發揚了指揮神。 （冀連波攝）

10. 機關槍嘟嘟叫一溜火烟

解放定縣戰鬥中，我軍登城後，佔領機槍陣地，向敵人射擊。 （王楠攝）

上房頂向敵人打手榴彈

鬥中，我軍在進行村落戰時，爬上房頂，同時喊話，讓他們赶快放下武器。

（冀連波攝）

12. 蔣軍們想逃命比登天還難

定縣戰鬥中，我軍登城後，追擊敵人。另外有兄弟部隊配合，最後把駐守定縣城的侯如墉第五總隊一個團及僞阜平、曲陽 唐縣 安國四個縣的『還鄉隊』『讓路隊』，還有定縣兩個保安大隊，全部都被殲滅了。 （冀連波攝）

（四）你繳幾枝槍，我繳幾門砲 他捉了俘虜，大夥立功勞

13．四旅突擊部在新樂北十家町殲滅戰中，担負正面作戰任務。在戰鬥中，堅決迅速，猛打猛冲，發揮了近戰戰術的優點，獲得大勝。總計繳獲武器：九二步兵砲一、重機槍四、輕機槍十三、迫擊砲一、六〇砲一、擲彈筒十四、步槍八十餘支。（藍攝）

14．突擊部四連二排副禰德元同志，在十家町戰鬥中繳獲九二步兵砲一、擲彈筒一、手槍一、步槍一。（藍攝）

15．突擊部……班長高內海……家町殲滅戰……砲一門。（藍……

16．突擊部在十家町殲滅戰中繳獲步槍、輕機槍、擲彈筒的人合影。（藍攝）

17．突擊部在十家町戰鬥中繳獲重……〇砲的人合影。從右至左：胡常明（……警衛班副班長）段平志（二連二班副……（二連副政指）李鳳山（九連三排長……七連三班長）（藍……

功第八連

——定縣登城戰

一月二十八日早四點，八連二班副秦子賓和戰士翟東鎮、胡鳳義、李福貴把三丈高的木梯子劉過定縣城東南外壕。敵人打的子彈在他們身邊咻咻的亂叫，他們彎着腰駝着梯子向城根前進。敵人的手榴彈像下雹子似的

兩個戰士負傷了。戰士張莉堅、高步勝立即上去抬梯子，敵人的手榴彈照明柴齊往下扔，照的下面清
二班長朱廷傑督促着說：「快些靠，等回火更大了，更不好靠。」他們把梯子靠到半城腰時，六個同
李福貴犧牲了。

東起向一二班說：「我不是光說立功，這時是我們實際立功的時候，赶快去靠梯子，亮了更不好靠
齊長山說：「一班副，你帶着個組去靠梯子，靠不上，你們不要回來。」一班副劉孟奇很乾脆的答
就帶着解放戰士常順保新戰士王昌子、梁文華很快的接近到城根。後面開始打了兩砲，連長趙晉有

一聲喊：「二排給我冲！」四班戰士王殿甲、沈起子、李雲慶、劉硯田駕着第二個梯子奔向城根，梯子太重，靠不上。一班副劉孟起，帶着個組跑去幫着去靠，梯子還沒靠穩，劉孟奇搶着爬上梯子。解放戰士常順保緊跟着。梯子短，達不到城墻頂，劉孟起在梯子上向城上打了個手榴彈，就往上爬。爬不上，戰士托着他的屁股上去。解放戰士常順保登上城，看見城下院子裡有敵人，就向敵射擊。四班長田吾海帶着全班登城後，我們砲還是打。政指劉東起說：「快去插小紅旗，插上旗就不打砲了。」這時六七十名敵人向四班十米多的陣地來反衝鋒。一排副齊長山說：「打！」手彈彈拍下去，敵人跑了。五班登城，剛上了半個班，梯子斷了。好多人集聚在城下很着急。政指
「快據西邊那個梯子去，扔上繩去，順繩爬。」五六班登城後向西發展有三百多米，敵人從塔南邊
來，有七八十名。敵一部佔領了城墻上的一個土堡與四班對峙。四班長王香海向敵人喊：「繳槍吧
。」敵人罵起來。氣的一排副齊長山大喊一聲，手榴彈轟轟的扔過去。但因沒隱蔽身體，他的右手
。把敵驅逐後，一排副齊長山說：「不管是一排的二排
好，敵人再反衝鋒，堅決用手榴彈拍他王八蛋操的！」
一個院裡有股敵人，五班下去繳敵人的槍。齊長山說：
好掩護五班。」但敵人沒還槍就繳械了。
展到南城門時，敵四五十名又反衝鋒過來，排長王發生
不準後退一步，堅決的打！」機槍班長趙秋田兩梭子機
回去。戰士田玉君見敵逃跑。從城上跳下去，擒住了一
槍一支。五班把南城門樓控制起來，其餘到城內搜索殘

（李旅成功部古凡、破鏡）

2，頭功二名，劉孟祺，翟東鎮

（黎民）

西烟戰鬥打得好

胡氷攝影

冀晋野戰軍獨一旅和二分區地方部隊，在去年十二月十七日向鬍食盂縣西烟鎮的閻老西頑僞軍進行了猛烈的反擊。打了兩天，殲滅了差不多一千敵人，繳獲了迫擊砲轄砲二十八門、輕重機槍二十五挺、步槍三百六十支，攻克據點堡壘十餘座。這一仗，打破了奸閻軍妄想進佔盂縣，確保他的佔領區，榨取壽西的民脂民膏，以及消滅我軍的企圖。在爲人民立功的運動中，冀晋部隊的這一戰功，是可以學習的。這裡介紹幾位在戰鬥中英勇果敢繳槍繳砲的勇士。希望大家學習他們。超過他們，在自衛戰爭中建立更多更大的功勞！

繳槍繳砲立功

1.
爆炸手，
史禎祥，
繳獲了——
三門小砲，
四支大槍。

2.
于廣龍，
好漢子，
繳獲了——
迫擊砲一門，
步槍又五支。

一團二營戰士史禎祥，在西烟戰鬥中担任爆炸組付組長。第一次炸門樓，把雷放好後，沒響。他第二次又去把雷靠在敵人門樓底下，雷響了，他却被雷震暈過去。醒來後，才知道部隊已經進去了。他赶緊爬起來跑進去，嘴裡喊着：「繳槍！繳槍！」敵人一個手榴彈扔過來，他負傷了。但他却拉出兩個手榴彈扔出去，就把敵人槍繳了。他又冲過三個院子，敵人向他打槍，他還了兩槍，敵人又繳械了。他一共繳了四支步槍，三個小砲。

一團五連戰士于廣龍，非常勇敢，他一共繳了五支門迫擊砲。

3.
楊國華，
也能行，
繳獲了——
步槍一支，
輕機槍一挺。

4.
通訊員，
賀金生，
繳獲了——
一支步槍一門砲，
也立一大功。

六連七班長楊國華，在小胡村（西烟附近的閻僞據點）戰鬥中，第一個打進敵人的工事裡，繳輕機槍一挺，步槍一支。

賀金生是六連連部通訊員，他進入敵人的院子裡，敵人正亂做一團。他赤手空拳，上去就抓了一個俘虜，繳了一個小砲和一支步槍。

，
英勇，
工事，
——
一挺。

6.
劉巨鈞，
劉英玉，
郝占元，
三勇士，
靠梯子，
繳槍支。

一團七班付李英堂，在戰鬥中打冲鋒，突破敵人的封鎖，打進工事，繳獲了一挺重機槍。

六連劉巨鈞、劉英玉、郝占元、在西烟戰鬥中，把梯子靠上去。劉英玉第一個登梯子，上去就繳了五支步槍。郝占元第二個上去，繳了輕機槍一挺步槍一支。

負傷也不下火綫 又拿堡壘又繳槍

澳洲部二連反擊徐水車站的時候（二月十四日），兩個連的任務他們一個連就完成了，全連一共奪下了二十多個堡壘。指戰員在戰鬥中一個比一個英勇，負傷不下火綫，堅持戰鬥，一直到完全收復車站，每人都繳獲了武器。這張照片就是二連裡負傷不下火線的幾個勇士。從左邊數起：梁順江（連長）李連奇、李紅官、蔣殿稱、鄭經水。（劉峯）

眞叫勇敢！兩個人打下一座堡壘

澳洲八連一排副于占義和二班副王生，帶領突擊組反擊徐水車站的時候，勇猛當先，冲在全排的最前頭。于占義第一個上了碉樓。王生接受了向地堡裡塞手榴彈的任務，毫不猶疑的就摸到堡壘跟前，把手榴彈投進去。因為他兩人大胆勇敢，結果堡壘裡的十一個敵人都向他們倆交了槍。照片上右邊的是于占義，左邊的是王生。（劉峯）

出版者：晋察冀軍區政治部　　編輯者：晋察冀軍區政治部晋察冀畫報社

晉察冀畫刊

5
1947，4，15，

世生當先立功

劉 峰

二月十四日我軍向徐水車站反擊的時侯，槍打響以前，我澳洲部七連二班長王世生同戰鬥前作了臨時立功計劃。他向指導員『看吧！爲人民立功，在這次戰鬥中，我繳到一挺輕機槍，一挺冲鋒槍，二支步

聲打響了。王世生同志帶領着全班，用神作，接近到敵人的砲樓。通過了鹿砦，這已經大明了。車站週圍大大小小宛如林堡一個還沒有攻克。還有一道擺在人們面通過的壕溝。要想奪取敵人的碉堡，只有一道壕溝才行。可是跟隊着我們一些過壕志，都被地下堡的敵人打掛花了，這壕溝下堡是我預先沒料到的，但這并沒有把王志嚇倒，急的他的兩眼冒出了火花。這時動的和九連一排長從新又組織了兩個突擊變了過溝的辦法——用梯子搭橋過。

壕溝的梯子架好了。王世生毫不顧一切的個蹬上了梯子，箭似的冲了過去。圍牆上連向他打了兩槍，但都沒有打着他。於是靈敏而迅速的爬上了地堡。蹬上了屋頂，向院裡的敵人甩過去幾個手榴彈，把敵人了地堡裡，院裡的濃烟四起，王世生同趁這手榴彈爆炸的烟霧冲下去，但一摸腰手榴彈一個也沒有了。他想招呼後邊的人給手榴彈來，但又恐怕叫敵人聽到。正巧這組的王世凱、劉永清、先後也趕了上來。向他們要了幾個手榴彈，就跳到了院裡，堡冲去。跳到院裡的雖只是他一人，但這沒覺出害怕。他心裡只是這樣想：『要想功計劃，就看這一下了。』因而他下到院

裡脚也沒停，就飛速的接近到地堡跟前。從地堡的進口連扔了兩個手榴彈。在手榴彈的爆炸聲中，地堡裡的敵人說話了：『老總，老總！不要打了，我們繳槍，繳槍！』可是敵人喊是這樣喊，但不見一個敢出來。王世生着了急，他用大力的喊了一聲：『不出來，手榴彈又進去了！』

敵人這才戰戰兢兢的出來了。那些滿臉塵土的中央軍送給英雄王世生第一批見面的禮物就是一挺馬克新重機槍，跟着接二連三的又送上十來支步槍。這時突擊組的劉永清他們也趕來了，他們把地堡裡還沒出來的中央軍，一個個的好像捉小鷄似的都弄了出來。不幾分鐘院裡就湧滿了我們的隊伍，到處都在喊：『交槍吧！交了不殺！』就在這刹那間整個車站也聽不到槍響了。

擁政愛民的具體表現：

搭救了區村幹部
替人民奪回財物

1、收復望都縣城
解救政權幹部

原來盤據在望都城裡的蔣僞軍和
團，把城關附近申家莊一帶的區村幹部
了二十多個，關在監獄裡。子弟兵在一
十一日舊曆年關的時候收復望都城以後
先就從監獄裡把人民政權的區村幹部解
來。幹部們非常感激的問道：『同志，
是哪部份的？』戰士們說：『不用問啦
回家過年去吧，我們是子弟兵。』二十
區村幹部都愉快的出城回家去了。（高

2 繳獲交公
物還原主

望都城北×莊子張老勤有四十多隻羊，臘月二十五趕出去放，碰見城裡的蔣僞軍，把他的一羣羊全給圈去了，一隻也沒剩。光景完了，一家人都哭起來，年也過不下去。我軍收復望都，這羣羊就被我們的野戰軍繳獲了。隨後就通知失主來領。張老勤一得信，就趕緊跑來，千恩萬謝的把羊領去。老勤想拿出兩隻慰勞同志們，團長說：『全趕回去吧，我們是老百姓的軍隊，蔣軍搶去了你們的東西，我們把它奪回來還給你們是應該的。』（高粮）

趙冲霄償還血債吧！

趙冲霄這個狗賊子，日本鬼子在時，他做了無恥的漢奸，在敵人手下當憲兵隊長，替日寇殺害抗日的老百姓。日本鬼子投降了，他便一屁股扭到蔣介石那裡，在頑僞軍侯如墉部下當了第五團團長，轉過來又替賣國獨裁的頭子蔣介石殺害人民。

萬惡到頭終有報，一月二十六日我軍在望都小南莊殲滅中把這個鬼傢伙活活捉住。受過遭害的老百姓都跑來了，他們從二千多個俘虜中認出了這個殺人的兇手。受害的人民紛紛控訴，要求把趙冲霄交給他們自去處置。他要零刀子割他！

人民的裁判是正確的。賊子趙冲霄自作自受法理難容！血債是要用血償還的，經過人民政的審判，就把這個罪該萬死的狗東西槍斃了。

（劉峯攝影）

1 賊子趙冲霄的鬼像。

2 望都柳圪的王振榮與北王疃王洛奎的兒子都是趙冲霄殺死的。趙賊被俘以後，王振榮親和王洛奎前來哭訴控告。

3 王洛奎的兒子是被趙冲霄的刺刀刺死的。王洛奎要報仇，就把兒子的血衣藏在櫃子裡。報仇的日子果然來了，他就把這血襖拿出來，他痛心的哭着，數着棉襖上的刺刀口，光是後背上就有六十多個刺刀口，老頭子咬着牙說：『趙冲霄戳了我兒子一百多刺刀，今天我也要戳他一百多刺刀！……』

武器介紹

馬克沁重機關槍

一、為什麼叫這名字：一八八四年，英國利物浦兵工廠技師海蘭馬克沁氏，用英國原有的連珠槍，利用發射時的瓦斯後坐力，在槍筒後端加一機關，用復坐板條托着，這樣就完成了連續發射的裝置，所以名叫馬克沁重機關槍。　二、它的性能：（一）優點：1．彈道低伸（危險界大）集束彈道濃密（殺傷力大）。2．發射子彈迅速（每分鐘480——600發）3．有三脚架維持重心平衡，射擊時槍身穩固，命中精確。4．運動容易，在火戰中為步兵火器骨幹之一。5．能作間隙射擊和對空射擊。（二）缺點：1．機械構造複雜，故障多，容易壞，拆卸、裝上太慢。2．重量大，長距離搬運感疲勞。3．易受天候影響，發生故障。槍筒易炸裂。4．沒有方向瞄準線，方向瞄準困難。5．消耗彈葯量大，戰場補充困難。（三）槍口徑　七、九公厘。槍全重　四九公斤。發射速度　每分鐘四八〇——六〇〇發。有效射程　一、輕尖彈　二五〇〇公尺。二、重尖彈　三五〇〇公尺。膛線及旋向四條右旋。

捷克式輕機關槍

一，這種槍是歐戰前一九一二年德國
斯拉夫兵工廠發明的，所以叫捷克式輕機

二，槍的特性：

1．射擊間調換槍筒容易，只要五分

2．射擊速度可分為單放連放二種。

3．自動裝置，機械簡單堅固，故障
且排除容易，拆卸擦拭便利。

4．有放熱裝置，空氣冷却式。

5．槍身中部有提把，便於攜帶。

6．脚架有伸縮性和旋轉性，不受地

7．射擊安全。

8．裝有托肩板和短柄，能使射擊者

9．瞄準具製造精確，而且容易保護
線與槍身左側平行，瞄準很方便。

10．槍口裝有減音（光）器。

11．裝彈機構造精巧，便於攜帶。

三，口徑7．92公厘，膛線四條（右
大射程２，000公尺，瞄準基線長5 8公厘
程1500公尺，槍全長1156公厘，槍全重8.
，彈夾重0．525公斤。

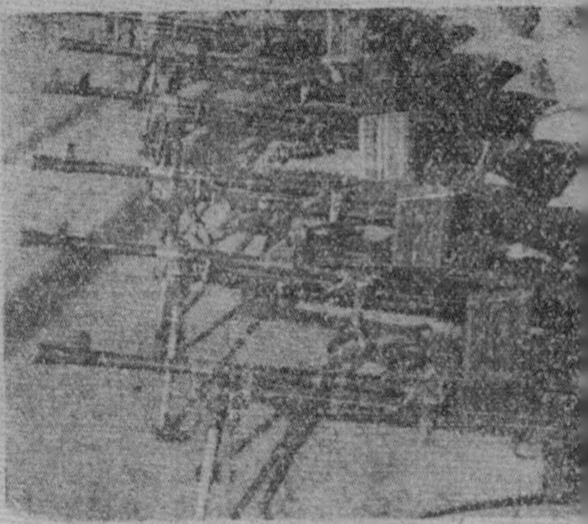

一槍沒放，他捉了三十多個俘虜，繳了一挺輕機槍、二十八枝步槍、三枝手槍、還有九匹戰馬。

趙國華是十團六營營部的通訊員，是一個二十多歲的青年。平時工作積極，吃苦耐勞。在立功運動中，他響應了上級的號召，下定決心要為人民立功。

在那次阻擊從定縣逃出的敵人的時候，那一天（一月二十八日）晚上，營長叫他去送信。他一個人走到半路上，忽然看見前面有一片黑影、亂哄哄的奔這邊走來。他想這準是定縣逃出來的一潮經忽兒，他很機動的爬在地上準備。等敵人離的不遠了，他猛可丁的大喊一聲，敵人慌了，亂做一團。他說：「你們不要動！」叫他們都靠在一邊走，敵人張惶失措，莫明其妙，就跟着他一直奔村子走去。離村很近了，他又叫他們停下來把槍都放在道邊上。這時恰巧村裡出來了兩個民兵，就幫助他把槍馬和俘虜一起送到營部去了。他一槍沒放，就活俘了三十多個俘虜，繳了一挺輕機槍、二十八枝步槍、三枝手槍、九匹戰馬。

（曹智才）

出版者：晉察冀軍區政治部　　編輯者：晉察冀軍區政治部晉察冀畫報社

晋察冀畫刊

6

1947，4，22.

邢璧同志是十
團二營的理髮員，
他對同志的愛護比
親兄弟還親。當他
們的部隊在×縣練
兵時，伙房的炊事
員是新手，做飯有
點外行，邢璧同志
就經常到伙房去幫
助做飯。有時病了
，還是堅持下去。
在行軍作戰時，不
管情況多麼緊張，
他都保證了大家兩
頓飯，而且吃得又
飽又好。雖然他一
人兼兩人的工作，
來不嫌麻煩。戰士
時候理髮去，他就
去。他成了全團的
。你看，他正幫伙
。 （劉峯）

模範工作者梁金水

梁金水同志是十一團的担架班長，在馬跑泉戰鬥時，他爲了完成上級給他的任務，餓着肚子乾着嘴，堅持長途轉運傷員的工作，並且始終堅持，沒讓別人換過他一次。同時還鼓勵那些因爲又渴又餓而不願抬的同志也堅持下去完成任務。別的同志因爲部隊進擊敵人走遠了，不願去找，他又鼓勵起大家找到了部隊。

有一天夜裡，他發覺村裡有被打散的蔣軍，他就堅決勇敢的率領他的担架組衝進村去，空手繳到四枝步槍，一枝衝鋒槍。這張照片就是梁金水同志的担架組繳槍回來時照的。左邊的一個是梁金水同志。 （田明）

老鄉捉頑軍

（保南戰役的小插畫）　劉　峯

望都縣，柳坨村，
老百姓，打敵人，
你拿鐵鍬我拿棍，
又繳槍又捉頑軍。

2. 治安員劉海風，拿一枝扶槍，帶領幾個赤手空拳的民兵和老鄉去捉敵人，捉了十三個俘虜，繳一挺輕機槍、七枝步槍。

4. 從左邊數起：王二羊、劉全兒、劉不止、王振華，他們拿着棍子棒子，大胆勇猛的去追擊敵人，每人都捉了俘虜繳了槍。

1. 劉金國是個復員軍人，拿着一顆手……，帶着四個手拿鐵鍬棍棒的老鄉去捉潰……頑偽軍，捉了五個俘虜，繳了一挺輕機……五枝步槍。照片上拿輕機槍的是劉金國……

3. 五十歲的農民王洛應，有胆量有智……用一條馬鞭威脅着兩個將軍繳了槍。回……時候，村裡人都歡迎他。

5. 四十……許洛柱，……棍子追擊……捉了一個……繳了一枝……

图片比例按 100% 呈现

時立功

十五萬斤毛柴

——軍政學校第一課的成績

軍區的軍政學校，在第二學期開課以前，打柴運動。他們的目的是：減輕人民負担經濟困難、建立家務、改善生活，保証第齊計劃的完成，所以這一運動是轟轟烈烈起來了。從一月中旬到三月初，兩個月裡教職學員一共打了六十五萬斤毛柴，足年燒用，可節省經費最低約二十萬元。們在正式開課之前先上了很好的一課，也不小的一功。並且在這個運動中還湧現出打柴英雄。

照片是軍校政治第三隊。他們在打柴運到了團體功的獎旗。看他們揹回來多少毛

··石少華

打一天，燒一年

毛柴大王于樂天

軍校政治三隊，打柴最後突擊的時候，特等毛柴大王于樂天同志跑到八隊創造了五百多斤的紀錄，他就和年輕力壯的武好同志、三十一歲的英雄韓保榮同志，三個人自動組織了突擊小組，說：『打不了六百斤就不回家。』那天天還沒亮，他們每人帶了一個玉米餅子和那鐮刀一塊麻不出發了，剛黎明就到了八里外的一個山坡，便立幹起來。從早到晚，只中午休息了一下。一天戰果：于樂天同志打了七百了十二斤（假如每天燒斤，就可以燒一年。要是你不信可以燒得這樣少，請再看後面申且子的故事罷）武好同志打了六百四十一斤，韓保榮同志打了五百六十九斤。造成了打柴的空前紀錄。

于樂天同志今年二十三歲，以前在延安大學的時候曾連任三年勞動英雄，出席過陝甘寧邊區的英雄大會。現在他雖然得到了特等毛柴大王的光榮稱號，可是他不驕不傲，和靄可親。他打的柴多，自己揹不了，就讓別的同志揹，誰揹就算誰的。他說：『都是公家的，分什麼你的我的』！他在班務會上說：『我們打柴的目的不是求個人數字的突出，而是在求總數的上漲。』他非常肯幫助人，經常把打柴經驗告訴別人。在打柴運動中，他帶出來二十多個好徒弟。評功的時候，他一共立了四功，合計一大功一功，成為全校的打柴英雄。

你看這照片上，那正是我們的毛柴大王在教大家捆柴哩！ （石少華）

只燒毛柴十七兩

學校七隊炊事班，研究節約新辦法，在燒上已創造很大成績。根據試驗結果：班長申九斤毛柴做熟一鍋乾飯。閻柏生同志用十做熟兩鍋稀飯。賈同同志炸菜一鍋炒菜兩柴十二斤。全隊八十二人平均每人每天只兩毛柴。他們創造了以下的辦法：

前後鍋逐漸下水，這比一下子增加一大鍋水的快。

加水時要根據下米多少來加，因為加的多了要撇湯那就費柴了。

3 放柴不要太多，一把一把的放進去。

4 用火棍挑起來燒，可以把柴火燒透。燒透的柴灰是白色不是黑色。

5 整柴和碎柴摻和起來燒，可以使碎柴一樣起火，不浪費柴。

6 鍋底灰不要扒光，留些灰可使火苗直燒鍋底。

申且子節省柴火，立了一功。這照片就是他燒火時候的情形。

（石少華）

處立功

戰場人物介紹

特等英雄李慶山

跟着砲彈衝上前 建功把中羣壘堡

李慶山是平原部二連的副排長，是全旅的特等英雄，三月滹河戰鬥中，我們的山砲與步兵配合，轟擊大砲樓周圍禱山的地堡，第一砲摧毀一個，第二砲又打着一個，李慶山就在第二砲的黑烟掩護下，機靈而又勇敢地從砲彈打穿的窟窿裡鑽過去，敵人從槍眼裡向他扔過來兩個手榴彈，他心靈眼快，躲過了手榴彈，於是敵人拔脚就跑，他就追，這時五個敵人迎面上來，他又退回地堡組織衝鋒，一直衝到中央砲樓和周圍的地堡裡，他一共繳獲了機槍一挺，大槍七枝，還捉了十五個俘虜。這就是李慶山同志勝利後所照的像片。（劉士珍攝）

介紹武器

八九式雙筒機槍

它的構造和性能 這種機槍和別種型式的機槍有一個顯著的不同點，就是它具有兩個槍筒，槍身左右設有扇形梭子，每梭能裝子彈一八零發。槍身正中間有圓形瞄準器，前面有日夜兩用的準星。在兩個槍筒的正中間裝有兩個快慢轉動機，內分五孔，最快速度一秒鐘能發射五零——六零顆子彈，最遠射程二五零零米。它可以裝打九二式子彈，能夠穿破鐵甲。這種機槍本來是按在飛機上作戰用的，但是也可以作陸戰用，在攻打据點時，它能夠發揮獨當一面的作用。

使用法 使用時，如果需要雙筒同時發射，雙手扣機或一手扣機都可以。假如只要一筒發射，把另一個槍筒的保險關上就行了。

攝影網通訊 第二號

本刊是連隊讀物，它所發表的稿件必須有最具體的內容，新聞照片往往只能夠給讀者以單純的形象，這就需要有詳細的說明文字作補充。最近本刊收到一部份來稿，內容是不錯，但是因爲缺少詳細的說明文字，便不能夠及時選用。這是很可惜的事情。因此，希望每個攝影工作同志，在今後的採訪活動中，隨時注意收集與新聞照片有關的文字材料，於整理照片時一同寫好寄給我們。對於照片說明文字的內容，我們提出下面幾點要求：

一、時間　事件發生的時間、持續的時間、重要轉變關頭的時間，並包括天候在內。

二、地點　事件發生的地點，擴展的地點，並包括這些地方的特點和它在事件中的地位與作用。

三、事件、人物

四、事件發生或人物變化的原因

五、事件、人物的相互關聯、相互影響、發展經過、結果和它們在整個鬥爭中的地位及給予周圍環境的影響。

編者　一九四七、四、二十五、

出版者：　晋察冀軍區政治部　　編輯者：　晋察冀軍區政治部晋察冀畫報社

晉察冀畫刊
7
1947,4,30,

「建功」部四連三、四班
創造英勇堅定的典範

黎民攝影

獲得縱隊隆重的嘉勉

三月初頭，敵人向我完縣滿城解放區進攻，我軍「建功」部奉命舉行反擊，四連在整個部隊最前面，英勇突破敵人佔領之正同村北陣地，於縱隊發展中被敵人重重包圍，與部隊主力失掉聯系，當時境況是非常危急，三班由政指黎啓智同志帶領，孤守村中心的十字街口，四班則隱蔽在村莊北面的一個院子裡。四班在隱蔽中，班長曹金道同志就號召全班新老戰士堅定意志，誓與敵人拚到底，八路軍沒有繳槍的事。不一會，三四十個敵人擁進院子，發覺屋子裡有人，大叫：「繳槍！」在曹金道同志指揮下，四班扔出了一陣手榴彈，敵人死傷十幾個，餘下的大亂，驚慌逃走，班長乘機命令衝出去，一口氣衝到村外，這時村北道溝兩邊密集着一百多個敵人，面向村外射擊，四班絲毫沒有猶豫，趁敵人不防，猛烈擲出一陣手榴彈，把道路打開，衝過敵人陣地，只有趙繼生同志一人中彈犧牲，其餘的人都安全回到部隊。三班正在孤守村中心時，發覺已被敵人重重包圍，指導員黎啓智同志便下決心向村東敵人較薄弱的地方突圍，這時槍聲響得正緊，三班沿大街向東走出村外，正想往北拐，見前面沿溝滿佈敵人，他們便機智地折回向南走，在遠遠的地方發現一個敵人的看護兵迎面走來，指導員便命令還沒有換衣服的解放戰士向他招呼，到了跟前猛地把他捉住，從他嘴裡知道了敵人佈置的情形，指導員爲了減少目標，便叫全班分成三個人一組，疏開隊形，碰見敵人騎兵就集中抵抗，遇到步兵就邊打邊走，這時敵人大隊砲兵從距離他們一百米達的地方過去，由於他們機警沉着，沒有被發覺。經過了許多危險，最後全班十個人，還帶着一個俘虜完全脫離敵人的重圍勝利歸來了。縱隊對於他們這種英勇堅定的精神大大表揚，靜功委員會特獎給政指黎啓智同志「雄獅獎章」及獎金一萬圓，獎給曹金道同志「鐵騎獎章」及獎金一萬圓，又給他們和三四兩班分別記大功一次，拍照紀念，並贈給兩班以「正同戰鬥英雄突圍班」的光榮稱號，彩旗一面，還號召部隊全體向他們學習。

一、英勇堅定的「正同戰鬥英勇突圍第三班」，前排左邊第一人就是四連政指黎啓智同志。

二、「正同戰鬥突圍第四班」，後面站着的就是班長曹金道同志。

呂順保怎樣帶領他的班

劉峯攝影

「南海」部二營營部小砲班，是今年二月間才成立起來的，共有戰士七名，兩個是平綏戰役的解放戰士，其餘的都是新戰士，新戰士中還有一個是過去開小差，這次村裡又動員出來參軍的，表現很落後，就是在這種情況下，呂順保同志從機槍班的戰士被提升到這個班裡來當班長。由於他掌握了正確的領導方法和艱苦的工作作風，只兩個月的光景，小砲班便完全改變了一個樣子，今天已經成爲整個二營的旗幟了。下面的照片，就是呂順保同志怎樣帶領他的班的實事。

互相了解，放在前頭 小砲班成立時，呂順保拿出自己的津貼費買些花生紙烟，召開了一個座談會，在會上，他首先把自己家庭的情形，過去在國民黨軍隊中被壓迫的生活與自己的個性說給大家，還告訴新同志怎樣熟悉工作，進行學習，會後大家都很滿意。於是他就抓緊時間個別談話，了解每個人的個性、來歷、在村中作什麽工作、能力、身體强弱等等，然後根據不同的情况，進行教育和分配工作。

愛護戰士，親如手足 每次行軍到宿營地，呂順保總是搶先給戰士們燒洗脚水；每次吃飯都給戰士借好碗筷，打菜打飯也走在前頭，有時戰士一躺下就睡着了，他便給戰士脫衣裳，解綁帶，蓋好被子；睡不下的時候，自己睡地下，讓別人睡炕上，行軍時經常帮助別人揹東西，帶的乾糧自己捨不得吃，看見那個戰士餓了就給他點，看見戰士沒有襪子，就把自己的包袱皮送給他做包脚布。這張照片就是呂順保送包袱皮給一個戰士們的情形。

抓緊思想軍事教育 在思想教育上，他能够抓緊時間，進行個別談話教育，也能夠堅持每禮拜的生活檢討會，在個別談話中和檢討會上，掌握了「多表揚少批評」的原則，耐心說服，從來沒有發過脾氣。在軍事教育上，提出了「一個月內都學會六零小砲」的口號，爲了達到這個目的，他特別抓緊野外實際的演習。照片上用手指着前方的，就是呂順保同志，他的班正在進行野外演習。

掌握戰鬪互助組 把全班戰士分成兩個組：一個是小砲組，一個是彈藥組，戰鬥中是這樣分工，學習時也通過這種形式進行互助。在互助組中，大膽地使用有能力有特長的同志，雖然有的組長思想上進步不夠，仍同意他担任，並且規定每個人要具體帮助兩個人學習，在學習上，呂順保能夠虛心打問解放戰士，這張照片是呂順保向解放戰士謝德山學習六零小砲上各種零件時的情形。

民運工作也做得好 呂順保非常關心老百姓的利益，經常注意檢查全營部的民運工作，和駐地房東建立了很好的關係。每次當部隊快要出發的時候，呂順保就挨家挨戶去檢查羣衆紀律，照片是呂順保代表本班向房東老人告別，老人戀戀不捨地挽留他。

對革命有無限忠誠 呂順保家庭窮苦，早年被國民黨弄得家破人亡，自己又曾經受過國民黨軍隊多年的壓迫，所以自從一九四五年參加我軍後，很快地覺悟，飛躍的進步，他知道為什麼要和國民黨蔣介石作決死的鬥爭。他是全團愛護武器的模範，去年集寧戰役時，重機槍一下打了七箱子彈，槍身都打紅了，正在這時敵人冲到他們面前，情況萬分危急，他一個人把打紅了的重機槍連槍身帶槍架扛起來就走，一口氣走了十多里，衣服都燒着了，肩膀都燙破了，這樣重機槍才沒叫敵人得去。

抓緊戰鬥空隙
帮助人民生產
「成功」部送糞鬧得歡

黎民攝影

↑

首長親自下手

「成功」部各首長，抓緊戰鬥空隙，號召該部全體同志帮助人民生產，他們自己也下手帶頭幹。這張照片是政治部袁主任拉車送糞的情形。

炊事班幹得歡

「成功」部一團炊事班，共六個人，利用做飯的空閑，在班長張二丑同志帶領下，帮助老鄉送糞，一天中完成了一零七担，內中張二丑同志一人担了三六担。（按張二丑同志在戰鬥中曾經立大功一次，最近縱隊公佈的立大功之第一批英雄名單中，就有他的名字。）

泰山連齊送糞

「成功」部六連，原來是一個新連，在二月徐水白塔鋪打援戰鬥中，堅守陣地，穩如泰山，獲得了「泰山連」的光榮稱號。最近在部首長帮助人民生產的號召下，他們還要爭取做愛民的模範。這是該連帮助老鄉集體送糞的照片。

紧張的鍛鍊，緊張的學習

軍政幹部學校的生活

地方大批參軍幹部準備走上前方

軍政幹部學校，是咱們軍區部隊培養幹部的地方，這一期的學員有地方幹部，有工人，有學生，還有蒙古人和台灣人，他們都是為了打垮蔣介石，充實咱們的隊伍自動參軍來的。眼下，他們正在加油學習軍事和政治的本領，準備不久就上前方。

這是地方參軍幹部，他們正在靜聽宋副校長作政治報告，準備學好本領上前方

今天操場上多流汗，明天戰場上少流血，看！這是華北聯合大學學校自動參軍的學生，他們正在進行嚴格的軍事訓練。

學習各種武器的性能，掌握新的軍事技術。

五（上接一版）正同戰鬥，隊伍沒吃早飯就投入了戰鬥，打到下午，大家肚裡餓的不行，但那工夫敵人的大砲坦克外加飛機在陣地上來回咕倒，子彈打的「文個」激烈，估着飯不準送得上來，可是二丑還是通過了開闊地把飯送來了。豆兒乾飯悶在該籮裡，左蓋一層，右蓋一層，揭開來熱騰騰，還有粉條白菜，豆子稀飯，怎不叫同志們人人擁護，個個贊成？

六

上級號召給老百姓送糞，二丑發動伙夫班一後晌送了一百二三十担。他自己一口氣担了三十二担。連裡籌款慰問傷員，他把省下的零用費拿出一萬多。

二丑年老心不老，想起殺弟之仇也難受一陣子，可是常時蹦蹦跳跳，出名的是個「老活寶。」行起軍了就數他活躍，揹了兩大捆舖蓋給你耍個刺，不咾給你打套拳。有時嘴裡鼓足了氣，在嘴巴「打皮鼓」，說不定那忽兒又嘟嘟嘍嘍起山西小來，還是不唱老調子，回回都有新創造，戰士們說：「白天跟他行軍掉不了隊，黑夜跟着他打不盹！」

七

二丑別的什麼也好，就有一個缺點，脾氣不，性子急，好發態度，立了功，指導員找他談了回，現在脾氣上頭也有了進步。他說的很對，「話像洒水，出去了收不回來，」「以後貴賤不能態度。」

二丑立了功，有人逗他，說他老了不頂用了他氣虎虎的說：「別看我年紀大，要不咾年青人拿起槍桿子來比一比！」「來咱們倆來比一比。

出版者：晉察冀軍區政治部　編輯者：晉察冀軍區政治部晉察冀畫報社

晉察冀畫刊
8
1947,5,3.

活躍在火線上的

老上士張二丑

黎民 攝
沈定華 寫

一

張二丑四十六啦，山西五台石咀人，窮家甚也沒有。十三歲上，他爹丟下他們母子七個死了。第二年飢的實在「噲」不住了，老大十六到五台做石工，老三老四一個十一，一個才九歲，找了個東家給人家放羊羔，他娘在當村找了個後爹，把兩個小兄弟拖去了。他自己那年十四歲，到喇嘛廟扛長活。應了句老古話「家敗人亡鬼吹燈」。那些年二丑是「春天抓糞夏割草，秋割莊稼冬背柴」，忙個死去活來，還是吃不飽穿不暖。一熬熬到二十歲上，閻老西打白旗子招兵，狼了狼心，當了大兵。初去三個半月下小操，每天挨打，腿痛的下不了炕。哭了，說你軟骨頭，不能扛大槍，要打；不哭，說你硬，再打。天天受折磨，眼淚往肚子裡嚥。在舊軍裡混了有七八年，二十八歲上，跑回山西家鄉。那時他後老子也死了，母子們就又團圓在一起，他就幫他叔叔又鬧養種。

三七年八路軍到山西，他參加了義勇隊當分隊長。用一把大刀砍了五台山大漢奸韓八，日本鬼子三天兩頭來抓他，他就逃口外，受了六年苦。四五年春起忽然想看看親人，就動身回家。一路進五台邊界就聽說弟弟叫日本人用刺刀挑了。到家裡痛哭一場，決心替兄弟報仇，就要求參加軍隊。隊伍上問他多大了，他說：「四十四啦，別看咱年老，年輕人們拿起槍桿來比一比！」後來隊伍上看他堅決，就收留下了他。

二

三十年苦難生活把二丑鍛練的既會打仗又能吃苦。兄弟被殺，一心報仇，革命上頭也堅決。一到三連就表現很好，大家都二丑二丑的叫他。大反攻，有次隊伍在正太路，破壞一座橋梁，那時連裡新戰士都有點胆怯，二丑衝在頭裡，又扔「圪旦旦」又打槍，把敵人解決了，他還揹下了一個傷員。接着就當了班長，加入了共產黨。

日本投降，他在黨的教育下認識到「蔣介石拿中國人打中國人，比鬼子還可恨！」他常說：「甚時候不打垮反動派，甚時候不要求回家！」，照樣幹的很有勁。

三

部隊在張北那工夫，因為他害夜盲眼，連裡叫他當伙夫班長，後來又當上士。他一到伙房就一鶩起工作工作，担水劈柴忙個不停，打動仗時更是那回也離不了他。

滿城戰鬥，指導員叫他在後頭，他偏要跟前方，那回他在火綫上揹了七回彩號，揹罷彩號他又「利利落落」的也不怕飛機，把飯送到火綫上。還鼓動大家吃了就走「緊續吃緊續就上去！快！快！」戰鬥下來大家選了他個工作模範。

部隊開展立功運動，他也訂了計劃，在全營軍人大會上當來大聲宣佈：「保證作好伙房工作，在任何困難情况下部隊要吃上飯！」又號召大家：「吃飽飯殺蔣賊物頭！」

四

寨西店戰鬥，功勞更大啦。

那回下著雪，天氣過冷傷員又多。担架少又上不來。二丑把傷員揹到靠後些等担架上來，安慰了傷員，送走了担架，在火綫上來回的跑。部隊發起衝鋒，他安頓好了傷員，自動參加衝鋒，「出流此此」衝的真個猛！繳了兩條槍，捉住兩個俘虜，戰鬥結束，他發動大車來拉彩號，不光是三連的，把一、二連的彩號也一併完全運下來。（下接四版）

怎樣燒柴才能夠節省？

請看：「南海」部一連創造的經驗　劉峯

眼下各地的物價一天比一天高漲，燒柴一天比一天困難，尤其大兵團打運動戰，到那裡，那裡的部隊與地方一齊叫苦。因爲這個原故，有的部隊又發生了吃不飽的現象。「怎樣燒柴才能夠節省？」，已經成爲全軍指戰員所關心的重大問題。

對於這個問題，「南海」部一連給了圓滿的回答。原來他們每天燒柴三百五十多斤，現在一下減到一百三十多斤，照供給標準，全連每天可以節省毛柴五百斤，合小米六十五斤，一個月就能夠節省小米一千九百五十斤。一連現在光是節省的柴金，就能夠保證每人每天吃一兩半肉和一兩粉條，更消滅了過去吃不飽的現象。伙食改善了，戰士們都說：「伙房立功，大家享福，咱們更要努力立功！」

要問他們爲什麼能夠解答這個問題？因爲連的領導人能夠打開腦筋想辦法，幫助伙房研究經驗。要問他們想了什麼辦法，有了那些經驗？請同志們看下面的照片：

燒柴過秤，按鍋發柴　每頓飯的燒柴都要過秤，按做飯、做菜、燒水每個鍋需要的柴數發柴，做好飯剩下的柴火，還過秤交回去。

木頭劈碎，秫稭劈開　如果是樹木要劈成小條如果是高糧稭棒子稭，要劈開兩三半，這樣燒起來不冒烟，火力大。

手不離柴，火不離鍋　炊事員燒火的時候，手不離柴火，火苗不離鍋底，填一把不要貪多，用手架着勤活攏，這樣火旺又省柴。

「不浪費一根柴」　是一連炊食班的口號。當水快要開鍋的時候，把地上的碎柴掃在一起，填進灶裡去，一方面可以使將要開鍋的水開的快，另一方面也節省了柴。

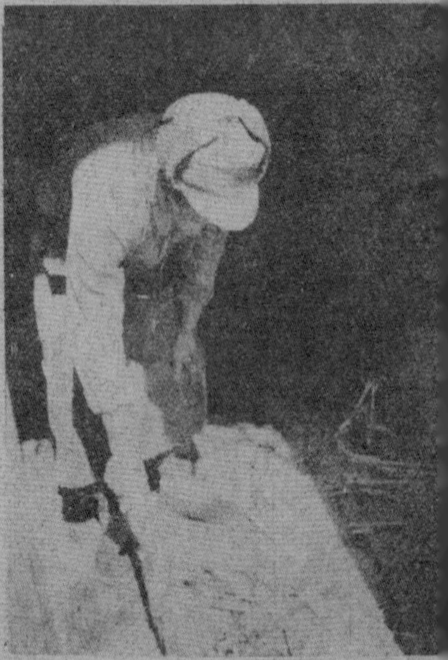

留心水開，水開撤柴

「燒水不低頭，一年燒死一條牛」，這是農民的一句俗話，一連炊事員牢牢記住了它。看，他們在低頭靜聽水的響聲，等水開後，馬上把沒有燒完的柴火撤出灶來。

勤擦鍋底，勤掏灶灰

塞在灶膛裡的柴灰每頓飯要掏一次，附在鍋底上的烟灰也要三五天刮一次，這樣膛空好發火，鍋薄傳熱快，無論做飯做菜燒水都省柴。

燒柴節省，伙食改善

因爲節省燒柴，一連的伙食得到改善了，炊事班的口號已經由「飯要熱，水要開，還要節省燒柴！」，發展到「飯要好」了。看，他們又在宰猪！

總結經驗，獎勵有功

一連王指導員經常下伙房，召集炊事員開檢討會，帮助他們總結經驗，對想的辦法多做得好的同志，及時地給以口頭上的表揚和物質上的獎勵。

解放戰士吳福云火綫喊話立特功

田明

吳福云是保滿戰役中從相莊解放過來的。不到個半月，他就從新的生活中切身體驗到人民解放軍是眞正民主的，精神上覺得非常痛快。他經常把蔣軍內部的情形講給同志們聽。十家町戰鬥之前，有人問他第三軍的情形，他說：『第三軍我算知道，那是被日本打垮了的隊伍，最好打。』他的話給全班很大鼓勵

十家町戰鬥開始了，他心裡話：自己是新解放戰士，上級和同志們都還不十分了解，總得好好的幹一番才行，就暗地裡攢了一把勁。

衝鋒的時候，他總是在頭裡。把一股敵人壓到一所房子裡了，別的同志想用手榴彈迫使敵人繳槍。吳福云攔住不叫打。他說：『我去向他們喊話。』他就一個人走進院子。敵人朝他打槍，他貼着墻喊開了：「不要打了，繳槍吧！八路軍寬大，保險沒問題。我是二十四軍劉化南部的，剛過來還不到個半月……」敵人不打槍了，跟着他就站到院子裡去說：「不信，你們就看看，我的衣服都沒有換。」敵人從窗縫兒往外瞅了瞅，果然不錯。這時吳福云又說：「我現在當了班長，你們出來吧，沒關係！」敵人開了門，高舉着槍圍着他，親熱的叫着：「班長給你槍！給你槍！」有的拉着他看他的衣服。四十多個敵人、二挺機槍、三十來枝步槍都過來了。

團評功委員會評他爲特功。

冒着爆炸的塵烟，我軍突入井陘城。(袁苓)

工人們把礦區的一切設備都保護得很好，人民的產業歸於人民，看！烟囱裡冒出黑色的花朶，解放後的煤礦馬上又復工了！(袁苓)

我軍秩序井然地進入井陘礦區。(梁明雙)

攝影網通訊 第三號

關於功臣的報導

1 本刊每期儘可能闢出篇幅介紹爲人民立功的指揮員、戰鬥員和後勤人員。

2 拍寄功臣照片時務請詳細寫明他們的功績和評功等第。如果是突出的典型，最好詳細記述他們的歷史和出色的事蹟。

3 不要忘記寫出功臣所在部隊的番號與代號。

4 注意對功臣作連續報導，報導他們功勞上面加功勞的輝煌事蹟和他們在立功運動中所起的帶頭作用。

5 拍攝功臣照片時，除單人像外，最好能從戰鬥與生活中拍攝他們的行動照片。

編者　五月四日

出版者：晉察冀軍區政治部　　編輯者：晉察冀軍區政治部晉察冀畫報社

晉察冀畫刊
9
1947.5.8.

步砲協同拿正定
——一個出色的攻城戰

晉察冀人民解放軍爲保衛毛主席，從東面痛擊蔣胡軍，縱橫掃石家莊外圍一百多處據點之後，於四月十一日下午六點鐘開始猛攻正定城，僅僅十四小時的戰鬥，就把這一座强固的軍事據點完全佔領，活捉胡宗南第三軍第七師副師長劉海東川下蔣僞軍五千餘人，繳獲極多，這是一個出色的攻城戰鬥。要知道這個戰鬥爲什麽打得這麽漂亮，請看下面的照片。

在正定攻城戰中，砲兵起了極大的作用，我們的砲兵第七連第二砲隊，四砲就把城東南角上的一個大堡壘打塌了。當突擊隊遭受敵火制壓的危急關頭，英勇的砲手便不顧瓦斯的窒息，迅速發砲，終於把敵火壓下，有力地完成了掩護登城的任務。

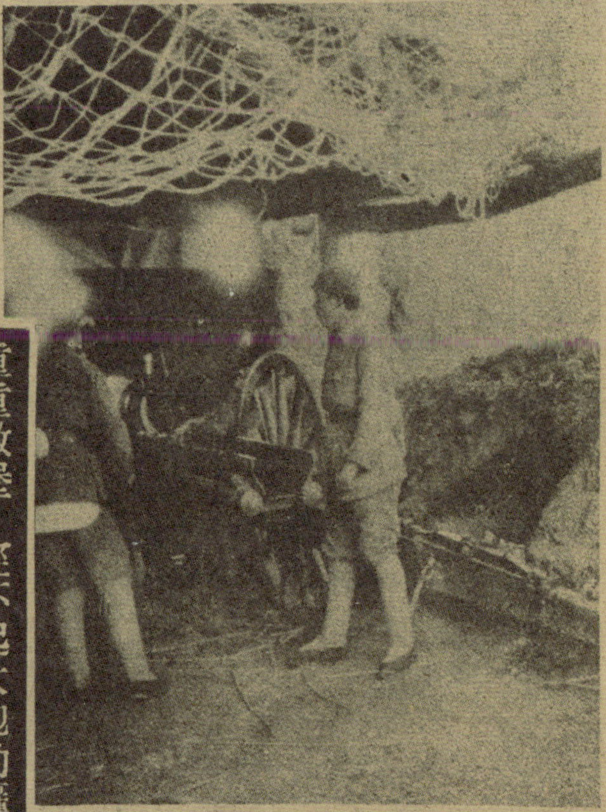

重重敵堡，經不起大砲的轟擊！

(上)砲七連在隱蔽部向城堡發砲 (劉峯)
(下)砲彈命中，烟火衝天，城堡垮了！ (袁苓)

深沟高墙 擋不住人民的戰士！

歐州部攻城突擊營，在砲火掩護下，五分鐘就通過了兩道圍城外壕。其中以七連四班最爲迅猛，四十分鐘登上城頭，立了第一功。看，這是四連的架梯組，正飛快地向城牆衝去！（這張照片是離城墻只有三十米的時候拍的。）（劉峯）

擴張戰果，打垮反擊！

我軍登城後，馬上向兩翼擴張，同時很快地構築工事，鞏固陣地，準備迎擊敵人的反撲。這一夜曾經打退敵人的三次反衝鋒，最後敵人完全屈服了　　（劉峯）

這是蔣介石忠實走狗公開漢奸侯逆如墉的司令部，這是他發號施令反共害民的地方，現在被人民的軍隊佔領了！　　（劉峯）

直搗侯逆老窠！

解放井陘城及井陘礦區

四月十七日下午六時，我軍完全解放井陘城及井陘煤礦。在礦區，很快地就組織起管理委員會，救濟工人，計劃生產。礦區的員工們，在新的民主的領導下，在戰鬥結束後的兩小時，開動機器，恢復工作了。

二二團五連王敬舟班自動要求担任攻城爆破組長，出發之前分配炸藥計劃爆破。（袁苓）

第五縱隊俘虜羣一部（賈利德）

五千人完全殲滅

殲滅胡軍第三軍第七師十九團全部，三十二師九十五、九十六兩團各一個連，侯如墉的第五縱隊殘部被殲滅得一乾二凈。

胡宗南第三軍第七師副師長劉海東（胡旭）

侯如墉第五縱隊副參謀長張子璧（胡旭）

胡軍第三軍第七師十九團副團長廖仁富（胡旭）

第五縱隊十四團副團長張金學（田明）

我軍奮勇渡越微水河，向井陘東關進逼。（袁苓）

人民軍隊的本色

『牧師，這是你們的樂器吧？』

我買各莊成功部與立功部一營解放欒、入城紀律很好。在巷戰殲敵中，也注意紀律。對醫院，學校，縣政府都特別看管了搜索敵人，東西絲毫未動，也沒有私入和商號亂翻東西。對於這種良好的紀律，姓一口稱讚。

這張照片是：我們劇社的同志從敵人繳到了幾件樂器。後來聽老百姓說，知道樂器都是耶穌堂裡的。劇社同志馬上就把送到教堂，找着牧師說：『牧師，這是你樂器吧？』於是就物還原主了。這位牧師典人，他非常感激，表示謝意，並且說：住中國三十五年了，從來沒見過像你們這的軍隊。」（高毅攝

「八路軍救了咱們！」

照片上：左邊兩人一老一少，是六十歲的曹國柱和他十二歲的兒子（晋縣七級村人）。他爺倆到內素去走親，被吳家營據點的蔣軍抓住，立逼着當兵。中間的老頭叫吉貴，五十二歲，晋縣大史莊人，去年十二月來崗上看眼，被蔣軍扣住，當了伙夫。左邊一個少年叫李傻子，藁城二鋪街人，四月八日到郜門去看姐姐，回家路過吳家營，也被截住當兵。（蔣介石爲挽救他的軍事危機，到處抓兵，於此可見。） 九日中午我軍攻克吳家營據點，把這幾個落難的人都解放出來。他們高興極了，笑着說：「多虧八路軍救了咱們！ （高粮攝）

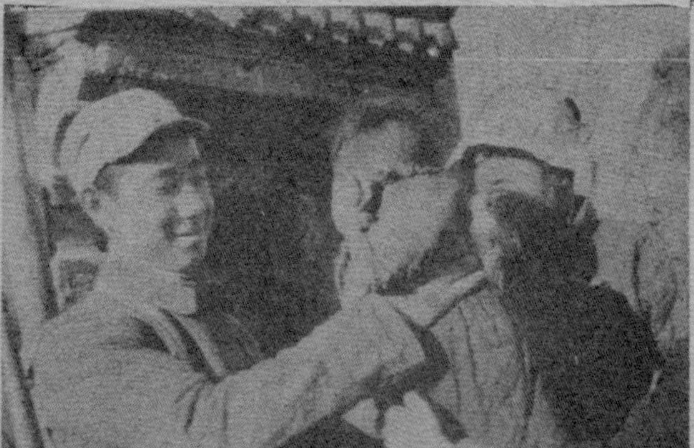

八路軍叔叔抱抱吧！

石家莊附近的老百姓，長年受敵軍的禍害，對於軍隊簡直怕的要死。被我軍解放了，他們看見這個隊伍不拿，公買公賣，說話和氣，心眼公平打不罵，待人親切，和以前所見的軍全不同，他們慢慢知道這是人民的軍。不怕了，也不藏了。你看，這兩位家正抱着小孫子在門前玩，看見一個和露的戰士來了，就逗孩子說：讓去讓八路軍叔叔抱抱吧！好軍隊抱抱好（高粮攝）

出版者：　晋察冀軍區政治部　　編輯者：　晋察冀軍區政治部晋察冀畫報社

察冀畫刊
10
1947.5.15.

1 砲五連大顯威風

戰欒城

高粮攝影

欒城戰，戰欒城，
砲兵首先顯威風。
城牆高有三丈六，
一律都用磚築成。
護城壕又寬又深難越過，
城頭上大小堡壘數不清。
四月十一五點鐘，
大砲怒吼打欒城。
頭發砲彈爲信號，
二發砲彈打上城，
三發四發不待慢，
烟火騰騰往上升。
城樓倒，城牆傾，
大肚子堡壘磚亂礸。
按下砲兵且不表，
咱再表步兵突擊營。
火力隊彈如急雨齊掃射，
突擊隊猛虎下山往前衝，
靠梯組梯子靠穩城墻上，
登城組又猛又快去攀登。
手榴彈，揮手扔，
壓倒敵火上了城，
第一名：孫連喜，
第二名：梁吉慶，
希金貴他是第三名。
再表炸破組，
大大顯神通，
炸碎鐵絲網，
炸開城門洞。
突擊組獅子一樣來開路，
主力隊潮水一般湧進城。
槍聲砲聲不住乒乓響，
城上城下火光一片明，
到這裡，敵人殲滅乾乾淨
勝利旗子飄飄上欒城。

2 突擊隊勇猛衝鋒

3 登城組突進登城

深縣担架團前綫立功

在石家莊外圍作戰中，深縣担架團組織了一百八十副担架隨軍行動，運送傷員。這個担架團的組織和部隊的建制差不多，有團長，政委、政治主任、供給主任、有連長、政指、排長、班長。從團到班的幹部都由縣區村的幹部担任。組織嚴密，幹部帶頭，熱情很高，工作積極。二連七連特別模範，他們不但完成運輸的任務，還能從伙食上節省糧食，換了鷄蛋，來慰勞傷員。因此軍民關係非常親切融洽。　　（高楨攝）

衝鋒在前的侯安才班

侯安才班是一團一營一連的一個
在南綫戰役的宋營戰鬥中，他們班enth
決，衝鋒在前，繳獲了三十五枝步
挺機槍，一枝卜壳槍。　　（高楨

他們創造了光輝的戰例

這是成功部第
一排，拿北席村據
他們担任突擊隊。
合之下，只三十分
戰鬥，攻克了一座
的頑固據點，一百
人全被殲滅，全連
名，創造了一比一
光輝戰例。要問這
麼打得這樣好？主
爲他們在戰鬥前作
計劃（如調查敵情
形，實戰演習，組
佈置火力等等）與
動作神速，協同
於利用敵人的陣地
就是說：在打仗以
好的用了腦子、用
在打仗的時候他們
敢，也結合着智慧
們戰果大，流血少
的損失換來徹底的
是我們自衛作戰的
樣才能達到？成功
的光輝戰例是值得

鬥前後

——欒城戰地生活速寫

討論立功計劃 戰鬥來了，這正是指戰員爲人民立功的大好機會。接到任務以後，各班排連營都興高采烈的討論怎麼立功。這張照片是欒城戰鬥開始前，我一團二營五連熱烈討論立功計劃的情形。（高粮攝）

一砲 這是賈各莊宣傳隊，在戰鬥之前，他們扯起大標
出發的勇士們作化裝宣傳
大家旗開得勝，打響第
高粮攝

唱支戰歌，抖抖威風 進攻欒城出發之前，我軍連隊集合，用雄壯的聲音齊唱『打倒反動派』戰歌曲，精神大振。（高毅攝）

戰地娛樂 南綫戰役中，我軍情緒極其高昂，雖在戰地中，也能抓緊空隙開展文化娛樂工作。你聽他們正在拉着胡琴高唱：『頭通鼓把飯造，二通鼓緊戰袍，三通鼓刀出鞘，四通鼓把兵交……』（高粮攝）

實地檢討 戰前要充分準備，戰後要切實檢討。總結經驗，得出教訓，戰術就會越發提高起來。圖爲我軍砲兵在韓通攻堅戰之後，到已被摧毀的工事前作實地檢討（高粮攝）

井陘煤礦的近況

井陘煤礦是華北著名的大煤礦，經我軍解放之後、它便歸於人民了。由於我軍的紀律嚴明，對礦區秋毫無犯，所以一切設備都完好無損，戰鬥結束後，經過四小時的準備就恢復了工作 現在所採的煤，已運銷到平山、建屏，靈壽、行唐一帶。因爲人民的礦山，主要供人民使用，所以煤價也跌落很多，由一百四五十元一斤跌到一百元左右。現在礦區的工會業已組織起來，擁有會員五千名，在工會的領導下，正向以前榨取工人血汗的蔣記廠方展開討資鬥爭。據說從今年開始一直到解放以前，每個工人每月只能領到四十斤小米。吃都吃不飽，還要下井挖煤。蔣記礦廠對工人的剝削，從這裡很可看到了。自從被我軍解放以來，貧苦的礦工和他們的家屬普遍的得到了救濟。目前工人們的生產情緒與鬥爭情緒都十分高漲。

發電機間工作情形 ·（袁苓）

運輸間工作情形 （袁苓）

→ 工人家屬領到了救濟糧。（袁苓）

工人們很喜歡看我們的傳單報紙（郝建國）↓

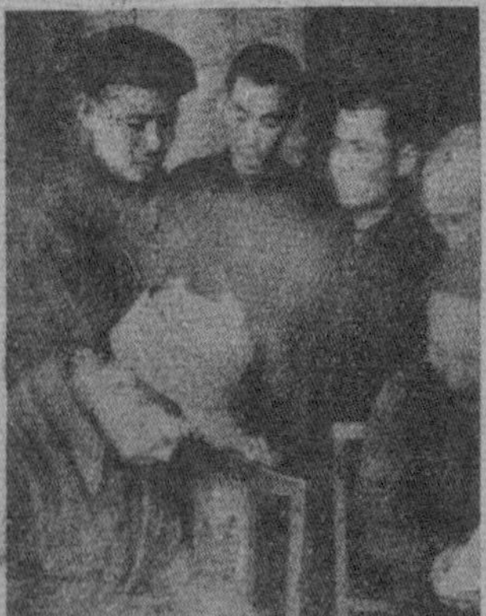

↑ 礦務管理委員會召開礦長課長聯席會，討論礦務。（蕭炳華）

← 工人登記組織工會。（袁苓）

出版者：晋察冀軍區政治部　　編輯者：晋察冀軍區政治部晋察冀畫報社

晉察冀畫刊
連隊讀物
11
1947.5.20.

雙全齊美的
衛生員王玉峯

梁明雙

二十一團青年衛生員，戰士們都說：『他是個眞正好樣的。』去年秋天，連裡發生了四五十個輕重病號，他白天黑夜送水送飯，端屎端尿，沒說過一句厭煩話。重病員羅玉紅、張東海，害回歸熱，發高燒昏了過去，拉了滿炕黃稀屎，屋裡飛着金頭綠豆蠅，老鄉們打病房門口過都捏着鼻子，玉峯什麼都不嫌，雙手把屎扒到盆子裡，用水把炕刷乾淨。那一個病員厲害了，他就寸步不離，睏了就在炕上閤閤眼。

今年二月十七，姚村戰鬥下來，他兩天兩夜沒好好吃也沒好好睡。夜晚剛躺下，六連戰士賈文治發眼，疼的直叫喊，玉峯同志急忙爬出暖和的被窩，去給他洗眼，一直洗的不疼了。

王玉峯一心一意爲工作的事實是說不完的。他成爲大家公認的模範工作者。他不但工作積極，在戰鬥上也有超人的勇敢，在圍殲九十四軍四個營易北南北峯戰鬥的時候，他到最前線衝殺敵人，奪到兩挺美造機槍，一支衝鋒槍，二支步槍。再說遠一點吧，在大同戰役和馬跑泉戰鬥時，他所繳獲的武器和軍用品，足夠裝備一個排的。

去年大年三十，他接受了爲人民立功的思想。在漫天冰雪的早上，在保南郎村截擊戰中，他冒着彈雨，向前猛追。看見一個拖機槍的敵人在前面跑，他一鼓氣就追上去。離開四五步遠的時候，他喊：「交槍不殺！」隨即向前一竄，劈手奪過那挺機槍來。其餘在一起跑的十幾個人也都把槍扔到地下了。他把俘獲的人和槍交給三班劉炳發之後，又向藏在坟地裡的敵人喊話，解釋，結果敵人五縱隊三團團長趙和徵以下人槍二十餘，都成了他的勝利品。

二月十七日夜，二營夜攻新木（姚村南一里多），在敵人密集的砲火裡，玉峯背着負傷的張副排長下來。但指導員李子衡的屍首還在敵人火力控制下的一間獨立小屋裡。他放下副排長就冒着三個地堡的交叉火力去背指導員。別人就担心他準回不來了，可是一個鐘頭以後他竟然勝利的回來了。這次激夜攻擊，他還帮助了二營的綁紮工作，共救獲了五十多個傷員。在新水村一間屋裡搜索時，他從櫃夾裡捉到一個俘虜，繳了一枝步槍兩枝手槍。

首長誇獎他，又選他爲戰鬥模範。他却說：「這才是立功的開頭，熱鬧的還在後邊呢。」

翻身農民踴躍參軍

交河翻身團開上前綫

郝建國攝影

土地改革以來，冀中平原上廣大的優秀農民青壯年，爲了保家保田、粉碎蔣介石對解放區的進攻，大批踴躍參軍，捲入愛國自衛戰爭。交河翻身農民組成了翻身團，參軍情緒，無比熱烈。有的父子偕同入伍，有的兄弟一塊報名：七區辛莊店等五村有二十七名幹部帶頭參軍；八區郝村一個村成立了一個整連；因此得到了保田參軍模範的光榮稱號。新兵成份百分之九十五都是翻了身的貧苦農民，共產黨員很多。

交河翻身團已經在上月開到自衛戰爭前綫去了。爲人民，也是爲自己，他們一定英勇作戰，殺敵立功。

父子二人同參軍

劉憲孟是交河五區大魯道村人，四十歲了，他是軍屬（他大兒子福貴在六十三團）又是村長。家裡七口人，種着八畝地。土地改革時，他只要了四畝地，他說：『夠吃夠做就算了，太多了也沒有用。』在村裡的參軍大會上，他和他的二小子福興一同報了名，區長聽到這個信，就去找他談，說，『你家有兩個參軍的了，你還是留在家裡照顧吧。』他回答說：「保田保家人人都有份，雖說我歲數大點，做不了別的，當伙夫也算進了我一份力量。」區長聽他說的非常堅决，同意的說：「好，那你就去吧，家裡的一切事情都靠給我們吧！」

哥兒兩個上戰場

這是兩對兄弟報名參軍，從左到右：張元志、張元仁，王雲發、王雲起。

郝村連是個好榜樣

郝村召開保田參軍大會時，當時就有八十個青壯年，挺身而出，報名參軍。後來就編成一個連。交河縣政府和各團體贈給他們一面大旗，旗上寫着「保田參軍模範」。

图片比例按 100% 呈现

軍愛民，民愛軍，魚和水，不可分。

南綫戰役中的擁愛斷片

在進攻欒城之前，我某部警衛一連五班的同志們還幫助老鄉合糞　（高粮）

我軍攻打正定時，民兵担架隊冒着砲火到火線上去搶救掛花的勇士們。（梁明雙）

我軍攻克正定時，對教堂學校等都保護極好。這張照片是我軍去安撫教堂育兒院的情形。（袁苓）

老百姓帮我軍設立軍用電話線。（高粮）

正定的窮苦老百姓等着領救濟糧。到底是解放了，跟往日不同了，現在有人關心窮人了，心裡還不高興嗎！（劉峯）

老百姓用大車帮助我們拉勝利品（郭儀）

軍愛民，民愛軍
軍民本是一家人

在戰鬥間隙裡，我軍指戰員都抓緊時間幫助老百姓做活，這是我「趙村」部隊在某地幫助生產的情形。

鋤地並不「里巴」。　（潘力樸）

澆水多賣力氣。　（潘力樸）

老百姓熱烈擁軍，他們自動組織起來，沿着大路的村莊設了好多慰勞站，準備下茶水和好的吃食，隨時招待過往的部隊和傷員。

「同志，喝碗吧」　（梁明雙）

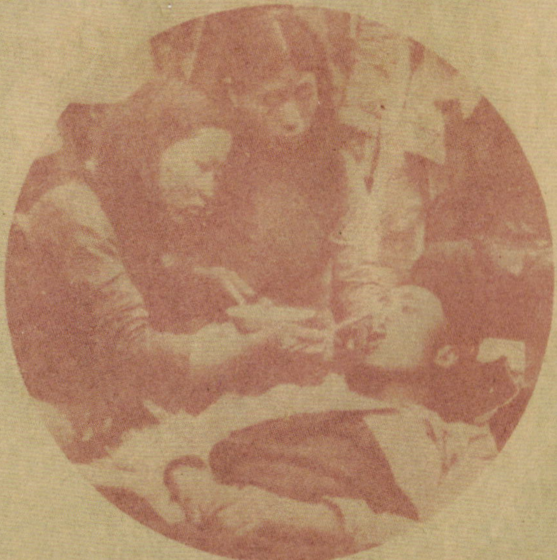

她們耐心喂傷員。　（潘力樸）

出版者：　晋察冀軍區政治部　　編輯者：　晋察冀軍區政治部晋察冀畫報社

晉察冀畫刊
12
1947.5.30.

訪問送兒歸隊的李大娘

數芬

四月十八日，我路過定北縣南宋村時，聽到老鄉們傳說着李大娘送兒歸隊的事，我就趕到大西璋村拜訪李大娘。下午三點鐘一位農會幹部領我到了李大娘家裡，她一看到穿軍服的我，就推開紡車搶步迎上來，接我到北屋坐下。

李大娘約五十歲左右，身個稍高，有一幅慈善可親的面孔——也是久經風霜，飽受饑寒，幾十年貧困日子熬煎過的面孔。

李大娘說話就微笑，親熱無比。我因爲走路出了一身大汗，正想摘下帽子解開鈕扣凉快凉快，李大娘却禁止我脫衣摘帽。她說：「可別同志，晾了汗又該不舒坦了」。

我和李大娘說了會閒話以後，我就把話轉到她送福貴回隊的事上去了，

老李大娘的臉突然變得嚴厲了，說道：「他是二月底跑回來，起初他說是告假回家，後來他老拖拖延延不回去，我看着不大對頭，就問他，他哼哼唧唧說不出，我就猜透他是開小差回來的，這會他也承認了，我問他爲什麽開小差，他說怕家裡困難跑回家來看看，氣的我罵了他一頓，家裡有什麽困難哩，鍋內不少米，灶裡不缺柴，要耕有人耕，要種有人種，再一說，今年鬧土地改革又分到了四畝旱地一畝園地，你不問長短，不哼不哈地跑回來了，我想這怎麼對起村裡鄉親們哩，我下了决心一定送他回隊上。」

我問：「大娘把你送福貴回到隊上的情形告說告說吧？」

聽到我問這個，她又顯得興奮起來了，她說道：

「咱們軍隊裡，是說不出的那麽好哇，俺福貴回到隊上，沒扣沒押，連訓一頓都不，還是和和藹藹的說笑，連長總說是我送他歸隊哩，可歡喜極了，不一會驚動了全連，排長班長，還有同志們，你來問長，他來問短，可是親熱哩。呆了一會，指導員給打來洗臉水，連長又端麵條來，他們陪着吃飯喝水，到半後晌又開大會歡迎。你說那麽多的人啊，有營長連長們，還有數不清的同志們，一鼓勁地拍手歡迎我說話，又舉手又喊口號，我這一輩子可那經過這麽熱鬧嘩，你說我這臉啊，紅一陣熱一陣，可我心眼裡總覺得這是一件體面事喜事，也就硬掙着說了幾句話。你聽行不行，我說：「大家同志們，要安心打仗，打死頑固軍蔣介石，保護住咱們分到的地，叫你們媳婦孩子安安生生的鬧生活，過好日子，要偷跑開小差，那是最沒臉最丢人的醜事，那是對娘的不孝，也對不起村裡鄉親們……。別跟福貴學，他沒出息。」說到這裡，她笑着停下來。

我對她所講的話，表示了欽佩。後來我要走了，李大娘拉住不放，說大米已煮到鍋裡，非吃飯不讓走，我再三地說咱因工作緊迫，還得趕路，好歹才掙脫了她的手，誰知走出村來，竟在衣袋內發現四個滾熱的熱雞蛋。我叫了聲大娘她點頭笑了。

五月二十日

這回並不算少，下次更要擴大！

——請看南綫戰績！

南綫戰役的重要戰績

1 南綫戰役自四月八日開始到五月八日結束。
2 解放正定、欒城、獲鹿（後又主動撤出）、井陘、平定、盂縣、定襄、壽陽等八座縣城；還有陽泉、井陘、黄丹溝三大礦區和微水發電廠。
3 克平漢綫車站五，正太綫車站二十一，控制正太路三百餘里。
4 殲滅蔣閻軍三萬餘人，活捉第三軍第七師少將副師長劉海東等以下二萬四千二百餘名，還有日軍四百餘名。
5 繳獲很多　　　（從略）

蔣閻工礦區屬於人民了！

1 井陘煤礦：井陘煤礦包括王舍、横西、鳳山三大礦區，是華北著名的大礦之一，一九四零年百團大戰的時候曾經被我們解放過一次，這次又被我軍在四月十六日解放。照片是礦區的一角。（郝建國）

2 微水發電廠：這是一座相當大的發電廠，是敵僞華北電業公司興建的，費了五年時間，佔地一百多畝。一天要燒煤八十五萬斤。最高開電量爲五千個克羅瓦特。石家莊、井陘礦、正定等地用電，都由這裡供給。照片是五千克羅瓦特的大型發電機。（梁明雙）

3 陽泉鐵礦：陽泉是著名煤鐵礦區，也是正太綫上敵人的强大據點，五月二日被我軍解放。礦區內建有新式的鐵廠，照片就是鐵廠裡的鍊鐵爐。（梁明雙）

兩萬多敵人都這樣舉手被擒了！

南綫戰役中，我們全部殲滅蔣閻軍三萬餘人，其中被活捉的有兩萬多。看，這是南綿山（娘子關附近）戰鬥中，在我軍威力下，蔣閻軍放下武器舉手投降的情形。（梁明雙）

這些火車頭不再替蔣閻運兵了！

五月四日，我軍解放陽泉西面四十里的測石驛車站，繳獲了兩列火車。（梁明雙）

日本鬼替蔣閻當了替死鬼。

閻老西一直保存着五千多全副武裝的日本兵，分編成九個保安大隊，用來替他這土皇帝保鄉。他把第五大隊放在陽泉獅瑙山要塞，準備死守，讓這些鬼子們來當替死鬼。那知我軍攻勢猛烈，吓破了賊膽，結果全部向我服服貼貼的投降了。照片上是日軍官佐。（梁明雙）

鐵「飛龍」被我們打成死長虫。

「飛龍」號鐵甲列車也是閻老西的一寶。鐵甲有半寸厚，車上有機砲裝備。是閻西山所有五列鐵甲列車當中最大的一列。四月二十八日夜到二十九日晨，在白洋墅到陽泉的道上被我軍截擊，用手榴彈和穿甲彈把它擊斃了。飛龍碰到人民解放軍，想飛也飛不了啦。（梁明雙）

爭取功勞上面加功勞

獲鹿登城英雄
趙國林立『大功』
綏河二連三班長趙國林攻克獲鹿戰鬥强攻城垣在連的突破口第一名登城記大功一次。（袁苓）

連二海班是綏河五連第九班，南綫戰役整個過程，完成了攻平定，攻頭西山兩次最嚴重的突擊任務，只輕傷一名。根據團裡一般評論，這個班是勇猛和技術結合最好的班。

1. 打的猛、打的狠！

登上平定東門城牆，即向北沿城牆發展，他們脚不立定，一氣衝破敵人八個城頭地堡，由東門一直打到西門最後的大堡壘。四五里地的距離，不到半個鐘頭。採用的手段就是猛打猛追，狠打狠追。二三十個敵人在前面跑，總想篩篩抵抗，由於連二海班總想一把抓住，他們沒敢抵抗，只是盲目的打打槍投投彈。並且每個地堡內都有敵人，每個堡內的敵人一看勢頭不好，都倉慌逃竄。由此證明堅決奮勇、又狠又猛，打的敵人無還手之力是突擊勝利的主要條件。

勇猛技術結合的好 連二海全班立「大功」

2. 隊形好，戰鬥組化分的清楚

在城上地形狹仄，沒有清楚的戰鬥隊形是吃不開的。連二海班將每三人分爲一戰鬥組，每組成三角隊形的小集團，組和組取出七八米達的間隔（天黑了稍微縮短），打起來每組都可充分發揮力量，又不易遇到殺傷，運動也方便。

3. 火力組織的好。

要打就是排子槍，要磞就是三個手榴彈一起爆炸。敵人剛想找地形抵抗，馬上三個彈在頭上一齊爆炸，死的死了，沒死的吓跑了。所以雖然連二海班也是每人一枝步槍，一掛手榴彈，可是戰鬥起來火力威力比別人大。並且由於這樣有組織的行動，也節省了彈藥，一一節省了彈藥，又等於充實了火力。

4. 專心打仗不檢洋落

在城牆上敵人狼狽逃竄和被消滅，滿地是背包、毛衣、包袱，紅紅綠綠的東西，連二海班全體同志始終眼向前看，毫不睬他。如果他們低下頭去看一看，或是灣灣腰去檢一件，即使是很小的時間，被敵人得到抗擊的時機，他們絕不會這樣完滿的完成任務的。

（袁苓）

爆炸能手郭士洪
南綫戰役立『大功』

綏河四連，郭士洪，於平定東門再次完成爆炸任務（這是他第三次完成爆炸任務了）保證了步兵順利入城，並在完成任務中創造了妥善的發火方法：

用手榴彈的木柄（除下彈身）將導火綫扎入手榴彈雷管下面的孔內，把手榴彈弦一拉即可發火，這個方法有幾個好處：

1. 只要是手榴彈保險準可發火。
2. 不用點火，不至暴露目標。
3. 手榴彈隨時都有，不用作囉味的準備。並且携帶方便。

戰後評功，榮獲「大功」。（袁苓）

在政治紀律上立功

孫貴鎖排全排記「大功」

綏河二連孫貴鎖排，特別是排長孫貴鎖同志，過去伏擊習氣十足，紀律觀念不强。這次南綫戰役，開展爲人民立功運動，上級號召在政治紀律上立功。孫貴鎖同志首先下定决心，克服缺點，動員全排同志，互相監督，提出「要槍不要包袱」的口號。當部隊進入獲鹿城後，以身作則，嚴格掌握全排，及時貫澈「不要包袱」的口號。做到全排（二十四人）抓了五十九個俘虜，繳四十枝步槍，除此而外，連根線都沒有動。榮獲全旅獲鹿入城紀律模範排的稱號，並記大功一次。
（照片爲排長孫貴鎖及全排骨幹份子）（袁苓）

解放獲鹿城

運河突擊英雄立大功

攻打獲鹿城時，以十五分鐘的短短時間，完成爆炸、搭梯子、爬城三大重要任務，運河突擊隊全體立功。照片爲突擊隊合影，前排梯子組長馮四寶，登城第一名英雄（是壹個戰鬥中兩個突破口的第一名）熊福，爆炸組長龍福。三個同志各記一「大功」。（袁苓）

出版者：晉察冀軍區政治部　　編輯者：晉察冀軍區政治部晉察冀畫報社

晉察冀畫刊
進修讀參
13
1947.6.15.

楊忠彥同志

楊忠彥和他的班

六次突擊完成任務

勝利部五連楊忠彥帶領他的班，六次完成突擊任務，全班沒有一個傷亡，立了大功。在應縣戰鬥時，楊忠彥就担任突擊隊的投彈手，衝在前面。相莊戰鬥時，他帶領突擊隊，摸到敵人的三道鹿砦邊，一面爬一面打手榴彈，驅逐了地堡裡的敵人，突破前沿陣地。給衝鋒部隊打開了道路，衝到村裡，消滅了敵人。望都戰鬥時，他帶着突擊隊，一面往城上打手榴彈，一面爬梯子，他和登城英雄常佐幾乎同時上了城。石家疃戰鬥時，他和他的班突到最前邊，首先接觸敵人，消滅敵人。定縣戰鬥時，他的突擊隊通過百十米遠的開闊地，衝到城根下，用手榴彈排除了城上的敵人，登上了城。南都馬戰鬥中，他帶着突擊隊，通過叢密而且堅固的鹿砦，突過百十米的開闊地，越過三丈來深的外壕，十五分鐘，突破了敵人的前沿陣地，攻下據點，殲滅了敵人。

在這六次攻堅突擊戰中，楊忠彥的班從來沒有一個傷亡，並且每次都勝利的完成任務。

爲什麼他們會有這樣好的成績呢？主要原是楊忠彥同志能帶領全班開動機器，研究經驗，學習科學的打仗方法。比方對付機槍火力吧，他說：敵人機槍換梭子最快也得五秒鐘，抓緊這時間就可以衝出去三四十米，等敵人再響機槍時，就已經通過了開闊地，把手榴彈送到敵人機槍射手身上了。比方對付手榴彈吧，他說：敵人的手榴彈拉火以後七秒鐘才炸，掉在身邊抓起來扔回去是來得及的。再比方通過開闊地和爬城的方法，他說：突過開闊地時，要左手拿槍，右手拿手榴彈，一停脚就打手榴彈。爬城時，左手抓住梯子，右手拘手榴彈，用牙拉火，一邊向上爬，一邊向上扔手榴彈，使敵人根本抬不起頭來。楊忠彥同志從實戰鬥中得到這些知識和經驗，並且反覆的向戰士進行教育，使每個人都充份了解，大家都把機器開動起來。再加上楊忠彥同志是個很好的共產黨員，在戰鬥中，不但能用模範的戰鬥動作帶領戰士，並且能用勇敢的爲人民犧牲的精神鼓舞大家的鬥志。所以宋家營評功委員會認爲他是勇敢與智慧結合的典範。

蔡尙雄攝影

楊忠彥的突擊班

渤海部八連立大功
摧毀神山大據點

神山在壽陽西北十五里，是壽陽、宗艾、黃丹溝一帶的重要據點，敵人把它當做壽陽的屏障，想用它來阻止我軍向壽陽等地的前進。敵人把這個據點構築得非常堅固，山頂上是一個母堡，母堡的外面是子堡，子堡外面是圍墻，圍墻外面是地堡，地堡外面是內壕，內壕外面築有野戰工事，野戰工事的外面是外壕，外壕上面是很密的鹿砦，外壕外面有拉火雷。這個據點在軍事上很重要，它可以威脅宗艾，控制壽陽。所以我們决心要拿下它。

渤海部八連四月二十八日接受任務，二十九日早晨七點鐘開始砲擊，八點鐘左右開始進攻，部隊在砲火掩護下前進。砲彈打上敵人的陣地，我們的勇士們乘着砲煙就衝到外壕跟前，不到一個鐘頭就解决了戰鬥。守敵全部被殲，擊斃十餘名，俘虜四十六名，繳馬砲一門，輕機槍兩挺，步槍三十二枝，壽陽的屏障，從此摧毀。

八連勝利完成任務，評爲全體立一大功。（劉峯攝）

通知

一、晉察冀畫刊是連隊讀物，各部隊收到後，務須確實發到連隊。在分配上不應機關多連隊少。

二、各級部隊收到畫刊後，應互相傳閱，或組織閱讀，充份發揮它的作用，不要私人收藏起來。

三、軍政人員可很好的利用畫刊上的眞實具體材料來教育部隊，鼓舞士氣。

四、畫刊上所發載的照片，一般都具有全軍意義，組織閱讀時，須注意克服只喜歡看自己照片不願意看別人照片的狹隘觀點。須知善於學習他人長處，自己才會更加進步。

五、各級軍政人員可經常收集連隊中對畫刊所反映的意見，希望和要求，供給畫報社作爲改進畫刊的參考。

軍區政治部　六月一日

图片比例按 100% 呈现

正定登城立大功

『登城先鋒』

歐洲部七連在攻克正定戰鬥中，首先登城，立了頭功，除記大功一次外，該縱隊還贈給「登城先鋒」的錦旗一面。（徐英）

頭功連的梯子組

這個梯子組是歐洲部七連三排的第七班，定縣攻城時，他們動作非常迅速，從出發到城根靠梯只有二十多分鐘，第一個靠上梯子立了大功。（徐英）

『登城第一功』

渤海部五連在攻克正定戰鬥中，是該部首先登城的一個連，除記大功一次外，旅裡獎他們錦旗一面。（曹智才）

登城三勇士

渤海部五連最先登城的三位英雄：1.王世昌（中）2.尉運宣（右）3.閻成三（左）[illegible]

更正

本刊第一號，「美造降落傘」是張非攝，誤爲宋貝珩攝。

本刊第四號，「砲兵掩護攻望都」是趙逢春攝，誤爲蔡尚雄攝。

本刊第九號，「砲兵向城堡發砲」是賈立德攝，誤爲劉峯攝。「第五縱隊俘虜羣」爲郭佚攝，誤爲賈立德攝。

本刊第十二號，「徵水發電廠」「日本鬼替蔣閻當了替死鬼」都是孟慶彪攝誤爲梁明雙攝。

特此更正，並向作者致歉意。

編者　六月一日

㊂

我們的大砲，摧垮了八座堅固的城垣；我們的大砲，摧垮了無數的堡壘據點；我們的大砲，摧垮了神山制高點；我們的大砲，摧垮了要塞獅瑙山。管他敵人的銅城鐵堡，要塞天險，我們都摧他個破破爛爛，讓千千萬萬將閻軍都吓破了賊胆。

12欒城外圍強固的韓通據點，被炮火摧垮了。（高粮攝）

13良村戰鬥，我砲彈命中敵偽營房，烟火騰起。（冀連波攝）

14正定城的強固工事，被摧成一片瓦礫。（田明攝）

15二縱隊贈『砲兵神威』錦旗一面給協同作戰的砲兵團。（趙彦章攝）

㊃

我們的砲兵，是步兵的開路先鋒，掩護步兵，奪堡攻城；連戰連勝，屢建奇功。戰士們向他喝彩：『打得真準啊！』『指揮員向他喝彩：『打得真行！』稱讚他們是：『神技』，『神威』，『神勇』！人人都向你們致敬，神勇的砲兵！更加發揮你的威力吧，神勇的砲兵！

出版者：晉察冀軍區政治部　　編輯者：晉察冀軍區政治部晉察冀畫報社

晋察冀畫刊

10

1947. 6. 30

神勇的砲兵

——南綫戰役中的開路先鋒

O

我們的砲隊，戰鬥中的鐵棰；我們的砲隊，戰鬥中的雷電；我們的炮隊，騾馬如虎，車輪飛轉；我們的砲隊，浩浩蕩蕩的開往南綫。

1　南綫戰役開始時，我們的砲兵開到前綫去。

（上）　　（高粮攝）

2（下）　　（趙彦章攝）

二

我們的砲手，不怕困難；我們的砲手，力大如山；我們的砲手把沉重的砲車曳過平原又曳過山，要把我們的大砲放到最好的位置協同步兵去作戰。

3 湯壽殲滅戰中，我們的砲兵不辭艱苦，曳砲在山地行進。（劉峯攝）

4 攻打平定城時，我們的砲兵把砲拉向陣地去。（李兆輝攝）

三

我們的陣地，十分隱蔽；我們的陣地，十分堅牢；我們的陣地，不怕飛機也不怕大炮；我們的陣地，要把自己保護好，把敵人消滅掉！

5 攻打正定城的炮兵陣地。其一（賈利德攝）

6 其二（劉峯攝）

四

聶司令員指示我們：目標不明不打；瞄準不確不打。我們的砲隊測量得準，我們的砲隊瞄得確；百發百中，彈不虛落，我們的神炮手，神炮連，越來越多。

7 攻打欒城時，我們的砲手用砲鏡觀測目標。（高粱攝）

8 移動砲身，瞄準方位。（趙彥章攝）

五

裝彈的，迅速準確；指揮的，計算明確；發射的，勇敢堅決；我們的炮隊打得好哇，我們的砲隊善於協同動作。

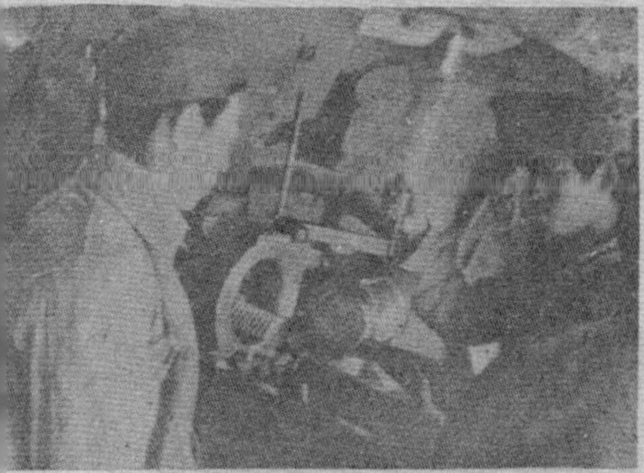

9 裝入砲彈。（趙彥章攝）

↑ 10 反射上下蔭營之敵，砲手奮勇發射。（劉峯攝）

← 11 陽壽殲滅戰中，砲長指揮發砲。（劉峯攝）

熱愛子弟兵的

李大媽

·· 穀芬 ··

五月十七號，我到靈壽縣清廉村訪問該村戎冠秀小組的組長，熱愛子弟兵底李大媽。村婦會主任，領我到四特號傷兵房找到她。一進門看到她正用塊濕手巾給一個躺着的傷兵員洗臉。我剛剛說明來意，突然跑進一位小看護，他說：『七號房裏傷兵老張腿痛，叫大媽去揉揉。』小看護的話剛說完，她就扭身走了。我趁空和那位傷員弟兄攀談起來。

那位躺着的傷員說：

『李大媽可忙咧，你叫我叫，黑價白日沒個閒，你要她坐會談談，是沒功夫的，你想知道她的事情麼？我可告訴你些。』

『那很好，就請你談談吧。貴姓同志？』

『我叫李新春，是澧河頭的解放戰士。現在野八旅廿二團三營機砲連。我所談的如有半句假話，我可負責』。他緩了一口氣，又接着說起來。

『李大媽叫趙良妮，今年五十二歲，有兩個兒子，大的幹莊家，二的參軍了。家裏很窮，今年鬧土地改革才分到了三畝水地。對同志和傷病員那個好，體貼親切，勝過親娘。拿我個人說吧，我是興安車站戰鬥腹部受傷，下腹和下肢已經麻痺，屙尿不覺，也不能翻身動彈。李大媽怕咱躺着不舒服，把孩子的棉襖拆了縫來兩個臀墊子，每天拉尿一墊子，她就乘咱睡覺時去洗了。尿屎，臊臭，大媽從來未說過一個髒字。還有這棉被子，這麼厚這麼軟，也是我入院時，大媽賣掉一斤線子、拜來二斤半棉花給做成的，吃飯吧，端不能端，動不能動，一天四頓，都是靠大媽一嘴嘴嚼；口對口的喂。到，她坐到你床邊，安慰你，撫摸你，叫你無憂無慮神爽快。等你睡着了，她才去給你拆洗墊褥哩。四天來，她沒回過一趟家，沒睡過一夜安生覺。有時在椅上合下眼，別人一叫，或傷病員一哼哼，她就跑去了。就因她長時間的不能睡，大媽的眼睛紅腫厲害，別人勸她休息，她也不肯，可我們也離不開！同志，咱休息下再說，傷口有的痛。』他慢慢的翻身，又把被子蓋好，靜默了約摸有十來分鐘，她着我說開了，眼光比剛才亮了許多。『同志，我再你一件很感動人的事：外院住個重傷員，叫李樹林傷口原故，他幾天不能小便，肚子憋得很大，醫生殖器上按了個小皮管子依然不通尿，醫生也覺得很的。這時，李大媽就用嘴一口口的把李同志的尿，皮管內吸出來，後來幾日，天天如此。這件事，可多看護，醫生、和傷兵員們感激地流淚了。以後傷看到李大媽，就親熱地喚作『母親』『我的媽媽』會使李樹林幾天幾夜不讓李大媽離開一步，睡覺也着她的胳膊才能睡着。『談到這裏』李大媽回來了

我問：『大媽為什麼這樣愛護八路軍呢？』她思索答道：

『今個有吃有穿，又分到地種，這不都是八路的福嗎?!你們又為了保護俺們老百姓這福氣，前綫頑固軍蔣介石，捨命流血的。我不這麼做，覺得良過不去。』

李新春接着談：他對着我的眼睛。

『你寫上，我李新春，傷好回前綫，要更勇敢多的消滅頑固軍！打垮蔣介石，報恩李大媽。再告長指導員和全旅的同志，要堅決澈底地消滅頑固軍答李大媽的一顆心！』

照片是李大媽照護重傷員的情形。

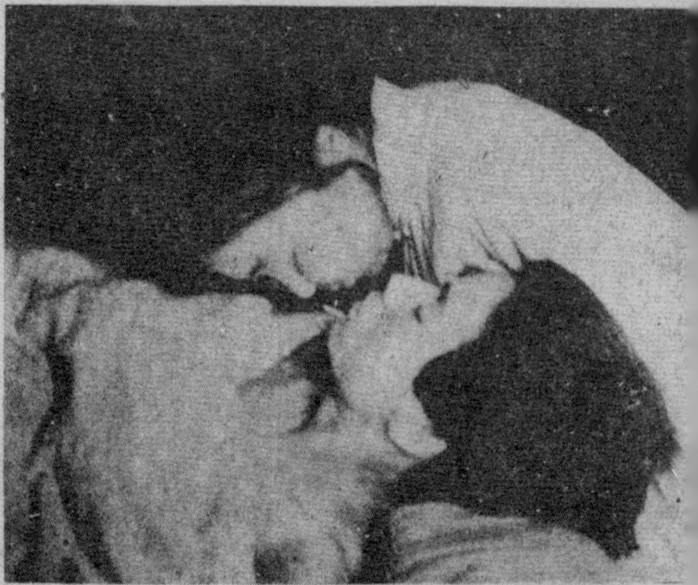

出版者：晉察冀軍區政治部　　編輯者：晉察冀軍區政治部晉察冀畫報社

晉察冀畫刊

連隊讀物

15. 1947,7,10

冀南人民解放軍帮助人民收割　　程新刻

帮助駐地老鄉生產
李家營四區隊羣衆影響很好

（梁明雙）

李家營四區隊住在莊頭村時，老百姓正忙着開翻身大會，四區隊就發動大家帮助群衆生產。房東吃晚飯時，戰士們就自動向他們要活做。每日午飯後村東南面各井台上全是該隊戰士替老鄉澆園。五天，送糞七十多大車，除地澆麥八十餘畝，栽山藥二十餘畝，其他如喂猪喂牛等零碎活尚未統計在內，（每班丟下看門的病號，都自動給房東喂豬喂小鷄喂牛）戰士王希榮除完成值星日的任務外，一天內給房東推玉角面三升，澆菜七畦，晚飯後又去給房東耕地一畝，天黑才回來。因爲他們這樣帮助生產所以對當地群衆影響極好。房東自動送水送飯，七、八班住的房東家每天燒開綠豆湯等他們出操回來喝。並說：『八路軍眞是勞動兵。』一個老太太說：『開會什麼也耽誤不了。』鷄呀牛的，照顧的眞好，比自已家裏人看門都周到。』

帮老鄉澆園

帮老鄉栽山藥

1 拒馬河水清又清，挑水點種莫消停。

2 快把水兒挑上山，點種坡地最當先。

3 你澆水來我下種，組織起來最省工。（提桶倒水的是衛校徐副校長。）

4 休息時候學時事，集合起來讀報紙。

5 勞動模範女學生，點種歸來笑盈盈。

幫助群衆
克服旱荒

察哈爾軍區衛校成績可觀

老鄉說：『他們給咱們下了一場雨』。

··葉昌林··

今年的春旱，據老農說是二十年來少有的。播種季節早過了，不見一點雨。上級號召用大力幫助農民挑水點種克服旱災。全察哈爾軍區，在這個號召動員底下，熱烈的幫助駐地老鄉。在直屬機關算衛生部做得最好。他們在總動員幫助點種前後六天，共種地八百九十畝八分、担糞四百十七担，開荒八十畝四分，挑水六千一百零三担，馱糞一百二十三担，起圈五個。衛生學校五月三日至五日幫老鄉種棒子花生棉花九十三畝五分，担水七百一十六担。十四十五十六共種地二百零八畝四分。挑水三千三百九十四担，挑糞八十四担。共出工二百九十六個。老鄉說：『給咱們下了一場雨。』在突擊挑水點種的時候，他們踏着黎明的晨光走到地裏去，到天黑才回來，情緒一向是緊張的。他們的號召是：『做活就該像做自己的活一樣！』附近村莊的老鄉都說：『八路軍眞是文武雙全。』在這次突擊春耕中，湧出了大批模範和改造了許多缺乏勞動習慣的同志：

史立綱、李會欽、景鴻等同志，每天挑水平均六十担以上。在完成了自己的工作，還幫助其他同志挑水。『假小子』徐志明等三個人：有一天種二畝四分山坡地，六小時內共挑了一百一十七担水，來回四里多遠。徐副校長、遲主任、肖大夫他們有的患肺病有的神經衰弱，但他們每天都參加生產，平均每天挑水三十五担，還得準備診斷，和做管理行政工作。王風格、張汝保、宋淑蘭、楊志輝等同志，過去對勞動很差勁，這次也被幫助群衆生產的熱潮捲起來。

图片比例按 100% 呈现

打仗勇，愛百姓

龐玉琪又得獎証又記功

梁明雙

宋家營四區隊二班戰士龐玉琪，南線戰役中，在攻正定外圍的岸下據點的時候，他逼近到離崗樓五十米的地方，四砲四中，打坍了崗樓，使得步兵能很快的冲上去拿下據點。南線戰役第二期，他們駐在太行二分區平定縣立壁村，這裏是閻老西所製造的『無人區』。在駐軍的時候，龐玉琪同志每天中午翻兩個山頭，來回十好幾里地幫助老鄉挑糞。他又領着頭給一個老漢開了三畝荒，解決了那老漢的一年吃用問題。部隊轉移時，老漢感激流涕的送出村外頭着聲音說：『多虧你們救了我一條老命！』看到部隊走遠了，他還站在山頭瞭望。

龐玉琪同志打仗時勇敢，平時又這樣愛護老百姓幫助老百姓，所以上級特予獎勵，發給他一張獎証，還給他記了一功。這張照片是龐玉琪同志領取獎証時的情形。

李家營直屬隊幫助農民翻身

擁護土地改革

梁明雙

四月廿四日，李家營直屬隊配合駐地（曲陽縣莊頭村）群衆翻身，除預先由政治部派出民運幹事和宣傳員等四人協助村政權發動群衆，並於上午十時左右，當千餘群衆齊集於村中空地開訴苦清算大會時，部隊也自村南頭開始出發作示威遊行，環村一週，高喊：「老鄉們大胆的幹吧！蔣介石永遠來不了啦！我們熱烈贊成農民翻身！徹底消滅封建勢力！土地回老家，實現耕者有其田！……」部隊從會場旁路過，群衆也揮手作答：『翻身不忘毛主席，永遠跟着共產黨！村幹及群衆非常高興，紛紛議論說：「八路軍不但能打鬼子、殺頑軍還這麼幫助咱們翻身，眞是：自古這樣的軍隊，那裏也找不到。」

照片是：我部支持農民翻身，示威遊行的情形。

標語開花

（傳愛民兵故事）

白羊作和刻
李衆夫 畫

（一）月牙兒、掛天空，曹門鎮上掏牆洞。

（二）地雷蛋、窯當中，木板標語蓋[illegible]。

（三）中央兵、清早起，看見標語生了氣。

（四）軍官說：「揪了去標語開花命歸西。

秋毫無犯 繳獲歸公

上 解放靑縣時，我楊家營部入城紀律良好，對住戶商民秋毫無犯。當我紀律糾察隊沿街調查時，商民全都感激道謝，深表尊敬，照片是東關恆利永號的老闆和我軍紀律糾察隊交談情形。
（袁苓、達三合攝）

中 解放馬廠時，我軍澈底執行戰場紀律，把俘虜們私人的東西從砲樓裏搬出來，仍舊交還給他們。（郝建國攝）

下 解放靑縣時，楊家營部執行紀律良好，所繳獲的一切勝利品，一律點查交公。就是武器彈葯，也是隨繳隨交。
（袁苓、達三合攝）

感謝渤海軍民的厚意！

上 解放滄縣後，山東渤海區南皮滄縣兩
人民慰問團趕來慰勞我軍。
（二縱隊稿、佚名）

中 解放馬廠後，津南縣各界人民慰勞我
（郝建國攝）

下 解放滄縣時，渤海區南皮地方武裝保
大隊，以兄弟熱情歡迎我軍。
（郭義攝）

出版者：晋察冀軍區政治部　　編輯者：晋察冀軍區政治部晋察冀畫報社

晉察冀畫刊

連隊讀物

16

1947,7,15.

橫掃津浦 震動平津 津滄段出擊勝利

正太戰役之後，我軍的鋒利矛頭又指津浦，北寧和平漢，攻勢發動，同時出擊。自六月十二日起，經五十六小時的戰鬥、殲敵萬餘，連克青縣、永清、滄縣三城，控制鐵路二百里，在寬闊地帶上與山東解放區連成一片。這一橫掃三綫的勝利，顯出了我軍的越戰越强與敵人的越戰越弱。從南綫戰役以來，我軍說打那裏就打那裏，使蔣軍招架不迭，這，一方面說明我軍已掌握了主動權，可以有力的配合其他解放區進行全面反攻；另一方面蔣軍兵力不足的窮相越發原形畢露了。

這裏發表的是津浦北段的幾個戰鬥，也是這一戰役中的主要的一面。

打破天津的南大門（解放滄縣之戰）

人民號召我們打壞蛋

南皮縣劉洛屯村的老百姓聽說我們的部隊要開到滄縣打蔣軍的，他們非常高興，便集合起來排成隊伍歡送我軍，高呼口號，要我軍替他們報仇雪恨，他們說：不打走蔣家的壞蛋兵，老百姓就沒有活路了。（田明攝）

105-614

回答人民的熱望

戰鬥動員會上，人民的勇士爭先報名參加突擊隊，請求支部在火綫上審查入黨。人民的勇士用自己的一切來回答人民的熱望。（高宏攝）

搶佔軍橋

軍橋是滄縣南關的重要橋樑，是進攻滄縣城的要口，我平原部五連的勇士們，猛打猛衝，以五分鐘速度即突破敵人火力封鎖，搶佔橋頭，榮獲奪城頭功。接着和城關敵人展開巷戰，把敵人全部肅清，鞏固了攻城的陣地。（劉士珍攝）

打開天津的南大門

堅决英勇的指揮員

平原部一營劉營長，身負重傷，不能行動，却堅决不下火綫，扶着通訊員在城關指揮巷戰。（劉士珍攝）

精心計劃打滄城

平原部一營營長和正副教導員都負了三五處傷，仍然堅持指揮，精心計劃。攻佔城關後，集合連級幹部研究攻城辦法。（高宏攝）

登城頭功第三連

六月十四日下午，攻城開始，正值劈雷喝閃風雨交加，平原部三連的英雄們，冒着熾烈的火網，以十五分鐘的驚人速度，即全部登上城頭。擴大突破口，打垮了敵人四次反衝鋒，立了頭功。得到縱隊獎『登城第一功』旅獎『登城頭功』的錦旗兩面。（劉士珍攝）

解放馬廠

在我軍攻擊威力之下，據守堡壘的蔣僞軍，隔着壕溝把武器扔過來，全部就擒。（郝建國攝）

解放陳官屯

冒着敵人的砲火，突擊隊衝向車站。（陳廣祥攝）

解放唐官屯

我軍渡過運河進佔唐官屯。（孟慶彪攝）

图片比例按 100% 呈现

風雨泥濘打靑縣

袁苓 三達 攝

)精心計劃提高技術（一）

運河二大隊在戰鬥之前演習攻城動作：過布橋。

)精心計劃提高技術（二）

運河二大隊在戰鬥之前，各班細心學習飛雷爆炸，做到人人會投，人人會用。

) 踏泥涉水過城壕

運河部一營的勇士們，英勇艱苦，克服了蔣僞軍的得意『保障』，爬過滿是泥水的壕溝，接近城垣。

) 佔領城頭殲蔣匪

這原是日僞苦心經營的城頭工事，蔣僞繼承下來，據守作惡。我軍佔領城頭，就把這些壞蛋殲滅在他們自掘的坟墓裏。

) 六連勇士繳獲多

運河部六連以勇猛精神和機巧技術結合，完成了解放靑縣的攻堅任務，全連共繳獲步槍二百一十支，機槍三挺，迫擊砲一門。這是戰鬥剛結束時清查繳獲武器的情形。

追擊戰的能手

渤海部第三連

渤海部三連，在正太戰役中大顯身手，敵人只要一遭遇他們，那就逃不脫被全部追殲的命運。他們共組織進行了三次追擊戰鬥，計俘敵五百六十八名，繳重機槍二挺，輕機槍二十四挺，步槍九十九枝，短槍二支，馬砲四門，擲彈筒三個，而自己僅傷四亡一。以這樣小的代價取得那麼大的勝利，全連立了大功一次。

（曹哲攝）

勇敢機智的指揮員

田潤生

田潤生同志是渤海部三營營長，他戰鬥勇敢，指揮靈活，帶領全營多次完成任務，超過原來訂立功計劃的一倍。在南棧戰役開始時，三營就俘敵九四四名，繳步槍六六六支，重機槍六挺，輕機槍四四挺，子砲擲彈筒二六個，其他武器彈藥很多。現在田潤生同志立了一次大功。

（曹哲攝）

創造節柴經驗的

高雙喜

他響應上級號召，苦心鑽研，創造了節省燒柴的好方法，立大功一次。照片是高雙喜同志一邊燒火一邊研究節柴方法時的情形。（詳細情形請看本刊第八期『南海部節柴經驗』。）

（曹哲攝）

編輯者：晉察冀軍區政治部　　出版者：晉察冀軍區政治部晉察冀畫報社

晉察冀畫刊

部隊讀物

17

1947.7.25.

亞洲部開慶功大會
解放滄縣功臣受奬

賈立德攝

滄縣戰鬥結束後，亞洲部即於前綫某地召開慶功大會，奬勵解放滄縣有功的功臣們。（會議經過情形因攝影記者沒有寫來，而我們又沒有根據可寫，只有請讀者看下面的照片——編者）

1、功臣列隊進會場。
2、首長親自來獻花。
3、光榮花兒掛胸上。
4、功臣臉上放豪光。

英雄立戰功，家鄉也光榮

——功臣魯宗然家鄉賀功大會剪影

大西洋部某部警衛連的戰士魯宗然同志，在南綫戰役中立下了戰功，旅政於評功完畢後，即派「報功組」到他的家鄉——獻縣二區王友村去報功。喜報送到家鄉後，區村幹部都爲自己的區村出了功臣而引爲驕傲，鄉親們更是萬分高興，馬上召開了熱烈的賀功大會，攝影記者趕往採訪，並單爲魯宗然同志的母親拍了一張單人像，老太太當時只是笑，樂得說不出話來。

在賀功大會上，「報功組」工作同志報告魯宗然同志立功的戰績。（郭義攝）

兒子立戰功，母親也光榮。（田明攝）

魯老太太會畢回家，鄉親們結隊歡送。（田明）

图片比例按 100% 呈现

鐘莊五連戰績卓著 超過全年立功計劃二倍

鐘莊五連在南綫戰役中，由於全連緊密團結、英勇作戰，完成並超過全年立功計劃的兩倍（按該連全年立功計劃爲每人平均捉俘一、繳槍一）。戰鬥英雄劉堅武起了帶頭作用，以自己的智謀連破兩道鐵絲網和一道電網又建奇功。該連共計戰鬥五次以上，克碉堡兩座，掩護工兵炸燬一座，俘閻偽軍三百六十四人，繳步槍二百七十四支，輕機槍六挺，擲彈筒三十一個，迫擊砲一門，彈藥四萬發，騾馬十三匹，電話機十部。照片是五連全體指戰員合影、前排左面第一人就是榮獲兩功的戰鬥英雄劉堅武同志，依次帶刺刀的都立了小功或功。（梁明鍵攝）

南綫戰役功臣補報

勇敢與政治攻勢結合的 張黑子

在神山戰鬥中，六連担任截擊任務，當時四班冲在最前面，被敵人的火力封鎖了道路，張黑子馬上機動地指揮佔領了道旁的小山頭，用火力把對面小山頭上的敵人打垮了，冲上去捉了七個俘虜，繳一挺機槍兩支步槍。接着遠遠地來了一羣敵人，他們便隱蔽起來，等敵人走近了，突然跳出來大喊：『快交槍，跑不了啦，交槍不殺！』並佈置剛才的俘虜喊：『別打了，繳槍吧，繳槍沒事。』這樣敵人便全部繳了槍。計捉俘虜三十七名，繳步槍二十四支，機槍三挺、小砲一門。

盂縣堵擊戰，他們班雖然只有四個人參加，但仍然奮勇當先窮追潰敵，最後把敵人追進一個窰洞裏，戰士楊喜之跳下去堵住洞口，敵團長被迫走出來，張黑子就叫他命令部下繳槍。團長命令號兵吹集合號，七十多個敵人做了俘虜。以上兩個戰鬥共繳步槍八十四支，俘虜一〇七名，輕機槍五挺，小砲三門，其他戰具彈藥甚多，張黑子因此立了特功。照片是張黑子全班合影。（曹哲攝）

正定登城第一名 王世昌

他是渤海部五連一班的戰士，在正定攻壘戰中，他最先登城，當他快上到城頭時，敵人還在端着刺刀堅守着，王世昌同志機動地將準備好的手榴彈打上城去，殺傷了敵人，緊接着便很迅速地冒着手榴彈的烟爬上去，打開了一個突破口，敵人又反冲鋒過來了，被王世昌同志的手榴彈打垮下去，在他的鼓動和掩護下，部隊都登上了城頭。（曹哲攝）

人民的戰士坐上了坦克，（熊雪夫）

我軍繳獲之重迫擊砲，（

攻克湯陰城

活捉孫殿英

五月一日晚上十點鐘，豫北人民解放軍一部向蔣偽强大據點——湯陰城發動總攻，經六小時激烈戰鬥，將守敵蔣偽暫編第三縱隊孫殿英部全部殲滅，孫殿英和他的副司令劉月亭、參謀長鄧負暄等均被活捉過來。

被我活捉之蔣偽暫編第三縱隊中將司令員孫殿英(左)和他的少將參謀長鄧負暄，(右)(袁克忠)

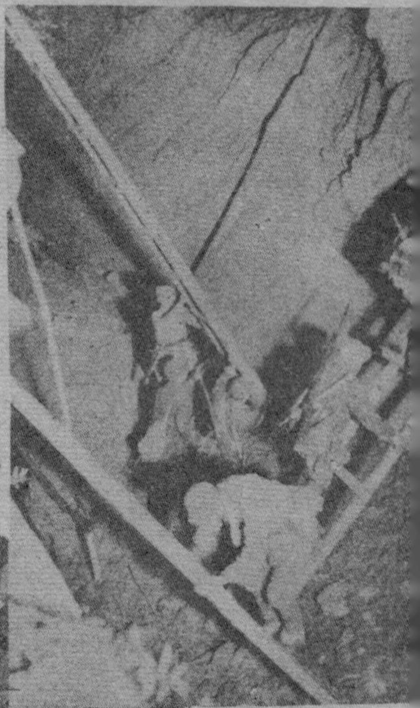

在強大砲火掩護下，我勇士迅速通過湯陰城防外壕，（裴植）

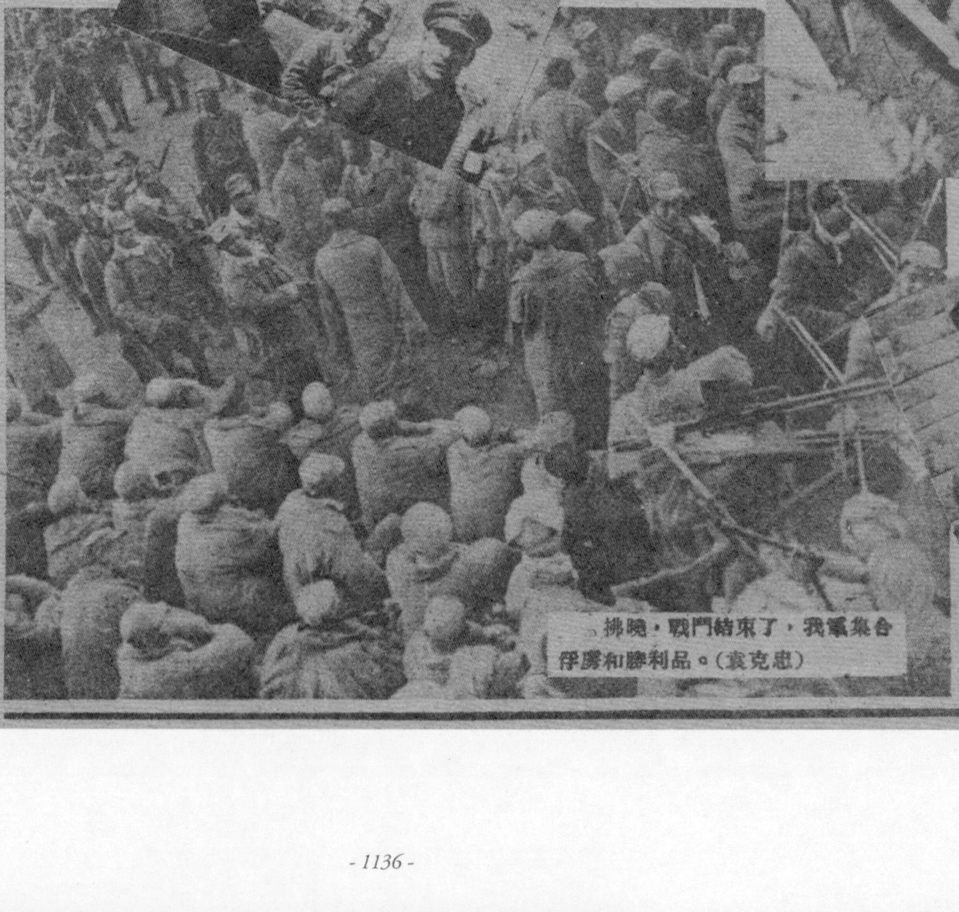

拂晚，戰鬥結束了，我軍集合俘虜和勝利品。（袁克忠）

被我活捉之……暫編第三縱……令劉月亭。（

晉察冀畫刊

18
1947.7.30.

勇克興濟

津浦戰役的又一鏡頭

六月十三日晨起，我軍對青滄蔣偽强固據點興濟發起攻擊，至當日下午解決戰鬥，將蔣記偽匪高洪基部完全殲滅。在戰鬥中，出現了以白國華爲首的七勇士，他們衝入高匪指揮部，俘敵九十八名；曾經榮獲定縣登城頭功的建功部第八連，在登城激戰中又大顯身手。此役據不完全統計：除斃傷外，生俘偽保安第八總隊團副陸世恩，大隊長劉風順以下官兵一千一百七十八，繳獲甚多。

戰鬥動員起來，消滅慣匪高洪基，解救興濟人民！（黎民）

踏泥涉水，隱蔽地冲向敵人的陣地。（高粮）

攻入興濟鎮，搶佔制高點，包圍壓縮敵人！（冀連波）

奮勇克興濟

英勇機智頑强的七勇士

某部二班長白國華、戰士馬俊生、一班長王大亂、戰士張建業、三班副孫小貴、戰士李清東、常文等七人，在奮勇冲擊中，與主力失去了聯系，他們便機動地組織起來，堅守陣地，一直和敵人對抗了八點鐘。主力總攻開始後，七勇士也乘機深入此關，一下冲到高匪指揮部門前。敵人仍企圖頑抗，他們就向西院的敵人打了個排子手榴彈。然後，堵在門口的白國華等齊聲喊道：『交槍不殺』，留在院外的孫小貴和馬俊生則以洪亮的嗓音高叫：『同志們，立整站隊，不要打槍了，敵人投降了！』這樣，敵人摸不清我們有多少人，九十八名全部交槍了。照片是七勇士合影及他們所繳獲的槍枝。（高粮、冀連波）

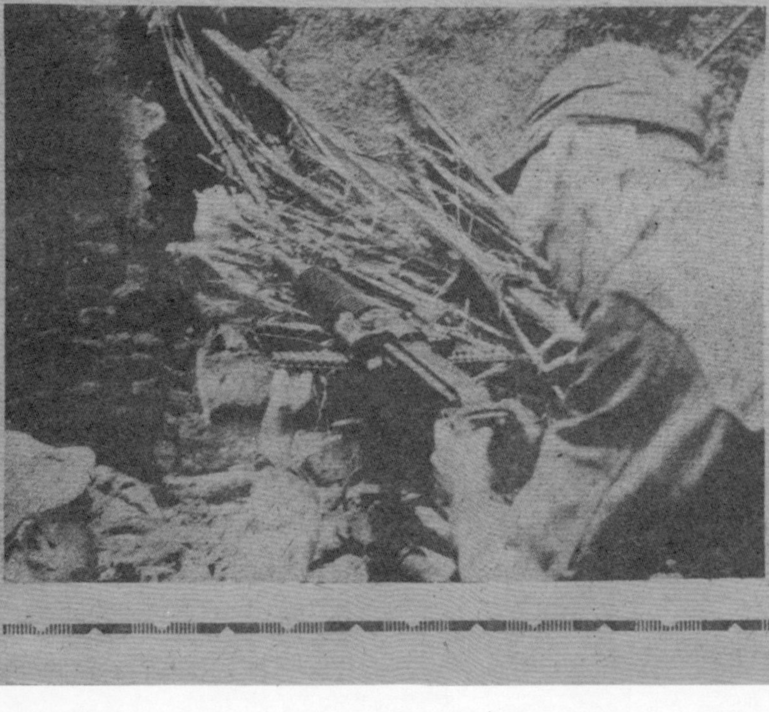

重傷還堅持戰鬥的李合春

共產黨員李合春，現在是建功部二中隊第二挺重機槍班⌈?⌉長。石東戰役與家營戰鬥中，他於完成掩護步兵冲鋒的任務後，自動參加投彈組，他以單臂十四枚手榴彈摧垮了敵人的抵抗，立了一小功。這次興濟戰鬥，他的嘴部與背部都受了重傷，半節舌頭露出嘴外，鮮血流滿了他的胸前，説不出話來了，他還哇啦哇啦叫班裏好好保護機槍。營長勸他下去休息，他堅决不肯，搶着又坐到機槍座上打了一梭子彈。最後還是硬把他架到營指揮部的掩蔽部裏去。照片是李合春負傷後仍堅持作戰時之情形。
（高粮）

爲了配合野戰兵團津浦北段作戰，我冀中子弟兵某部於六月十二日上午，分四路向大清河北之永清城進襲，激戰廿四小時，全殲僞河北保安第三縱隊紀有爲以下千餘人，蔣軍白佔不到兩個半月的永清城，又重回人民手裏。

九三〇部八連的勇士們，冲着密集的敵火，果敢地登上西城，（邵克）

飛行爆炸手們，搬運地雷，爆破城門去，（方弘）

蔣記永清縣政府。（李豐）

淇縣東北大捷

全殲第二快速縱隊

人民常勝軍劉伯承將軍所部，於四月十八日在淇縣東北將蔣記第二快速縱隊（六六師四九旅）全部殲滅，其指揮官（旅長）李守正等皆被生俘，至此蔣介石僅有的兩個『金鋼鑽部隊』已被人民解放軍的鐵錘完全擊碎！（編者按第一快速縱隊已於今春在魯南戰役中，全部『轉交』給山東人民解放軍。）

第二快速縱隊少將指揮官（裴植）

第一副指揮官蔣鐵雄（裴植）

第二副指揮官袁峙山（苗毅征）

緊張的戰地後勤工作

青滄戰役中，運輸攻城梯的大車隊迅速地奔向青州前線。（袁苓）

由隨軍後廠地方工作同志組織的，部隊到那裡，他們跟到那裡。（唐哲）

平漢前線民兵担架隊的陣容。（李枕）

與清戰鬥中，衛生員施行戰地急救，被救者就是建功部四連政指功臣黎智啓同志。（高很）

活躍在徐水攻城戰中的担架班。

出版者：晉察冀軍區政治部　編輯者：晉察冀軍區政治部晉察冀畫報社

晋察冀畫刊

進修讀物
19
1947.8.5.

徐水攻奪戰

平漢前綫我軍自六月中旬展開攻勢後，下旬繼續擴大攻勢，二十五日起，四天中殲滅全部美械化蔣軍嫡系兩團一營，連克徐水、易縣，滿城三城，切斷平保交通。徐水攻奪戰，就是這個勝利戰役中的一個最激烈和具有決定意義的戰鬥。

梯子組冲在前面

六月二十六日下午六時，攻奪戰開始了，在强烈的砲火掩護下，我某部五連梯子組奮勇衝在前面，照片是他們迅速通過一所房屋的牆洞時之情形，那裡距城牆約七十米遠。（賈立德）

過外壕機動果敢

當他們接近了外壕，沒等架橋組來到跟前，便機動的把梯子放下壕裡，一個個迅速地跳下去，緊接着又順梯子爬上前沿。（賈立德）

奪得登城第一功

×部五連越過外壕以後，即利用砲火的濃烟，用疏散的隊形向南門城根猛撲，當時敵機雖低空掃射，但他們仍不顧一切爬上城頭，首先佔領了堡壘和工事，打垮了敵人十一次反撲，掩護後續部隊猛資登城，他們奪得了登城第一功。（賈立德）

從另一缺口登城

第五連登城不久，某部三營×連突擊隊從另一個突破口爬上城去。（蔡尚雄）

攻心戰攻破地堡

剩下最後一個地堡還沒有攻克，澳洲部九連九班長周金貴同志手持冲鋒式站在地堡側面高喊：「弟兄們交槍吧，交槍不殺還優待你們！我是從定州解放過來的第五縱隊的戰士，現在當了班長，當頑軍是沒有出路的！」他的話感動了頑軍，把槍一支支從地堡里送了出來。（徐英）

光榮的神砲手們

百發百中的砲五連

砲五連自保南戰役到現在共參加大小[illegible]十九次，次次完成了任務，南線戰役的溝[illegible]門中，四發四中地堡。欒城戰鬥一百〇九[illegible]彈一百〇一發命中目標。八里店戰鬥中五[illegible]垮五個堡壘。現在他們的射擊技術已提高[illegible]距目標四〇〇——一七〇〇米時能夠百[illegible]中。（趙艷華）

四連二砲隊，一砲打垮兩堡壘（趙艷華）

熱烈！ 光榮!!

大西洋部

召開慶功大會

（曾哲）

1 全場掌聲雷動，歡迎功臣就位。

2 獻花隊給特功功臣獻花。

3 四名特功功臣，從左到右：呂順賓、王世昌、張黑子、張喜、（他們的立功事蹟本刊曾經報導，請讀者參考）

4 特功英雄呂順賓講話。

5 給獎。

6 路上，軍民又熱烈地向功臣獻花

7 歡送功臣大遊行。

8 再接再勵，功勞上面加功勞。全旅指戰員提槍敬立，歡送功臣歸去。

民主建國軍雲南支隊

1 雲南支隊陣容一角。
2 支隊長陳蘇。
3 模範工作者李世芳。
4 模範工作者郭庭才。

去年五月二十五日，在山海關前線高岑軍站拒絕內戰光榮起義的雲南部隊九三軍暫編十八師三團三營一部，自組成冀熱遼民主建國軍雲南支隊後，轉變進步極快。首先改變了官兵關系，這樣使得整訓練兵獲得很大成績，羣衆紀律良好，四月英模選舉，戰士李世芳班長郭庭才被選模範工作者。五月中旬，他們首次與冀東人民解放軍並肩作戰，參加樂東戰役，檢關戰鬥中副班長馬隨良等立了小功。起義週年紀念日，適逢我軍反擊山海關外圍石門砦一線，他們沒有開紀念會，用戰鬥來回答一年來人民對他的愛護，協同奪取小李莊碉壘，曾在昆明中央軍校畢業，受過美國教官訓練的現任支隊長陳蘇，親自指揮多門美造六〇砲向碉堡射擊，連中兩發，畢如蘭等機槍射手，以比式白朗寧機槍，準確猛烈封鎖敵人配合友鄰攻擊，迅速取得全殲敵人的勝利。

王寶蔣軍大燒殺，

血債定要蔣賊還！

蔣介石的三光政策，同日本鬼子一樣。今年二月，唐山、天津蔣軍一四二師五六師兩千多人，分路向我冀東解放區玉(田)寶(坻)水區五十多個小村莊進攻，三天焚毀六千多間民房，使一千七百〇三戶人民失去住處，八千四百多個人民變成災民，數百青年被抓走，十三個慘死在蔣軍的屠刀下火網裡，所到之處婦女大部被姦淫，人民財物、農具、車輛、牲畜損失很重，無法統計。

玉田石臼窩鎮一千多間房子全被燒光，人民流落街頭無家可歸。

寶坻大沽莊青年被抓走，房子全燒光，剩下老婆婆，日子怎樣過？（鐵錚攝）

出版者：晉察冀軍區政治部　　編輯者：晉察冀軍區政治部晉察冀畫報社

晉察冀畫刊
連隊讀物
20
1947.8.15.

配合東北反攻 切斷北寧交通

灤東出擊大捷

五月十七日夜，冀中我軍向灤河以東北寧路留守營，後封台段主動出擊。攻克北寧線蔣軍重要軍事基地之一——昌黎城，駐昌黎蔣軍東北保安第三師師部，昌黎團管區司令部等機關全部被毀。同時，攻克留守營等据點，及張家莊，後封台，昌黎三車站，西至大牛欄東至留守營七十多里北寧路大部被破壞。我軍於殲敵二千餘人後，矛頭轉向秦皇島山海關外圍，三日內全殲深河、石門砦守敵，並逼退撫寧、遷安西城及榆關、馬坊等十餘蔣僞据點，繳獲武器物資堆積如山。

這是冀東人民的重大勝利。它直接打擊了東綫蔣僞兇燄，把蔣軍從華北到東北打內戰的輸血管——北寧路切斷，有力的配合了東北民主聯軍的大反攻。

本報特派記者吳羣攝影

攻佔昌黎城

1 午夜從城東北角架梯登城的突擊部隊。（王美光拍）

2 控制城墻後，迅速向街道發展，逐步消滅敵人。

3 佔領第三師師部，我軍入內清理勝利品。

4 放下武器的大批蔣僞軍，從縣政府內集隊而出。

本報記者吳群，最近自冀東前線歸來，拍了很多冀東軍民英勇鬥爭，收復失地的照片，現編爲特輯，以饗讀者。——編者

灤東 出擊大捷

1 攻克後封台車站
（孫國香攝）

2 攻克張家莊車站
在猛烈炮火轟擊下，車站月台票房在燃燒中
（昨飛攝）

3 攻克留守營
重機槍連續掃射，掩護突擊隊衝鋒。（紀良攝）

4 切斷輸血管
我軍破壞北寧路大牛欄至後封台間鐵路
（田建功攝）

5 在深河被俘的東北保安第二團上校團長王安信

6 在昌黎被俘的東北保安十四團中校副團長田㳕

擴張戰果！
擴張勝利！

7.在昌黎被俘的昌黎關管區司令部中校參謀主任劉紹曾
（李瑞峯攝）

8 深河據點毀滅
在砲兵和工兵配合下，遣秦皇島外圍的大點據被毀滅了
（田建功攝）

9 攻佔石門寨
石門寨是山海關外圍強固據點，但也被我軍攻佔了
（昨飛攝）

10 逼退榆關鎮
北戴河外圍的榆關鎮工事修建堅固，但却抵擋不住我軍。
（吳群攝）

图片比例按 100% 呈现

寶坻 去年九月被佔，十一月我軍全殲守敵後首次解放，今年一月又被蔣軍侵佔，但不及一月又爲我收復。照片是解放後寶坻城內的繁榮景像。

寧河 距北寧路上的蘆台僅三十里，今年三月爲我收復。照片是我軍進入寧河城的雄姿。

冀東軍民

英勇鬥爭，收復失地

去年九月，在蔣美聯合大舉進攻下，冀東解放區全部城市被佔後，當地形勢就日趨緊張殘酷，但冀東軍民英勇鬥爭，堅持陣地，愈戰愈強，不但能勝利的粉碎了蔣軍的「掃蕩」，並迅速恢復和新開闢了大塊地區。到六月底止，九個月自衞戰爭，已使形勢起了變化，冀東巳先後恢復利解放了，賓坻、寧河、撫寧、遷安、遵化、薊縣、平谷等九座縣城，收復了去年九月以後被強佔的解放區失地大部。下面介紹的照片，僅是其中的一部份材料。

撫寧 離北寧路上的昌黎五十多里，今年五月爲我收復。照片是我軍入城後，將繳獲敵人的糧食賑濟貧民羣衆紛紛擁至集中倉前來領取。

遷安 是產紙區，和撫寧同時爲我收復。照片是遷安城南關各紙店，蔣軍侵佔該城後，多强佔駐兵，我軍收復後商民又紛紛歸來安居樂業。

薊縣 是今年六月和遵化、平谷、三河同時爲我收復的。照片是當我軍重返薊縣城後，人民見我軍在八九個月的自衞戰爭中，裝備又換成一新，美造吉普車、卡賓式槍都有了，非常高興紛紛前來觀看。　本報特派記者吳寧攝。

劉維春同志像

平射擲彈筒的創造者劉維春

風南

創造平射擲彈筒，專打敵人碉堡的首創劉維春同志，是魏村鋪莊二連小炮射手，蠡中肅寧農民，曾經打過獵，是使鳥槍的好手。去年九月入伍，使小砲（八八式擲彈筒）不到半年，聽團裡傳達要練擲彈筒平射，他就用了心。首先和木匠研究作好平射用的砲架，回到連裡用起功來：架砲、瞄準、測量距離，眞是不管黑夜白日一心一意的尋找平射的門路。

世上無難事只怕用心人，在南綫戰役中，劉維春的擲彈筒平射大顯威風，立下了功績。

四月八日夜裡，劉維春帶着小砲，配合三連拿正定外圍岸下敵人據點——是一個三層高的日本人修下的堡壘，緊靠鐵道，控制着周圍的開闊地。三連一接近，就有二十多個同志負傷。劉維春同志帶着他的平射八八式擲彈筒，突至距堡壘一百公尺處，冒着敵人火力，找好地形，沉着的把砲架穩，測好距離，瞄準堡壘，穩穩的握住砲身，一砲，正中堡壘。擲筒平射宣佈成功。連着又打了十二砲，一砲也沒脫空，堡壘變成了一團白煙。

可是，三連並沒有藉着砲火掩護，衝進去解决敵人，自己砲彈只剩了六顆。他焦急的去找張付連長，要三連在他再打砲時就衝上去。三連付連長對他說：「好！你打吧。可不能偏差一點，堡壘的周圍壕坑邊上都有我們的突擊隊，打不中，就傷自己人！」

劉維春同志把小砲照準堡壘最上層，一連三砲，三砲都從堡壘上簷垛口式的窗子裡鑽了進去。堡壘蓋也炸塌了。伏在壕溝周圍的戰士們一齊衝上去。堡壘裡邊的兩個敵人被炸死了，逃藏到最下層的敵人嚇壞了，忙喊：「我們繳槍。」

神炮手劉維春的名聲傳遍了。

戰役第二階段，四月十五號的黑夜，劉維春那連去打井陘煤礦。部隊正向礦區運動，迎面堡壘上的探照燈照過來，不但暴露了目標照得每個人的眼都眩了，啥也看不清了。連長馬上命他把探照燈打滅，不然，部隊就無法前進！他把小砲架好，測定距有一百五十公尺對準就是一砲，探照燈被炸滅了，礦區敵人的據點，成了瞎眼烏龜，全連無一傷亡，安然突進了陣地。

戰後評功劉維春同志記了兩功，旅政治委員滌遺遜同志高興極了，說：「夠格，這是創造。」又說：「讓他到旅裡來當教員，把擲彈筒平射教給全旅所有的砲手們！」

（轉載自前綫報）

劉維春同志使用平射擲彈筒瞄準時的姿勢，經過他的研究，
出兩點瞄準經驗：第一，把筒架正面對準目標，架脚插入土內
最好後邊設一依托；第二，瞄準時，右眼、筒上的直線和目標
成一直線。

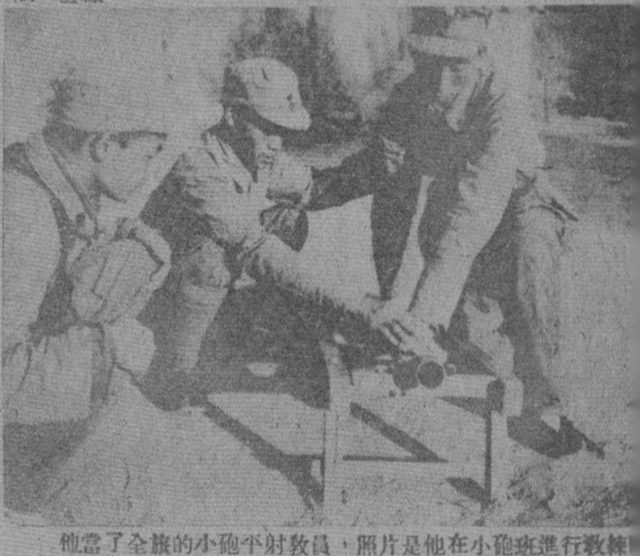

他當了全旅的小砲平射教員，照片是他在小砲班進行教練之情形。

出版者：　晉察冀軍區政治部　　編輯者：　晉察冀軍區政治部晉察冀畫報社

晋察冀畫刊

晉察冀軍區郵政管理局登記第二類號

21
1947.8.20.
進步讀物

强攻固城重鎮　盡殲美械蔣軍

六月二十五日夜，我軍肅清固城車站及其附近據點後，即將平漢北段軍事重鎮之一的固城包圍起來。二十六日下午六時開始攻擊，我軍冒着熾烈的敵火和瘋狂的敵機，經過兩天一夜的激戰，完全掃除鎮外堡壘工事，取得鞏固的攻城陣地。二十八日總攻擊令下，我軍藉强大的砲火作掩護，奮勇突入城內，展開逐街逐院的爭奪戰，當天下午敵人支持不住分股突圍，我軍勇猛追擊，最後把全部美械裝備的三六二團盡數殲滅，並將團長張劍秋活捉過來。

1　踏過殘破的地壘和鹿砦，我軍從烟火中冲向敵人陣地。（孟慶彪）

2　集中火力追擊潰逃的蔣軍，不讓一個跑掉！（陳慶祥）

3　勇士們追擊勝利，押帶俘虜和武器歸來。（陳慶祥攝）

4　被我軍活捉之一二一師三六二團團長張劍秋。（孟慶彪）

1

2

介紹班長秦發的領導方法

孟振江攝影

秦發同志是冀晋軍區恒山部威團三連的七班長，他具有明確的階級觀點，崇高的革命熱情，豐富的創造精神，因此他到那班，那個班就搞的好。該區立功運動第一期評功中，七班得了鞏固部隊與工作練兵兩個功，秦發本人立了鞏固部隊、擁政愛民、戰鬥、工作練兵四個功，被全團公認爲全面的好幹部，經分區評委會研究評定一大功。

秦發領導方法的特點是：虛心耐煩的工作態度，以身作則親自動手的精神，吃苦在前享受在後的模範行動，善於多鼓勵少批評團結積極份子推動工作的領導藝術，深入下層，瞭解情況，發揚民主，用羣衆力量通過羣衆自我教育，啟發群衆覺悟，他具有高尚的階級團結精神和堅强的愛兵觀點。

1 個別談話耐心煩

發現班裡的同志有了缺[illegible]，他能夠抓緊時間進行誠懇[illegible]個別談話，有時一天連談幾[illegible]人，一點不怕麻煩。

2 帶頭操作班教練

他帶領全班操作班教練，把自己知道的東西毫無保留[illegible]教給別人，而自己不清楚的[illegible]則虛心向別人學習。

3 帮助羣衆走在前

帮助住地羣衆做活，他[illegible]是走在別人的前頭，在他的[illegible]響下，連新參加的解放戰士[illegible]積極幹起來了。

4 讓積極的帮助落後的

他懂得：通過戰士羣衆中[illegible]積極份子去教育團結戰士羣衆，[illegible]時比領導上直接去做還要見效。[illegible]是秦發和從「落後」轉爲積極[illegible]的趙林厚談話，他叫趙去改造[illegible]戰士李德寶。

3

5 多鼓勵少批評

他還懂得：有些「落後」同志之所以更其「落後」，常常是因爲領導上對他們採用了單純批評甚至諷刺的方式，因此他掌握「多鼓勵少批評」的原則，把全連公認的「落後」戰士趙林厚改造成了積極份子，這是他寫牆報和表揚模範時之情形。

5

6 全班團結賽過家庭

這是秦發班在行軍中，身體強壯的幫助弱的揹槍時的情形，全班團結，賽過家庭。

6

察南解放戰士生活

蕭林

察南口前大斜陽戰鬥解放過來的蔣軍士兵，五百餘人，大多數都是被強抓當兵的。在我們的寬大政策下，他們享受到人民軍隊中的民主生活，他們編成三個連，連長都是民主選舉。他們也得到了教育改造的機會，經過坦白訴苦運動，參加了土地覆查，大大提高了階級覺悟，他們認識了人民公敵蔣介石獨裁賣國屠殺人民的眞面目，在訴苦回憶大會上他們大聲喊出『向蔣介石討還血債！』從民主自由生活的體驗中，他們深深感到人民解放軍中的溫暖，他們說：『官兵平等，同志親愛，心裡很舒坦，吃小米也吃胖了。』他們願意很快拿起武器到前線上去殲滅蔣賊，好報自己的深仇大恨。

自由愉快的課外活動：跳木馬。

在參加土地覆查中，他們排鼓慶祝農民翻身。

在坦白訴苦運動中，思想進步好的都得到了獎勵。

他們很要求進步，熱心學習。

齊家莊召開黨代表大會

爲建設强力的野戰軍而努力

在緊張的整訓期中，齊家莊部於七月二十九日召開了黨代表大會，到會代表二二四名，大會熱烈進行四天，在會上，旅的負責同志作了重要的工作報告，最後於高度發揚黨內民主的精神下選舉出黨委會，八月二日勝利閉幕。全體代表帶着建設强力野戰軍的決心和信心愉快歸去。

大會開幕式(李械)

旅政委李志明同志作開機器運動報告。他說：「開機器用腦子是表示對人民對黨進一步負責的態度，是做好一切工作的鎖匙。」（李械）

旅政治主任張建綱同志在支部工作報告中指出：「支部是連隊的堡壘，一切任務要通過支部保證完滿實現」。（李械）

充實反攻主力，壯大野戰兵團

齊家莊熱烈歡迎三支隊

三支隊是久經戰陣的平原地方軍。爲了充實反攻主力，壯大野戰兵團，他們昇級編入野戰軍齊家莊部隊。齊家莊舉行盛大的歡迎。

1 齊家莊全體指戰員夾道歡迎三支隊。（王樹德攝）

2 齊家莊首長與三支隊指揮員握手相見。（杜鐵可攝）

……到主力軍是光榮的！

出版者：晋察冀軍區政治部　　編輯者：晋察冀軍區政治部晋察冀畫報社

晉察冀畫刊
22
1947, 8, 25
連續讀物
晉察冀軍區郵政管理局登記第四二號

發揚追擊戰的精神 乾凈徹底殲滅敵人！

—— 白馬河部二營看齊

六月十四日晨，我楊家營運河部攻入青縣城時，守敵一部三百多人，由城西南角跳出企圖向滄縣逃竄，馬河部發覺後立即追擊，在追擊中，發揚了猛追、狠追、死追的精神，一氣追出八十里，最後將逃跑的敵人全部殲滅，創我軍追擊戰的新戰例。（詳情見子弟兵八一七期）

今後我軍在大反攻中，打好攻堅戰、迂迴追擊戰更加要緊，**我們必須大大發揚馬河部二營這種追擊戰的精神，假如敵人棄陣逃跑，我們一定要緊緊抓住他不放，只有這樣才能乾凈徹底殲滅敵人，全部消滅蔣介石進犯軍。**

上 立大功的馬河二營第七連。（楊振亞攝）
下 七連一排在八十里追擊戰中始終跑在最前面，他們[illegible]

徐莊六連三排，鞏固部隊榜樣，一年沒有逃亡，又立功又得獎。

從去年五月到今年六月一年中間，這個排經歷了大同、平綏、淶易、保滿、正太……一連串的戰役，長期處在行軍作戰的動蕩環境裡，得不到足夠的整訓機會；排的成員變動也很大；疲勞和傷亡常常威脅到他們。但就是在這種情況下，他們緊握着團結這個武器，沒有發生一件逃亡的事情。七月，在旅的獎功大會上，他們榮獲『團結的堡壘排』的光榮頭銜，並且立了兩個功。

帶領新戰士辦法多

每逢新戰士到來之前，排裡總强調提出對新同志要耐心的教育和熱情的照顧，同時發動各班具體討論來時怎樣歡迎來後如何幫助等等問題。這樣一來，帶領與鞏固新戰士的工作變成了全排群衆性自覺的運動，新的辦法也就被不斷地創造出來。

3 開會歡迎新戰士。

貫澈感化教育方針

2 在前，老戰士張新年是全排出名的怪話大王。連排領導上摸清了他的心病，決定對他進行感化教育。經過多次耐心的談話，使他覺出過去是自己做錯了，老戰士應該爲人模範，然後帮助他下決心改正。現在他已經變成一個很好的班級幹部了。這是轉變後的張新年帮教給新戰士拆卸機槍時的情形。

1、新戰士吳雲生，過去胆小，想家，心裡總盤算着開小差。排長發覺後，就主動向他解釋說：「你們都是自動參加來的，可不要光明着出來黑暗着回去呀！」班裡的同志也經常安慰他鼓勵他。他慢慢感到自己的想法不對，便自動在班務會上把自己的思想包袱打開，並且說：「今後要堅決學習技術爲人民立功！」別人都午睡去了，他還在炎熱的陽光下苦練。

图片比例按 100% 呈现

4 老戰士送皮帶給新戰士·

5 行軍途中，身體强壯的老戰士組成互助組，帮助新戰士揹東西揹槍，往往新戰士也客氣起來，於是造成了熱烈的「奪槍運動」

互相尊重　互相學習

6 老戰士、新戰士、解放戰士能夠互相尊重，互相學習·這是解放戰士胡常字教給新戰士瞄三角的情形·而老戰士則經常帮助解放戰士了解人民軍隊的光榮傳統，提高他們的政治認識·

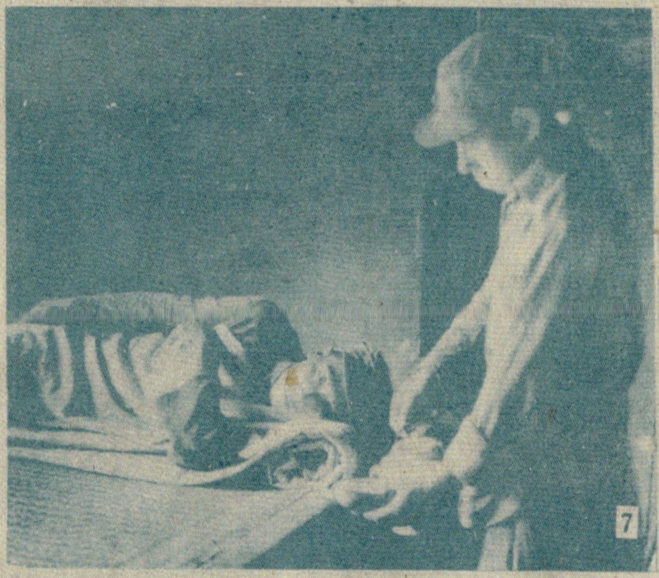

7 劉連長給病號餵水。他每天要到病號室看四五趟·

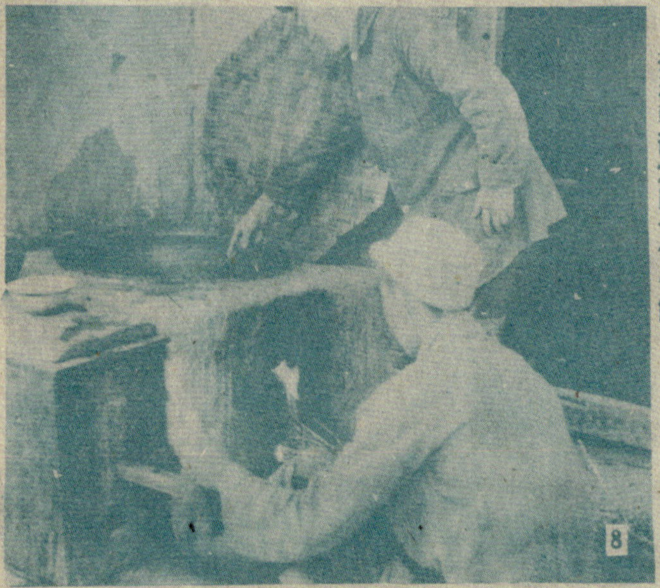

8 排班幹部爲戰士們做飯·

愛兵尊幹造成熱潮

六連三排的幹部們都是從戰士提升上去的·他們非常熟悉了解戰士的心理·劉連長說：「只有把自己的心當成戰士的心，才能體會下級的難處，熱愛戰士」排裡發生了病號，幹部設法給搞細粮吃，行軍到目的地後，幹部自己去燒水做飯，讓戰士們休息·住的房子狹窄了，總是叫戰士們睡炕上。幹部們的愛兵熱情，帶起了戰士們的尊幹行動，官兵關係更加親密了，上下級的心完全聯在一起了·

上接宋家營射擊檢查

迫擊砲平射演習

瞄準姿勢。

命中目標。

開始射擊。

迫擊砲近迫表演

近迫射擊也叫近敵射擊，在距離敵人太近或突然情况下實用，射擊時一人可打，不要座盤也不要砲架，用腿腦將砲身下部夾着，用左肘將砲身上部架住，右眼與砲上的瞄準綫成垂直線，以便瞄準目測距離。據這次實試者馬國治同志表演結果低發火（不加葯包，一般的『八二』砲與『八二』二號砲彈）可打一百五十米，加半個葯包打了二百二十米。表演者是尖兵部一排長馬國治同志。

土工作業：賈各莊各團比賽挖單人立射掩體。（黎民）

練習過溝：立功部四連演習敵前通過外壕。（黎民）

出版者： 晉察冀軍區政治部　　編輯者： 晉察冀軍區政治部晉察冀畫報社

晉察冀畫刊

晉察冀軍區郵政管理局登記第四二號

23

1947. 8. 30,

提高技術，發揚創造

宋家營舉行射擊檢查

在緊張的練兵期中，宋家營於八月五六七三日舉行射擊檢查，以便了解練兵成效，立流射擊經驗，選拔特等射手。下面的照片，只是這次射擊檢查中最突出的幾個場面。

光榮的神槍手

這是大檢查中獲得優勝的神槍手，從右邊數起：田福生（三槍三中），李風亮（九槍八中），姜席正（九槍八中），賀貴華（三槍三中），陳連傑（九槍八中），路兵山（九槍八中），康滿妮（九槍八中和三槍三中），楊勇和（三槍三中），賈志明（三槍三中和九槍八中）。

他們的射擊經驗是：第一，要想射擊準確，必須按照射擊要領苦練；第二，要熟知自己步槍的優點和缺點；第三，擊發時不要用力過重。

九發七中的迫砲手楊貴長

他是立功部砲兵連四班長，兩年的迫擊砲手。在射擊檢查時，得到了九發七中的優良成績。（兩發是試射）。他能夠得到這種成績的原因：第一，相信科學，他雖然出身是個老粗，但是學算術很努力，而且有了很好的成績。他說：『會算術射擊就準確多了，』第二，着重經驗。他說：『經驗很重要，多打多研究，就打準了。』第三，他不光看重各式砲的性能，尤其注意研究自己使用砲的特點，他說：『說明書上，說底火打二百米，加一個藥包遠三百米，我們這門砲照這樣就打不準，我們這門砲底火打二百五，加一個藥包增三百五，加兩個就打九百五了。』這一點，在我們今天的情況下，特別重要。

保北戰役
立『大功』的功臣們

（這裡所發表的只是固城攻擊戰和北河店阻擊戰中的大功功臣，其他戰鬥的功臣，如果收到，當繼續報導——編者）

固城攻擊戰 全殲三六二團立大功

固城戰鬥康家灣部十四支隊四大功臣，在團獎功大會上，受獎後的光榮紀念，（陳慶祥攝）圖中圓像從上邊數起，排長張世勛，付排長邊洛元，班長劉水（孟慶彪攝）戰士劉英福（陳慶祥攝）

2 康家灣部十三支隊班長姚書橋受領獎章（孟慶彪攝）

繼續奮發努力，帶領群衆齊前進！

跟隨功臣前進，爭取個人當功臣！

5 徐莊一連二排，頑強把守紅樹營，掩護主力順利完成作戰任務，立一大功。（郝建國）

6 遼河部七連一排漂亮的機槍射手陳鴻恩，大顯身手，只打一百二十粒子彈，斃傷敵人三十多名，掩護步兵打退了敵人三次反衝鋒，立一大功。（郝建國）

7 徐莊七連一排勇士李連慶，一個人固守全班陣地，雖受重傷也不後退一步，堅持戰鬥八小時，等援軍趕到，最後終於把敵人打垮。（郝建國）

8 徐莊六連七班付班長李小同，堅決執行防地命令，機動靈活完成任務，立一大功。（郝建國）

北河店阻擊戰 頑強打援反擊立大功

3 康家彎部十四支隊三營，全營士氣高漲，奮勇沖殺，最先突入固城敵人工事，打退敵人十幾次反突擊，對整個戰鬥發生很大影響，全營記一大功。（孟慶彪攝）

4 康家彎部十四支隊三營八連一排，突入固城，打垮敵人幾次反衝鋒，給主力以很大支助，全排記大功一次。（陳慶祥攝）

王惠文跨馬報功

1 王惠文跨馬赴會。
2 報功隊當衆報功。
3 小學生歌舞慶祝。
4 老太太榮遊全村。

爲人民除害立功！

生死都無上光榮

爲了剷除蔣僞匪徒高洪基部，解救災難深重的人民，我軍猛攻解放興濟鎮。（見本刊十八期）戰後，再生的人民送給攻城有功的部隊『爲民除害』的錦旗一面；並建造烈士塔，以紀念這次激戰中光榮犧牲的人民英雄們。

榮受『爲民除害』錦旗的有功部隊在興濟鎮外運河上留影。（黎民）

人民用無限的哀痛和敬意築成這座烈士塔，塔上碑文號召我們：消滅全部蔣介石進犯軍，爲死難烈士復仇！（黎民）

出版者：晉察冀軍區政治部　　編輯者：晉察冀軍區政治部晉察冀畫報社

晉察冀畫刊
24
1947.9.7.
晉察冀邊區郵政管理局登記第四二號認爲新聞紙類

一面治傷，一面打仗
鐘莊綁紮所，火線立大功

鐘莊綁紮所，是保北戰役中臨時由團營一部份衛生人員混合
編成，共九個人，團衛生隊長孔謙同志負總責，還有正副看護班
長史田秀、馮光義，看護員邢俊恒，朱樹廷、李振華，調劑員陳
士瑞，醫生邢力桑，担架隊長許樹桂，通信員楊保良同志等。他
們在萬分緊急
的戰鬥情況下
，高度發揚了
，全心全意爲
傷員『的負責
精神』，一面
堅持給傷員治
傷，一面堅決
同敵人打仗，
開動機器，克
服困難，完成
了艱鉅的戰地
救護工作任務
，立了一個大
功。（軒建國）

『年青健壯的神砲兵』

紅 楓

砲兵某團第一連，一年來轉戰各地屢建戰功。在旅的『八一』獎功大會上，榮獲『年青建壯的神砲兵』錦旗一面，立了一大功，有快版唱道：

神砲第一連，立功在前線，
六月打滄洲，奮勇去參戰，
掃外圍，攻城關，處處都把威風顯；
反衝鋒，破障礙，配合步兵幹的歡；
通過千米開闊地，敵人還未發覺哩，
一砲剛出口，五砲飛上去，
砲砲命中高堡壘，打得敵人全鑽地。
總攻滄洲城，一砲打東門，
彈不虛發真驚人，十七(個)敵堡都毀盡。
敵人突圍撲過來，人多他們十幾倍，
砲兵怎能近戰呢？誰個到這不發急？
但是他們沉住氣，『人在砲存』心有底，
看看將近五十米，手榴彈擊敵得勝利！
再談黑夜打容城，面對面來不見人，
雪亮(的)砲彈像流星，掩護步兵向前進，
射擊準確如天明，協助步兵登上城
博得戰士担架員，鼓掌叫好歡呼聲。
今年一月間，二次攻徐水，
步砲協同動作對，
先把目標編號碼，了解步兵突破咀，
單等衝鋒號一響，發砲攻堅任務成！
一連(的)功績說不清，三大任務樣樣行，
『八一』獎功列頭名，『年青健壯的神砲兵』。

縱橫各部隆重……

八月一日，縱橫各部同時舉行隆重的獎功大會，嘉獎一年來奮戰在各個戰……也熱烈參加慶賀，盛況空前。這裡先將各部大會，特功功臣及一部份大功功臣……照片，以後陸續刊登。

特功功臣黃樹田
（歐洲部）

特功功臣王　儒
（歐洲部）

特功功臣張保合
（澳洲部）

特功功臣裴志童
（亞洲部）

特功功臣王宗春
（平原部）

↑盛大的軍樂隊作前導，印度洋部功臣列隊進入會場。（劉士珍）

→太平洋部駐地附近老鄉，抬着一桌一桌的瓜菓吃食，到大會賀功。（徐英）

←大西洋部獎功大會之功臣席。（曹哲）

→縱橫部李政委親給印度洋部功臣發獎。（曹立德）

人民功臣，各部駐地群衆，
合發表，其他大部大功功臣

↑ 印度洋部特功功臣和大功功臣騎馬進村，村中兒童歡呼致敬。
（賈立德）

特功功臣張 齋
（南海部）

特功功臣于冠軍
（草地部）

大功功臣曹振峯
（縱橫直屬隊）

大功功臣馬 恩
（縱橫直屬隊）

大功功臣李佳花
（縱橫直屬隊）

工兵功臣王惠文
跨馬回鄉報功勳

高 麗

王惠文，草地部特務連的工兵，滄州戰鬥中抱雷炸破城門，打開冲鋒道路的戰鬥英雄，他立了大功。

七月十三日，草地部楊主任率領六十餘人的報功隊，抬着報功箱，功臣王惠文胸佩大紅花，騎着大馬，頭頂上飄揚着十數面各色大旗，在鑼鼓掀天中 浩浩蕩蕩向功臣家門（肅寧北甘河村）報功去了。

路過的村莊人們都夾道歡呼，當距他故鄉幾里外就看見數百羣衆高舉大旗歡呼着：『歡迎功臣王惠文……為人民立功，是我們的光榮……』等口號，參加賀功的十數個小學的行列整齊的排在兩邊。在火紅的太陽下，一位老漢累得滿身大汗指揮着八面大鼓。三眼砲「咚咚」震耳。人們的臉上顯得格外興奮，街上兩旁的房上樹上都站滿歡迎的羣衆，其中有兩個老太太在旁邊指手劃脚地議論着說：『人家惠文立了什麼功了!?眞比早先中了狀元誇家還熱鬧哩！

王家門口也掛着『戰鬥英雄』『功臣之家』的大匾，貼着對聯，在一片如雷的掌聲中，王母——六十多歲的宋老太太帶了大花由楊主任甄區長扶跨上大馬到了會場。

會中的熱烈情形，請讀者看第四版的照片：

特功英雄宋雙來

宋雙來，魏村鐘莊七連指導員，在保北戰役中，以精心計劃，堅決奮勇，寧死不屈的姿態，完成了攻碉、固守、阻援的艱鉅任務，評為特功功臣。（䢖建國）

大功功臣丁樹銀（徐莊部）
（䢖建國攝）

大功功臣翟文路（徐莊
（䢖建國攝）

大功功臣張　林（肖莊部）
（凉冰霜攝）

大功功臣胡常青（肖莊
（凉冰霜攝）

保北戰役功臣補報

縱橫部「八一」得獎大功功臣像

賈立德 曾哲 徐英 高宏 蔡尙維 等攝

羅慶山　王福榮　王德印　王金明　趙敬賢　劉日新　宋萬福

趙萬順　朱　尙　孟全義　畢洪恩　鄭景水　劉振江　王世有

冉全有　李　祿　張　良　閻耀青　李金鎖　史玉才　杜國君

出版者：晉察冀軍區政治部　　編輯者：晉察冀軍區政治部晉察冀畫報社

政管理局登记第四二號認爲新聞紙類

察冀畫刊

連隊讀物
25
1947.9.14.

我軍再克正定

八月二十四日下午四時，我軍某部再次攻克正定縣城，守敵蔣僞兩千多名，除百餘逃走外，其餘全部被我殲滅，俘大隊長趙子雲、蔣記正定縣縣長王浩東以下官兵一千五百多名，繳獲迫擊砲兩門，輕機槍二十一挺，其他武器一部

攻堅，要會利用地物

大團尧建功部三營七連二梯隊，利用方城死角作掩護，緊跟着突擊隊攻上城去。（黎民）

砲協同，擴張戰果

重機槍超越射擊壓制敵人火力護登城部隊突進。（黎民）

早晨五點鐘，步兵砲拉上城頭伸射擊掩護突擊部隊向縱深擴。（王惠德）

我軍再克正定

↓ 立功部二連渡河追殲敵人・（竇連波）

↑ 早晨七點鐘，我軍後續部隊通
十字街向南城增援・（王惠德

↓ 我軍再返正定城，人民歡快慶重生，沿街遍擺飲水站，『同志喝碗
繼續打蔣軍』・（黎民）

↗ 戰後，我攻城部隊集體實地研究敵人的城防工事，總結攻城經驗・

團結的旗幟插在十一連

——介紹楊家營十一連的兩個大會

袁苓攝影

楊家營十一連有個王三班，在班長王三同志領導下團結一體，進步飛快，曾經得到旅政送給『團結的旗幟』錦旗一面。最近十一連以王三班為骨幹掀起團結運動，開了兩個有意義的大會：一個叫『民主大會』，會上，讓戰士們對連部、支部、班排幹部大胆提出意見；緊接着召開『團結大會』，由幹部們進行自我批評，接受大家意見，並提出今後團結努力的方向，號召全連幹部戰士消除一切誤解與隔膜，緊緊地站在一塊。

出現帶頭骨幹　甘玉佩是平綏東線戰役的解放戰士，到我軍時間較長些，經過政指個別教育，在民主大會上首先對九班長打戰士的行為提出批評，帶動全連解放戰士勇敢發言。

付班長代表道歉　幹部自下而上進行自我批評，付班長王造掄同志向全體同志道歉說：『百分之百接受大家批評，今後要切實克服軍閥殘餘的作風』。

連長于福利向大家致謝　在團結大會上，于連長說：『謝謝同志們對幹部們的關心，今後應繼續保持這種精神，隨時對這裡各方面的工作大胆提意見，帮助我們改進。』

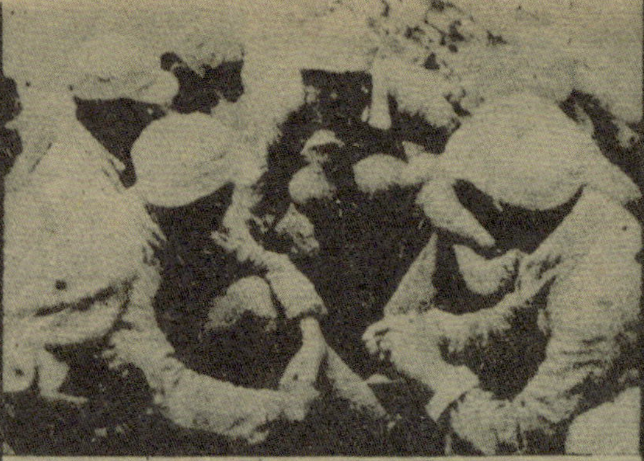

解開思想疙瘩　各班排分頭開會，廣泛討論部隊民主和內部團結問題，縱政、旅政、團政都派有幹部參加，帮助一些怕說話得罪人的戰士解開思想疙瘩。

打破了害怕心理　新戰士張保堂本來對副連長有意見，但是怕說出來遭到報復，總是悶在心裡，這次由於動員深入，解釋清楚，他也講話了。

伙食班長說：『一定接受大家的意見，保證飯菜做好，對病號關心，打仗練兵時要更加設法改善。

支書王希仁號召團結　王支書代表全體共產黨員接受大家意見，並號召共產黨員向群衆學習，更加强團結，克服過去的缺點。

認清痛苦總根由，向蔣介石報仇

郭儀

——大西洋部解放團練兵生活

士改學習找苦根 解放團的戰士大部都是窮人，被蔣介石强抓當兵來進攻人民，人人苦事說不盡，在八月大練兵中，他們展開土地改革學習，尋找苦根。

蔣介石是大仇人 經過土地改革教育，他們回想過去的受苦受罪，認清了萬惡的地主剝削是自己的仇敵，認清了蔣介石就是領着地主壓迫剝削窮人的總頭子。解放軍是窮人自己的兵。大家决心團結起來，打倒地主階級，打倒蔣介石。

自編自演心酸事 想起保甲長到家抓兵那一刻，好不悽慘：拳打脚踢，繩捆鎖綁，父母哭聲連天，妻兒拉住衣衫，自己的眼淚往肚裡嚥。到了蔣匪隊伍又是挨罵受氣，痛苦難言、如今到解放軍，找到光明，過去的痛苦有處訴，大夥把自己的心酸事情編成戲本演一番。

加緊練武去報仇 要想翻身，要想雪恨仇，只有打敗蔣介石，他們加緊學習近戰，練手榴彈，决心參加解放軍，解放家鄉，解放所和自己一樣受苦的鄉親。

出版者： 晉察冀軍區政治部　　編輯者： 晉察冀軍區政治部晉察冀畫報社

晉察冀邊區郵政管理局登記第四二號認爲新聞紙類

晉察冀畫刊

26
1947.9.28.

萬惡的地主階級的靠山，殘暴的蔣介石匪幫，自六月八日重佔我大清河北地區以後，瘋狂屠殺我抗屬、幹屬、地方幹部和翻身人民，支持反動地主倒算，搶掠，抓丁，在新城東部、固安西南、雄縣霸西地區村莊沒有一個沒被屠殺過。八月十日霸縣北關一次被殺二十一人，二十八日霸縣狄家莊一次被害七人，雄縣洪城反動惡霸孫八的姪子永清王佃莊張鶴莊的閻女們更勾引蔣偽軍割下翻身骨幹的腦袋給死去的惡霸祭靈。張鶴莊祭靈墳前一下砍掉六人。孫八祭靈墳前一下槍斃兩人。『蔣匪殘殺吳家台翻身人民』，只是這許多血案中的一件。

同志們，站在被殺害的階級弟兄面前，看看他們開膛破肚的慘像，想想他們到死不投降的英雄氣慨，我們該怎麼辦？

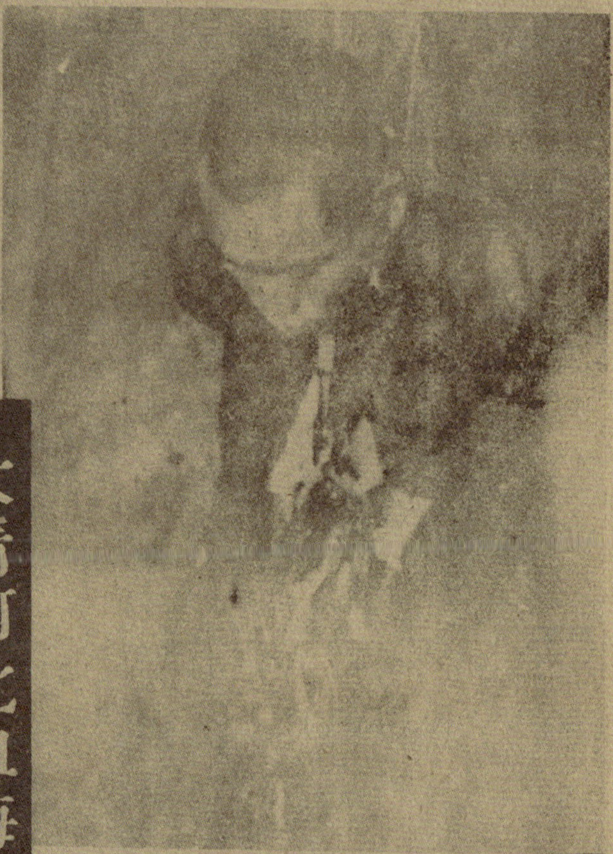

大清河北血海深仇

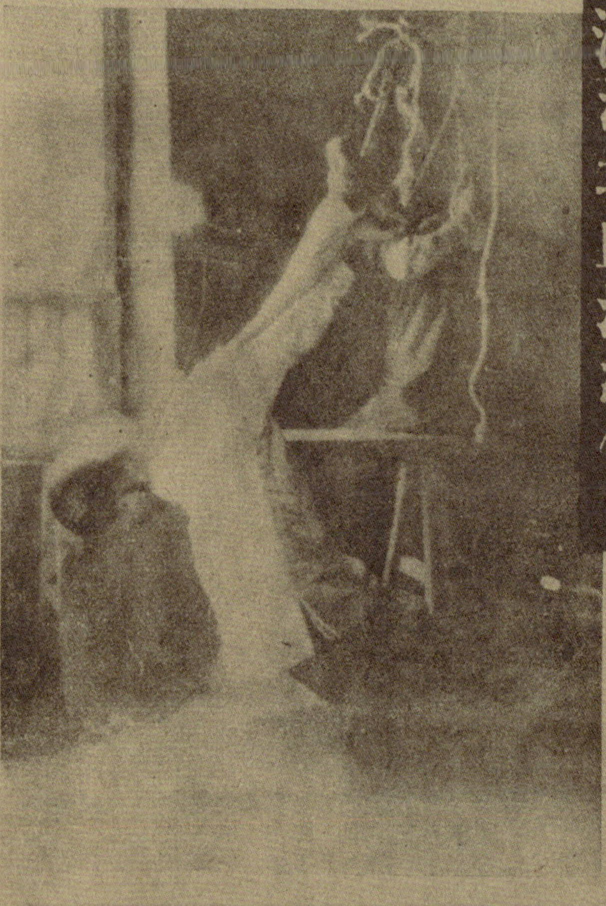

左上：開膛破肚．蔣匪對吳家台翻身人民竟這樣狠毒！（高粮）

右下：又是兩個翻身人民，被蔣匪倒吊起來處死了。（高粮）

爲人民報仇去！

（左）人民解放大軍沿千里堤向大清河蔣佔區進發。（高粮）
（右）我軍收復新鎮，湧過新鎮大橋，繼續向北推進。（高粮）

反動地主一網打盡

當蔣匪侵佔霸縣開口的第三天，就把反動地主惡霸董鶴亭、董月臣、董國斌搬出來建立特務機關合作站，頭號反動地主董鶴亭當了站長。一面發展特務組織，一面向翻身人民倒清算。九月十二日我軍攻開開口，將他們一網打盡。（高粮）

『同志，我的人遭害了…』

新解放各地翻身人民紛紛找我軍訴苦，這是×××村民劉現文之妻，她的丈夫被蔣匪活活治死了，她哭着拉住我們說：『同志，我的人遭害了，屍首都不叫起。我今天盼，明天盼，盼了你們一月零三天，好容易把你們盼來了呀，要給我報仇！』

图片比例按 100% 呈现

張家莊二十五支隊繳獲敵人武器一部。（高粮）

登城的頭三名：從左面起：登城第一名安貴鎖（突擊部二連四班長），第二名康杜小（戰士），第三名劉兆熊（戰士）（蘇紹文攝）

押運俘虜往後方。（高粮）

開口殲滅戰俘虜羣。（高粮）

二次解放正定的功臣

貧農戰士于忠和同志，他活捉了屠殺翻身農民的劊子手，正定偽警大隊長趙紫雲。（蘇紹文攝）

一面行軍打仗 一面支撑人民翻身

我軍北進到邊緣區呂公堡村，野戰醫院的同志們，協助人民翻身大隊，鬥倒惡覇地主姚志剛，姚的哥哥雖充當日寇走狗偽縣長。還是遊行示威時的情形。（高粮）

編後

因爲編輯與印刷時間緊，關於大清河北戰役的報，本期另用了本刊記者高同志的照片，希參加同一役而尚未來稿的攝影工作志們原諒。我們要求各攝同志今後寄轉越快越好。

編者　九月十五日

爆炸組拉着炸葯桿子，順着小土坡曲身前進。

堡壘外圍的鹿柴炸開一個缺口，突擊隊藉濃烟架好連環梯搶過外壕。

後續部隊繼續過溝，同時在溝內前沿迅速進行『近迫作業』，以防止敵人反衝鋒避免敵火射傷。

佔領了前沿陣地，插上刺刀，準備白刃格鬥！

突擊隊繼續向敵人築城中心地帶突進！

工兵用坑道作業把『敵堡』炸飛了，突擊隊冒烟霧冲進去，完全佔領『假想敵『之防禦地帶。

出版者：　晉察冀軍區政治部　　編輯者：　晉察冀軍區政治部晉察冀畫報社

晋察冀邊區郵政管理局登記第四二號認爲新聞紙類

晉察冀畫刊

27
1947.10.7.

帮助農民翻身，是我們的本份！

蔡尚雄

嚮亮有力的口號 宣傳隊把嚮亮有力的口號寫在村中心，鼓勵廣大農民起來和地主鬥爭。

訪苦尋窮人 窮苦的人受的封建壓迫剝削最重，也是消滅封建勢力的先鋒，和他們交好朋友，啟發培養他們成爲鬥爭中的骨幹，結成骨幹小組，最爲要緊。

團結教育 貧苦農民經過初步發動，我們就召集他們開會，進行團結教育，解釋農民團結起來一定可以懸倒地主，『一個手指頭撑不過一條胳膊』『天下窮人是一家，要想過好日子，只有一條心！』

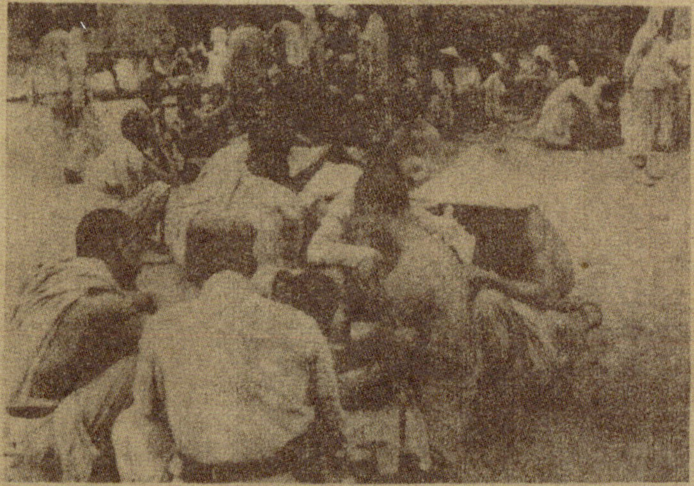

查階級比光景 貧農小組裡又混進一些地主的狗腿，於是各小組進行自我檢查，查階級比光景，鑑定組員的階級成份，把狗腿清洗出去。

縱橫部幫助東鹿范家莊土地覆查鬥爭

東鹿范家莊，靠近滄石路，是個一千來戶的大村子，三七年日本鬼子在這裡按下堡壘，從村南到村北挖了一條大壕溝，便自然把范家莊分成兩個世界：壕溝東邊是地主富農惡霸，和日寇分享着窮人的血汗；西邊是終年受苦而換來的糧食還不夠交租上稅的中農貧農，忍受着苦難的煎熬。四五年這一帶解放了，但是村政權又轉移到地主的狗腿子們手中，貧苦農民的生活比前強不了多少。去年鬧土地改革，由於區幹部沒有走群衆路線，階級立場也模糊，並沒把地主澈底打倒，有些好的財物又進入了幹部手裡，有的貧農分到一些東西，說：『這是「局子裡」配給的！』所以窮苦農民並沒有翻過身來，他們說：『窮人命該窮，改不改，地主還是地主！』

我縱橫部八月間駐到這村，正碰上這村開始覆查鬥爭，於是，他們用大力參加了這個鬥爭，經過他們深入的訪苦尋窮，反覆的宣傳動員，絕大多數的貧苦農民都已組織起來，建立了以貧僱農爲骨幹的新農會，團結中農開展了初步的鬥爭。他們雖然沒有等到這個鬥爭獲得全勝就轉移了，然而已經爲這村的覆查鬥爭打下了全勝的基礎。

縱横部幫助東鹿范家莊土地覆查鬥爭

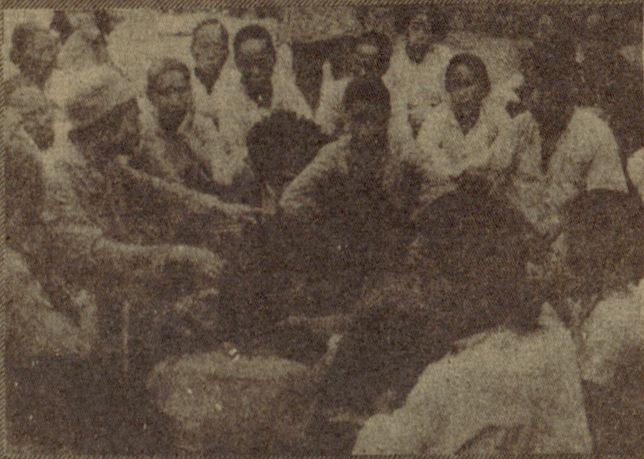

動員選好人

基本組織鞏固後，就要建立總的鬥爭領導機構——新農會。這時，我們深入小組耐心解釋，只有選舉窮人的心上人當代表才能夠領導自己翻身。

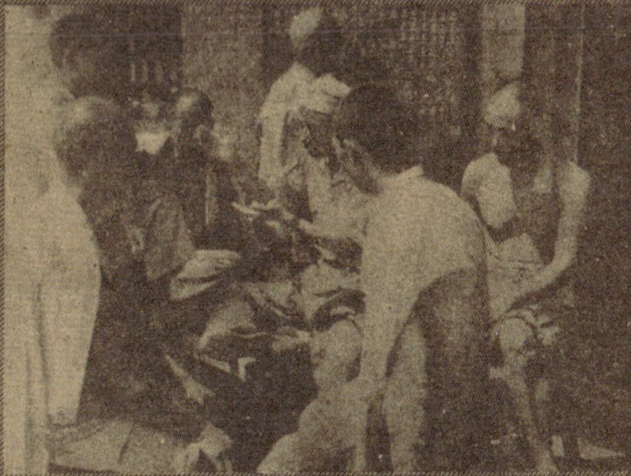

堅決爲窮人辦事

新代表產生後，我們就根據鬥爭需要，幫助他們建立各種組織和制度，進行幹部思想反省和相互批評，真正做到領導一條心，堅決爲窮人辦事！

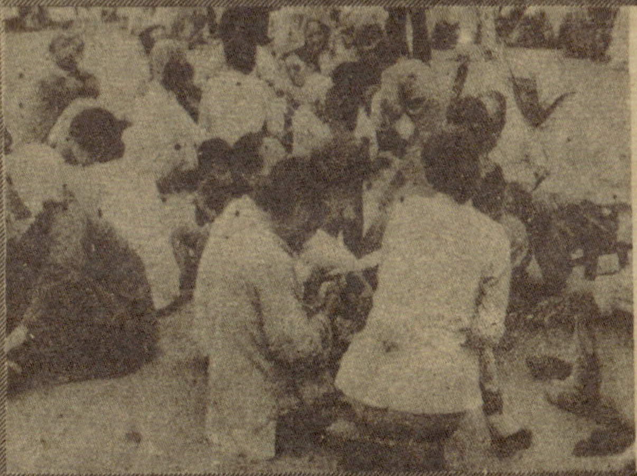

分開小組訴苦

開大會有的農民發言受拘束，分開小組訴苦能夠普遍深入。

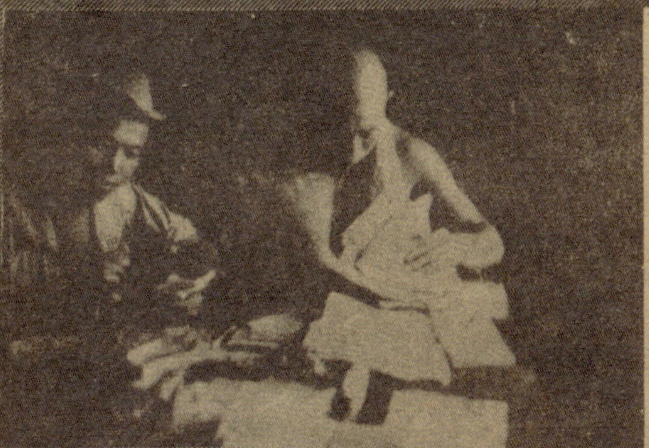

根據小組控訴材料確定該鬥爭的對象。

蔡尚雄

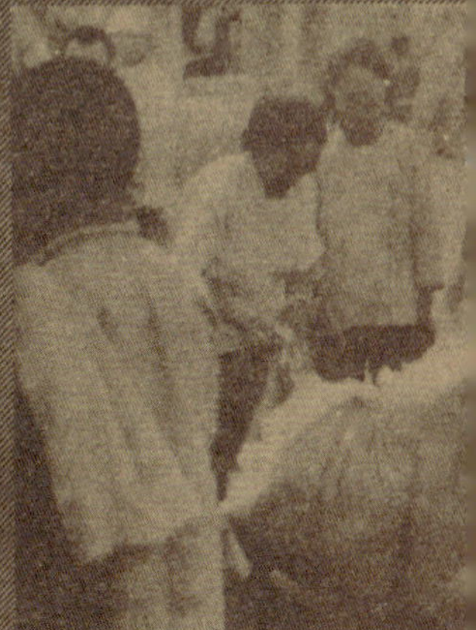

图片比例按 100% 呈现

千萬個窮苦農民的「靠山」—鐵的人民解放軍，在鬥爭中遊行助威。

千萬個窮苦農民的心裡的話：『翻身不忘共產黨，吃米不忘種穀人！』

解決覆查與生產矛盾

婦女們一面集中開會，一面自帶紡車活計，邊開會邊生產。

解決覆查與生產矛盾

男人們組織起來澆園，這組澆園，那組討論，互相輪換。

貧中農緊緊團結

在鬥爭中貧農堅決不侵犯中農利益，而中農則支持貧農鬥爭，這是一家中農自動借糧給一家赤貧，使他在體力上能堅持和地主鬥爭

扣留地主偷賣財物

貧農婦女們發動起來了，組織糾察隊，查獲地主偷賣的財物，送到農會去。

太平洋，大西洋部的
攻堅大演習

曹哲，徐英，賈立德

八月下旬，太平洋，大西洋部分別舉引實彈攻堅大演習，演習計劃根據歷次攻堅戰鬥經驗所製訂，防禦工事照敵偽工事建築，攻擊動作完全依實戰要領，演習程序包括突擊、爆破、近迫作業、近戰等攻堅戰鬥應包含的內容。現將兩部演習的照片綜合發表在下面：

接敵運動開始了，各分隊（班）再分成幾個戰鬥小組，利用坟頭，樹叢交互躍進。

縱橫部工一連搭橋立功

在解决滄州戰鬥中，縱橫部工部一連在三點鐘裡搭成了一座四十米長的浮橋，使攻城部隊和砲車輜重能夠提前會合、展開，對整個戰鬥起了很大的作用。吳家園子戰鬥，他們又冒着淋頭大雨和敵機掃射，克服建造材料極度缺乏的困難，八個鐘頭的任務在六個鐘頭內便完成了，這是我軍此次進擊子牙鎮時，一連在滹沱河上搭好浮橋後，進行實際檢查時之情形。（藍泉）

戰地生活

鼓動棚。（高宏）

行軍大休息時，學習土地改革文件，（袁汝遜）

在戰地，部隊文藝工作者訪問功臣事蹟。（袁汝遜）

一個小型的戰鬥檢討會。（高宏）

出版者： 晉察冀軍區政治部　　編輯者： 晉察冀軍區政治部晉察冀畫報社

晉察冀邊區郵政管理局登記第四二號認為新聞紙類

晉察冀畫刊

部隊讀物
28
1947.10.14.

←我軍佔領了制高點，逐屋逐院殲滅敵人！（蔡尙雄）

→六十二軍俘虜兵一部。（蔡尙雄）

攻克牙子鎮

九月二十三日晨七時，我太平洋部向大城縣東子牙河邊之蔣匪據點子牙鎮猛攻，到二十四日早九點，將守敵六十二軍一五一師四五一團第二營和僞軍一部全部殲滅，計俘敵五百餘人，斃傷敵一百五十餘人，繳火箭砲兩門，迫擊砲兩門，六零砲七門，重機槍五挺，輕機槍二十六挺，步槍二百餘支，電台一部。

『參加反攻軍，打倒蔣介石！』

全面大反攻展開後，各地翻身農民踴躍參軍，繁峙五天內就有一千五百名青壯年湧入反攻軍。定襄青壯年兩批入伍者共達九百八十二名。靈邱三區兩天內六十六名青壯年自動報名入伍，望都三區一個區就有五百餘青壯年湧上前線……。這是冀中河間八區郭洪店村入伍大會上，參軍者榮遊全村時之情形。（郭儀）

『向人民解放軍出征部隊致敬！』

我軍北上向敵人反攻，沿路深受翻身人民熱烈的迎送，有的着水菓，有的抬着茶食，有的敲鑼擊鼓列隊歡呼。這是翻身農民夾道歡迎我軍之熱烈情景。（黎民）

王三班

內外團結都稱模範

廿六團十一連有個王三班，內外團結都稱模範，半年多來沒有一個逃亡的，到這到那都能夠和老鄉打成一片。要問他們內部團結怎樣搞好？那是因為班長王三帶兵的方法高，外部團結呢？這是他們嚴格遵守群衆紀律和到處進行羣衆工作的結果。

王三的帶兵方法

班長王三眞愛兵，戰士生病他心疼，
任甂紀發眼他待候，黑夜白日不稍停。

新戰士剛來部隊，開槍打仗無經驗，
王三平時勤教練，新戰士滿心喜歡。

↑「落後」不是天生的，
必是心中不滿意，
個別談心能扭轉，
彭永宗一變積極。

楊振亞攝

四不走運動

袁苓攝

↑不挑滿房東水缸不走。

←不打掃室外清潔不走。

↓不填好廁所不走・王三班每到新的駐地，則先挖（或者借用老鄉的）廁所，臨出發時，一定用土填好。

↓不向房東告別不走・王三是連的政工組長，每回部隊出發走了，他還向本班房東和全連房東告別致謝。

堅決脫離蔣特組織　做個光榮的人民戰士

平原部於八月二十五日召開『失足份子進步會』，到會解放戰士九十餘人，都是過去受蔣匪欺騙誘惑而參加了國民黨、三青團、藍衣社等特務組織的。他們從切身體驗中，認清了蔣介石匪黨就是坑害自己的敵人，共產黨解放軍是自己的救星，所以在會上能以最大的仇恨心控訴蔣特的罪行，大胆坦白自己過去的錯誤，要堅決脫離蔣特組織，下決心做個光榮的人民戰士。（左）會後，失足份子自動前往登記，要求登報聲明永遠脫離蔣特組織。（高宏）（右）五個坦白最澈底的解放戰士：周學正、高古國、王玉秋、李善昌、李金太。看他們多麼光榮！一切參加過蔣特組織做過壞事的人都應該學習他們的坦白精神！（高宏）

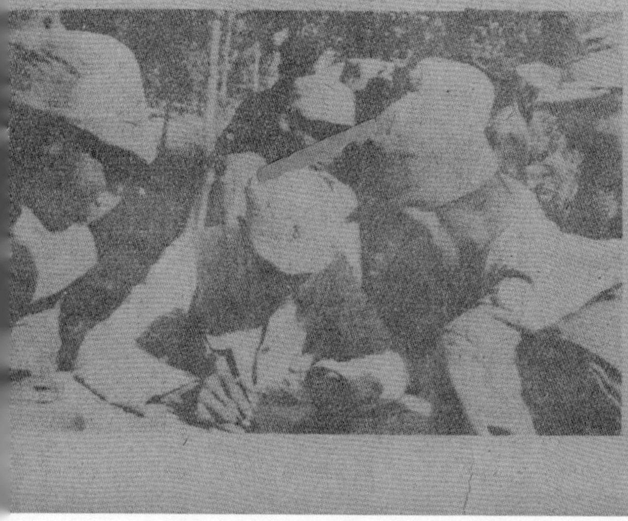

人民軍隊

用熱愛迎接歸隊戰士

康家灣部十四支隊三連連長，熱情的歡迎開小差歸隊的戰士蘇德永和杜文義，感動得他們說：「以後要堅決幹到底，不打敗蔣介石不回家！」

右圖卽三連連長歡迎歸隊戰士之寫眞

（孟慶彪攝）

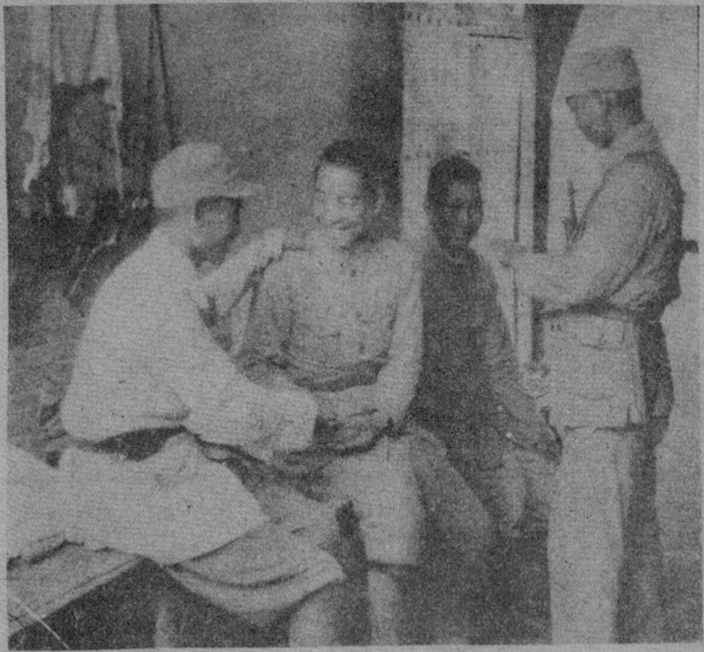

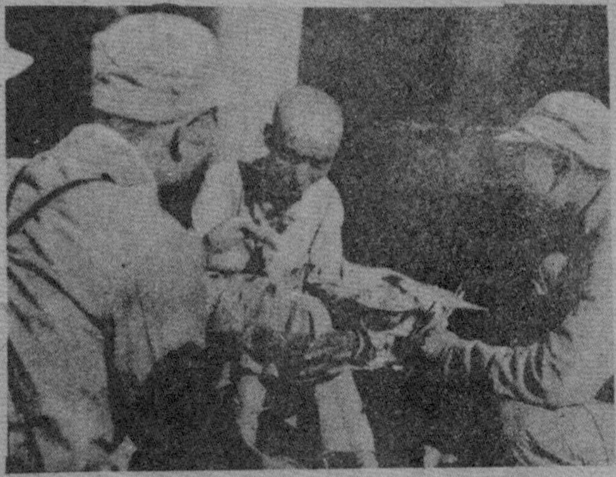

蔣匪是這樣糟害士兵！

請聽一二一師士兵的控訴

在平漢前線，我軍收容了一個被蔣匪趕出來的病兵，當他來到我軍的駐村時，已經是沒有多大的氣力了，他咬着牙慢慢的對我軍說：

『我是一二一師三六二團（新編——編者註）三營七連的士兵，我叫王三榮，家住雲南平商縣，去年在病中被抓出當兵的。到了蔣軍隊伍裡以後，整天挨打受氣，病，也就一天天更重了，現在他們（指蔣匪——編者註）眼看我不行啦，索性把我推出來……唉……我沒吃沒喝，三天了，才從定興走到這裡……』

戰士們聽到這個消息，連忙盛了熱水熱飯前來照護，一個過去在蔣軍呆過的戰士親切的對他說：

『老鄉，別害怕，我也是南方人，被八路軍解放過來的，到了八路軍就和到了家裡一樣，那裡像那邊，你病的這樣了，不給醫治反把你趕出來，眞是慘無人道的的事情！』

『在國民黨軍隊裡，像這樣慘無人道的事情多着哩！』三六二團解放戰士鄒家有接着憤恨的說：『你有病走不了啦，就把你暗地裡殺掉，我在那邊時，光我知道的就殺了好幾個！』

這話引起了大家無比的憤怒。

最後，鄒家有安慰王三榮說：『現在好了，到了自己的軍隊裏了，你先吃點東西吧，給你找個地方養着，等好了也參加八路軍，去打垮那些害人的反動派！』

『嗯』王三榮大大的出了一口氣。

（上圖）被蔣匪趕出來的士兵王三榮來到我軍駐地備受照護之情形　（陳慶祥）

清除奸特鞏固部隊

槍決奸犯董成山

罪犯董成山，是蔣匪派來的奸細，打入我軍後，專門進行破壞活動，他刺探軍情，借刀殺人，欺騙譚先銀，趙樹頁，班全喜上了圈套，並企圖組織十八個人闖進連部刺殺連幹，帶槍投敵。他滿以爲自己做的鬼事別人不知道，那裡曉得每個人民戰士的眼睛都是雪亮的，早就看得一清二楚哩。

八月十八日，康家灣部十五支隊召開了公審大會，在會上，戰士們爭先發表意見，要求把董成山槍斃，最後，一致舉手通過處以死刑，盲從的譚先銀等三人罰做苦工。

下圖卽在公審大會中戰士們異常憤怒爭先發表意見，一致要求槍決奸犯，在群衆的怒火下，奸犯董成山低下了頭。

（陳慶祥）

出版者：晋察冀軍區政治部　　編輯者：晋察冀軍區政治部晋察冀畫報社

晉察冀畫刊

29
1947,10,21.

人人都做攻心戰　不愁蔣匪不完蛋

九月初，我軍破襲平漢線的時候，守衛涞水城關的美化第五師四個整排，在戰塢上自動放下武器，向我軍投誠。這是我軍强大的軍事壓力結合猛烈的政治攻勢，用「攻心戰」瓦解敵人的一個勝利。

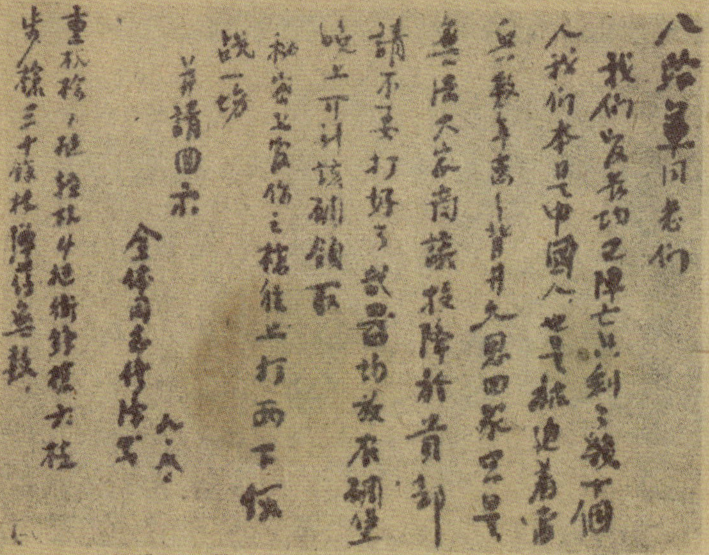

（上）這是涞水南關外螞蚱廟堡壘蔣軍弟兄寫給我們的投降書。（袁苓）

（下）涞水南關第二道崗樓上的蔣軍弟兄們，在我政治攻勢下，自動放下武器，走出堡壘投降。（袁苓）

四百多名解放戰士高喊

參加反攻誓滅蔣匪！

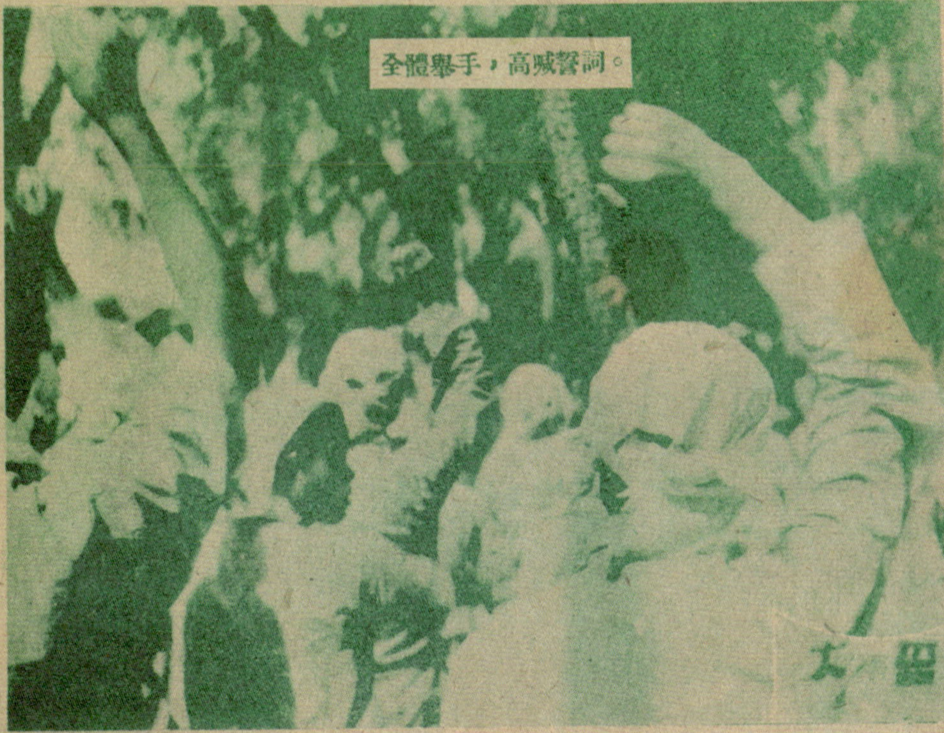

全體舉手，高喊誓詞。

印度洋部教導團四百五十多名解放戰士，經過兩個多月的訴苦挖苦根，他們澈底認清了蔣家匪幫的罪惡，覺悟到只有打倒蔣介石才能報仇。在九月十三日的「參加大反攻宣誓大會」上，他們全部參加了人民解放軍，一致舉手高喊：「參加反攻，誓滅蔣匪！」（高宏攝）

解放戰士代表的話

解放戰士代表吳楚雲說：「我是湖南人，一家人逃難離開家鄉，半路上被蔣賊抓住當了兵，我自己受盡了打罵和折磨，家裏人還不知是死是活。現在我決心跟着共產黨毛主席，要打垮反動派，向蔣介石報仇！」

豐盛的會餐

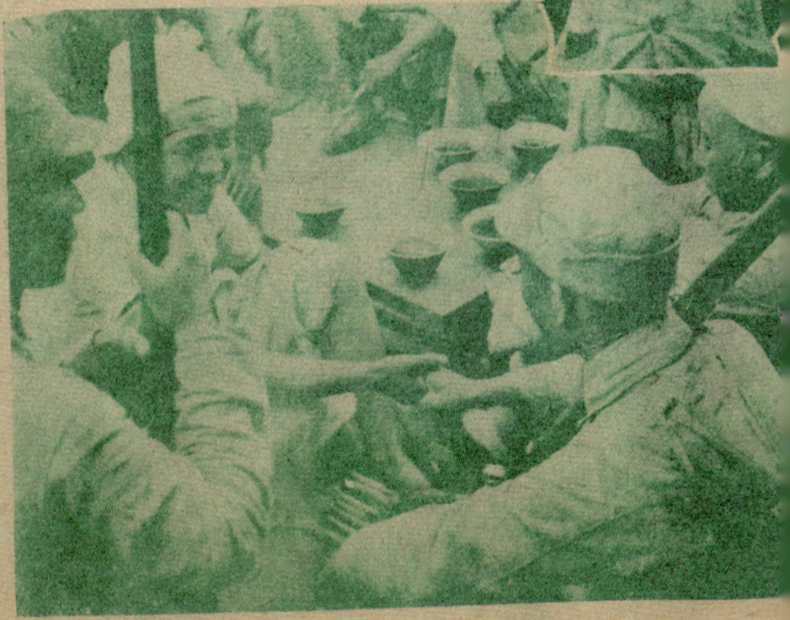

新解放戰士會見了過去的朋友，拉手談心，好不高興！→

代郵 本刊自本期起已移前方出版希各部隊攝影工作同志務必迅速寄稿以便及時報導。

邊剎包紮邊宣傳（汝遊）

拉犁耕地幹得歡（汝遊）

人民支援軍隊作戰

軍隊幫助人民生產

炮火底下救傷員（袁苓）

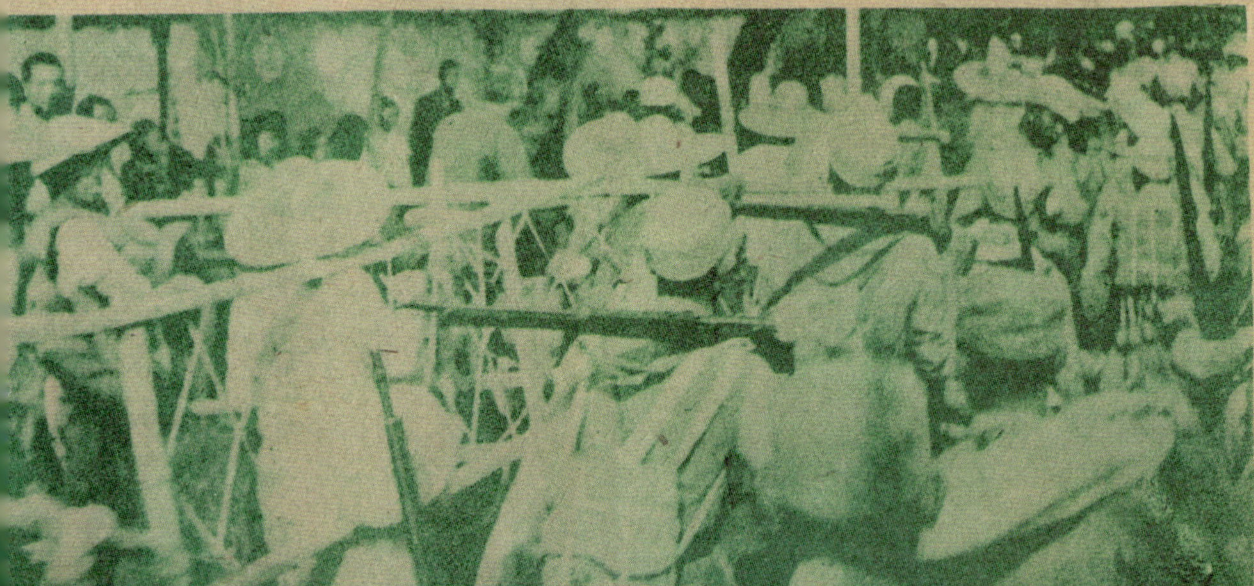

担架隨軍上前綫（袁苓）

堅決痛擊增援蔣匪
保北阻擊戰勝利

為了配合保南我軍順利完成殲敵任務，我軍一部在保北阻擊敵人的增援部隊，取得光輝的勝利。

（一）我軍擊毀蔣匪坦克五輛，這是當中的一輛。（孟慶彪攝）

（二）人民合力翻鐵軌，拖住蔣匪的援軍。（孟慶彪攝）

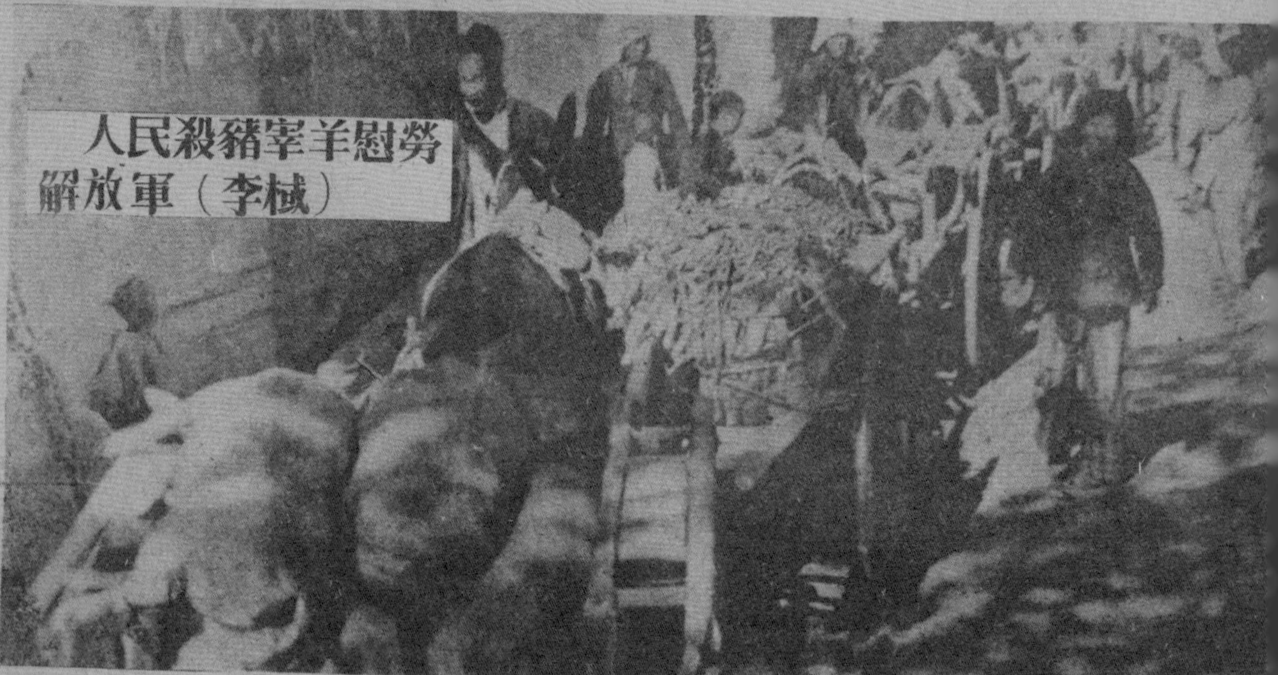

人民殺豬宰羊慰勞解放軍（李棫）

出版者：晉察冀軍區政治部　　編輯者：晉察冀軍區政治部晉察冀畫報社

晉察冀邊區郵政管理局登記第四十二號認為新聞紙類

晉察冀畫刊

30
1947.11.7.

聶司令員賜見被俘之羅歷戎

十月二十四日上午，聶司令員（△）在前綫某地賜見被俘之蔣軍第三軍軍長羅歷戎（X）。同座有軍區副司令員蕭克將軍（▽），副政治委員羅瑞卿將軍（□），野戰軍司令員楊得志將軍，政治委員楊成武將軍（方弘攝）

★

乾脆！痛快！清風店一仗全殲

↑ 進攻開始了！我大砲向敵陣猛烈轟擊（紅楓）

↑ 飛雷組的勇士們奮勇衝向敵陣去爆破地堡。（高宏）

蔣匪一萬三千多人

我晉察冀反攻大軍，得到廣大人民的配合，在保定南九十華里之清風店附近，圍擊由石家莊北上企圖增援保定之敵，從十月十九日到二十二日，經過兩天兩夜的激戰，完全殲滅匪首羅歷戎率領之第三軍軍部，第七師全部及十六軍六十六團，全部蔣匪一

對頑強抵抗的蔣匪，要堅決消滅！對放下武器的俘虜保証安全。（圖爲從戰場上將俘虜送下火線情形，路上爲蔣軍屍首。） （袁苓）

我軍在猛烈砲火掩護下，衝進西南合——蔣匪最後據守的村莊。（黎民、連波）

飛機救不了蔣匪的命！我們的對空射擊組織得好，瘋狂的美造蔣機被擊中燒着了！ （高粮）

衝向三軍軍部，給蔣匪最後一擊！ （高粮）

堅决執行任務釘釘子

英勇頑強的平原部

我平原部以三個營的兵力，突破蔣匪西南合陣地，英勇頑強地釘釘子，打垮敵人九次反衝鋒，血戰一天一夜，誓死不後退一步，給總攻部隊打開並鞏固了勝利進攻的道路，對整個殲滅戰起了重大的作用。該部曾連得野司兩次嘉獎。　　（高粮）

第一營

我們繳獲

（一）

（二）

大批的武器

據不完全統計，有：

砲：山砲六門，九二步兵砲二門，平射砲四門，追擊砲二十五門，火箭砲二門，火燄噴射器四個，六〇砲三十三門。

槍：重機槍八十二挺，輕機槍三百四十挺，擲彈筒六十六個，長短槍四千餘支，衝鋒槍四十八支，自動步槍三十一支。

其他：電台十二架，擊落B25，P51敵機各一架。

（1）賈各莊部立功部繳獲山砲三門。（2）賈各莊部成功部繳獲九二步兵砲二門。（3）草地部繳獲武器之一部。（4）打下來的B25式重轟炸機。

（本頁照片作者：黎民，連波，高粮，鄭敏）

（四）

代郵

本刊已使用自製之輕便機製版印刷，隨軍在前方出版。惟此次戰役有些同志寄稿較遲，致使不少寶貴材料未及編入本期發表。今後務希注意迅速寄稿，必要時可將膠卷附詳細說明遞送野政畫報社代洗，以便及時報導。各地方軍區攝影工作同志及各業餘的攝影工作同志亦請隨時給本刊直接寄稿（由軍郵直寄野政）

看！我們活捉了成萬的俘虜

總計這次殲滅蔣第三軍軍部，第七師師部及四個團，還有砲兵營、特務營、通訊營、工兵營、輜重營、騎兵連、青年團、醫院、劇社全部，俘擄中將軍長羅歷戎，中將副軍長楊光鈺，少將師長李用章，第三軍上校代理參謀長吳鐵錚，上校新聞室副主任宋文濱，上校團長柯民生、沈仲文、吳之森、陶學遠以下官兵一萬〇四百六十五名。

（本頁照片作者：方弘、高糧、陳志、王惠德、黎民、速波、蘇河清、李域）

图片比例按 100% 呈现

B25式美造蔣機被俘人員。從左邊起：劉鵬儀、顧簡吉、李崇五、劉慶華

勝利歸功人民

翻身人民組
運輸大隊，源源
。我們勝利了，
興地笑了。

次輝煌勝利的英雄們致敬！接受

勝利的經驗，爭取更大的勝利！

出版者：晉察冀軍區政治部　編輯者：晉察冀軍區政治部晉察冀畫報社

察冀邊區郵政管理局登記第四十二號認為新聞紙類

晉察冀畫刊

32
1947.11.28.

勝利的人民解放軍開進剛剛解放的石門市　　（孟慶彪攝）

繼清風店大捷不久，我軍又以排山倒海之勢猛攻石家莊，經過六天六夜的奮戰，摧毀了這一蔣匪華北強固的戰略要點，首創我人民解放軍奪取大城市的光輝範例。這一仗打得漂亮，我們完全殲滅了蔣匪第三軍三十二師，僞匪劉化南獨立第六團，保安第九、十總隊，蔣匪市政府市黨部和三十餘縣反動流亡政府，也被一網打盡，共計活捉師長劉英以下二二六七七名，斃傷二四八九名，繳獲野砲三門、山砲六門、戰防砲四門、迫擊砲五八門、六〇砲二六門、機關砲二門、高射機槍三挺、手槍七十五支、輕機槍五九〇挺、重機槍六十一挺、擲彈筒一一二三個、長短槍一〇〇七五支、衝鋒槍一六四挺、各種子彈一一五五二一八六發、坦克九輛、汽車二八〇餘輛、鐵甲車五列、火車頭四十個、車箱並織武器、彈藥，軍用物資倉庫無算。

打得技術！打得勇猛！我軍解放

↑ 挖溝道接近敵人　我各路進攻大軍，不怕疲勞，不怕流汗，一步一鍬　一直挖到市溝附近。這些溝道減少了我們在接敵運動中的傷亡，保證了我們隱蔽地接近匪軍的防禦前沿——市溝。（袁苓）

↑ 突破强固的市溝　市溝分內外兩條，溝二丈，外有鹿砦，上設電網，並有環城鐵路鐵甲邏在兩溝的中間。我英勇的人民戰士，在强大砲六分鐘就突破了外市溝，而突破內市溝也只用了。（郝建國）

北軍事重鎮石家莊

摧毀指揮中心——師部，我軍冒着敵火的瘋狂射擊，衝進三軍三十二師師部，活捉劉英！（高粮）

緊地包圍起來　敵人集結到車站附近的核心工事裡
軍就把他們緊緊地包圍起來。重機槍佔領了制高點，嚴
鎖着四邊的道路。（高粮）

繳槍不殺！

把俘虜押出來。

白俘虜君

袁苓、高粮、[illegible]、郝建國、黎民。

大隊的汽車、坦克我們繳獲了

楊貴儒家鄉賀功

石莊部大功功臣楊貴儒同志，是從蔣匪軍解放過來的，在清風店殲滅戰中立了大功。戰後，該部派人陪他到曲陽家鄉賀功，安縣長和當地鄉親們都去慶賀，開了一個熱烈的賀功大會。

（左）安縣長和楊貴儒同志攜手進會場。

（右）在會上，楊貴儒同志說："咱家裡過去被人民清算了，這是應該的，解放軍流血打仗就是為了人民翻身，今後我要立更大的功勞，來回答鄉親們今天的慶賀。"

石門戰役大功功臣榜

蔣煥成、常文明　王金山　李炳忠　郭慶昌　李振榮　曹○王

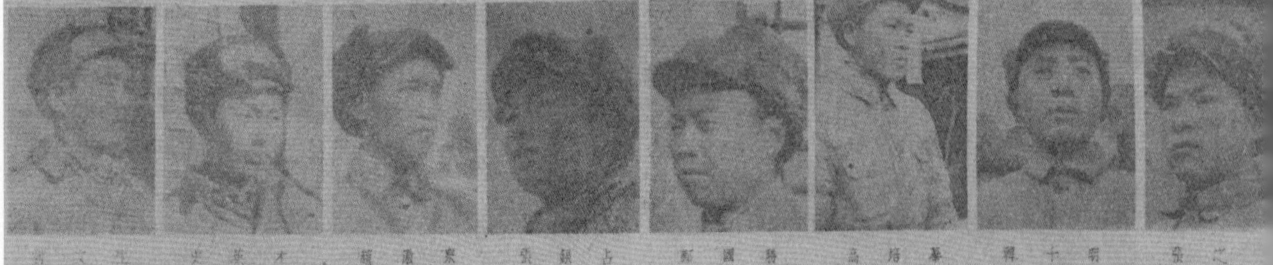

高文生　史英才　趙慶東　張銀占　鄭國勝　高培華　韓士明　張之

李　用　劉光本　張吉山　于身賢　呂　貴　崔扶政　劉振忠　李志

常玉章　呂全仁　王景才　張富友　崔慶堂　王新兵　劉多田　馬大

出版者：晉察冀軍區政治部　　編輯者：晉察冀軍區政治部晉察冀畫報社

晉察冀邊區行政委員會登記第四十二號郵局登記新聞紙類

晉察冀畫刊

33
1947.12.28

石家莊勝利 大慶功

↑ **勝利的檢閱** 十一月二十六日，魏村部隊舉行解放石家莊祝捷慶功大會，野司羅政委親到該部檢閱。（在馬上舉手還禮的就是羅政委）

← **人民功臣人民敬** 駐地人民舉着大旗，熱烈歡迎朱家營部隊的人民功臣。

→ 「我們有力量打下全國的大城市」

羅政委在魏村部隊慶功大會上說：“打下石家莊是一件大事，說明我們有力量打下全國的大城市，給蔣介石以很大的打擊，但是我們不能驕傲、自滿、輕敵，像石家莊這樣的大城市還很多，我們都要打下來，這個時間已不遠了，我們要好好的準備，好好的學習。”

一點兩面戰術結合政治攻勢的榜樣

"特功英雄排

鍾莊部二連一排，在石門街市戰鬥中，以大胆的迂迴包圍，首先打入匪三十二師師部核心工事，其中二班長滦振江同志帶領一個戰鬥小組，發揮高度的勇敢和智慧，混襲，潛襲，軍事欺騙結合政治攻勢，一面調查詢問，一面秘密靜肅鑽進敵人內臟，一槍沒打，繳敵一個的武器。全排共繳獲了三門野炮，四輛坦克，一門追擊炮，三門六〇，二挺重機槍，七挺輕機槍，三百多支步槍，四支手槍，二十四輛汽，四支冲鋒槍，三門小炮。俘虜敵人四百五十名。而他們自己在一天夜的激戰中，無一傷亡，以〇比四百五十的比例，創造了城市巷戰的輝戰績。戰後，滦振江同志立了特功，提昇排長，並吸收加入中共黨，全排得到了"特功英雄排"的光榮稱號。

解放石門的東路先鋒·突擊部領獎

特功張惠峯班

鍾莊部一連二班，在班長張惠峰同志率領下，靈活運用了小包圍的一點兩面戰術，十分鐘的戰鬥解决敵人一個營，連克七個碉堡和樓房，首先突入敵人核心防綫。在戰場上，他們只知道那裡有敵人就向那裡打，不檢一點洋落，全力對敵。全班共繳野炮一門，追擊炮三門，輕機槍九挺，步槍二五〇支，俘敵四百餘名。戰後，張惠峰同志提昇排長，全班立了特功。

图片比例按 100% 呈现

特功功臣張喜順

特功功臣劉鉄妮

特功功臣劉英福

特功功臣王福奎

張喜順同志，尖兵部×連八班長，解放石家莊戰斗中，該連担任突破石門東面二道市沟的任務，張喜順率全班英勇奮戰，完成任務，對解放石家莊作了重大的貢獻。縱隊評委會，為他立一特功。

雲盤山上顯英雄

本期照片作者：袁苓、袁克忠、郝建國、深明双、黎民、冀連波、李昭輝、韓勇志、肖邏。

两分半鐘架一里線 魏村電話排立大功

魏村電話排，戰時架線組織好，技巧高，創造了每里二分半鐘的新紀錄，立了一大功，縱隊獎給他們"飛行架設排"錦旗一面。

跑步架線 這是他們二分半鐘架一里線的成功經驗之一，他們架五里路的線前二里小跑，後二里大跑，最後一里使用全力跑到。

我們的好帮手
河間民工隊

河間民工隊，在保定南北戰役當中，配合我們打仗，任務完成的很好。戰後，某部開了一個熱烈的大會，歡送他們勝利回家，還送給他們一面上邊寫着"支前冠軍"的旗子。（蔡尚雄攝影）

↑ 河間民工隊正在加油的挖溝

→ 河間民工隊得了獎旗以後照的像

生活文化部隊

在戰壕旁邊看放大幻片　（徐英）

齊唱"三大紀律，八項注意"的歌子　（克偷

鼓動站（杜鉄克）

出版者：晋察冀軍區政治部　　編輯者：晋察冀軍區政治部晋察冀畫報社

晉察冀邊區郵政管理局登記第四十二號認為新聞紙類

晉察冀畫刊

34
1948,1,21,

宣傳土地法 給農民撐腰助威

這是王家營宣傳隊在某地化裝宣傳土地法，給當地農民撐腰助威時的情形。
（杜鐵克）

人民解放軍致敬 向解放石家莊的

我們打下石家莊以後，井陘煤礦的職員和工人組織慰勞團，來慰勞我們。
（袁苓）

吃得好 吃得飽

肖莊九連炊事班

深明雙攝

班長幹活打先鋒　班長郁書代同志，本是一個殘廢人，可是幹起活來總是打先鋒，這是他掄大斧劈柴火的情形。

"一心一意為了戰士"　寫在墻壁上，是認字的好材料；記在心眼裡，是全班工作的方向。

擔糧挑菜自己來　為了全連吃的好，在駐軍時，他們常常跑到幾十里外的地方去調換糧食、買菜，還有一件頂好就是不動員民力，自己擔回來。

戰時保証按時開飯　在戰鬥、行軍中，他們擔着全連一頓的給養，一到目的地，馬上就把飯做好，保証按時開飯。

解放元氏戰鬥中的

神炮兵

上：觀測手正在細心的觀測[…]擊距離（紅標）

左：我神炮[…]配合工兵爆破和步兵突擊，猛烈轟打元氏城。

鞏固部隊的傳統班

徐莊部三連第一機槍班，在二十二個月以內沒有一個逃亡的，還發展了八個黨員，培養了八個班長，兩個排長，一個副指導員，因為他們鞏固部隊工作做得好，立了兩個大功。在去年十一月全旅的獎功大會上，得到了「鞏固部隊傳統班」的光榮旗幟一面。下邊的照片：

新戰士一來到班裡，老戰士就自動積極的教他們打機槍的法子。

行軍的時候，身體壯實的同志搶着替瘦弱的背東西。

這個班培養出來的幹部：（前排）副指導員張瑞林，副排長馮大福，（後排）班長馬小板，郎振燕，王吉莊，朱振華。（郝建國攝影）

記着蔣傅匪軍給人民的災難

袁苓·肖逆

蔣傅匪軍為了修碉堡，把涞水縣龍泉、赤土等一共二十多個村莊都拆毁了。

蔣傅匪軍姦淫燒殺，逼得人民不敢回家，已經是冬天了，莊稼還爛在地裡，沒有人收拾。

蔣傅匪區人民紛紛逃來解放區

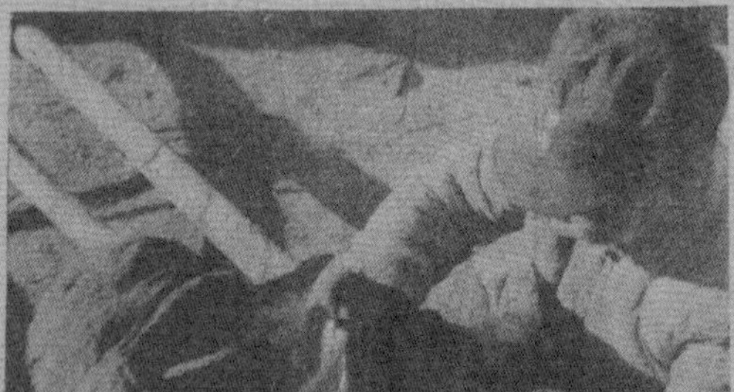

↑ 翻身兒童，在慰勞站上服侍傷病員。（袁苓）

支前 送上

翻身農民隨軍大車隊到前線去 →

出版者：晋察冀軍區政治部　編輯者：晋察冀軍區政治部晋察冀畫報社

晉察冀邊區郵政管理局登記第四十二號認為新聞紙類

晉察冀畫刊

35

1948，1，28，

打進蔣管區去，發動農民鬧土改！

——陶山部在蔣管區帮助貧苦農民分浮財

·克侖·

上：我軍召集貧苦農民講解中央局、邊區政府和軍區的聯合佈告，給他們壯勢撑腰，鼓勵他們大胆和地主鬥爭。

中：把僱貧農中的骨幹份子組織起來，商量鬥爭地主的辦法。

下：幫助農民把分到的浮財送回家裡去。

陶山部打進蔣管區，發動涞源房二十三個村莊的貧苦農民起來分地主的浮財，共分糧食五百多石，衣被二千五百多件，牲口、牛羊二百五十多隻，別的物資很多，一千四百户貧苦農民分得果實！

砍斷蔣傅匪軍輸血管！

↑ 我軍赤脚淌過流着冰塊的拒馬河，開到前綫去。（孟慶彪）

↑ 翻身農民組織起來的破交大隊，和我軍並肩前進。（郝建國）

我軍到了路邊以後，馬上挖開凍實了的土地做工事。（袁苓）

↑ 截住敵人的軍用車！（馬英）

→ 我軍炸毀徐河橋頭敵人鋼骨水泥的堡壘工事。（高宏）

平漢北段鉄路大翻身

一九四八年新年前後，我晋察冀軍民冒着滿天遍地的風雪，不怕寒冷，不分晝夜，大破平漢北段鐵路。這一下，砍斷了蔣傳匪軍的一條輸血管，使他今後的行動更加不靈便；對我們反攻作戰則更加有利。

↑ 炸毀鐵路上的橋樑。（田明）

把拆下來的鐵軌，拉到解放區來。（高宏）→

軍民合力翻鐵軌　（孟慶彪）

一定要報仇雪恨！

在易縣卓家莊，蔣機炸毀了好民房，這樣冷的天氣，叫被難的人民怎麼過？

蔣介石，這個兇惡的殺人魔王，在全國各戰場都打了敗仗。地上鬥不過我們，便拿着美帝國主義給他的飛機、炸彈，從天上來屠殺解放區後方的和平人民。去年十一月狂炸過石家莊，同一月內又濫炸阜平王快一帶。下面是一月十四日蔣匪飛機炸易縣南部一些村莊和二月五日炸定縣北車寄留下的血跡。對於蔣介石這種毫無人性的罪行，我們要用實際的戰鬥行動向它報復。只有從地上把他澈底打垮，拆了他的老窠，才能保衛我們的鄉親。

↑ 看，這個婦女死得多麼慘！

小孩子有什麼罪過？兇殘的蔣機連他們也不放過！↓

→ 我軍從土堆中救出一個十二歲的小姑娘，我們不僅要從彈坑裏搶救受災的鄉親，更重要的是在戰場上消滅敵人，爲他們報仇雪恨！

出版者：晋察冀軍區政治部　編輯者：晋察冀軍區政治部晋察冀畫報社

採訪組 3.6.14

晉察冀邊區郵政管理局登記第四十二號認爲新聞紙類

晉察冀畫刊

36
1948.2.21.

給傅作義當頭一棒
我軍淶水大捷

年初，我軍出擊平保綫，經過十多天的奮戰，給剛上台的死敵傅作義當頭一棒，打中了他的起家老本三十五軍，把三十五軍三十二師的主力大部殲滅，把第一〇一師打的吓破了胆，潰不成軍，把三十五軍軍長魯英麐，三十二師師長李銘鼎也打死了，這是我軍冬季作戰的一個大勝利。

我軍自去年十二月二十七日對平保鐵路進行大破擊戰以後，又在一月六號用一部份兵力掃蕩保定外圍，調動敵人，把保定外圍各據點大部肅清，使保定大爲震動，傅匪爲了援救保定，緩和平保綫的危局，趕緊調集十六軍全部，九十四軍、暫三軍、三十五軍各兩個師，騎十四師，新騎十二旅，沿着平漢路西側南下，一路上遭到我軍佈置的阻擊、側擊，十多天內共殺傷敵人五千名，使南下的敵人分散在完縣到定興的一條長線上；在此時機，我軍一部突然猛攻淶水，把城四關佔了，傅匪見事不好，又慌忙抽調南下增援保定的三十五軍主力，乘汽車北上援救淶水，十二日進到淶水東南的莊町，吳村、高洛等地，突然被我軍分別包圍，經十六

小時激戰，到十三號十一時以前，莊町的傅匪三十五軍三十二師主力大部被我殲滅，包括師指揮所，九十四、九十六兩個團全部，九十五團一部和一個山砲連在內，突圍的殘敵與三十五軍軍部會合，共約一千多人逃到高碑店、西北李家、中旺、劉家營一帶，又被我另一部份部隊阻擊，消滅它大部份；進到吳村，高洛的敵人一〇一師也遭到我軍痛打，丢掉幾百個死屍，屁滾尿流逃向定興、高碑店，另一股一直逃向冀中新城。此外，由涿縣向西增援的傅匪暫十七師，到淶水東北地區也被我軍打退。這次，共打死傅匪親信三十五軍中將軍長魯英麐，新卅二師少將師長李銘鼎，九十四團團長段喜祥，打傷九十六團團長安立道等官兵二千多名，俘虜敵一千五百七十多名。主要繳獲有各種砲三十門，輕重機槍一三九挺，長短槍一千多支，汽車八十多輛。

平保綫西側大捷，是我軍的一個重大的勝利，同時也是死敵傅作義倒霉的開始，但是這還只是開始，集寧戰役的仇沒有報，大同戰役的仇沒有報，偷襲我張家口的仇沒有報，同志們，我們要報仇，就一定要拿出更大的力量接二連三的殲滅它。一定要把這個蔣介石的死走狗傅作義打倒！

傅匪放棄陣地逃跑，我軍猛衝猛追。（肖逸）

像這樣的汽車，我們繳獲了八十多輛。（鐘璧）

我們繳獲的榴彈炮一門　（紅楓）

一面行軍打仗 一面參加土改

我們野戰部隊，一面行軍打仗，一面參加土改，發動當地農民翻身鬥爭。

← 找貧苦農民談話，了解村子裡面土改工作的情形，我們誠誠懇懇，恭恭敬敬的給群衆當了勤務員了，群衆有什麼話就都會告訴我們。（田明）

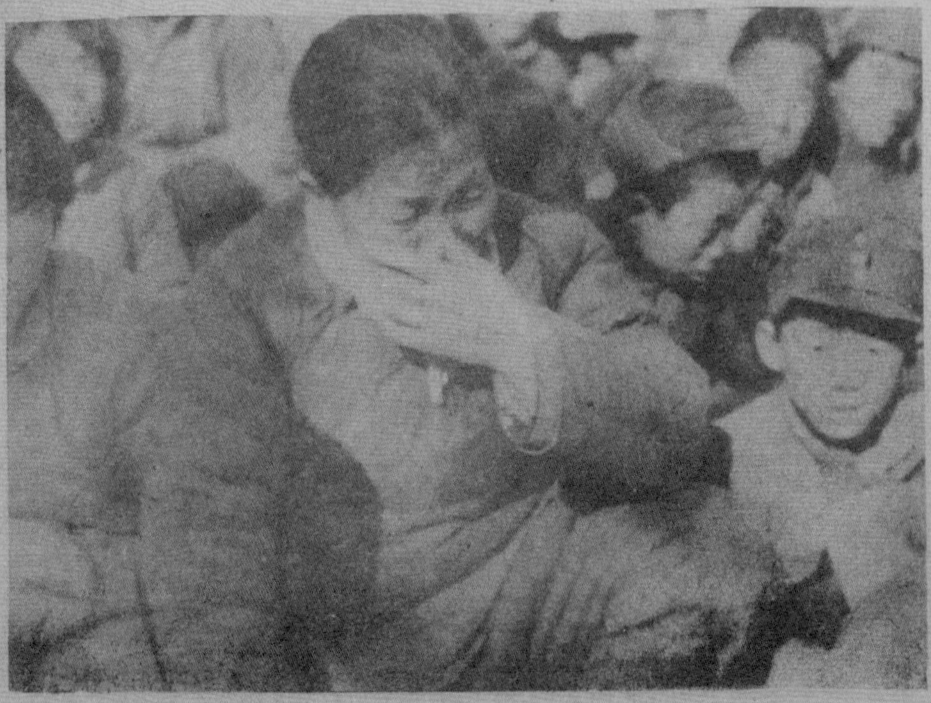

訴苦：五十多歲的烈屬，郭狗子的母親，訴說地主和狗腿子怎麼欺壓窮人，綁人打人，越說越恨，哭的喘不過氣來了。（高宏）

← 我們參加群衆鬥爭大會，幫助農民向地主說理。（高玄）

拉了三十多年長活的老長工，挺起了腰板，向喝血的地主鬥爭。（高糧）↓

元寶和銀洋，這是農民翻身鬥爭的一部份果實，全是農民的血汗呵，現在回了家了。（馬英）

左：我軍開到涞易綫，邊沿區人民打鑼敲鼓歡迎我軍，高喊：“歡迎子弟兵打勝仗，為我們報仇！”（克侖）

右：易縣北白虹貧農團募集大批花生柿子派代表慰勞我軍。（孟慶彪）

歡送·慰勞

新石家莊的工人弟兄們

工人弟兄，解放鬥爭；
建設城市，支援戰爭。

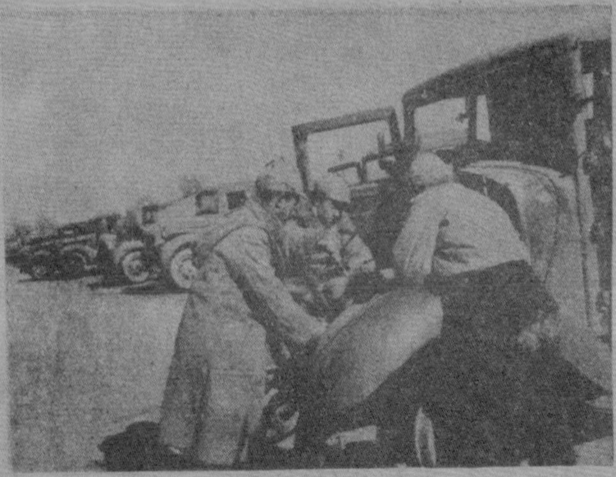

↑ 汽車修理廠的工人兄弟們在修理汽車。

鐵路工人組織糾察隊，保衛自己的工廠。

↑ 煉焦廠的工人兄弟領到了救濟糧。

↓解放後的工人兄弟們有了集會的自由，集合起來成立工會

↓ 電燈公司的工人兄弟們，鬥倒了舊廠長，把他貪污的穀食鈔票出來分給大家。

↑ 電燈公司的工人兄弟們，開會鬥爭過去蔣匪所委派的舊廠長，高呼口號：「打倒貪污浪費吸血的工賊陳某乾！」

出版者：晉察冀軍區政治部　　編輯者：晉察冀軍區政治部晉察冀畫報社

晉察冀邊區郵政管理局登記第四十二號認

晉察冀畫刊

37
1948.3.14.

你去前方打蔣匪 俺在後面挖蔣根

——深縣西陽台村翻身農民歡送新戰士

1、冀中深縣西陽台村的翻身農民，踴躍報名參了軍，全村的鄉親們套上大車來歡送，新戰士站在車上講話，他說：『不殺敗蔣介石和傅作義的匪軍，誓不甘休！』（劉峯攝）

2、歡送新戰士的男女老少，都舉起手來喊口號：『你們到前方，殺敵立大功！我們在後方，堅決挖蔣根！』（劉峯攝）

使連隊堡壘更

杭州部周庄四、六連

黨員公開　把全支部黨員公開出來，發動戰士羣衆提意見，好的得到表揚，壞的受到批評，這是羣衆熱烈發言時的情形。

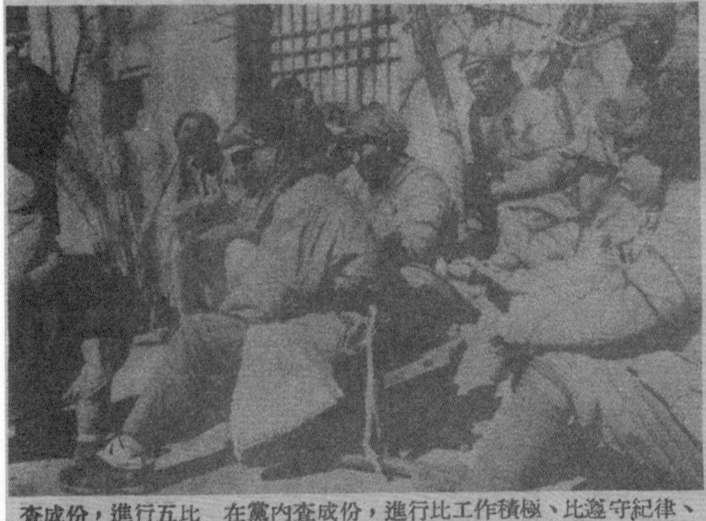

查成份，進行五比　在黨內查成份，進行比工作積極、比遵守紀律、比打仗勇敢、比擁護土改、比羣衆中的威信，展開思想鬥爭。

慶祝新支部成立　大家給新支委戴花，要他們担

三輩子苦楚訴不盡

一心要消滅死仇人！

張杰

朱江部一五部隊二營營長裘志剛同志，家裏三輩子受地主的壓迫剝削，苦事訴不盡。在訴苦大會上，他含淚吐苦水，聽的人都哭了，做紀錄的人也哭的爬在桌子上。下面是他的『苦事』摘錄：

『……父親死了，沒法埋，只得把地賣了買棺材。』

『……生活無門，我就和我弟弟去要飯，我被老財的狗咬了，傷重疼的走不了道，老財才給兩個糠餅子，我留着拿回家去給餓着肚子的母親吃。』

『我家欠老財一百五十塊錢，老財在大年三十晚上硬上門來要，地主的心真狠呀，沒有錢還，就把我家的門板、被子、鍋和要飯要來的五升高粱全拿走。逼的祖父上吊死了，這時家裏連席也沒有一領，只得又把三間房子賣了，埋了祖父。』

『叔父給老財扛長活，哥哥給人家編席，我和弟弟討飯，有時打野菜，有一次摘樹葉從樹上掉下來，摔的不能動，老財指着我罵：「摔死了，沒什麼！你把我的樹枝弄折了，還得賠我！」我含着眼淚一個勁說好的，才算罷休。』

『後來我參加了「中央軍」。誰知在「中央軍」裡當兵是受苦受氣，有一次我去打水，把排長的狗打了一下，排長就打的我頭破血流，還把我趕了出去，我想：沒法就回家吧！一路上要飯，回到家裡又給老財幹活，又是挨打挨罵。』

『民國二十三年我到張家口，又走錯了路當了「中央軍」，除了正課外，還得下小操，把自己的腿都凍腫了，手凍的拿不住槍，槍掉了，又要挨打……。「中央軍」南下時，我沒有跟着走。後來就參加了八路軍，這才真正找到了家，在共產黨的教育下，自己才知道幾輩子的苦，都是地主老財給的，是蔣介石給的，今後我一定堅決跟着共產黨走，徹底消滅封建，打倒蔣介石！』

加堅强有力

家鑑定改造支部　　肖遥

連的重大責任！

羣衆建議吸收新黨員　　階級覺悟大大提高了，羣衆建議吸收那些够資格入黨的同志，經入黨組織手續，在改造支部大會上，當塲公佈光榮入黨。

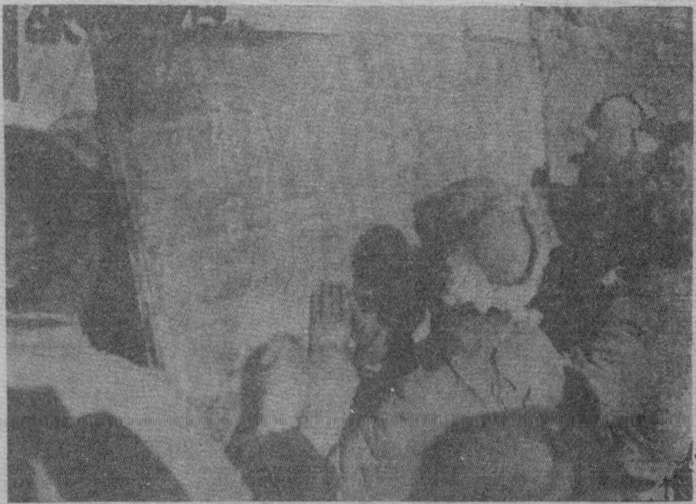

認眞改造支部　　在候選人名單上，大家選擇眞正是代表大夥的優秀黨員當支委。選擧結果，僱貧農出身的幹部戰士佔絕大多數。

魏村部在駐地和新農會代表開座談會

魏村政治部爲了密切軍民關係，聽取羣衆意見，更有力幫助農民翻身運動，在舊曆新年初二那天，聯合駐地新農會代表，開了一個座談會，附近村莊的代表二十多人和區代表都趕來參加，互相拜年，熱烈發表意見，提出了很多軍民團結和節省民力的辦法。

（1）部隊代表講話。（克爺）

（2）到會部隊代表與新農會代表合影（克爺）

獎功與戰鬥動員結合

在圍攻淶水前的戰鬥動員大會上，徐莊部陳政委代表軍區首長給特功英雄郭樹發同志發獎章，並號召全團指戰員向他學習，打勝仗立功！ （克倫）

春節進行土改宣傳

在春節當中，我軍普遍和駐村群衆聯歡，並進行土改宣傳，這是用霸王鞭組成的『平分土地』四個大字。 （韓勇志）

士兵委員會成立了

珠江部士兵委員會，在一九四八年元旦節成立了。這是該部全體士兵員的合影。士兵委員會，是我們連隊士兵同志自己的組織，是人民軍隊裏民主生活的具體表現，我們應該尊重它，擁護它。

普遍建立喊口號制度

魏村部執行野政指示，普遍建立了早晚點名及課後喊口號制度。這對提高學習工作生活練兵情緒，起了很大的作用。這是他們高呼口號時的情形。 （克倫）

請勞動人民當教員

冀中子弟兵的母親——李杏閣，向陽城部五二部隊指戰員訴苦，用她過去所受地主的苦，來啓發聽苦的同志們的階級覺悟。這種階級教育的方法值得大大提倡。 （紅楓）

出版者：晉察冀軍區政治部　　編輯者：晉察冀軍區政治部畫報社

晉察冀邊區郵政管理局登記第四十二號認爲新聞紙類

晉察冀畫刊

38
1948.3.21.

熱烈參加訴苦復仇運動

吐盡苦水，認清敵人；
扔完髒物，報仇雪恨！

上）一五部隊一支隊解放戰士華明光，小時在家裏沒吃沒穿沒地方住。十九歲上到閻錫山的礦山去當礦工，整天吃黑豆麵，吃的連屎都拉不下來。後來就被閻錫山編到隊伍裏當兵，開到石家莊。過起更加悲慘的生活。我軍把他解放以後，他很快就認識到誰是仇敵，誰是自己的人，於是他在吐苦水大會上，悲憤地吐着苦水。

（宋克廣）

下）建功部二連經過訴苦運動，階級覺悟大大提高了，於是，連支部號召大家扔髒物，『掏心裏的話』結果，全連百分之五十的同志都自動報名坦白，決心擦去自己過去的汚點，做一個眞正的革命戰士，好好打仗，向蔣介石、傅作義這些狗崽子報仇！」

（黎民）

提高軍事技術，消滅蔣傅匪軍！

成功部排長何增奎

創造九二式重機槍夜間瞄準具

成功部機砲三連排長何增奎，在練兵中，經苦心研究，創造夜間瞄準具，解決了夜間不易瞄準目標的困難。

瞄準具的作法：用洋白鐵捲成大頭小尾的筒形，長約七寸，前頭（向槍口面）直徑一寸七分，用鐵絲在口頭接成十字形，口頭還是二層圓圈，直徑六分，與大口同齊，與十字相連。筒內也用鐵絲結一十字形（在筒的當中），後頭（用眼瞄準的[illegible]）直徑一寸。這筒的下面（與槍連接處）用[illegible]一筒座（做的能與鏡座[illegible]），與瞄準筒用釘子連結起來，用時就按插在鏡座上。

用法：從筒內看出去看目標，再由前頭二層圈看射的　標，再由十字的焦點對準目標，射擊卽中。

好處：（一）筒口大易找目標，是由大到小，由小到焦點對目標。（二）瞄準具（筒口）與槍口是一致的，所以瞄那打那。

實驗結果：（一）夜間在墻上挖成如小碗口大的槍眼，用燈光從槍眼現亮，墻內正對槍眼設一靶，距離一百五十米，射擊四發四中。（二）白[illegible]百米不用標尺，用瞄準具五發五中。

這就是創造夜間[illegible]何增奎同志，他正在試驗。（[illegible]

重機槍簡便射擊表演

（陶山部袁聿）

重機槍簡便射擊（不要槍架），三人進行（二人抬，一人射）兩人進行（一人抬，另一人連抬帶射）都可以。在緊急的戰鬥情況下實用。

（一）曲莊部韓連長表演，→以三節式重機槍，左手拖槍身，右手扳扳機，子彈入膛後披在身上。可作立射、跪射、臥射各種姿勢。

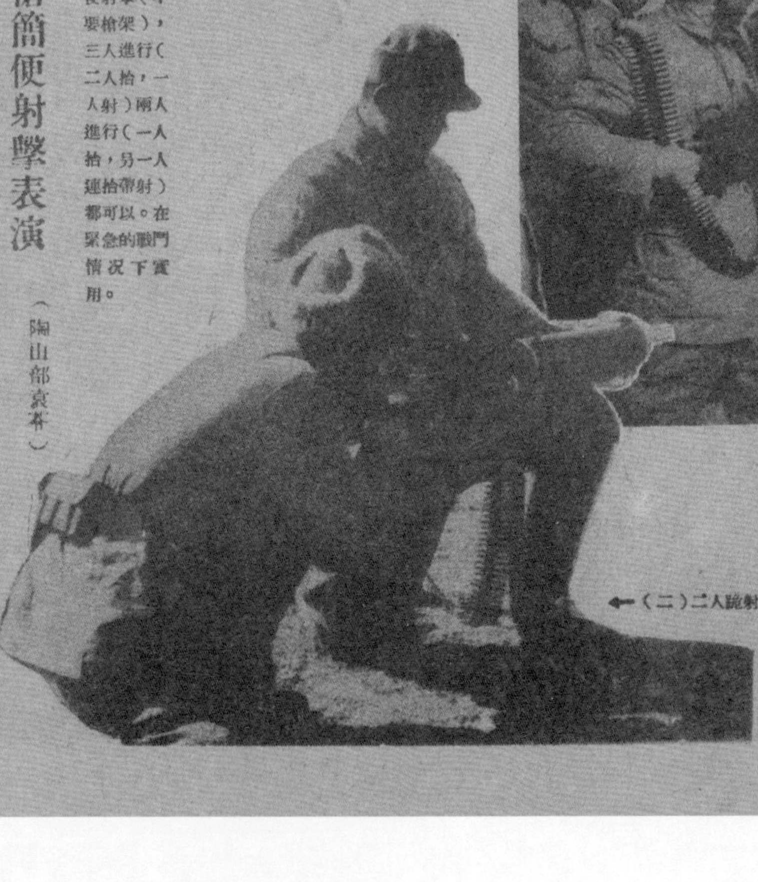

←（二）二人跪射姿勢。

清風店殲滅

烈士紀念

六〇砲平射表演

（陶山部袁苓）

（一）首先用砲鐮將砲身對正目標。再用一洋鐵片（長二十生地）兩頭拆起，前面剪成三角形的尖頭，後面挖一小孔，釘在砲身上，作爲標尺，瞄準時，孔、尖和目標要成一直綫。

（二）六〇砲使用邊區造的砲彈平射，效果很大。這是在二百五十公尺外射擊命中的石墻，爆炸的缺口，有一尺來大，四週的石塊也被震開。這可用作摧毀敵人的地堡，也解决了美造彈荒。

刺殺比賽

賈各莊部在二月二十五號開了一個檢閱比賽大會。這是最熱鬧的節目：刺殺比賽。（寥民）

典禮

清風店殲滅戰烈士紀念碑築成了。二月十七日，定縣人民和各羣衆團體，我野戰軍各縱隊代表共二萬多人，在清風店附近西南合村舉行盛大的烈士紀念碑落成典禮。

清風店附近二三十里以內的老鄉，都冒雨來參加紀念大會。（楊振亞）

千萬個人民，用最高的崇敬築成這座碑亭，紀念爲創造清風店殲滅戰的勝利而光榮犧牲的烈士們，清風店、保北和石家莊戰役的經過就刻在碑石上。（安康）

連隊生活

祝壽大會

阜平部在二月十一日召開祝壽大會，給年老壽高革命有功的同志們祝壽，老同志們齊口同聲的說：「在舊社會祝壽都是那些地主有錢人幹的事，要不革命，咱們窮人怎麼能够祝的起呢？」

（袁紹柯）

點驗制度

點驗是個經常的制度，是克服游擊習氣，使我們部隊正規化的保証之一。這是建功部進行點驗時的情形。

（黎民）

磨刀加鋼

建功部五連在訴苦運動之後，階級覺悟大大提高了，都心要殺敵立功，報仇雪恨，這是他們在空閑時自動的磨刀加鋼，練習動作。

（黎民）

苦事連環畫

建功部五連炊事員李仁義同志，把呂書条同志的苦事畫成連環畫，貼在俱樂部的墻上，遊戲時大家都去圍着看。

（黎民）

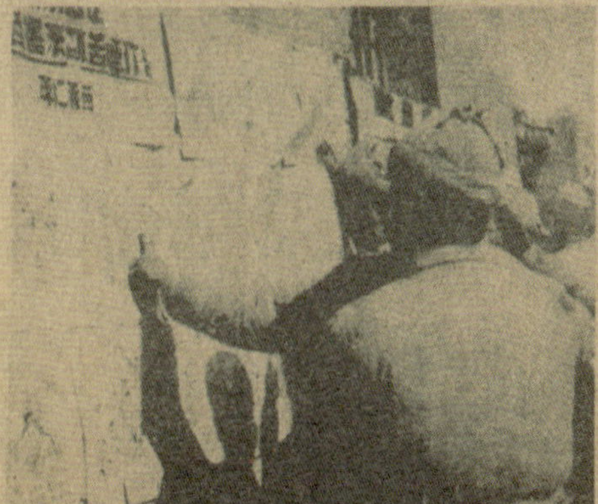

槍桿詩

大江部一七部大功功臣李山同志創作了一首槍桿詩：名字叫李山，扛活十八年，要過四年飯，如今把身翻，槍桿拿在手，堅決報仇寃，革命不成功，永不把家還。這首詩得到大家的歡迎，該部首長準備向全部推廣。

（張之彩）

出版者：晉察冀軍區政治部　編輯者：晉察冀軍區政治部晉察冀畫報社

晉察冀邊區郵政管理局登記第四十二號認爲新聞紙類

晉察冀畫刊

39
1948.3.28.

把士兵委員会建立起来

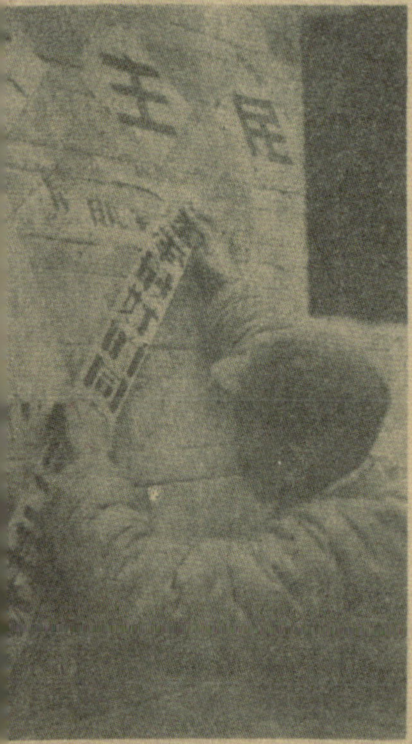

← 建功部五連的標語：選舉最好的同志當士兵委員。（環炎）

↓ 戰士們經過慎重的考慮，把那些眞正能够爲大家辦事的人的名字，寫在選票上，投到票箱裡去。（黎民）

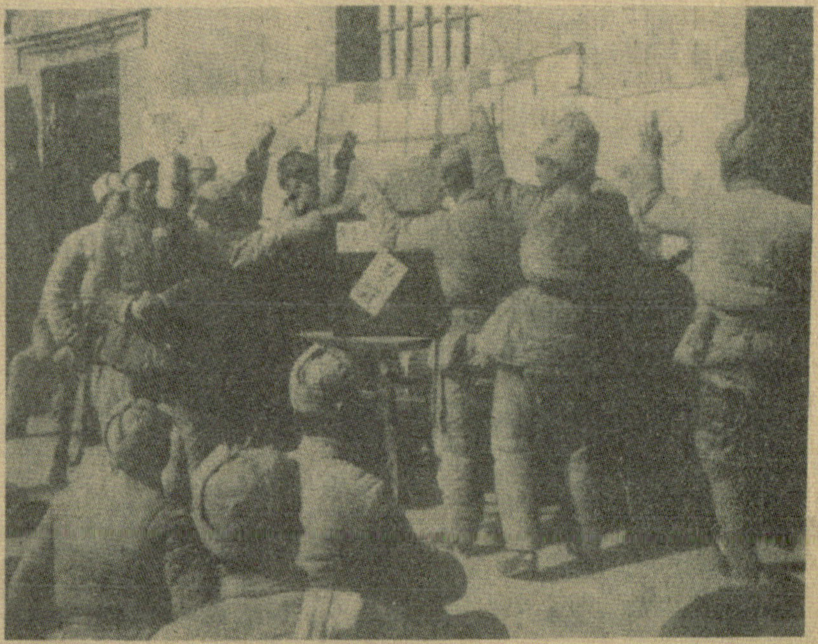

↓ 全體士兵同志，拍手歡迎選出的士兵委員，慶祝自已的民主組織——士兵委員會成立。（黎民）

（編者的話：『士兵委員會』，也可叫做『革命軍人委員會』。）

千萬人一個聲音：打到南京去，活

㊀　袁風林母子同訴冤仇　　二月二十一日，長嶺部二營開全營訴苦大會，駐村貧苦羣衆和軍屬袁大娘也被請來參加。袁大娘是七連戰士袁風林的母親，她參加訴苦說：『俺活了四十六年，淨在苦水坑裏打轉轉。』他家裏窮，只有二畝壞地，男人給地主扛長活，人家嫌笨不要他，全家吃糠嚥菜混日子，生下風林姐姐哥哥，養不起忍痛賣了，生下風林，男人說：『咱們窮也得留下個根。』才沒賣了。一年風林爹得了病，沒錢把風林弟弟又賣了錢，買藥吃，病也沒治好，死了。民國二十八年她帶着風林和兩個妹妹要飯吃，十冬臘月天，凍的孩子們哇哇叫，只得把風林小妹妹又賣了，小妹妹臨走拉着娘的襖角直哭，說：『娘咱們餓死在一塊兒呀！』風林娘說到這裡大哭起來，風林也陪着哭，許多人都哭了。她又接着說道：『風林給大地主耶保兒家做長活，一年三十塊錢，不想叫個鈎子掛去右腿上一塊肉，讓東家趕出來，沒法子。』說到這裡又哭起來，風林就接着哭訴說：『我腿上掛了肉，掌櫃的不給工錢，說俺沒用了，回家一家子餓肚子。』這時全場的人都低下頭哭起來，連墻上爬着的婦女也哭了。房上的防空哨也哭的坐下了。散會後大家就去討論：『袁大娘爲什麼四十六年沒有嘗過甜味？』八連戰士葉保玉爬在炕上哭着說：『都是地主們害的咱們窮呀！』七連殷小山說：『從前我以爲命苦，現在我的眼睛亮了，地主就是我的仇人。』

第二天，召開全營軍人復仇宣誓大會，袁風林的母親在會上指着風林說：『你是我的親生兒子，你要記住你娘的苦，是地主、蔣介石給的，不打倒這些仇人就別死心，就不要回家來見我，八路軍就是咱們的家。』她又向全體同志說：『同志們，我希望你們幫助俺風林報仇，不知道你們答應不？』大家嚷起來：『一定給袁大娘報仇，袁大娘的苦就是我們的苦。』這時袁風林緊握着槍，站在母親的面前說：『我要給我娘報不了仇，死也不甘心。』

（杜鐵柯）

㊁　『我活了二十多年，現在才找到親人……』　建功部五連呂書參同志，一下生就賣給了地主，二十多年替地主做牛做馬，挨打挨罵，受盡折磨，後來三軍抓他去當了兵。石門戰役被我軍解放過來。他在訴苦復仇宣誓大會上說：『我活了二十多年，現在才找到親人——共產黨是我的爹娘，解放軍是我的家。』

（黎民）

㊂　『我一定要爲父親報仇！』　建功部一連崔三才同志，也是石門戰役解放過來的，他父親是被地主害死的。小時要飯，給地主家放羊，受盡苦難。十七歲那年，被新七軍抓走了，當了十多年的兵。有一年過黃河，水有一人深，他不會水，不

「無堅不摧」的工兵英雄

陶山部工兵營，在解放石門、元氏戰役中，用坑道作業配合步兵攻擊，任務完成的非常漂亮，戰後評功，立『功』的有十二人，立『小功』的有五十多人，孫貫起同志以『堅決奮勇完成元氏坑道』，立了一個大功。縱隊獎給他們一面『無堅不摧』的旗子。這是該營全體功臣合影。

（袁苓）

『能攻能守，堅決

二十三團

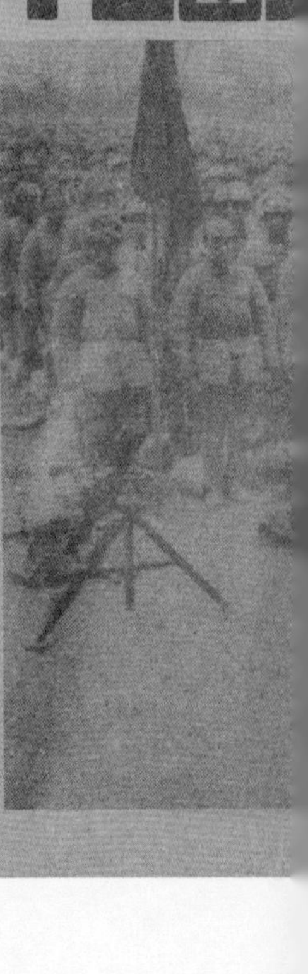

圖片比例按 100% 呈現

蔣介石！

的打了他幾皮帶，叫他舉着一箱子子彈，走到河當中，被水冲了二十多，喝了好幾口水，幸而被別人撈上來，爲這事，他挨了七十軍棍，三個訴苦大會上，他堅決的說：『我一定要爲死去的父親報仇！』（黎民）

個聲音　長嶺部三營復仇宣誓大會上，全營指戰員舉手高呼：『打作義！打到南京去活捉蔣介石！』（杜鐵柯）

功

鄭司令員代表縱委，給二十三團發獎旗，旗子上面寫着『能攻能守，堅決頑强』八個大字。（袁苓）

階級熱愛

翻身農民給部隊送彩匾

我軍某部駐在安國西莊合村，幫助這村翻身農民鬧土改，搞生產，受到了群衆熱烈的愛戴。二月十八日，全村人民集合起來，由貧農團帶頭，打着鑼鼓，抬着三面大彩匾送給部隊。第一面上寫着：「土改保障」；第二面寫着：「人民先鋒」，第三面寫着：「保國愛民」。（黎民）

人民功臣群像

肖炳華

（在阻歼滅戰立大功功臣一部）

郭喜元同志

范得魁同志

于朝海同志

劉東賀同志

崔崇華同志

于海生同志

李玉明同志

于紅光同志

王英海同志

趙振忠同志

劉二迷同志

李金川同志

于紅先同志

陳增雲同志

龐二海同志

王力東同志

出版者：晋察冀軍區政治部　　編輯者：晋察冀軍區政治部晋察冀畫報社

晉察冀邊區郵政管理局登記第四十二號認為新聞紙類

晉察冀畫刊

40
1948,4,7,

毛主席指揮全國大進攻

：凌風：

毛主席近影

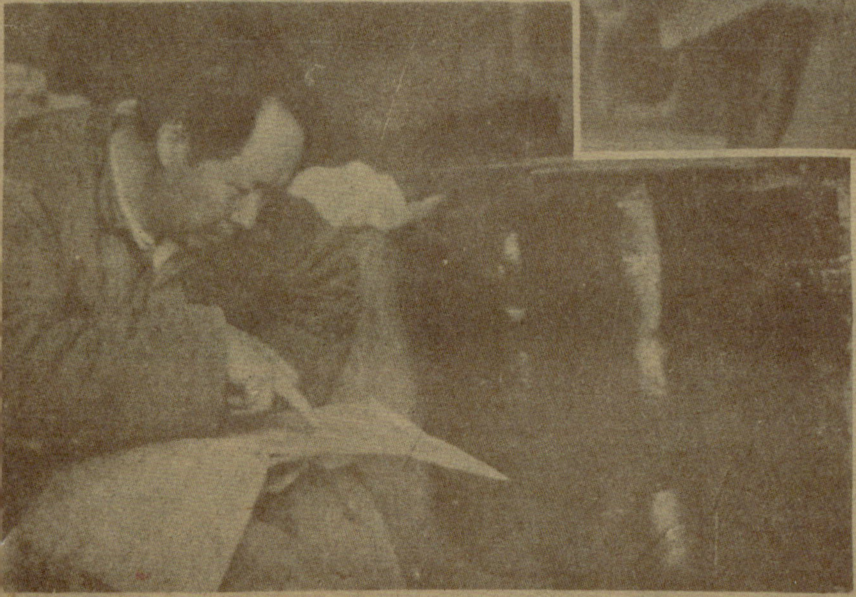

毛主席看報紙。跟隨着毛主席的同志說：毛主席一聽到人民軍隊又打了勝仗，他便高興地笑了。

這是毛主席的櫃台，毛主席指揮我們勝利進攻的命令，就是從這裡發出來的。

毛主席就住在老百姓的窯裡，這張照片是在他住室內拍的。這時正是他發佈了全國大進攻命令不久，他在看地圖，研究着大進攻以後所引起的急劇變化。

就在這座陝北山莊裡，毛主席發佈了全國大進攻的命令，這是當時黨中央的駐地附近風景。

平分土地，建設民主
經濟翻身，政治翻身

代表人民說話　阜平孟家台代表×××，代表該村人民在七區區代表大會上說話，提出關於向地多的地區，移民的意見。（劉峰）

人民代表大會　村有村人民代表大會，區有區人民代表大會，縣有縣人民代表大會，都是經過人民選出，爲人民辦事的機關。這是正定縣第一次人民代表大會上，代表們正在討論分地問題。（吳群）

重視主人的權利　在阜平易家莊村代表選舉大會上，這位老太太正在認眞地思謀着該選誰好，她和所有的村民一樣，非常重視主人的權利。（力模）

這可不能馬虎　「平分土地」是他們窮人們多少年來的想頭，現在是實現了，這事可複雜哩，這事可不能馬虎。這是阜平七區易家莊丈地隊，正在非常細心地丈地。（劉峰）

土地回了老家　多少缺地無地的貧苦農民，在這次平分土地運動中，都得了心愛的土地，他們都像這個老漢一樣，在分得的土地上，釘下寫着自個名字的木橛橛。（吳群）

人民法庭　人民有權利組織法庭，審判那些殺害翻身農民和破壞平分的反動地主罪犯。（林揚）

1 功臣走進會場，大家拍手歡迎。（袁紹何）

2 六二部在石門戰役中是團結友軍的模範，得了一面獎旗。（李風）

打進傅北区之前
阜平部開慶功大会

慶賀石門戰役和保北戰役光榮立功的功臣們，號召全體指戰員向他們學習，繼續在消滅傅作義匪軍，向傅佔區進攻的戰鬥中，立下更大的功勞，爭取更大的勝利！

一九四八年二月二十一日

4 六三部一營在保北阻擊戰中，英勇抗擊敵人，堅守陣地，配合主攻部隊完成了殲敵任務，全營立大功，也得到一面獎旗。（李風）

5 全體功臣騎馬遊行，羣衆熱烈歡迎。（李風）

好消息

解放官兵家屬分得土地

在自己的土地上耕種　正定市東門里街郭四姐家，沒房沒地，她男人王永富，原來在蔣匪五十三軍機砲連當排長，前年冬天滿城戰役被解放後，參加我某部砲兵連當了副連長。自從正定解放，軍屬證明信送到地方，人民政府曾貸給她家小米一百斤，過年又分給二十五斤，還貸給一些棉花泡給她作紡線的本。在這次平分土地運動中，郭四姐參加了貧農團，當過一任代表，她媳婦也參加了貧農團，分得了二畝麥苗地，這是她娘倆在新分得的麥地上摟麥茬的。（吳群）

⇦　房地都不發愁了　正定三區雕橋村張老太太，她的三個兒子過去都當匪軍，後來都被我軍解放。二兒滿昌參加我二縱隊六旅，在固城戰鬥立了功，區村給她掛光榮匾，並送來送菜給她賀功。三兒福昌參加四縱隊廿九團五連。四兒德昌參加三縱隊七旅廿團。就是在她幾個兒子都當匪軍的時候，蔣匪爲了修砲樓，仍然拆了她的房。我軍解放該地後，探知她家是軍屬，在村裏協助下，他的房子才又重蓋起來。這次平分土地，他的這三個小子也每人分給了一畝半地，二子滿昌因爲沒有莊戶，還給他多分了半畝地留作日後蓋房用。這是張老太太在紡線，她的大小子張臣在撒草合泥準備抹房子。（吳群）

軍田

各地在平分土地運動中，都留下一部份近地好地當作『軍田』，準備給榮軍及年老回鄉的軍人來種。這是正定南關頭村留下的三十畝『軍田』（吳群）

⇧　一封報喜的信　三縱九連二排機槍班解放戰士吳兆海，他家裏成了軍屬，分了土地，他父親吳洛齊赶忙請土改工作組同志，把這個好消息寫封信告訴他，寫好之後，同志唸給吳洛齊聽：

『你正月十一日來信收到了，初五給你回的信收到沒有？咱們村現在歸正定七區管，咱們現在地已分好了，咱家分了五畝一分，每人合一畝七分，你也分了一份，都是站台上的地，實數是八畝，折合五畝一，牲口也分上了，和你僥子哥旦哥一起分的，騾子是好騾子，個也不小，七歲口，就是東頭富農成全家的。養種吃食都夠了，姐妹們都強壯，不用結記，你在部隊應該好好學習，服從上級命令，愛護身體，好好打蔣介石，爭取爲人民立功讓家裏也高興。孺家勤來信。

父吳洛齊　二月十二日

出版者：晋察冀軍區政治部　　編輯者：晋察冀軍區政治部晋察冀畫報社

晉察冀邊區郵政管理局登記第十二號認為新聞紙類

晉察冀畫刊

41
1948,4,21

“勇往直前，打倒傅作義！” ★★★★★★

『同志們，向傅作義報仇的時候已經到來了。形勢是空前的好。這次出征的結果如何，就要看我們努力的程度而定。因此全體幹部都應該首先有清楚的認識，以身作則，帶動全軍！全體黨員，應該成爲群衆的模範，處處起先鋒作用！全軍戰士應該爭先恐後勇敢作戰！堅決服從命令！不怕困難不叫苦！不怕爬山走遠路！認眞實行三大紀律八項注意！發揮英勇頑强艱苦奮鬥的精神！讓我們全軍上下，同心同德，一致奮發，勇往直前，打倒傅作義！打倒蔣介石！中國人民勝利萬歲！』（節錄前委致野戰軍全體同志書）

平原部和草地部舉行討傅誓師大會。（田明）

平原、草地部討傅誓師大會上，全體指戰員一齊舉手高呼：『我們要討伐傅作義，解放察哈爾！』（田明）

清風店殲滅戰抱雷立了特功的吳常記同志，在全連討論會上宣誓說：『這次我一定要堅決完成抱雷任務！』（田明）

我軍横掃察南

我軍浩浩蕩蕩挺進九宮口，就要分頭猛撲傅匪各個據點。（黎民）

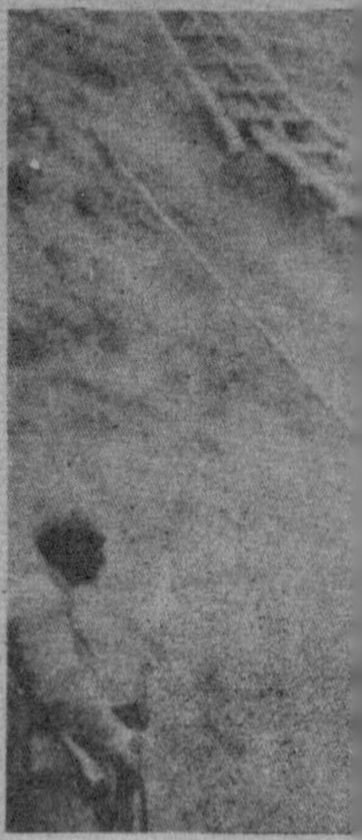

解放代王

我晋察冀大
百里長的戰線上
二十一日起五天
縣、陽原五座縣
堡、吉家庄、西
城、化梢營等重
方里大片地區內
了致命的威脅。
師、補訓三十一
一部，及保九總
訓三十一師師長
烈以下二千〇八
瑞武以下一萬三
現在我軍攻勢正

下面發表的
以後再繼續報尊

解放蔚縣城

三月二十四日早晨攻城戰開始，一刹鐘我軍便登上城頭，兩個半鐘頭後便全部解决了傅匪補訓三十一師及三十二師一個營共連兵三十八，俘擄二千五百八。

我軍佔領蔚縣縣政府。（趙彥章）

我軍押著大批俘擄出城。

解放出來的傅匪士兵，當天就有八十六名自動要求參加我軍。（史立成）

傅匪暫四軍補訓第六師師參謀長劉瑞武（左）和師新聞室主任魯培春（右）（史立成）

我軍

雁北殲傅匪一萬五千

我長江部九連二班，在三月二
一日中午，冒敵火靠上攻城梯，
先登上代王城。（杜鉄柯）

解放西合營

只有十分鐘的工夫就解決戰鬥，全殲守敵，繳獲小米一百五十萬斤、大米二十多萬斤。（左）西合營解放後，我軍召集鎮內人民講說目前形勢。（黎民）（右）立功部三個登城英雄：二連侯木運，五連何生清，五連李維明三同志。（黎民）

伐美蔣忠實走狗傅作義，在數
入察南雁北傅匪佔區，自三月
後解放天鎮、陽高、廣靈、蔚
士庄、王官屯、羅文皀、聚樂
花堡、暖泉鎮、白樂堡、代王
點十一處，把察南一萬五千平
，切斷了平綏路，對傅匪造成
我各路大軍共殲傅匪補訓十七
暫十一師一個團，騎十一旅
一萬五千〇九十人，內打死補
補訓十七師師長黃（董？）純
活捉敵補訓三十一師參謀長劉
，繳獲武器和軍用物資很多。
中。

是這次光輝勝利中的一部份。

解放周士庄　　我軍佔領周士庄車站（李光曜）

三千多輛。

解放陽原城

陽原北關大街上的傅匪堡壘工事，被我軍猛烈砲火摧毀了。（徐英）

行軍的勝利是战斗勝利的保証

晋察冀大軍從河北省分路開向察哈爾，士氣旺盛，那怕它高山峻嶺！
左：步兵引進（袁紹柯）
右：砲兵引進（趙彦章）

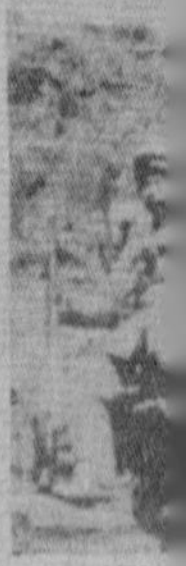

六三部二……
班走得打……

幹部帶頭帮助身體弱的同志揹東西，鼓舞着全軍勝利前進！這是建功部三營營的幹部，扛揹着伙房的用具，爬過三十五里路高的五迴岑。（黎民）

發揚互助友愛精神，帮助走累了的同志揹武器。（汝遜）

六三部某連，把全連的挑戰條件和立功計劃編成歌子，休息時就高唱起來。（袁紹柯）

大軍通過日寇和偽匪造成的察南『無人區』，不怕艱苦，露營野餐，這是我軍在野地做飯時的情形。（黎民）

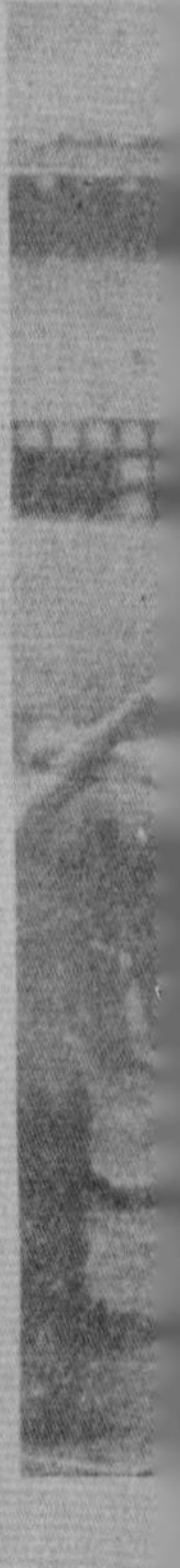

王家會宣傳隊和口子村老鄉，聯合組成的五週年鼓動棚，歡迎遠征察哈爾的勇士們。（杜鐵柯）

……爾遺十『優勝旗』，經民主評定，鄧
……班，展開熱烈的行軍競賽。 郭云崑

南滿部二營五連指導員，在行軍中隨時把各解放區的勝利消息，
唸給戰士們聽。 （郭渙）

各部的文工隊分成許多小組，隨軍行動，當部隊一歇下來，就隨
地演唱。這是活躍在雲彩嶺上的一個鼓動小組。（袁按題）

，才能得到群衆的擁護和幫助。這是某部特務連偵察班（便衣班）
……情深爲主的情形。 （賈紹何）

多麼歡喜呵，渴望的救星來了！察南人民熱烈歡迎我軍。群衆的熱愛與幫助，使我們
能夠順利地完成行軍任務，迅速到達消滅傅匪的前線上。 （犁民）

人民熱烈參加打傅匪

獲鹿民兵担架隊，隨我軍千里遠征傅作義。（吳暇）

察南翻身人民，幫助我軍運子彈。（

不可征服的人們

楊朔.谷岩.

解放察南的人民大軍，一逼近蔚縣城，忽然發現傅家頑匪在三關前高掛着許多人頭。鐵青的臉上，露出堅強不屈的表情。全軍頓時激起烈火一般的仇恨。這是半月前傅匪在大雲疃幹的一件滅絕人性的屠殺。大雲疃坐落在蔚縣正東廿里，一百四十九戶。前年經過土地改革後，那些長年壓在土地下的人民，驟然從土地上站起來。一等到傅匪侵入察南後，馬上組成護地隊、民兵、抗糧抗丁、破擊襲擾，和維護地主封建統治的傅作義做殊死鬥爭。他們在極端殘酷的環境裏，一直堅持到今年三月。這時一個混在村公所裏當書記的地主分子韓保雲，終於叛變了人民，九號拂曉，領着二百多頑匪，撲到大雲疃來。老百姓趕緊往
的薛家溝跑，都被塞住。工會主任楊殿明，想要突圍，匪兵在他
扎了一刺刀，當場崩了，韓保雲當時領人奔進溝裏，包圍了護地
持工作的兩個秘密窰洞，堵在裏邊的有區幹部韓進祥、路建中、
護地隊長馬銀多、隊員段貴文、樊喜慶、劉自洞、趙四子、靳學
英、薛占地、大毛攔兒等共總十五人。猛烈的戰鬥，頓時展開，
洞裏亂打着槍，一邊欺騙道：「老鄉歸降吧！咱們不殺！」守在
英雄們，却一句不答，只給他一陣猛烈的還擊。頑匪倒退多遠，
百姓的被子奪過去，羊皮襖剝下來，點着火往洞口扔。烟火彌
溝，嗆得人噎不過氣來，但是洞裏絲毫不動，往外一味打手榴彈
偽大隊長祁萊，抓耳撓腮，亂端亂嚷，指使匪兵爬到窰頂上，從

（1）傅作義是人民的死敵，他的匪軍在蔚縣大雲疃包圍殺死了我三十多個「護地隊員」，竟但忍地用鍘刀把他們的頭鍘下來，帶回去掛在城門旁邊，想用這種血腥的辦法來威嚇我頑強的蔚縣人民。這張像片上面是蔚縣二區護地隊長馬銀多的頭顱，下面是另一個隊員的頭顱，在他們鐵青的臉上，仍顯露着堅強不屈的表情。（袁紹文，韓榮志）

（2）人民是不可屈服的！傅匪在時，家屬不敢回去挖屍，靜表埋後了棺材，將他們秘密的裝殮起來，棺材上邊是他們在地下堅持工作時的來往信件，和壯烈犧牲時使用的手榴彈彈柄。（袁紹文）

人民的死敵

图片比例按 100% 呈现

察南人民趕修汽車路，便利我運輸部隊通過。（黎民）

桑乾河邊人民，看到我軍回來，就自動協助我工兵搭架軍橋。（李光曜）

…土，封鎖洞口。窰洞看看封死，但是一個窰頂被掏穿，土忽隆地塌下來，露出個大窟窿，手榴彈立刻又從這個窟窿直投上來，吓的頑匪叫着躲避，只好又强剝老百姓的衣服點起火來拿烟燻。日頭已經過晌，經過大半天的苦戰，洞裏的子彈早打完了，這當兒猛然聽見兩個洞裏轟轟的響幾下，接着一點聲音也沒有了。過了很久，頑匪才敢走上去刨洞，只見兩窰人緊貼着死在一起，地上散飛着他們悲壯的自殺成仁的手榴彈片，七支大槍和三支次槍，完全自行砸毀，零件不知埋到那去了。頑匪氣極生瘋，從土裏胡亂拖出十個屍首，拿刀割下頭，於是這些烈士的鮮血，就染紅了他們所捍衛着的土地。一共有七十一個農民被陷住，頑匪拿刺刀和鞭子亂戳亂打，逼問誰是村幹部，和村裏有多少民兵，都是誰，百姓們全一口咬定說：『幹部都死了，你崩了我也不知道，我死了不能連累人！』氣得頑匪喊道：『打這個老八路，他真堅決！』最後照韓保雲開的名單一個一個問姓名，才挑出新農會主任甄叔棟、以及袁雨、李林林、樊作在、趙德貴、X滿元、周定芳、周世才等九名，反綁着他們的手，連同其餘的農民一起押到城裏去。半路走過一眼水井，甄叔棟一頭跌下去，頑匪朝下打了幾槍，推下幾塊大石頭，才算甘心。第二天，那些村幹部都被殺害了，有八個老百姓拉去補了兵，下剩的關到監獄裏。掛在三關的人頭，正是從大雲町馱來的，這不是人頭，而是一種不可征服的力量，它發出鋼鐵的號召：要同志們替它報仇。我包圍蔚縣的解放軍，激憤的接受了這個號召。三月二十四號，僅用兩小時便解放了蔚縣全城，那些受難的人們，從獄裏一放出來，很多人歡喜的一句話說不出來，只是對戰士們啼哭。

（3）解放軍是人民的救星，現在已經打回察南了，消滅了盤踞這裏的傅匪軍，把水深火熱的廣大人民從水火中解救出來，凡是解放軍收復的城鎮，人民又恢復安居樂業、自由自在的生活了。（四縱隊來稿）

（4）解放軍打開蔚縣城，消滅了傅匪軍，把傅匪軍從老百姓家裡搶來的牲口，集中起來，進行登記調查，讓原主前來認領。（四縱隊來稿）

人民的救星

繳獲歸公做得好 印度洋雪山部

解城，部底切號貝彈做到九六也公
在靈中洋澈一要的不器繳千十洋交
廣門度决行攤的，武能，二三白部。
放戰印堅執繳公召是納到的百塊全了。（田明）

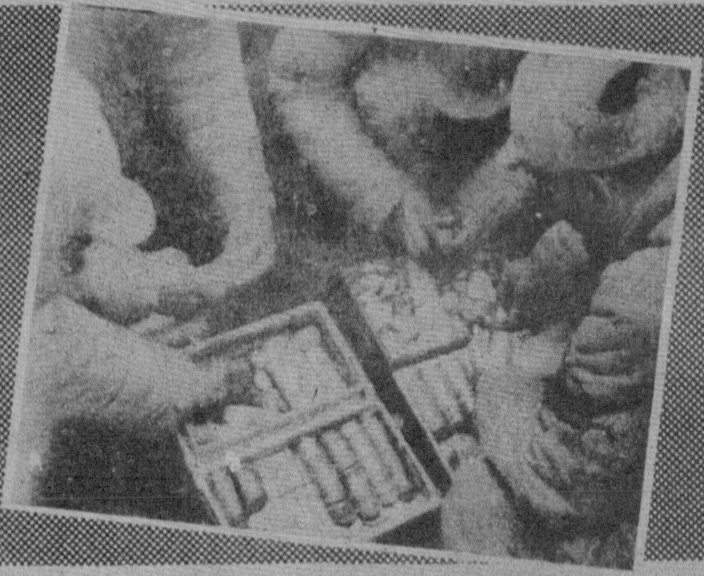

（1）毋忘的命令　諸家莊一位老大娘聽說我們要去打廣靈，拉住我們的同志說：「俺們都指望着你們，你們要把那些糟害百姓的狗仔們收拾乾淨！」　（田明）
（2）我們堅決實現了人民的希望，很快的拿下了廣靈城，佔領了廣靈縣政府。（高宏械）
（3）一大批害論人民的傢伙當了俘虜。　（高宏）
（4）集團爆炸的三英雄：雪山部二連二班，在班長陳立德（大功功臣）和副班長范仁和（大功功臣）率領下，用集體爆炸的技術，炸毀廣靈城門，配合步兵的任務完成了，全班沒無一傷亡，這是三班合照的像片。　（高宏）

解放廣靈城

出版者：晉察冀軍區政治部　　編輯者：晉察冀軍區政治部晉察冀畫報社

晉察冀邊區郵政管理局登記第四十二號認為新聞紙類

晉察冀畫刊

42
1948. 4. 28.

傅作義罪惡滔天

血腥的屠殺　去年十一月，匪徒們殘殺了蔚縣木方村復員軍人石乘同志，把他的頭割下來，吊在北吉村傅匪據點外面的大樹上。（孟慶彪）

瘋狂的抓丁　傅作義匪徒在察南瘋狂的抓丁，涿鹿小田家村只有七十戶人家，就抓去了五十三名，這位老哭着對我們說：「我七十三歲的年紀，也被狗仔們把胳膊打壞了！」（袁苓）

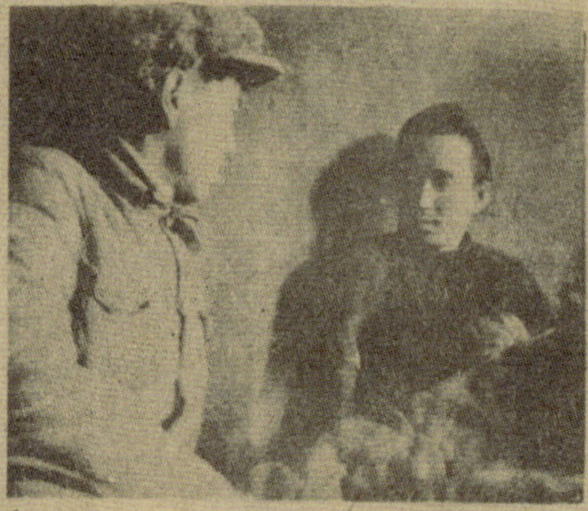

鎮壓翻身農民　曹萬里是涿鹿××村的翻身農民，反動地主勾結傅匪進行「倒算」，把他家裡的糧食全部搶去，把他哥哥曹貴抓了走，他自己被毒打兩次，直到我軍解放該村時還不能起炕，這是我軍慰問他的情形。（薛建國）

←

無盡的掠奪　一樁樁的苛捐雜稅，一次次的征糧征實，就像一個永不休止的大吸筒，把人民的血液都快吸乾了：糧食沒有了，用具變賣了，這是陽原城內的兒童到冬天還穿着這樣破爛的衣服。（藍泉）

→

這位老漢對我軍咬牙切齒地說：「同志，你記上——人們叫傅作義逼得快死了呀！」（克倫）

察南人民歡天喜地迎接我們

自從我軍撤出張家口，在一年零四個月當中，察南人民受盡了傅作義的害。他們說日本鬼子統治八年整，也沒有傅作義給他們的災難多；老百姓已經不能再活下去了。但是，在黑暗的日子裏，老百姓心中總是亮着一盞燈，他們有一個不滅的希望，堅信解放軍一定還要打回來。沒有使人民失望，我們打回了察哈爾。人民的渴望實現了，人民該是多麼的高興啊！

（1）一聽說我軍打回了察南，受盡傅匪糟害的人民滿心喜歡。當我們走過村子的時候，老媽媽們就拉住我們，說苦訴冤，問長問短沒有個完。（袁苓）

（4）蔚涿宣十二區的護地隊，帮
乾河大橋。

（2）（3）苦難使人民更堅定！察南人
梯和担架做好藏起來，我們一到，
和涿鹿xx的事情。

（7）在荒無人烟的大山溝裏，人民設立

宣傳到那裡 走到那裡

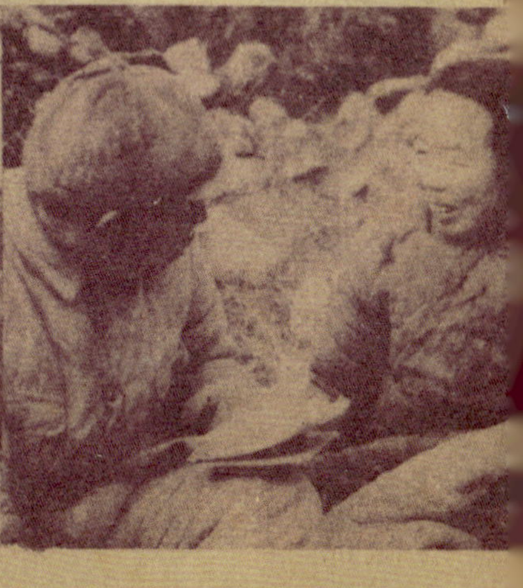

料，架設桑
建國）

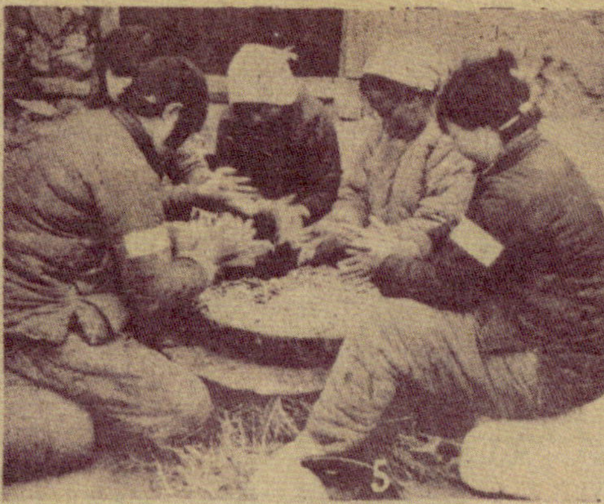

（5）我軍宿營在新收復的村莊，村裡的婦女們自動組織起來做飯燒水，熱烈的歡迎。（蔡尚雄）

（6）兒童們，一見我軍開到他們村裏，就歡天喜地的向我軍要了佈告和宣傳品貼到大街上，嘴裏又快樂地唱起「沒有共產黨沒有中國」的歌子。（鄒建國）

地方工作同志

隨軍發動羣衆開闢新區

〔上〕蔚涿宣十二區區幹部隨軍進入新區，在一區×村發動羣衆，建立人民政權，參加打傳匪。（鄒建國）

〔下〕在地方工作同志主持之下，新收復的涿鹿縣×村村公所成立起來，老鄉們熱烈前往繳納公糧。（鄒建國）

救他們，早已暗地裡把攻城作戰。這是宣化縣××等村（鄒建國）

的解放軍。（蔡尚雄）

一，大西洋部宣傳隊員，在暖泉鎮剛一解放，就分散作街頭宣傳，講解人民解放軍大進攻的形勢。（蔡尚雄）
二，我軍每到一個新的村子，就找窮苦的老鄉拉話，一邊訪苦，一邊宣傳。（郭懷）
三，陶山鎮村宣傳隊，把調查得到的傳匪糟蹋人民的材料，畫成壁畫，用當地人民都知道的事實，來啟發人民的覺悟和復仇鬥爭的熱情。（袁苓）

人民砲兵部隊

攻城奪堡，英勇作戰
翻山越嶺，挺進察南

我強大的人民砲兵部隊，爬過崎嶇的麻天嶺，戰勝冰雪和泥濘，浩浩蕩蕩開向察南前綫。（趙彥章）

（左）砲擊化梢營傳匪的城防工事，掩護步兵攻城。（李常永）（右）蔚縣城牆被我神砲兵打得破破爛爛。（趙彥章）

察南戰役續報

收復桃花堡 桃花堡戰鬥，我軍又活捉了大批的偽匪。（袁苓）

收復化梢營 在我軍強大的軍事壓力下，化梢營最後一個大堡壘的偽匪舉手投降了。（袁苓）

出版者：晋察冀軍區政治部　　編輯者：晋察冀軍區政治部晋察冀畫報社

晉察冀邊區郵政管理局登記第二十四號認為新聞紙類

晉察冀畫刊

43
1948.5.7.

我軍在察哈爾收復區
認真執行城市政策

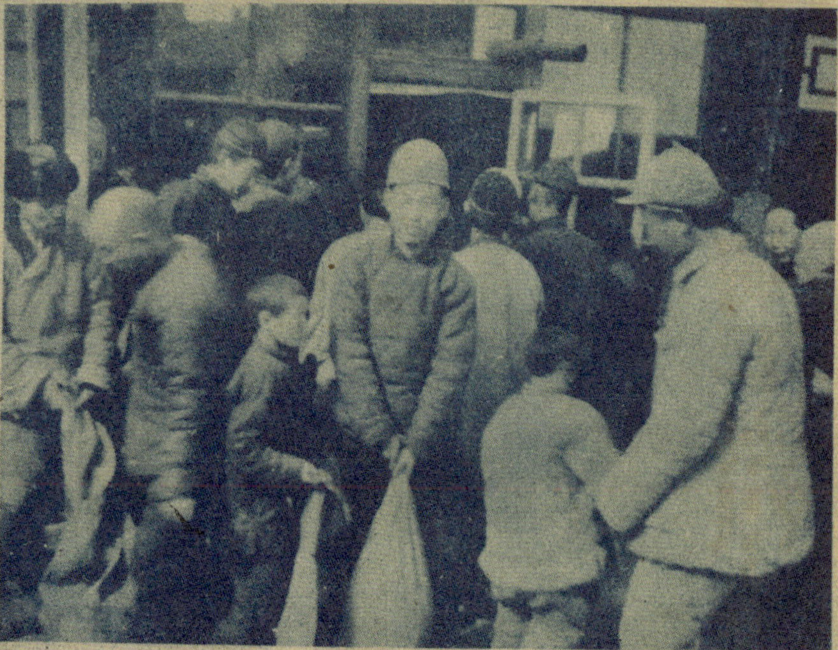

開倉救濟貧民
　　我軍收復陽原城，打開傅匪的糧庫，協助民主政府發糧，救濟窮苦的人民。（藍泉）

倒閉的商店又開張了
　　我軍在時，蔚縣商業中心之一的暖泉鎮原有商店一百五十多家（小販除外），傅匪佔領後，苛捐雜稅壓得商人們喘不過氣來，到我軍收復該鎮時，只剩下三十幾家勉強支撐着門面。現在大部份倒閉的商店又復業了。這是重新開張的源淳堂中西藥店的掌櫃，向我軍訴說該店在傅匪統治下的悲慘生活。（蔡尚雄）

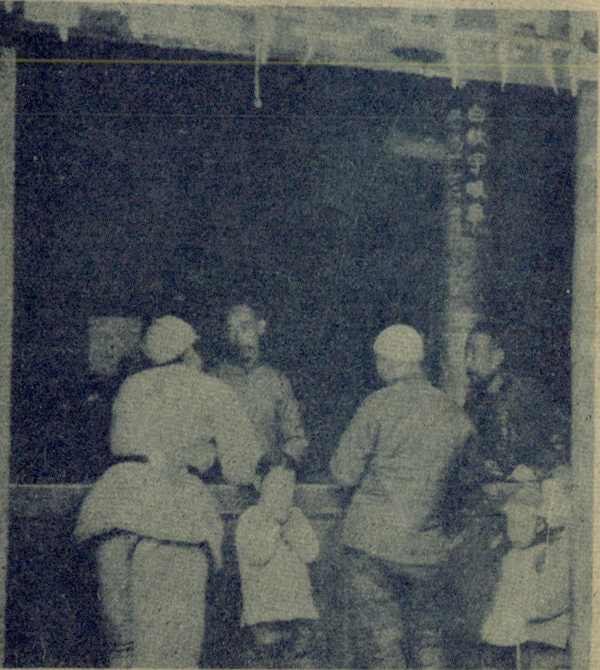

糧食布匹湧進市鎮
　　盤據察南的傅匪被我軍消滅趕跑以後，好多死的城鎮又活了起來，我軍保護自由買賣，大批的食糧布匹從根據地內運到，沒吃沒穿的人民又有吃有穿了。（蔡尚雄）

死錢變成活錢
　　傅作義在察南用無數的紙幣，騙去了老百姓無量的財物，最後他退走了，這些紙幣就都變成了『死錢』，坑了老百姓。民主政府是處處照顧老百姓利益的，人民的銀行在各城鎮設立了『兌換所』，存有蔣鈔的人們紛紛前去兌換邊鈔，『死錢』就變成『活錢』了。（蔡尚雄）

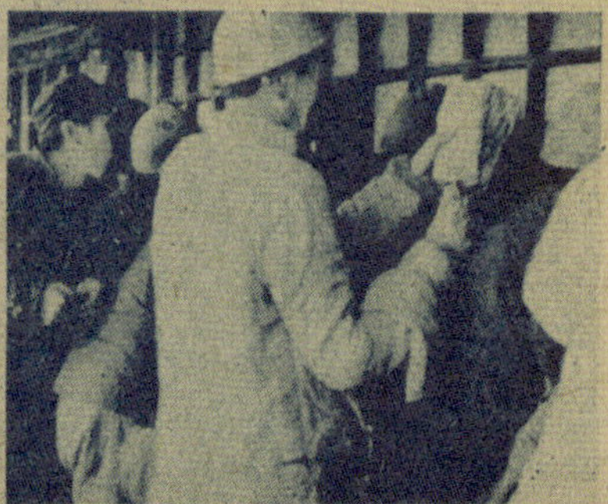

城市紀律守則

一　八項注意要記牢，不動人民一分毫，保護私人工商業，不准沒收上腰包，應該沒收的財物，市委員會才能搞，如果戰鬥用傢具，有借有還要做到。

二　買賣公平要牢記，強買強賣犯紀律，邇高市價工人苦，自私自利害自己，解放大軍人人敬，莫叫群衆看不起。

三　戰場砲火響連天，疏散群衆免危險，指揮老鄉隱蔽好，省得臨時添麻煩，戰後調查要認眞，切實查淸大壞蛋，戰後慰問要普遍，各種政策要宣傳，救濟窮人莫怠慢，全城人民擁護咱。

四　戰後不許亂打槍，土匪壞蛋要嚴防，崗哨嚴密交代好，使得敵人無處藏，公共場所要保護，不准破壞各地方，公共物資守護好，統一處理最恰當。

（這篇稿子原登在「子弟兵報」上，有個別字句經本刊編者修改）

全世界民主青年熱烈擁護毛主席

1.我們的人民領袖毛主席是受着全世界民主青年的熱烈擁護的。去年八月，世界青年節大會在捷克首都布拉格開會，有七十一個國家的青年代表團出席參加。我們中國解放區的青年代表團也參加了這個大會。一萬七千多民主青年在開會的時候，一看到毛主席的巨像，便興奮鼓舞，熱烈歡呼：『萬歲毛澤東！』

2 世界青年節大會那一天，我們解放區的青年代表團高舉着毛主席和朱總司令的巨像前進，全世界的民主青年都團結在他們周圍。

3.許多國家的青年們，都願意在毛主席的巨像下面照一個像。這是一群捷克女青年，她們擠在毛主席像下照像了，她們覺得十分高興，十分光榮。

⇦中國解放區代表團裏面有兩位年青的戰鬥英雄，一個是華東戰鬥英雄林茂成（右邊的），一個是晉察冀豫民兵英雄李德昌（左邊的）。他們正參觀捷克展覽會上最新式的捷克摩托車。

⇩林李兩位英雄和南斯拉夫的青年代表一塊照像作紀念。

戰鬥英雄 揚名世界

華東戰鬥英雄、林茂成

⇧林李兩位英雄參觀捷克農民割麥機的使用法。

出席世界青年大會的華東戰鬥英雄林茂成，是華東解放軍三縱隊的一個青年連長。他生長在魯中沂蒙山區北桃花坪的一個貧農家裏，父親靠織布和賣豆腐為生，母親常常帶着幼小的弟妹出門要飯，他自己是個放牛孩子出身的。八路軍到沂蒙山區時，他才十五歲，就參加了地方武裝，入伍當勤務員，後來升級到主力當通訊員戰士。他在當戰士的兩年中，立下了卓著的功績，打死打傷敵人一一一名，俘敵二〇二人，繳獲重機槍兩挺，輕機槍四挺，平射砲二門，步槍一一〇支；至於他當排連長時的集體繳獲，就更難計算了。一九四四年，這二十歲的小青年在連裏被選為戰鬥英雄。

從抗日戰爭到自衛戰爭期間，林茂成參加了戰鬥八十多次，曾掛過十二次彩。其中有好幾次幾乎斷送了生命。宿干山打鬼子，一顆子彈從他的頸部經過肺部，一直穿透了腰間，當他被抬回來時，血透了六件棉襖，但過了半年，他終於征服了死亡，又快快活活地從醫院回部隊去了，倘岩戰鬥時，子彈又咬去了他左手中指的半截。他已經算是個一等殘廢，但他仍堅持在前方部隊中工作。這次他參加中國解放區青年代表團到捷克開會回來，到處要求他去報告，他急急想回到前方去。他說：『蔣介石的統治不打倒 我就是不願離開前方。』

（轉載自華東畫報）

我們要澈底消滅殘殺人民的傅作義！

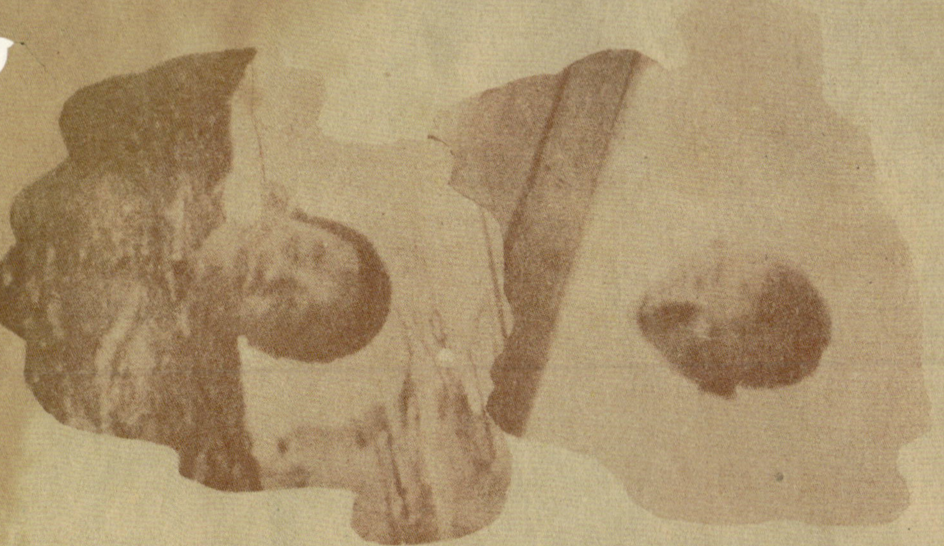

四月六……
……的主……柴溝堡
……時候……了兩個
……路的……一個叫姚
……十八……個叫李志
……四歲。強盜們砍掉
……的腦袋，並且用鐵絲
……穿起來，把姚鬪的
……掛在一棵大樹上，把李志
……的頭掛在一根電綫桿上。
……解放軍追打傅匪路過這
……，一見這兩個血淋淋的人
……，馬上眼都氣得發紅了，
……牙切齒地說：『我們一定
……澈底消滅殘殺人民的傅作
……義，爲那些慘死在強盜們手
……下的鄉親們報仇！』

（藍泉攝影）

……軍渡桑乾河

張帆

……指揮所和後勤指揮部最急
……橋，沒有橋，我北進大軍
……桑乾河消滅平綏線的傅作
……指揮員要求幾天之內把橋
……並且要做到走在橋上不出
……機炸了能馬上修起來。
……是一個艱巨工作，這需要

正在架設中的橋　（野雨）

……架成了，咱解放大軍穩穩地走
……。（野雨）

一定的工作人員和充分的架橋器材，更需要一定的時間。但是任何困難都擋不住人民解放軍。

第一座以鐵鍊並排的懸空橋很快架成了，渾源城北盤燒的鐵匠爲打鐵鍊流了不少的汗水，大家的視線都集中在這座鐵橋上，希望它能順利載過大軍。但當先頭部隊過了一部份時，敵機便來破壞，兩天的轟炸掃射，把一根鐵鍊打壞了，工程師崔學延和范副旅長等研討的結果，主張集中力量一定把橋架成，水手、木匠、石匠和我們的工兵齊集在一起，一個架橋有經驗的工人說：『反攻日本鬼子時，八路軍來，我來架橋，這回解放軍打回來，我又來了』。按照他的意見，動起工來。木匠李仙林日夜趕作器材，眼睛都熬紅了，工程師和范副旅長等夜間也不睡覺，看着架橋，水手們翻穿着牛皮褲子，拿着撥冰棍在刺骨的寒流中不停的搬運木料器材，有些水手和工兵忙着架橋，防備大塊流冰冲擊橋樑，兩天兩夜沒有睡覺。經過二十七小時的突擊，一座寬大的軍用橋按時完成了，一次部隊正要過河，有一處木座沉下去，工兵某連二排的同志們毫不猶豫的脫去了衣服，跳到冷冰的河裏，把橋又修起來，部隊源源的通過。這座橋所以能按時完成，不僅是由於工人的智慧和工兵的努力，渾源城打鐵工人，有的手磨出血來，有的兩天兩夜沒有好好睡覺，而且由於廣大羣衆熱烈支援。當步兵和砲兵通過這座橋時，站在河岸上的指揮員微笑了，桑乾河以北痛受傅災的羣衆更是心底歡笑：『重見天日的時候到了！』

出版者：晋察冀軍區政治部　編輯者：晋察冀軍區政治部晋察冀畫報社

晋察冀边区邮政管理局登记第四十二号认为新闻纸类

晉察冀畫刊

44
1948.5.23.

正定縣農民分到土地以後覺悟大大提高，踴躍參軍，鄉親慶賀十分熱烈。（吳寧）

新的農民 新的兵團 新的力量

軍區補訓××團，齊心宣誓，堅決到前線去消滅蔣匪。（方弘）

大家談

歡迎生力軍

咱們解放區，實行了平分土地，廣大農民分了地、翻了身，從牛馬變成人。他們從翻身鬥爭裏，更加認識到毛主席共產黨政策和領導的正確；更加清楚蔣介石像一塊磐石壓在背上，不推翻他的統治，不打倒這個死對頭，就沒有活路，就不能有自由幸福富足的生活。覺悟了的農民爲了自己的徹底解放，爲了把蔣匪區的兄弟姐妹們從火坑裏救出來，使全中國人民都獲得解放，他們熱烈踴躍的報名參軍了。成千成萬，像潮水一樣，湧進部隊。這是我們人民解放軍有生力量的無窮盡的源泉。

我們人民解放軍，正在各個戰綫上用勝利的歡呼迎接這些新弟兄、好弟兄。這些新的農民組織成新的兵團，生長了新的戰鬥力量，新的戰鬥力量又推動着人民革命戰爭走向更大的勝利、全面的勝利！

參軍農民，是我們的生力軍，我們要熱烈歡迎！

歡迎生力軍，要向他們學習，要愛護他們，關心他們，積極地幫助他們，提高他們！

歡迎生力軍，要熱心耐心的教他們學習軍事技術和戰術，很快練好武藝，新老戰士團結起來打勝仗！

歡迎生力軍，要堅決消滅蔣介石、傅作義、閻錫山

這是粟裕將軍（左邊的）和陳賡將軍（右邊的），在大會合時合照的像片。

陳粟、陳謝解放大軍

中原前線大會合

去年十二月二十五日，咱們陳毅、粟裕將軍指揮的華東人民解放軍，陳賡、謝富治將軍指揮的豫鄂人民解放軍，在河南省西平縣金剛寺大會合，郭個時……起，蘇魯豫皖解放區和豫陝鄂解放區（……皖解放區）聯成一大片，這兩支解放大軍……配合打仗，完全消滅中原蔣匪的勝利根……下來了。

……放區形勢簡圖

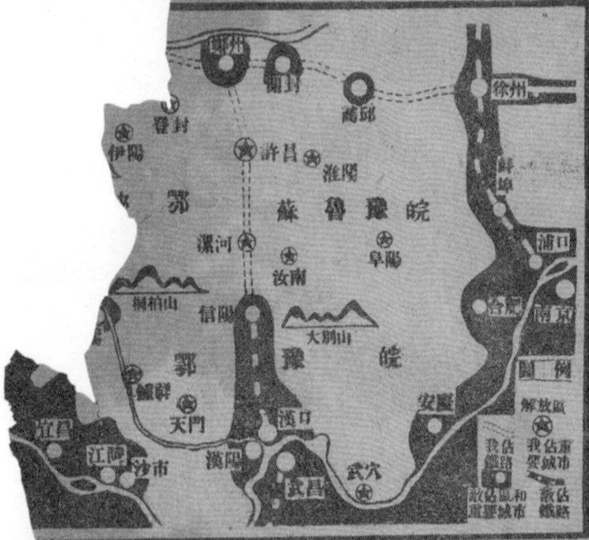

光輝的勝利（從一九四七年七月——一九四八年四月底）

總共消滅蔣匪二十萬以上

……鄧大軍：建立了江漢、皖西、桐柏、鄂豫等四個軍區，三十多個縣政府，解放了三千多萬人民。

……大軍：建立了六個分區，六十多個縣政府，解放了二千多萬人民。

……大軍：建立了八個分區，四十多個縣政府，解放了九百多萬人民。

紅軍的媽媽

吳耘畫

（原載「華東日報」四十二期）

㈣ 牛保三說：「老媽媽，這就是指導員。」指導員走上去說：「是呀！我就是指導員。」

㈥ 她哇的一聲坐在地上哭起來，指導員安慰她：「老媽媽不要難過，我雖不是吳海，可是像吳海一樣，你想叫吳海做啥？」

㈠ 解……日……村……

㈤ 老人……不是……員。……紅軍……

㈦ 她說……絕戶……人家用……

㈦ 指導……家寫……給他……

沒收地主豪紳的土地
分給貧苦農民
…别山，在去年八月廿八…到商城公路旁的獨北樓…全村人都跑光了。
㈡ 進村來發現了一條紅軍時代的標語，大家疑問：「既是老革命地區，爲啥老鄉都跑了呢？他們不知道咱們就是過去的紅軍回來了嗎？」
㈢ 戰士牛保三扶着一位沒有眼珠的老媽媽叫：「指導員在那裏？這裏有個老太太，她說是指導員的媽媽。」
…指導員的頭摸到腳問：「你…？」答：「我是四連指導…是民國十八年從這裏出去的…就是那個紅軍回來了。」
㈥ 老人大聲說：「吳海！難道你不認識親娘啦！」指導員說：「老媽媽，我不是吳海，我姓馮。」
㈦ 她問：「你今年幾歲？」指導員說…年二十三歲。」老媽媽說：「…海，俺吳海是紅四軍指導員，他走…二十歲。」
…，溝子裏叫民團閻得滅門…被砍死啦！我的眼珠子叫…！」
㈩ 老人又哭起來，戰士們同聲道：「老媽媽別哭啦！這仇咱們一定替你報！」
㈩㈠ 有人問：「老媽媽，你們受了這大的災，咱隊伍回來了，村裏人怎麼都跑了？」老人從衣袋裏掏出一張紙條交給指導員。
…共產黨見面，殺絕滿門。…這是十月初，保長逼着每…在家裏等俺吳海，把冤仇…
㈩㈢ 指導員忙說：「老媽媽別怕，咱隊伍正在往這邊開，吳海還在後面，咱不走啦！」老人忽然站起來告小女孩說：「去叫你媽都回來呀！好孩子，快去吧！」
㈩㈣ 小女孩跑到嶺後高喊：「媽…！你們都快回來吧！紅軍不走…

《晋察冀画报 / 季刊》目录

Contents of *Jin-Cha-Ji Pictorial/ Quarterly*

晉察冀畫報
季刊 1
中華民國三十六年三月
晉察冀軍區政治部出版

美蔣決心消滅晉察冀解放區

『獨佔中國市場，把中國建成軍事侵略基地』，這是美國帝國主義戰後世界擴張政策的重要成部份。『獨吞勝利果實，堅持封建法西斯的獨裁統治』，這是中國反動派頭子蔣介石戰後國政策的中心意圖所在。美國帝國主義爲了達到狂妄的目的，必須鎮壓中國人民的反抗，必須利用支援蔣賊；蔣賊爲了消滅國內的民主運動，必須賣國求助於美國帝國主義。而今天，强大的國解放區民主政權和人民解放軍已經形成中國民主運動的支柱，因此『決心消滅解放區』就成美蔣消滅中國民主運動的首要的與決定的步驟。

晉察冀是解放區的一個組成部份，從日寇投降之後，美蔣即狼狽爲奸向這裡進攻。去年八月軍在塘沽登陸，進駐天津、北平，接着美艦海運、美機空運大批蔣軍到達平津，這些全部經過國訓練美械裝備的蔣軍到達之後，立即在美軍的掩護下，向我軍用血肉從日寇手中解放的冀中冀東、熱河發動了瘋狂的進攻，同一時間，蔣介石的忠實走狗傅作義，更從歸綏東犯察哈爾，打到晉察冀解放區首府張家口的大門——柴溝堡。我軍於忍無可忍讓無可讓之時，始進行反擊其逐退。今年一月，蔣介石被迫宣佈了停戰命令，但是他仍秘密令其部隊繼續進攻，『搶佔戰要地』，北平軍事調處執行部派往各衝突地區進行調處工作的執行小組中的美方代表，則多方蔣軍辯護，並常常在實際上造成蔣軍進攻我區的有利條件。

在美國帝國主義『調停其名，援蔣其實』的兩面政策掩蓋下，蔣介石經過六個多月的輸血和之後，乃悍然全部撕毀停戰命令與政協決議，於七月間挑起了全面分裂的反人民內戰，對晉冀解放區再度舉行大規模的進攻，迄今爲止，已經又六個月了。六個月的戰爭進程，最明激地露了美蔣相互勾結決心消滅我區的猙獰面貌：在冀東區，美軍不僅代替進攻的蔣軍警備北寧鐵，還直接配合蔣軍向我香河轄區進攻，造成轟動一時的『安平事件』；在冀中區，泊鎮執行小中的美方人員，擅自攝取我區軍事要地，以供美造蔣機轟炸與掃射的參考；而所有『美化』蔣美造蔣機所到之處，和平居民橫被屠殺與炸斃，和平村鎮悉遭焚燒或拆毀，他們要用一種比法西斯强盜更兇殘更毒辣的血腥政策，妄圖我們堅强的民主堡壘——晉察冀解放區毀滅！

請往下看吧：看賣國賊蔣介石及其美國合作者相互勾結的鐵的事實，看他們在晉察冀解放區下了一批怎樣巨大的血債！今天這些鮮血淋漓的血債，已經在晉察冀軍民的心裡鑄成一個牢固信念，那就是：美蔣是決心消滅我們的，對他們抱有絲毫幻想，都將是對中國人民獨立和平民事業的犯罪！只有堅決自衛，爭取全面抵抗勝利，才能生存！

蔣記空軍從何而來？

美帝國主義不僅以飛機供給蔣介石，而且積極幫助蔣賊訓練空軍人員。今天狂轟濫炸我們解放區的蔣記空中劊子手們，正如這張照片所告訴給我們的：是美國教練官一手敎練出來的。

（美國新聞處稿）

幫助蔣賊訓練砲兵

賣國賊蔣介石用一系列的祖國主權，拍賣給美帝國主義，以換取大量的美造武器和『美化』蔣軍，進行反人民內戰。圖爲美國砲兵教官正在教授蔣軍使用美造追擊砲時之情形。

每日空運三千人

抗戰期中，華北的蔣軍逃的逃了，降的降了。可是自日寇投降之後，他們却坐着美國飛機大規模空運華北各地。去年九、十月間美第十航空隊運輸機隊每天由上海飛北平六七十次，可運軍隊三千人。（轉載自『新星畫報』第二期『難受的美意』）

開抵內戰前線

『美化』蔣軍運抵平津之後，很快地被分發到各個不同的據點去了，這是一部份到達北平附近軍事重鎮通州的蔣軍，就是他們瘋狂地向我冀東、冀中進攻。（轉載自『新星畫報』第二期『難受的美意』）

血洗施家會

一九四六年四月九日晚間，大同閻僞軍血洗施家會。圖中躺在棺材內的死屍，名叫趙玉屏，他的全家都被閻僞軍殺死。（蔡尙雄攝）

人民的樹木橫被砍伐

蔣軍進攻解放區，每佔一地，必將該地人民的樹木伐光，構築鹿柴工事，作爲進一步進攻的依托。（石少華攝）

追炸旅客快車

一九四六年八月十三日，美造蔣機八架侵襲陽高，瘋狂掃射與追炸我平綏路三〇二次旅客快車，無辜和平旅客被射死五人，被打傷十三人。（李峰攝）

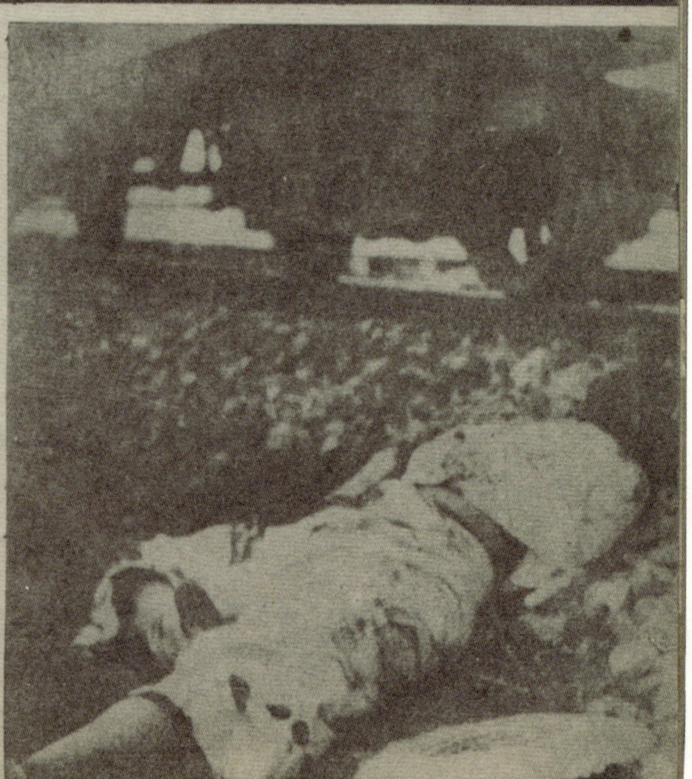

老婦慘遭炸死

一九四六年八月十三日，美造蔣機轟炸渾源城，安順街民張占普之妻慘遭炸斃。（胡冰攝）

幼童亦難倖免

這是美造蔣機狂炸宣化時，一遇險的兒童，你看他滿面鮮血，被炸得這麼慘！（力競攝）

父親被戳死，女兒被強姦

蔣軍進擾易縣劉家溝村，將村民劉永春用刺刀戳死，劉之閨女亦被姦污。照片即被姦污之閨女，手中抱着的是她父親的血衣。這是一九四六年十一月十四日蔣軍在易縣橋頭村一帶新製造的暴行之一。（石少華攝）

房倒屋塌，何處存身？

誓與人民爲敵的蔣介石，使用美機濫炸解放區的和平城鎮，這是淶源城下沙河街住民區被炸後的慘狀，到處房倒屋塌，天寒地凍，被難人民何以存身？（穀芬攝）

衣物毀盡，怎樣過冬？

在美遣蔣機狂轟濫炸之下，人民的衣物糧食傢俱也毀於一炬。而現在正是大雪紛飛，北風凜冽的嚴寒季節，遭害的人民將怎樣渡過這一艱辛的劫難?!（胡冰攝）

母親和兒子同遭難

慈祥的母親懷抱着嬌小的愛兒，就這樣地慘死在美遣蔣機的屠殺下。讓那些狂炸張家口市的劊子手的妻兒也看看這幅慘景吧！（穀芬攝）

又是一家人罹難

一九四六年十月九日，蔣機對張家口市忠厚里平民區狂施轟炸，這一家的父母兄妹全被炸死，餘生的孤兒的胳膊亦被炸斷。

（毅芬攝）

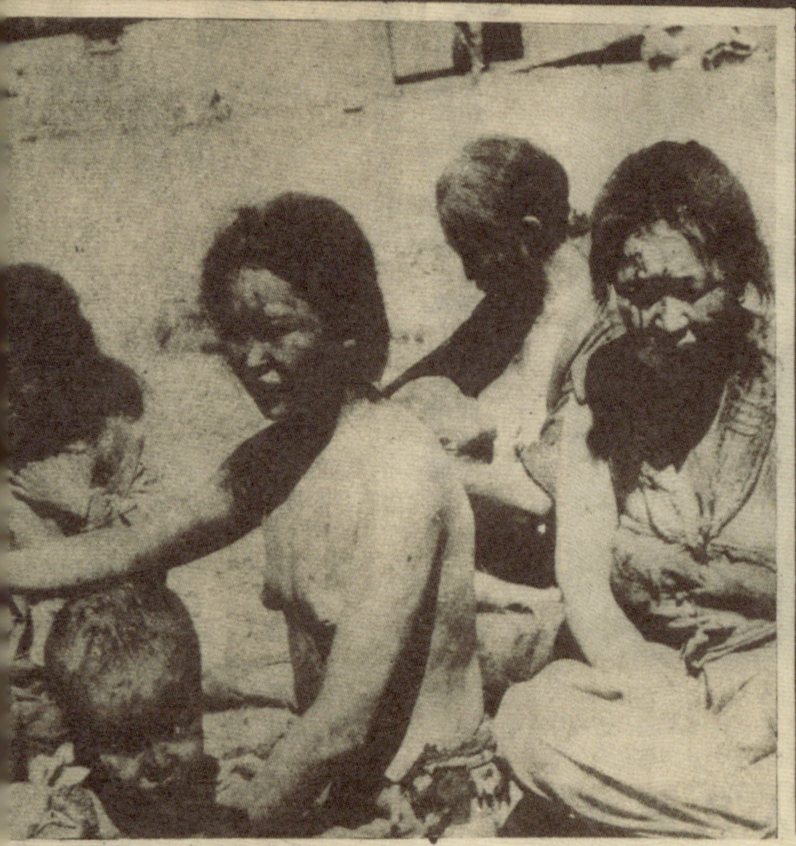

一家人炸得這麽慘

一九四六年八月十七日，大同北孤店村被美造蔣機轟炸，民房悉數被毀。這是一家老弱婦孺遭炸後的慘象。

（楊國治攝）

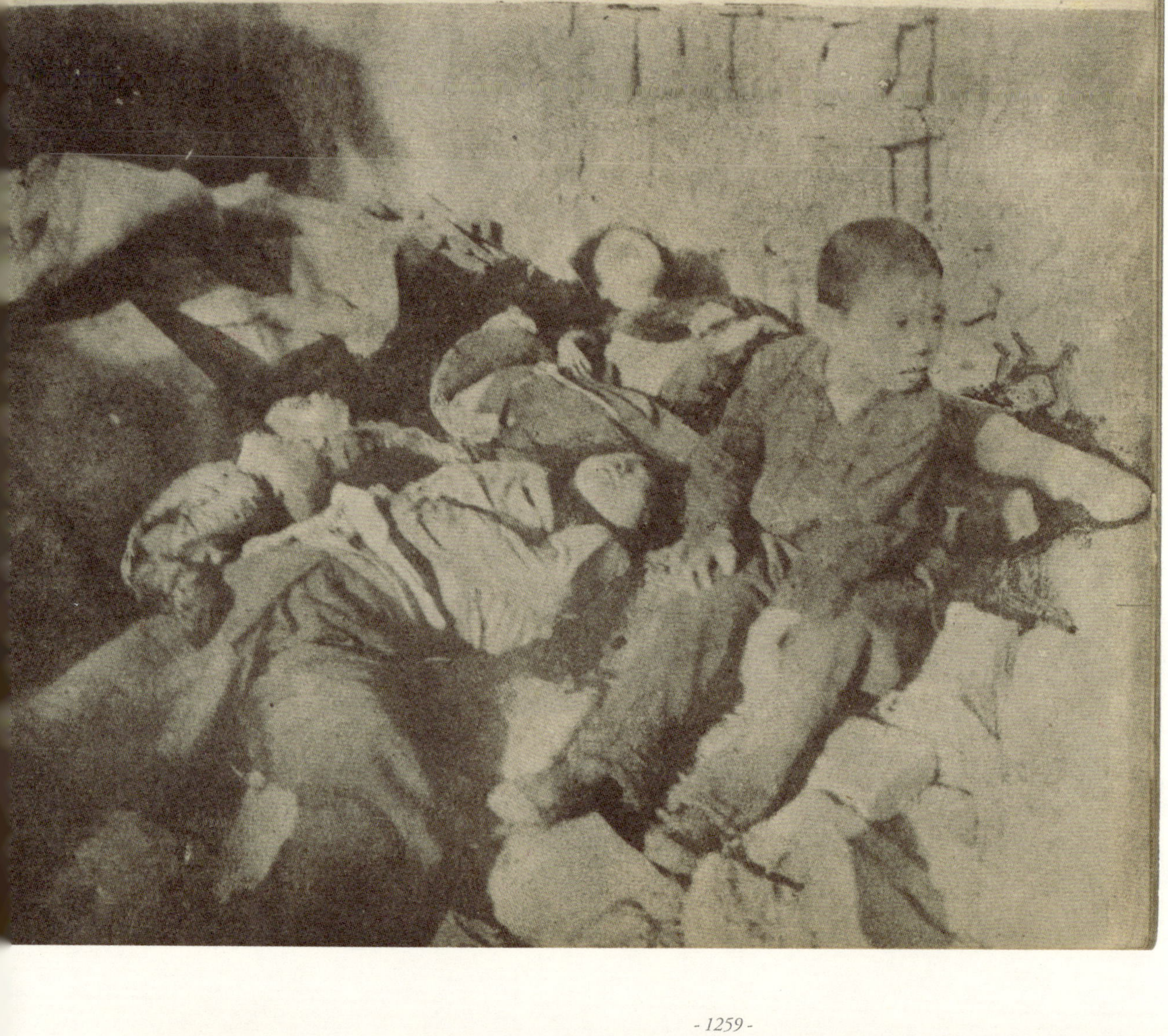

越思越想越忿恨

房屋被炸毁，家人被炸斃，衣物用具變成灰，越思越想越忿恨，老婦哭訴：此仇不報怎能行？（穀芬攝）

報仇的愿望寄託人民解放軍

晉察冀人民解放軍奮起自衛

爲了爭取獨立和平民主新中國的實現，爲了粉碎美蔣的聯合進攻，爲了支援各兄弟解放區的愛國自衛戰爭，晉察冀人民解放軍於一九四六年六月中旬被迫奮起進行自衛戰爭。半年以來，在中國人民偉大領袖毛澤東同志與朱總司令正確的軍事思想指導之下，我軍以火焰般的爲人民立功的熱情，以海濤似的新英雄主義的氣概，和蔣介石進犯軍頑強地周旋於廣闊的戰場上，先後進行了晉北、大同、綏東、冀東、熱河、平綏、平漢諸戰役，創造了斃傷俘蔣僞六萬人的光輝戰果。

經過半年自衛戰爭的鍛鍊，並由於澈底拋棄了對美蔣的和平幻想，晉察冀人民解放軍是愈戰愈强了，逐漸地熟練運動戰的手法：不僅能够攻堅，而且能够固守；不僅可以擊潰蔣軍的進攻，而且可以於粉碎其進攻的戰役戰鬥中將其大量殲滅。今天的晉察冀戰局指明：在全國戰局日益轉變的情況下，我軍也已開始由被動轉向主動，正以再接再厲的戰鬥精神，追隨各解放區兄弟部隊之後，向全面抵抗的最後勝利的道路邁進。

下面所選輯的晉北、大同、平綏……諸戰役的照片，只是晉察冀人民解放軍六個月來英勇自衛戰史中極小的一部分，然而就從這一小部份照片中，也可以看出：晉察冀人民解放軍將必然取得愛國自衛戰爭的最後勝利！

晉北討逆自衛戰役

一九四六年春夏，山西閻日僞聯軍在蔣介石的指令下，撕毀停戰協定，在晉北同蒲沿線，不斷地向解放區蠶食進攻和搶糧。以朔縣爲例，自停戰令後，閻僞軍向我進攻共一百七十四次使用兵力在一萬八千人以上，侵佔解放區村莊二百多個，迫使我軍不得不堅決自衛反擊。在晉察冀人民解放軍與晉綏人民解放軍聯合作戰下，晉北自衛反擊戰役自一九四六年六月中旬開始連戰連勝，到八月初爲止，先後解放朔縣、岱岳、楊方口、寧武、原平、忻口、懷仁、口泉、平旺等重要城鎮及火車站十九處，同蒲北段北起懷仁，南迄忻口，長約六百里的鐵路線上，將閻僞完全肅清。與此同時，同蒲北段東側的閻僞據點——山陰、繁峙、代縣、崞縣、五台、定襄等六城也都得到解放。因此，晉察冀解放區的五台山區與晉綏解放區的呂梁山區已連成一片。

解放山陰城

山陰城西距同蒲鐵路三十里，一九四五年四月就被我軍解放，後經敵僞一度侵佔，至日本投降後，我軍又把它解放，可是不久被閻僞搶佔。一九四六年六月二十一日上午，我軍第三次解放山陰。圖爲我軍進入山陰城。（吳群攝）

岱岳鎮是同蒲北段的一個重要車站，離大同一百七十二里，六月二十四日被我軍解放。圖爲我軍進入岱岳鎮時之情形。（吳群攝）

解放代縣城

我軍於解放繁峙後，繼續向代縣進擊，盤據代縣之頑偽郎逆約武部，自知作惡多端難逃人民之懲罰，於一九四六年七月五日晚棄城逃竄，我軍於翌日晨進駐代縣城。圖爲我軍砲兵行進在代縣城内之「雁北第一樓」下。（李昭鄉）

我軍佔領

解放五台城

五台城位於世界著名佛教聖地五台山麓，爲我晉察冀解放區發祥地，聶榮臻將軍司令部曾長期駐此。抗戰勝利後閻錫山即將該城僞軍收編，向我區進行蠶食，僅停戰令後，即新建據點蘇子坡，白家莊，田家崗等二十餘處，捕殺我蘇區幹部七十餘人。一九四六年七月十四日，我軍應人民之請，驅走閻僞，解放該城，圖爲五台城內人民夾道歡送勝利的晉察冀人民解放軍繼續向前追擊潰敵。（眞亞攝）

解放原平忻口

原平、忻口皆同蒲路北段之重要車站，也是閻錫山向我晉察冀解放區雁北地區不斷進攻的屯兵場。一九四六年十四十五兩日，我軍先後將兩地解放。

解放繁峙城

位於滹沱河發源地之雁北繁峙城，自日寇投降後，該城僞軍屢封未動爲閻錫山收編爲省防軍第四師，搶掠屠殺暴行如故，城郊三十里以內之人民乃紛紛要求我軍前往解救。一九四六年七月三日晚，經六小時激戰，該城即爲我軍解放，守城僞軍千餘全部解決，繳獲頗多。圖爲我砲兵轟城時之寫眞，（李昭輝）

繼續向忻口追擊前進。（亞眞）

忻口戰鬥中，被我軍擊落之美造蔣機。（亞眞）

大同自衛反擊戰役

大軍源源開赴自衛前線

大同自衛反擊戰役，是在蔣閻軍向我晉南及冀熱解放區瘋狂進攻，大同閻日僞軍不斷出犯我晉察冀解放區的情況下，由晉察冀人民解放軍與晉綏解放軍聯合發動的。

戰役從一九四六年八月十四日晚間開始，據守大同之閻僞軍依靠其多年構築之層層堡壘工事，在蔣介石美式武器的空運增援與美械裝備的中美特訓班督戰隊的監督之下，拚命作戰，而我軍則在强烈炮火的掩護下，以高度的新英雄主義精神，衝破一道道的鐵絲網，踏平一重重的堡壘線，截至九月五日止，我軍先後將大同外圍閻僞强固點碉掃數肅清，據不完全統計，我軍斃傷閻僞軍二千四百二十餘人，閻僞軍放下武器者一千二百餘人。後來因爲爭取新的機動，在新的戰場上殲滅敵人，才主動撤圍。

大同自衛反擊戰役，持續了一個月的時間，由一連串的頑强的攻堅戰鬥所組成。這一戰役，對晉察冀人民解放軍是一個重大的考驗，而我軍以對人民無限的忠誠的意志和戰鬥中奮不顧身的精神，經受住了這種考驗。這一戰役，在晉察冀人民解放軍從游擊戰轉向運動戰的途程上，樹立了一塊光輝的里程碑。

我軍强大的炮兵隊馳往大同自衛戰爭前線。（石少華攝）

推過艱難的坡路，隱蔽地進入砲兵陣地。（袁苓攝）

汽車大隊到自衛前線上去，担任戰地運輸。（石少華攝）

通訊兵在戰地，日夜不停地架設軍用電話線。（石少華攝）

英勇頑强的攻堅戰鬭

每一個敵人據點的外圍都構築有這麼密密層層的鐵絲網，地堡工事。（袁苓攝）

戰鬥開始了，我軍大炮向敵人堡壘工事猛烈轟擊，為步兵們開闢前進的道路（石少華攝）

我軍突擊組在機槍掩護下，向敵人陣地奮勇地衝去。（袁苓攝）

衝到敵人堡壘外圍，我軍用密集的手榴彈擲炸困守堡壘的敵人。（鐵絲網外空中之黑點，即我軍所投擲之手榴彈。）（袁苓攝）

敵人不投降，就堅決消滅他！英勇的工兵施展强烈的爆破戰術，將碉堡和敵人一同毀滅！（袁苓）

我軍攻佔大同北關東大街，繼續向前推進。（袁苓）

打堡壘的勇士：××團一營一連一班長楊占吉會三次自告奮勇將敵人的堡壘予以爆毀，圖爲第三次戰鬥中，他帶領突擊組攻破敵堡殲滅敵人，繳獲機槍一挺，步槍七支，活捉俘虜七名後之愉快神情。

（郝建國）

打坦克的英雄：八月十七日晨，敵人三輛坦克向我軍陣地猛冲而來，當距離我反坦克陣地六十公尺的時侯，××團二營四連楊連長一發反坦克槍，打壞了一輛，其餘兩輛立卽倉皇折去。圖爲楊連長擊發反坦克槍時之情形。

（郝建國）

北關車站爭奪戰

一個典型的攻擊戰中的堅守戰

在大同北關車站，我軍曾與閻僞軍進行激烈的爭奪戰。我軍以一營兵力堅守車站站房，敵人以水塔爲依托，用猛烈的炮火掩護步兵向我冲鋒。儘管站房的房頂和四周墻壁打成篩子底一樣的了，但我軍誓死不退。終於在工兵炮兵配合下，將水塔予以爆毁，把大部進攻的敵人殲滅在陣地前沿。

守衛着車站站房的機槍射手，把進攻的敵人無情地消滅在陣地上。

把敵人的衝鋒打垮了，我軍越出掩體，反冲鋒追擊潰逃的敵人

這就是我軍堅守的站房陣地

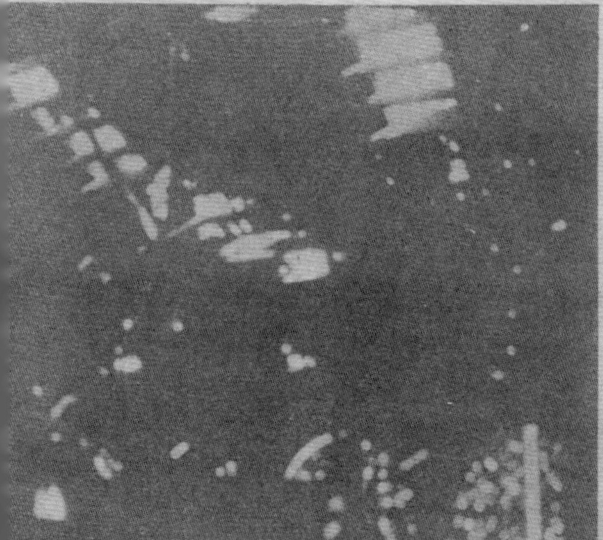

工兵把水塔下部炸毀了，步兵從裂口處冲進去進行搜索。

友愛、愉快的戰地生活

在戰場上指揮員給負傷的戰士包紮傷口，發揚同志友愛。（袁苓）

利用戰鬥間隙，我軍挖掘防空洞，預防蔣機空襲。（郝建國）

穿越重重障礙，炊事員送水送飯到戰地去。（石少華）

指導員把後方人民的慰問信唸給戰士們聽。（袁苓）

戰士們在戰鬥之後興奮地吸着後方人民送來的紙煙，堅決消滅敵人的勇氣更加強了。（袁苓）

平綏東線保衛戰役

蔣介石抱定全面破裂的决心，經過長期而周密的準備之後，突於一九四六年九月二十九日，指令其一戰區所屬各軍，向我平綏路東線懷來一帶發動猛烈進攻，企圖一舉而下我晉察冀解放區首府——人民張家口。

蔣軍這次向我平綏東段進攻的規模是空前的：使用兵力計有十六軍，五十三軍，九十二軍，十三軍十五軍、暫三軍及由東北調來七十一軍之九十一師，新六軍之二〇七師等總近八個準械化軍，其在華北軍主力坦克炮兵亦全部出動，其參謀總長與戰區司令長官均親自督戰，但是在晉察冀人民解放軍面前，的頭破血流。

在持續十餘天的平綏東線保衛戰中，我軍湧現出好多的英雄戰鬥單位和出色的戰鬥英雄人物，在他艱苦努力下，先後於懷來之馬跑泉、東西花園、田家莊、……等地予進犯蔣軍以四次殲滅性的打擊，其軍之一〇九師三二五團、九十四軍四十三師之一二七團、九十四軍一二一師直屬隊及在一個團（番號不被全部殲滅，十六軍一〇九師三二七團大部被殲，連共側翼進犯延慶之蔣軍在內，我軍共殲滅俘蔣軍萬，並繳獲大量美械裝備，這證明蔣介石企圖以美國的援助，在軍事上戰勝我們是不可能的！

李常春

李常春是一個十九歲的青年戰士，在平綏東線保衛戰役的台莊戰鬥中，他機動地完成了單身炸毀敵人地堡，為主力掃清前進道路的光榮任務。

戰鬥開始，他所在的那個排由於地形不熟習，選錯了衝鋒出發地，衝鋒號一響，大夥衝入了敵人三面交叉的火網裡。李常春一看不好，就冒着敵人的火力與副班長幾個箭步跳過了鹿砦，登梯上了房，副班長掛花滾下來，李常春回頭一看，才發覺主力沒跟上來，又一看牆角地堡裡兩挺重機槍正緊密地封鎖着他的來路，他知道主力沒及時上來的原因了。於是，他跳下來，偷偷地由側翼摸到地堡跟前，向裡面塞了一個手榴彈，「轟」的一聲，機槍不叫了，裡面傳出「唉呀」和「叫娘」的聲音，李常春緊跟着又給他塞進一個去。

他正在想回去叫主力，突然側面的院門開了，意識到這是敵人的反衝鋒，他迅速地爬在鹿砦邊，果然三個敵人兩過來，一個以為李常春已被打死，來拿他的槍，將到跟前，李常春把槍一抬，「碎」，那傢伙回了老家，第二個被嚇的趴倒，李常春霍的跳起來，一刺刀把他扎死，第三個掉頭往回跑，李常春的刺刀從後面穿在他的背上，那傢伙帶傷逃掉了。主力前進的道路就這樣地掃清了。

（高粮）

山和馬福新堵門口，如果裡面人多，我們一打槍，你們就跟着
戶向裡打手榴彈。」說完，司馬端着刺刀往裡就走，袁發馬上跟進去點洋火，一看裡面有四個蔣軍，嚇的縮在一起，他們一喊繳槍，敵人就把槍遞過來。

把俘虜帶出來，袁發讓姚馬兩個人看着，他和司馬跑去幫助第四班，向據守東院的敵人進攻。他們跳過牆，看見了四班長，袁發問清楚敵人堅守的屋子以後，拉出手榴彈的線向四班長說：「手榴彈一打響，你就點洋火，我倆就衝進去。」結果屋裡的八個敵人都繳了槍！緊接着袁發一手端槍，一手擦洋火，進到東裡間一看，炕上還蹲着一個，於是連人帶槍也一塊俘獲了。就這樣，袁發和司馬云共活捉了十三個蔣軍俘虜。

戰鬥英雄們

袁發與司馬云其

袁發是湯陰前線放下武器的蔣兵，參加八路軍已經一年多了。去年（一九四五）平漢戰役後，他被選爲戰鬥英雄，現在是××縱隊×部×連三班的班長。他的班共有八個人，司馬云其是他的好幫手。在東花園戰鬥中，排長令三班爲突擊班。戰鬥打響了，由二班用手榴彈掩護他們從房上跳進院落。下院後，袁發和司馬云共搜索了屋子，原來沒人，這樣他們就佔領了第一個院子。爲了

常有福

常有福也是放下武器的蔣兵。他是到湯陰找表兄去，而被蔣介石抓來打內戰的。他放下武器之後，聽到八路軍的戰士們是怎樣光榮的被父老們送到部隊，家裏又怎樣受到尊敬和優待，於是他檢討了自已，並且傾吐出自已滿懷的寃苦。他决心參加了八路軍。

在這次反擊懷來東邊太莊蔣軍一〇七師師部時，常有福担任戰鬥組長。戰鬥從村的北邊向前發展，他正在挖牆掏洞，敵人向他打了一槍，沒打着，大聲問他：「那一個？」他一把捉住敵人的槍，連人帶槍一齊得過來了。戰鬥結束，他和另外三個戰士共俘擄了十個敵人。可是由於後續部隊沒冲上來，敵人又瘋狂地射擊。他們要撤出戰鬥，班長叫他當聯絡哨撤哨兵去，他走到院子裡，就被敵人三面包圍了。他很機警地拾起了一頂蔣軍的鋼盔戴上，敵人過來問他是幾連的？他沉着的回答：「三連的」。「手裡拿的是什麽？」「手榴彈」。敵人向他要，他機智地回答：「你去地上拾呀！那邊還有。」敵人以爲他是自已人，沒再問他就走了。常有福抽空子就轉回部隊來了。

常有福這種驚人的勇敢，是由於他對蔣介石的滿腔的仇恨！

王恩國

王恩國，熱河人，當他參加平綏東線保衛戰役台莊戰鬥時，才是參加八路軍不久的新戰士，連隊裡都叫他「熱河新兵」。在進行戰鬥訓練以後，他牢記着首長說過「刺刀要磨得亮亮的」。於是他找了一個大磨石，磨亮了他的刺刀。他沒打過仗，一邊磨刺刀，一邊問怎麽打法，班長說：「你緊跟着我，聽我的話就行了。」刺刀磨好了，他拿給班長看：「我磨的行了吧？打起來，我非拚他五個六個不可！」過後他又練習投手榴彈。

當台莊戰鬥打響後，他就緊跟着班長跑，班長怎麽着他就怎麽着，在牆邊上班長打手榴彈，他也打了幾個。他跳進一所院子，班長叫挖牆洞接近敵人，在挖洞的時候，一個敵人挺着刺刀鑽過頭來問他是「那個」，王恩國一下子就奪過了他的槍。

戰鬥歸來，王恩國扛着新捷克式，興奮地把中指上套着的七根手榴彈線交給了指導員。

『美化』俘虜群

這是十月八日，在懷來東南長城橫嶺戰鬥中，被我軍俘擄之蔣軍九十四軍四十三師一二七團「美化」俘虜一部，他們正向解放區光明的道路引進。（曹存才）

懷來前線首批「美化」蔣軍俘虜五百餘人，於十月六日運抵張家口，圖爲他們通過張垣市街時之情形（袁苓）

又是一群「美化」俘虏（發芬）

一群「美化」俘虏（發芬）

美造武器種種

這里所發表的照片，只是我軍從九十四軍四十三師一二七團繳獲的一部份美造武器。

（二）

（三）

（四）

一、美造重迫擊炮（高糧）
二、美造火箭炮（崔國良）
三、美造平射炮（高粮）
四、美造六〇小砲（高糧）
五、美造炮兵用翻山測量鏡（曹智才）
六、美造重機槍（高糧）
七、美造輕機槍（高粮）
八、美造手提輕機槍（宋貝珩）
九、美造反坦克槍（高糧）

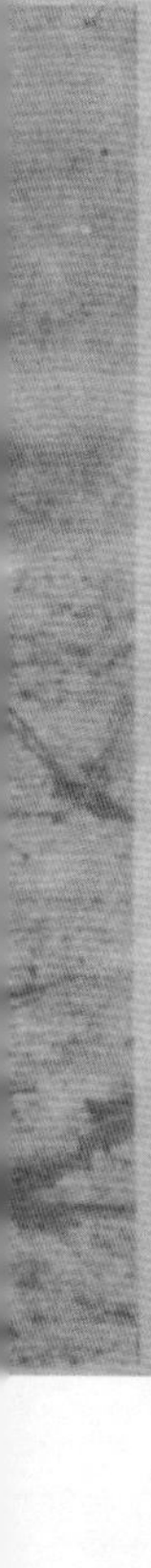

（八）

（九）

平漢北段反擊戰役

晉察冀人民解放軍，在蔣介石下令總攻張家口的十九小時（卽一九四六年九月二十九日二十一點鐘）以後，就以神速動作，向蔣介石華北內戰指揮中心的北平與內地聯系的大動脈平漢路展開大出擊，二十萬左右的晉察冀民兵亦隨軍出動助戰。經過四日激戰，到十月三日上午三點鐘止，我軍完全控制平漢北段二百五十華里鐵路綫，解放徐水、望都、定興、容城、四座縣城，高碑店、定興、北河店、固城、徐水、漕河、于家莊、望都、王京，方順橋等十個車站，北河店、固城、漕河、于家莊、方順橋、八里莊、十里舖、王京、清風店、北城等十個重要集鎮，攻克集團堡壘四十七處，斃傷蔣僞軍三千五百餘人，俘擄僞第四縱隊副司令康慕飛及副團長營長以下官兵四千八百餘人，繳獲無算。同時我強大的民兵，在部隊的掩護與配合下，將漕河、瀑河（徐水車站附近）、北河、北拒馬河（松林店附近）的鐵橋炸毁並將路軌路基徹底破壞，蔣軍用以封鎖和進攻解放區的鐵路兩側的封鎖溝和堡壘工事完全平毁。

平漢北段的勝利，給華北進攻的蔣軍沉重的打擊，證明了蔣介石兵力不足的致命弱點，是無法克服的，當他集中優勢兵力進攻一個地區時，別的地區的守備力量就必然大大減弱，露出屁股挨打，這也就增多了解放區軍民對蔣賊進行殲滅性打擊的機會。

攻佔高碑店　我軍於……我軍之……

攻克徐水車站　平漢前線我軍，經兩夜激戰，於二十九，三十日，全部佔領徐水城，並乘勝將固守徐水車站之兩連蔣軍悉數殲俘，攻克徐水車站。（紀志成攝）

…日攻佔高碑店。圖爲進攻高碑店戰鬥中…地。（冀中新聞攝影科寄稿）

我軍攻佔高碑店車站。（冀中新聞攝影科寄稿）

攻克王京車站

九月三十日，我軍攻克望都之王京車站，繼即解放望都城。圖爲我軍於攻克王京車站後，繼續向望都城進擊時之情形。（胡冰攝）

平漢戰役開始後，保定將軍一列火車北上增援，途中遭我軍截擊，兵車被炸毀，援敵被擊潰，我軍繳獲完好之火車頭一列。（紀志成攝）

一隊隊的冀中民兵開到平漢前線去進行大破擊。(紀志成攝)

人民的力量撼天地。蔣賊的鐵路大翻

平漢路大破擊從徐水車站開始了！(紀志成攝)

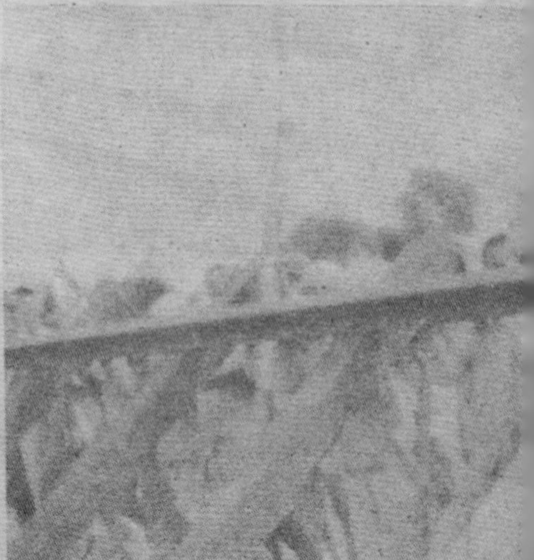

一列列的冀西民兵也愉快的湧入破擊熱潮中去。(胡冰攝)

振)

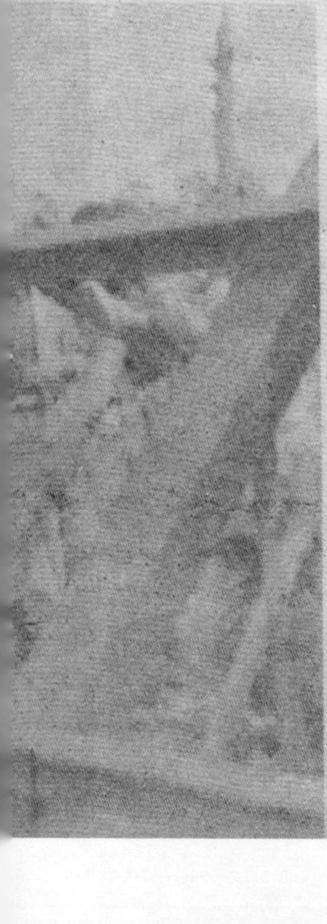

把拆毁的鐵軌運到解放區去，等真正的和平實現以後再繳出來建設(杜海振)

上 毁後之漕河鐵橋該橋被我炸毁八孔。（冀中新聞攝影科寄稿）

中 北拒馬河大鐵橋（松林店附近）炸得支離破碎。（冀中新聞攝影科寄稿）

下 瀑河（徐水附近）鐵橋及其附近之運兵列車，被我軍澈底破毁。（李峯）

「鋼鐵第一營」

——保衛淶易戰役的一面旗幟

姚遠方

「洛陽」部隊徐水河部某團一營，由營長朱彪同志，政治教導員曹良同志率領，於十一月十七日在易縣城東的劉家溝自衛戰中，創下了堪與狼牙山五壯士，蘇聯紅軍十三勇士相媲美的壯烈事蹟：

十七日晨，爲了便利於主力完成殲敵任務，第一營於劉家溝抗擊全部美械裝備素稱精銳之蔣介石嫡系第五師三千餘人的進攻，當時該營實際參加戰鬥人數讀二百二十四人，敵我雙方兵力對比爲十四比一。劉家溝又地處低窪，由於敵我力量懸殊，村四週之高地旋即爲敵所佔領，我軍即陷四面被圍的艱苦境地，敵之山炮，六〇炮密集發射，將村中房屋大部打平，房樑柴草甚至戰士之棉被衣服，均爲敵火箭炮的火焰燒着了，敵之兩輛坦克，撞倒牆壁，掩護着步兵從四面向村中我軍陣地衝擊，在這樣危急的情況下，營長朱彪，政教曹良率領全營，固守一座已被敵火摧毀的房院，沉着迎擊，政教曹良同志當即號召全營：學習蘇聯紅軍十三勇士的精神，提出：「爲了活，一定要與陣地共存亡的口號」共產黨員們都自動地到最危險的崗位上去堅持，全營所有衛生員、通訊員等非戰鬥人員，都從烈士身上拾起武器，投入戰鬥，人人守衛在自己的崗位上，一步不退。有許多戰士，在敵火猛烈轟擊下，被倒塌的牆屋掩埋了七八次，每次都立即滾身爬起，臉色毫不改變，又繼續堅持戰鬥。就這樣擊退了敵人十幾次的猛烈衝鋒，（突到陣地前沿的敵人坦克，都被我們用火酒瓶打回去了）而且還主動地進行了出擊，俘獲了敵人槍一部。直戰至中午，北邊一座房屋的我軍陣地，被敵人佔領了，營長又立即集結了十幾個勇士，發動反冲鋒，又把陣地奪回，這時，我軍已有六十餘名陣亡，百餘人負傷，當時曹政教發出了第二次號召，號召負傷的、能動的人，全部拿起武器堅持戰鬥！在這一號召下，二連七班長王成群，紮緊了傷口，第一個拿起槍來，朝着衝鋒中的敵人射擊，九槍射中九個敵人，當他每擊斃一個敵人時，戰士們紛紛喝彩叫好，嚇得敵人再不敢朝他這個方面衝鋒。機槍射手姚秋良，原已負傷三次，聽到教導員的號召，立即端起歪把子說道：「我不疼了！」讓通訊員替他壓子彈，瞄準着敵人掃射，一梭子打倒了二十來個，當他打槍的時候，他的胸部傷口被震動得鮮血直往外流。朱營長已中彈負傷兩次，仍瞞着別人，由通訊員扶撐着來回巡視各陣地，感動得全營越戰越奮，一直堅持到黃昏。此時能夠堅持戰鬥的，只剩下二十三個人了，子彈眼看要打光了，敵人又趁此時期發動了總攻，在此危急關頭，全營官兵，把所有文件燒燬，並將烈士遺下槍枝，全部拆下零件，埋存起來，甚至把鋼筆手錶都砸得粉碎，以必死決心與敵拚殺。正當此時，曹教導員又被砲彈炸傷，傷勢甚重，他高呼：「堅守陣地到底！」「打死一個夠了本，打死兩個賺一個！」他要拔槍自盡，被通訊員勸阻。全營之中僅有一動搖份子孫志敏（半月前之興戰鬥的俘虜）越出戰壕，企圖向敵屈膝投降，當即被機槍射手無情的槍殺了。此時有數十名敵人，圍住了衛生員張有合迫他繳槍投降，張有合說：「好！來繳槍吧！」敵信以爲眞，爬到他的跟前，他說道：「先給你手榴彈，老子還有刺刀。」刹那間，他拋出了幾個手榴彈，炸得敵人狼狽滾逃。接着敵人坦克又冲上來了，只離他十幾米遠，張有合故意高聲嚷道：「打，大家都準備好反坦克武器！」（其實，我們沒有帶着反坦克武器），把坦克嚇跑了。新戰士李樹花，鎮守在南院門口，他被炮彈炸倒了好幾次，始終堅持在斷磚頭瓦堆中與敵戰鬥。不久才從蔣軍解放過來的戰士梁虎成，也表現出驚人勇敢，他說：「要是在過去，我早交槍投降了，今天爲人民服務，我要流盡最後一滴血戰鬥到底。」就這樣依靠着刺刀和手榴彈，把敵人的總攻粉碎了！

到傍晚，東南角——敵人的側後，響起了猛烈的槍炮聲，營部衛生員張有合首先高聲喊出：「我們的援兵來了！同志們！再堅持一刻鐘！」部隊登時百倍奮發，傷號們也向敵人猛烈反擊，敵傷亡慘重，狼狽不堪，不敢戀戰，棄尸三百餘向淶水方面逃去。我軍全營除戰鬥中陣亡六十餘同志外，營長朱彪、政治教導員曹良率一百餘名傷員以及全部槍枝武器安然歸來！

榮獲「鋼鐵第一營」的英雄指戰員們

滿城自衛殲滅戰役

上 前方指揮所的指揮員們，正在用電話指揮各部隊作戰，精心地執行着殲滅戰役計劃。（黎民攝）

下 在精密的戰役計劃下，我軍奮勇追擊劉化南殘部。（黎民攝）

經受了晉北、大同、平
各諸戰役嚴重考驗的晉察冀
四六年十二月下旬，在保衛
了殲滅蔣介石進犯軍三個整

十二月十九日，蔣介石
八八團三八九團，一一六師
暫編第一路軍第一縱隊第二
三兩團，共集中六個團的兵
向我晉察冀解放區滿城地區
放軍滿城前線守軍奮起反擊
，卒將其美械之三八八團與
第二縱隊之二、三兩團全部
一六師主力亦遭受嚴重殺傷
長佟道，副團長佟鏡，團副
玉崑，劉化南部二團團長隋
出以下官兵二千六百餘人
人，繳獲各種砲五十餘門，
步槍一千五百餘支。

滿城自衛殲滅戰役的勝
軍必敗，人民解放軍愈戰愈
兵力日益減少的情況下，我
，繼續大量殲滅敵人的機會
晉察冀人民解放軍深知：「
署中，晉察冀地區所佔的位
解放日報），當蔣介石還有
攻勢時，他是一定不會放鬆
。因此，晉察冀人民解放軍
足，正秉承着晉察冀人民的
時迎擊蔣介石的任何進攻，
役戰鬬中，繼續大量殲滅共
介石進攻，解救廣大蔣佔區
復一月十三日的位置和政協
愛國自衛戰爭的最後勝利！

以及保衛淶
源，於一九
役中，創造
戰績：
一三〇師三
三四八團及
南部第二第
保定，漕河
察冀人民解
韭兩夜激戰
軍第一總隊
八九團與一
三八六團團
作戰主任劉
團團長胡金
一千五百餘
一百餘挺

次說明了蔣
當蔣軍機動
裏主動反擊
多。但是，
全部內戰部
重要的」（
局部地區的
區的進攻的
次勝利爲滿
望，準備隨
其進攻的戰
，爲停止蔣
的人民，恢
現而戰鬥到

在大留村戰鬥中我軍俘擄蔣軍三八八團官兵之一部。（高糧攝）

我軍×縱隊二十四團二營六連繳獲三八八團美械武器之一部。（高糧攝）

我軍繳自三八八團之美造戰防砲。（高糧攝）

這兩個蔣軍俘虜：河北正定縣六十七歲的郭志奎與河南十四歲的張子成，都是被蔣介石抓來充當內戰砲灰的，從這裡可以看出：蔣介石的兵源枯竭到了什麼程度。（李楨攝）

晉察冀人民

全力支援自衛戰爭

我們進行的愛國自衛戰爭，是人民戰爭，人民不但以自已的子弟參軍抵抗蔣介石進犯者，並且從各方面廣泛參加與支援這個戰爭，士氣旺盛，民心振奮，軍民一致，敵愾同仇。這與蔣介石所發動的反人民內戰，士兵厭戰，民心叛離的情況，正是一個鮮明的對照。而人民必勝蔣軍必敗的根本道理，也就在這裡。

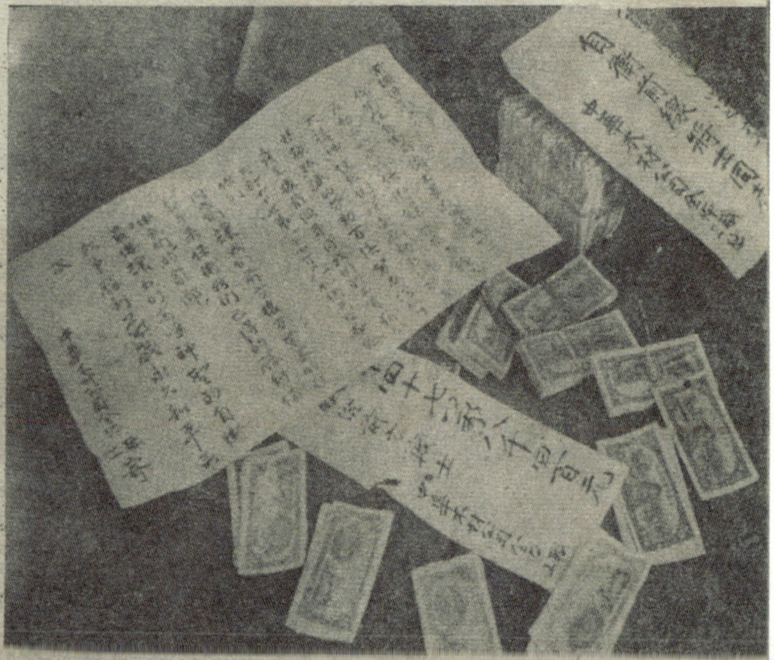

中華木柴公司全體職工的獻金。（谷芬）

洶湧澎湃的勞軍熱潮

愛國自衛戰爭一開始，廣大的晉察冀人民即掀起了洶湧澎湃的勞軍熱潮，在城市在鄉鎮，到處展開獻金、獻物、寫慰問信、做慰問袋的運動，各機關各工廠各學校，紛紛組織慰問團慰勞隊，携帶着豐盛的慰勞品到前線上去。因爲他們深深地了解：晉察冀人民解放軍就是自己的軍隊：愛國自衛戰爭，也就是保衛自己的生命土地財產和民主自由生活的決死鬥爭！

勝利火柴公司女童工把『幾句安慰話』裝入火柴盒，慰問前線將士（谷芬）

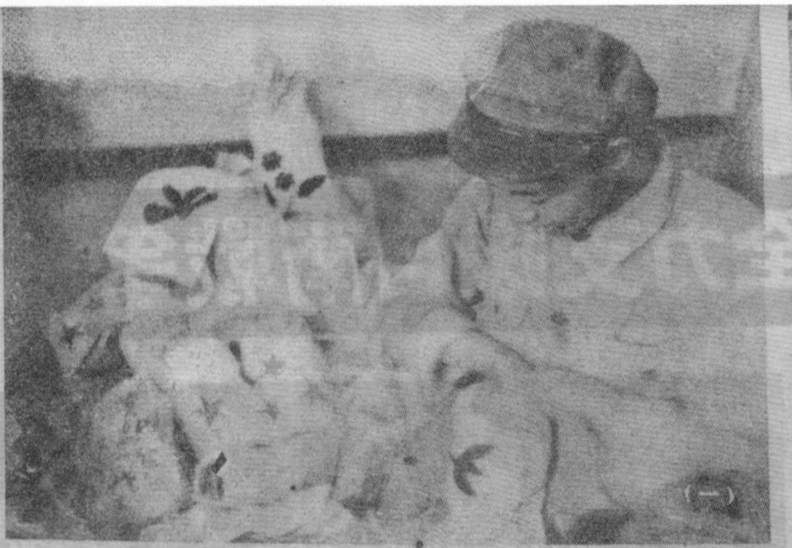
（一）

（三）

（四）

一 邊區銀行的女職員熱情地縫製慰問袋
（高糧）

二 華北聯合大學學生踴躍獻金。（高

三 在城市的街頭，市民們自動設立『
軍物資站』。每天前往獻物的市民絡繹
（高

四 在鄉村的道旁，農民們捧着清鮮的
獻給由前線轉運下來的傷員。 （劉

五 邊區參議會駐會參議員閻力宣先生，率領邊區各界慰問團，到大同前線去慰問英勇作戰的將士。（胡冰）

冀中各界慰問團開到平漢前線進行慰問。（紀志成）

七 平綏鐵路職工慰問團歌詠隊，在戰地爲解放軍將士而歌唱（楊國治）

八 在懷來前線的後方醫院裡，慰問團的代表給英勇作戰負傷的戰士餵水。（劉峰）

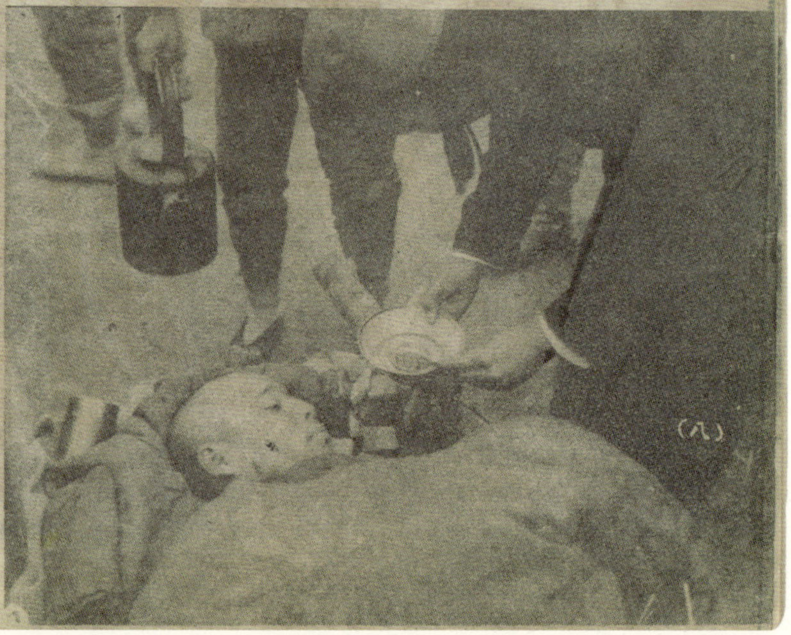

新華機器廠鐵工股工人李全福，爲了支援前線，他向工友們提出競賽，他個人除每天加工一點鐘外，每禮拜還加工四個鐘頭拾焦炭，只九月一號（一九四六）一天就拾了八百多斤。圖爲李全福正緊張工作着。（劉峯）

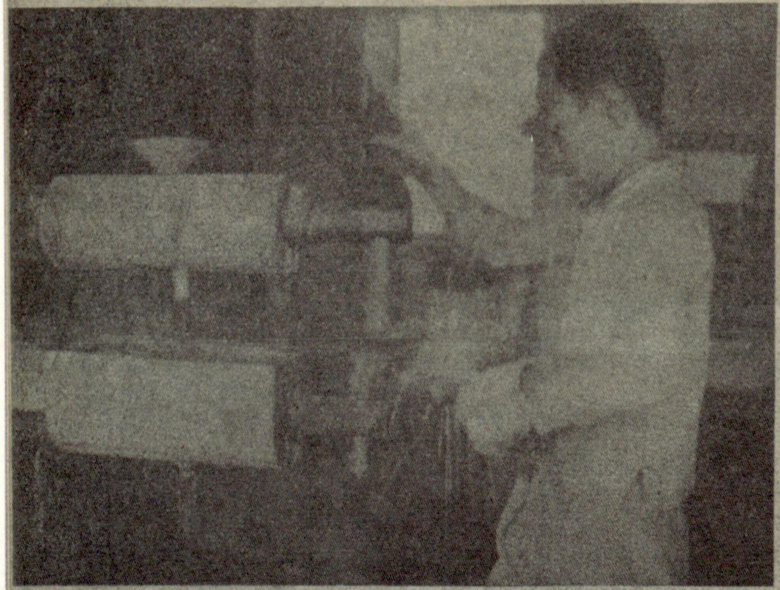

新華機器廠鐵工股組頭閻成山和看火的打錘的……打六十個鐵管，我們不能打八十個嗎？』於是，大……一天打六十個鐵管』的模範工友牛福競賽。果然在……一〇一個鐵管的新記錄。（劉峰）

……汽車修理廠工友趕造軍用運輸汽車零件。

加緊生產開拓戰大……

晋察冀解放區的工人和農民，是晋察冀愛國……支持者。他們明白自己所負的神聖責任，在緊張……力堅持並擴大工農業的生產建設，特別是軍火生……够按時完成甚至超過預定的計劃。只有加緊生產……才能够加强充實爭取勝利的物質基礎！

懷來前線的農民，緊張地收割着穀子，不讓蔣……

說：『人家一天
裡加勁，要和
他們創造了完成

的源泉

戰爭的主要推動者和
戰爭環境中，傾全
糧生產方面，都能
無限的戰力源泉，

糧食收回來了，馬上拿一部份向民主政府繳納公糧，讓英勇保護人民利益的解放軍將士有飯吃。
（康伯平）

軍搶去我軍民的糧食！
（劉峰）

冀中白河上的運糧船，把集中起來的糧食載往自衛前線上去。 （康伯平）

到前線去，爲解放軍服務

懷來農民扛起鐵鍬集合，他們馬上就要開到前線上去幫助軍隊挖工事了。（劉峰）

在大同自衛反擊戰中，民兵協助我軍搭雲梯，以備攻擊之用。（袁苓）

『到前線去，爲解放軍服務』，這是晋察冀人民在自衛戰爭中一致的行動口號。半年來，邊區各地的工人、農民、民兵、醫務工作者、文化工作者，駕着大車，趕着牲口抬着担架，扛着鐵鍬，帶着醫藥治療用具和文化娛樂器材，不斷地湧上自衛前線，他們常常冒着槍林彈雨，出現在戰場上或戰壕裡，爲解放軍服務，完成了許多協助作戰的艱鉅任務。

平綏鐵路工人，冒着敵人砲火的威脅，趕修通往大同的鐵路。（楊國治）

民兵担架隊集隊到前線去，執行戰地救護任務。（袁苓）

在平漢前線，民兵担架隊抬運傷員到後方去。（康伯平）

後方醫院的醫生護士們組成前線醫療隊，向戰地行進。（楊國治）

無盡的農民大車運輸隊，載着軍衣軍鞋，運向前線去（袁苓）

湧進解放軍行列，向勝利邁進

經過八年抗日戰爭和一次自衛戰爭鍛練的晉察冀人民，懂得：戰爭的手段，主要的是武裝鬪爭；戰爭的原則，在於削弱敵人，消滅敵人，保存自己，壯大自己；而敵我力量的消長，首先是軍事有生力量的消長，這是決定勝敗的關鍵。因此，當晉察冀解放區民主政府參軍號召一出，各地人民即群起響應！各地的中國共產黨員，民主政權工作者，人民先鋒的工人，得到土地的農民，高度覺悟的青年學生，成班成隊的報名投入解放軍；有些地區更組織起翻身團翻身營，護地大隊，文化青年大隊等獨立的軍事鬪爭組織。他們要用自己的頭顱和熱血去粉碎蔣介石的進攻，保衛家鄉，保衛土地，向必勝的前途邁進！

上 城市工人參軍（沙飛）

下 青年學生參軍（谷芬）

上 爲保衞旣得土地的農民參軍之一（劉峰）

中 爲保衞旣得土地的農民參軍之二（劉峰）

下 爲保衞旣得土地的農民參軍之三（劉峰）

編輯室

賣國賊蔣介石進攻晉察冀的炮火，揭開了晉察冀人民解放鬥爭歷史的新的一篇。『晉察冀畫報季刊』就以此篇與親愛的讀者作首次會見。我們衷心感謝全邊區軍民和全軍區新聞攝影工作同志：是他們用鮮血、汗水和腦汁，使這個刊物能够從艱苦的孕育到歡愉的誕生的。

『晉察冀畫報季刊』的前身是『晉察冀畫報』（十六開本，不定期刊）。在艱辛的敵後抗日戰爭期間，它曾經冲破重重困難，出版到第八期。抗戰勝利之後，又續出兩期。後來因爲形勢需要，改出『晉察冀畫報叢刊』四種（即『八路軍與老百姓』『晉察冀的控訴』『民主的晉察冀』和『人民戰爭』）。一九四六年七月底，晉察冀軍區政治部召開了攝影工作會議，明確確定它爲期刊，每三個月編印一次，改用現在的刊名。可是會後不久，我們即因平綏線戰況變化而撤出張垣。這之後，由於舊存的稿件絕大部份都已經過時太久，新拍攝的照片的遞送亦過於緩慢，再加上輾轉挪移，住地無定，所以直到現在始能出版。這是要請作者與讀者原諒的。

『晉察冀畫報季刊』係一綜合性刊物：其內容以反映我邊區軍民自衛的軍事鬥爭爲主，兼作邊區政治、經濟、文化各方面的系統與典型的報導；在表現形式上，除大部篇幅刊載新聞照片外，還闢有美術、文藝等專欄。這一期，因爲編輯與出版時間緊迫，未能事先與各方聯系，致使美術、文藝等欄暫付闕如，其他編排校印中的缺點也一定不少。從下期起，我們熱切希望邊區各地的美術、文藝工作同志踴躍賜稿；並盼隨時對我們的攝影編輯出版工作，提出寶貴的意見。

讓我們——作者、編者、讀者共同把這個刊物辦好吧！

三月十四日

中華民國三十六年三月出版
編輯：晉察冀軍區政治部晉察冀畫報社
出版：晉察冀軍區政治部
定價：邊幣八百元

图片比例按 100% 呈现

图书在版编目（C I P）数据

《晋察冀画报》文献全集. 第2卷，《晋察冀画报》出版物：汉英对照 / 石志民主编. -- 北京：中国摄影出版社，2015.8

ISBN 978-7-5179-0344-4

Ⅰ. ①晋… Ⅱ. ①石… Ⅲ. ①抗日战争－史料－中国－汉、英 Ⅳ. ① K265.06

中国版本图书馆 CIP 数据核字 (2015) 第 191619 号

出 品 人：赵迎新

《晋察冀画报》文献全集

卷二：《晋察冀画报》出版物

主　　编：石志民
译　　者：裘星宇
总 策 划：赵迎新
策划编辑：郑丽君
责任编辑：常爱平
封面设计：冯　卓　鲁忠泽
版式设计：胡佳南　鲁忠泽
出　　版：中国摄影出版社
地址：北京市东城区东四十二条 48 号　邮编：100007
发行部：010-65136125 65280977
网址：www.cpph.com
邮箱：distribution@cpph.com
印　　刷：北京雅昌艺术印刷有限公司
开　　本：12 开
印　　张：55
版　　次：2015 年 9 月第 1 版
印　　次：2015 年 9 月第 1 次印刷
ISBN　978-7-5179-0344-4
定　　价：430.00 元